U0935505

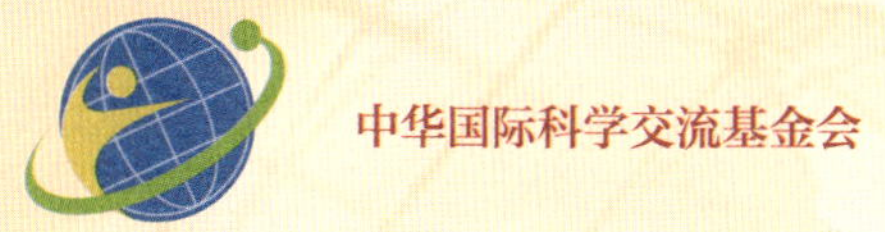

当代杰出工程师

（第一辑）

中华国际科学交流基金会　编

高等教育出版社·北京

序

由中华国际科学交流基金会发起设立、国家科学技术奖励工作办公室批准的“杰出工程师奖”评选工作已经连续三届了。“杰出工程师奖”的设立，是我国历史上第一个以“工程师”命名的、面向全国各生产建设领域的综合奖项，是目前涵盖领域最广的工程技术人员奖项，获奖者分布在 7 大行业、17 个技术领域。“杰出工程师奖”不但填补了我国科技奖项设立的空白，突出了对工程师的崇敬和礼赞，而且通过国家级行业协会和两院院士推荐，院士和行业知名专家层层筛选，评选质量得到充分保证，获奖人员均为各行业领军人物，得到社会的高度评价。自 2014 年开始，截至目前三届已有 260 余名工程师获此殊荣，其中 16 位被选为中国工程院院士。

当今世界以科技创新推动可持续发展，成为各国破解发展难题的必由之路。中国拥有 5 000 余万名工程科技人才，他们是这场科技革命和产业变革的重要力量。“杰出工程师奖”的设立，凝聚中国工程师英才，弘扬中国工程师精神，展示中国工程师贡献，是实现这场伟大变革的重要助推剂。

由中华国际科学交流基金会编辑、高等教育出版社出版的《当代杰出工程师》第一辑，收集整理了 70 位第三届杰出工程师奖获得者的成长经历以及为我国工程科技进步所作出的重要贡献。他们的成长历程坎坷曲折，他们的奋斗故事感人肺腑，他们取得的成果举世瞩目。他们的事迹也会为广大青少年树立学习的榜样，为莘莘学子补充励志的正能量，为历史留下宝贵的精神财富。

给工程师立传，为新时代讴歌。在这建设科技强国、实现中华民族伟大复兴中国梦的新时代，我们的国家比以往任何时候都更加需要强大的科技创新力量，更加需要“责任、创新、协同”的中国工程师精神，更加需要“脚踏实地、任劳任怨、勇于牺牲、勇于奉献”的正能量。《当代杰出工程师》一书的编辑出版，必将对营造全社会尊重知识、尊重人才、注重实践、讲求实效的良好氛围，对关注生产建设者在国家发展中的奉献精神和突出业绩，起到积极的作用。

中华国际科学交流基金会名誉理事长
“杰出工程师奖”评审委员会主任

目录

不断探索 把美丽纺织做到极致

丁彩玲

丁彩玲，女，山东如意集团执行总裁兼首席技术官（CTO），博士，工程技术应用研究员，国家“万人计划”领军人才、国家百千万人才工程“有突出贡献的中青年专家”、全国优秀科技工作者、中国纺织技术带头人、享受国务院政府特殊津贴、泰山产业领军人才、全国纺织工业劳动模范。

在诸多荣誉面前，低调而谦虚的丁彩玲总是说：“成绩是团队一起付出的结果，荣誉是属于大家的。”作为一名从事纺织技术创新的科技工作者，如何突破传统行业技术瓶颈、走在行业前列，这背后发生着怎样鲜为人知的创新故事呢？

不断学习，提升自我

1988年，丁彩玲考入西北纺织工学院（现西安工程大学）服装系产品设计专业。她深知大学不是终点，而是人生新的起点。考上大学，获得在校园里提升自我的机会，在其他同学还没有适应大学生活的时候，她已早早泡在了图书馆和自习室。“业精于勤荒于嬉，行成于思毁于随”，在强烈的求知欲驱使下，她积累了大量纺织工程的专业知识，为以后工作打下了坚实的理论基础。

1992年，完成大学四年的系统学习，丁彩玲本科毕业后入职山东如意集团。一年的车间实习后，她历任工艺员，技术员，生产调度员，设计员，技术开发部副部长、部长，直至1998年。六年的工作时间，她在实现学生到员工角色转变的同时，也将学到的纺织理论成功应用到生产实践，协助师傅、车间主任、总工程师完成一项项攻关，个人能力也在一次次磨炼中不断提升。1998年既是如意企业转型升级的一个转折点，也是丁彩玲人生历程中再学习、再深造的里程碑。这一年企业从各个岗位上择优筛选工作表现突出的年轻大学生，参加全国统考，带薪攻读东华大学硕士学位。东华大学是中国纺织的最高学府，多位纺织领域工程院院士工作的地方，是热爱纺织的学子们的理想学习殿堂。正是由于丁彩玲在工作之余从未放弃过对专业知识和外语的学习，因而她的硕士研究生笔试、面试顺利通过。几年的硕士阶段学习，让丁彩玲进一步意识到学习的重要性。尤其是对于一直从事技术创新工作的人员来说，没有扎实的理论功底、系统的知识体系、科学的思维能力，在技术领域想做出成绩，实现创新突破几乎是不可能的。正是基于这样的认知，在学习的道路上，她一直前行，不断充电。说到此，丁彩玲一直庆幸之所以有今天是因为她入职了一家创新型、学习型的企业，更庆幸企业董事长邱亚夫不仅是一位非常重视创新的领导，而且是一位每天都在看书学习的领导。企业领导的模范带头作用、创新的学习氛围、提供学习的机会，让丁彩玲始终心存感恩地工作。由于丁彩玲在工作上对自己的高标准、严要求、凡事都追求完美，出色的表现得到公司领导的高度认可，分配的任务越来越多，工作的半径越来越大，使得工作成了她生活中最重要的部分，累并快乐着。时间到了2009年，始终关注创新、始终关心技术团队的邱亚夫董事长再次找到时任如意集团总工程师的丁彩玲，语重心长地提醒道："彩玲，作为如意集团的技术带头人，如何带领技术团队走向国际、占领制高点，知识体系需要再提升，要考虑攻读博士……"领导的要求让丁彩玲再度思考和重新定位，在知识更新越来越快的当下，不进步即意味着落后，尤其是身居技术创新岗位的重要位置。意识到即马上行动，这是丁彩玲的做事风格。2009年开始准备，2010年她成了东华大学的博士生，师从中国工程院俞建勇院士，开启了六年（2010—2016）读博历程。这其中的艰辛，回想起来确实是一段煎熬的历程。技术创新工作是一个不断追求更好的过程，沉浸在研究和试验过程中的技术团队总是感觉时间不够用。丁彩玲每天工作不知不觉已到很晚，忙碌一天的她回到家大部分时间已是身心疲惫，有时候想偷偷懒进入休闲状态，但一想博士课题海量的工作在等着她去做，就立即切换回了读博模式。攻读博士六年期间，前期一年的在校基础理论学习，后期课题研究、论文写作、资料查阅等，均是在不耽误正常工作，并担任着公司技术创新、团队管理重要任务的基础上完成的。几年的时间，她没有周末，没有假期，没有良好休息，以高度严格的时间管理、极度严谨的学习态度、从严求实的工作作风、全身心投入工作和学习，在俞建勇院士的悉心指导和严格要求下，顺利完成了学业，同时在此阶段公司科技创新也收获了累累硕果。她回想起当时的感受真可以用"恐怖"两字来形容。在得与失之间，六年让丁彩玲养成了业余时间静静看书的好习惯。不间断学习，始终保持充电状态，给予丁彩玲无限的创新动力和源泉；对知识的不断探索和积累，铸就了在平凡岗位上创造出不同寻常的业绩和成果的丁彩玲。

忘我工作，厚积薄发

自1992年入职如意集团，丁彩玲从一线挡车工干起，每个环节都脚踏实地学和干。在企业不会像在学校一样有专门的老师来教，想要学到更多，就靠自己的多听、多看、多练、多悟。她主动申请到三班运转中学习，每一台设备、每一个工艺、每一个技术环节的思考，都尽可能地学会、弄懂、搞清楚。一线的工作，使她顺利完成了从理论到实践、从学生到职员角色的转换。实习期间丁彩玲表现出的与众不同，得到所在单位同事和领导的一致认可。短短几年时间，她被快速提拔到技术负责人的岗位上主持科技创新工作。恰逢其时，1997年如意集团邱亚夫董事长提出“双争目标”：争创国际一流企业，争创国际一流品牌。如何实现“双争目标”，科技创新如何推动企业的转型升级？丁彩玲带领技术团队，站在行业的高度，前瞻性地提出各种课题和研究方向，负责的多项科研成果取得重大突破，多个项目获得省部级科技进步奖。特别是荣获国家科技进步一等奖的“高效短流程嵌入式复合纺纱技术”，倾注了丁彩玲及团队无数个不眠之夜。在最初面对国际领先的欧洲竞争对手时，如意集团的技术创新存在诸多差距，就连当时带队在欧洲学习的邱亚夫董事长，看到意大利一家企业50支纯羊毛单纱的织布车速500转/分钟的时候，自言自语道：“我们这辈子赶不上了”。但负责技术工作的丁彩玲看在眼里，记在心里：“我们难道就这样认输了”？接下来的几年时间她把技术创新始终围绕赶超世界一流而定位，默默攻克一道道难题，一点点缩短与国际先进水平的差距。经过七年的卧薪尝胆，终于在纺织领域实现巨大突破。“如意纺”技术在棉纺和毛纺领域，打破两项世界纪录，被认为是纺纱领域一项革命性技术，是一种国际原创短纤维纺纱的新型技术，是对传统纺纱技术及理论的突破，解决了世界纺织业100多年来在长度、细度上存在的两大难题。以1克羊毛为例，凭借这项技术，可以把原来180公支的世界纪录提高到500公支；同时还将长绒棉从原来纺到300英支提高到500英支。在新技术纺纱领域，如意集团一跃成为具有自主知识产权，掌握核心技术的国际领先企业，至今仍是该领域创新的领军保持者。这其中凝聚了丁彩玲及团队太多太多的付出，一次次的试验、一次次的失败，在一道道难关面前迷茫过、踌躇过、崩溃过、放弃过、兴奋过、成功过……

七年的时间，不分昼夜，没有上下班的概念，当时的如意集团厂区与员工宿舍仅一墙之隔，这为技术人员提供了极大的便利。在那个攻关的日日夜夜，丁彩玲只要有灵感，就立即跑到现场去试验，午夜一点、凌晨五点，大家摸不清她的上下班时间。曾经有一位徒弟心疼地对丁彩玲讲：“丁老师，您不睡觉呀！昨天试验到深夜两点，凌晨四点又收到您的工作信息。”也正是这种忘我的投入，不知疲倦的工作，以至于在从北京捧回国家科技进步一等奖证书后，她到医院检查身体时发现，由于疲劳过度已经重度贫血。但只经过短暂的修整，她带领团队再一次投入新一轮的创新之中。也正是这样一支让人敬佩的技术队伍，其创新成果为如意集团发展奠定了有力的技术支撑。至2019年如意集团连续四年位居中国纺织服装综合竞争力首位，旗下拥有4家上市公司、32个国际品牌分布在全球80个国家和地区。如意集团的国际化进程，同时又为技术创新提供了更加广阔的全球化平台。

永不满足，持续创新

丁彩玲作为技术团队的领军者，对每批进入如意集团大家庭里的专业人才进行手把手的培训，实现他们从理论到实践的蝶变，培养了一批又一批从事科技研发的人才队伍，成为如意集团各产业的中坚力量。到现在，技术团队里的成员还亲切地称呼她为“丁老师”。

丁彩玲十分重视科技创新工作，致力于以科技提升产品附加值，打造企业核心竞争力，通过不断推进科技创新体系的建设，形成了比较完善的组织体系。第一是打造了较完善的国家级创新平台，建立了独立运作的如意技术研究院，下设15个专业研究室及测试中心、检验中心、成果转化中心、科技项目管理中心等；第二是建立了5个国际研究中心，分别在东京、巴黎、伦敦、纽约、香港五个世界时尚之都，引领时尚前沿，走在技术前端。在国际化的研发平台上，凝聚了一批国际前沿的研发人才，带动如意集团的技术创新工作不断攀升。

丁彩玲及团队始终以科技引领为己任，在成绩面前不骄不躁，多年的科研实践让她深刻认识到“创新无止境”。正是这样永不停歇的理念，让她始终充满着信心，“我的目标很明确，就是要在如意成为全球最具竞争力纺织企业的过程中，继续做好我的工作”。丁彩玲以自己的风格和魅力影响着周围的人、带动着周围的人，在一个个突破中，践行着“创新永远在路上……”

鼎彝元赖生成力 乌金滚滚映丹心

于斌

于斌，1962年生，黑龙江省海伦县人，教授级高级工程师，国家煤炭领域岩层控制与安全高效开采技术专家，现任大同煤矿集团有限责任公司总工程师。他自1982年以来一直在煤炭一线从事技术研究和工程实践工作，通过自主创新和技术攻关，发明了特厚煤层安全高效开采新工艺，创建了坚硬顶板大空间采场控制理论与技术体系，首次实现了20m特厚煤层一次开采，奠定了我国坚硬顶板特厚煤层开采技术的国际领先地位。同时他还主持了大同矿区塔山、同忻等千万吨级矿井群的规划与建设，主要技术指标达到国际领先水平，并以两矿为龙头，成功建设了煤炭行业第一个完整的循环经济园区，实现了资源开发和综合利用的集约化发展新模式，引领了煤炭行业发展。他曾获国家科技进步一等奖1项、二等奖3项，省部级一等奖15项，授权发明专利33项；发表论文97篇（SCI收录19篇、EI收录33篇），出版专著5部；享受国务院政府特殊津贴，获“三晋学者”专家，孙越崎能源大奖、全国十佳优秀科技工作者提名奖等荣誉。

燃烧自己而带来光明与温暖的煤炭，被誉为“黑色的金子”“工业的食粮”，是18世纪以来人类社会使用的主要能源之一。大同煤田是我国华北聚煤区北部的多纪煤田，位于山西省北部，跨大同、怀仁、山阴、左云、右玉5市县，主要产优质动力煤，是我国目前最大的煤炭生产企业大同煤矿集团有限责任公司（以下简称“同煤集团”）所在地。仅次于神华集团和中煤能源集团的同煤集团是我国第三大煤矿国有企业，总部位于被誉为“中国煤都”的我国煤炭重地山西省大同市，所属煤矿跨越大同、朔州、忻州3市，拥有煤田面积6 157平方公里，总储量892亿吨，目前已成为以煤炭为主，电力、化工、冶金、机械制造等多业并举的特大型综合能源集团。

1982年阜新矿业学院采煤工程专业毕业至今，于斌已在同煤集团工作了37个春秋。2010年，48岁的于斌成为这个亿吨级特大型煤矿企业的总工程师。

刻苦钻研 革新煤矿落后技术

于斌出生于松花江支流海伦河畔的一个小山村。小时候的于斌身体比较单薄，和哥哥们比起来，这名瘦弱的男生干起农活来有点力不从心，但其在读书方面显露出来的天赋，却让所有认识他的人都叹为观止。每次寒暑假，他边玩边把下个学期的课程通学一遍，等开学时，他已经把这个学期要学的所有内容都掌握得滚瓜烂熟了。等到读高中一年级时，于斌的知识量已经达到了能参加高考的水平。于是，1978年，16岁的“学霸”于斌提前参加了高考，以优异的成绩被阜新矿业学院（1996年更名为辽宁工程技术大学）采煤工程专业录取。

始建于1949年、素有煤炭行业“黄埔军校”美誉的阜新矿业学院是20世纪60年代初期我国东北地区唯一一所煤炭高等院校，也是隶属原煤炭工业部的两所全国重点大学之一，全国煤炭企业前7名中的多位总经理或董事长皆毕业于此。叶剑英、郭沫若曾分别为该校题写校名。1978年，阜新矿业学院被国务院确定为全国首批88所重点院校之一。在这所历史悠久、学风优良的高等院校里，从松嫩平原走出来的于斌如鱼得水，尽情地徜徉在知识的海洋里。1982年毕业后，于斌服从国家分配，来到了千里之外的晋北，在国有大型煤矿企业大同矿务局（同煤集团前身）大斗沟矿当了一名技术人员。

大斗沟矿当时是一个中型国家统配煤矿，矿上每天开足马力搞生产，支援国家经济建设。但当时煤矿企业人才匮乏，设备陈旧，生产技术落后。20世纪80年代初期，一套美国乔伊公司生产的12CM-11连续采煤机装备被运到大斗沟，却没有人会使用，成了谁也犯难的硬骨头。作为大斗沟矿唯一的大学生技术人员，于斌得到了这个展示自己的机会。他临危受命，白天钻在井下查看现场，构想技术细节；晚上一本书接一本书地查阅国内外采煤技术资料，夜阑人静时，他总是最后一个离开办公室。最终，连续采煤机在大斗沟矿2号层213盘区煤的应用工作获得了巨大成功，实现了每月进尺1 000多米的全国纪录。于斌也由此脱颖而出，开启了学术钻研的大门。

1984年起，于斌进入了快速成长阶段，从大斗沟矿技术科科长，到大斗沟矿副总工程师，再到1997年开始任大斗沟矿总工程师，成为当时同煤集团最年轻的总工程师。在此期间，于斌更是把全部的心血都投入到技术管理工作中，发现技术难题，他千方百计地想办法解决。白天和工人们一起下井，晚上与矿上的技术人员一起探讨生产上的技术难题。同年，大斗沟矿为扩充资源，计划延伸矿井。这是一项巨大的改造工程，存在着地质结构、矿井通风等种种技术上的困难。于斌发挥专业优势，亲自主持，亲自论证方案，亲自组织实施，严格把关，一连几个月亲自在现场指挥，使矿井改造取得突破，大斗沟矿在短短几年的时间内实现生产上质的跨越。

专业发明 攻克世界技术难题

2002年5月，于斌被任命为同煤集团副总工程师。当时同煤集团正在全面落实国家提出的可持续发展战略，建设同煤首个千万吨级的塔山矿。在这个过程中，从规划设计到开凿建设，从建井施工到开采工艺，无一不是前所未有的巨大挑战。其中，开采工艺是最核心的难题。

塔山矿是同煤集团开采的石炭系第一座大型矿井，主采的石炭系3–5#合并煤层厚度为14 ~ 20m，且“两硬”特点突出，受火成岩侵入影响，赋存条件极其复杂。从当时的国内外技术现状来看，综放开采最大机采高度一般不超过3.5m，按采放比1∶3考虑，开采厚度最高不能大于14m。但若采用分层综放开采，不但工艺复杂、开采效率低，而且综合效益差。若一次开采，如何实现采放协调、顶板顶煤协同控制？这些问题亟待攻克，开采工艺更待进一步创新。这也充分反映了当时我国煤炭工业科技进步的瓶颈所在。

在行业、企业的共同努力下，在相关科研院所、行业高校的支持下，“特厚煤层大采高综放开采成套技术与装备研发”被列为“十一五”国家科技支撑计划重大项目进行攻关，国拨经费近亿元。作为项目现场总负责人，于斌提出了通过提高割煤高度优化采放比的思路，借鉴大采高综采和综放开采的优势，发明了“特厚煤层（14 ~ 20m）大采高综放开采工艺技术”，解决了采放比失衡等技术难题，实现了特厚煤层一次开采上限由14m提高到20m的重大突破，主持了成套技术的现场应用，在塔山矿8105工作面工业性试验取得成功，创国产装备破千万吨的好成绩，进一步巩固了我国特厚煤层开采技术的国际领先地位。该项目荣获2014年度国家科技进步一等奖。

科学发展 促进企业安全生产

2010年4月于斌被任命为大同煤矿集团总工程师时，正值同煤集团新一轮高速发展时期，各项纪录不断刷新，但新的难题又摆在了面前。由于20m坚硬顶板特厚煤层高强度开采，采场空间大，覆岩运移范围广，顶板的破断运移及其矿压作用复杂，强矿压问题突出；同时瓦斯、火灾治理难度极大。于斌从问题根源入手，突破行业桎梏，创新提出并实施了以控制岩层运动为核心的安全高效井采技术体系，进一步提高了生产率，真正实现了科学发展、安全发展。

传统井下预裂技术控制范围有限，效果及安全性差，更缺少对高位坚硬顶板主动控制的技术手段。业界亟待在矿压理论及坚硬顶板控制技术上取得突破。于斌提出了大空间覆岩结构失稳理论，首创地面压裂坚硬顶板控制采场矿压的技术，构建了大空间坚硬顶板远近场协同控制理论与技术体系，解决了强矿压控制的工程技术难题。现场实测表明，工作面基本顶初次垮落步距从70m减少至30m，顺槽煤柱集中应力减少了45%，工作面超前高应力区范围从150m减小到70m以内，巷道变形得到控制，从根本上解决了大空间坚硬顶板的控制难题，实现了特厚煤层的安全开采，促进了行业科技进步。

同时，以坚硬顶板科学预控为基础，于斌首创采动过程中顶板—瓦斯协同控制技术，攻克了“低瓦斯赋存、高瓦斯涌出”治理难题，研发了双系采空区流场局部动态平衡理论与技术，构建了双系三场耦合作用的多重灾害防控技术体系，为大同矿区特厚煤层安全开采探寻了新的技术途径，解决了长久以来困扰同煤集团的重大技术难题，实现了安全开采。

创新理念 助推企业产业升级

高效开采、智能开采、循环利用是煤炭行业的发展方向。但大同矿区是侏罗系、石炭系双系赋存，开采百年的老矿区，上部侏罗系资源日渐枯竭，老旧矿井林立。在此复杂条件下的石炭系煤层中建设高效集约化千万吨级现代化矿井，同时实现智能开采、循环利用，实属罕见。

于斌以实现经济效益最大、环保效果最好、资源利用最高为目标，创新矿井设计理念，应用坚硬顶板特厚煤层安全高效开采技术的原创成果，将塔山矿打造成国际领先的现代化矿井，矿井年产突破3 000万吨，是国内单井口设计能力和产能最大的井工煤矿，创工作面年产1 429万吨、回收率93%、安全生产2.9亿吨煤炭零伤亡的世界最好成绩。“塔山特大型矿井安全高效开采模式与关键技术研究”获山西省科技进步一等奖，成为国内外建设现代化矿井的典范；同忻矿为一井一面年产破千万吨矿井，荣获中国建设工程鲁班奖。塔山、同忻两矿投产至今已上缴利税近550亿元。在此基础上，于斌又成功设计并建设了麻家梁矿、金庄矿和同发东周窑矿等千万吨矿井，形成了千万吨级矿井群，提高了科学产能，同煤集团千万吨矿井产量占比60%，助推了产业升级。

作为国家发改委“同忻矿千万吨级高效综采关键技术创新及产业化示范工程”项目负责人，于斌主持开发了支架、顶煤智能耦合自适应与人工干预多信息融合的放煤控制技术，在同忻矿8202工作面建成了国内首个“千万吨高效、高回收率放顶煤智能开采关键技术国家级创新及产业化示范工程”，引领了煤炭工业的发展。

作为国家级矿产资源综合利用示范基地项目负责人，于斌主持完成了“大同塔山特厚煤层资源开发利用示范基地”的规划和建设工作，建成了经国家批准规划建设的煤炭行业第一个规划最完整、建设速度最快、效果体现最明显的塔山循环经济园区，并形成了以煤炭资源整体规划、集中开发为基础，以特大型现代化安全高效矿井为核心，以煤炭及共伴生资源高效综合利用为目标的煤炭产业创新模式——同煤塔山模式，形成了企业最核心的竞争力。同煤塔山模式发挥了巨大的示范引领作用，为山西省煤炭产业升级、转型跨越发展做出了卓越的贡献。

培养人才 提升企业创新能力

在科学技术基础条件建设和人才培养方面，于斌特别注重企业创新能力的提升。他担任总工程师以来，先后与中国矿业大学合作组建了同大科技研究院（于斌本人担任院长），成立了山西省首批院士专家企业协作中心同煤工作站，创建了全国煤炭行业特厚煤层开采技术工程研究中心（于斌本人担任主任），企业创新能力不断提升。作为国家级企业技术中心主任，他在两年一次的评估中分数和名次连续上升，目前已处于全国同行业领先水平，企业被列为第五批国家创新型试点企业。

当前，于斌所从事的研究开发工作主要有国家重点研发计划项目“千万吨级特厚煤层智能化综放开采关键技术及示范”，该项目依托同煤集团塔山煤矿，在群组放煤理论、采支放运一体化智能协调控制、煤矸精准识别等方面继续攻关突破，目标是建成国际首个年产1 500万吨特厚煤层智能综放工作面，他是总负责人；与谢和平院士合作申报国家重点研发计划项目“深部岩体力学与开采理论”，目标是在硬岩高保真钻探取芯及测试技术和大空间原位力学行为方面取得突破，并进一步建立适应深部原位环境的深部岩石力学新原理、新理论、新方法，他是项目骨干。

在人才培养方面，于斌创新性地实施了“首席专家、首席工程师”评选制度，让普通工程师与矿领导一样挣年薪，极大地调动了一线工程技术人员的积极性。五年来，同煤集团有24人被评为山西省学术技术带头人、57人获正高职称，在全省名列前茅，尤为重要的是还培养出一大批有所作为的青年技术干部和科研领军人才。此外，于斌本人还同时担任中国矿业大学、中国矿业大学（北京）、太原理工大学的博士生导师，先后培养了博士2人、博士后9人。

“作为一名技术人员，我做的一切都是我应尽的责任；作为一名技术负责人，我做得还远远不够。”这是于斌对自己的评价。明代政治家和民族英雄于谦作诗《咏煤炭》：“凿开混沌得乌金，蓄藏阳和意最深。爝火燃回春浩浩，洪炉照破夜沉沉。鼎彝元赖生成力，铁石犹存死后心。但愿苍生俱饱暖，不辞辛苦出山林。”煤炭燃烧起火苗如春天到来一样，洪炉的火光打破了沉沉夜晚的黑暗；煤炭燃烧炼成了铁，它的“死”换来了铁的“生”。诗人以煤炭喻人，形容杰出人才的思想如照亮黑夜的火光，意志像铁石般坚硬，为了国家和人民的利益甘愿奉献自己毕生的才学。这正是荣誉等身、贡献非凡、为煤炭事业奉献了37年的于斌的真实写照。

知行合一
求真创新

马卫东

马卫东，1968年出生，中共党员，工科博士，教授级高级工程师，现任武汉光迅科技股份有限公司芯片部总经理，工信部通信科技委专家咨询组成员，中国信息与电子工程科技发展战略研究中心专家委员会特聘专家。

知是行之始，行是知之成。习近平总书记指出：知是基础、是前提，行是重点、是关键，必须以知促行、以行促知，做到知行合一。实践、认识、再实践、再认识，循环往复，只有将知识与实践融合才能出真知，勤实干，才能为实现中华民族伟大复兴的中国梦添砖加瓦，砥砺前行。马卫东在其成长过程中用实际行动践行了该精神和思想。

咬定青山不放松，坚韧踏实求真知

在光电子技术领域，我国与世界发达国家几乎同时起步。但我们不得不清楚地认识到由于制造技术的落后和材料水平的有限，我国与发达国家的光电子技术相比，还存在一定的差距。马卫东很早就意识到这一点。在华中科技大学攻读材料物理学硕士期间，他就开始专心致力于光电领域KTN陶瓷材料的研究。在当时，KTN陶瓷材料是属于高阶光电系数的国际先进材料，只有日本掌握该项技术。

落后就要挨打。既然别人可以做到，那么我们也一定可以做到。此后，马卫东将自己完全沉浸在实验室的研究中。夏天的武汉，烈日当头，挥汗如雨。如同外面高温耀眼的烈日一般，马卫东在实验室亦用高温对陶瓷材料进行烧制。一次不行就两次，两次不行就三次，实验、调整、再实验、再调整，不管历经多少次，最后都要成功。时间紧、任务重，无论外面多么喧嚣，整个暑假研究期间，他就如同悬崖顶上的青松般一点点往岩石缝中扎根、一寸寸往土里生长。事实证明，凡事只要坚定信念、勤奋勇敢，一切艰难险阻都会迎刃而解。终于，通过无数次的实验得到了预期结果，论文也刊登在《科学通报》上。于国家而言，这是一次技术突破；于个人而言，这只是自我成长，技术报国的开始而已。

光电子技术已被公认为21世纪高新技术的主要领域，亦是各国竞争与发展的重要支柱产业。想要在这个领域有所作为，马卫东深知自身的积累还不够。硕士研究生毕业后，他选择继续深造，攻读博士学位。在读博期间，他师从有着“中国光纤之父”之称的赵梓森院士，进行光纤光栅器件方向的研究。如何将实验室的研究成果进一步成熟地拓展应用，是他一直思考的问题。于是，在光栅器件的色散补偿研究中，从设计到加工，从加工到样品，

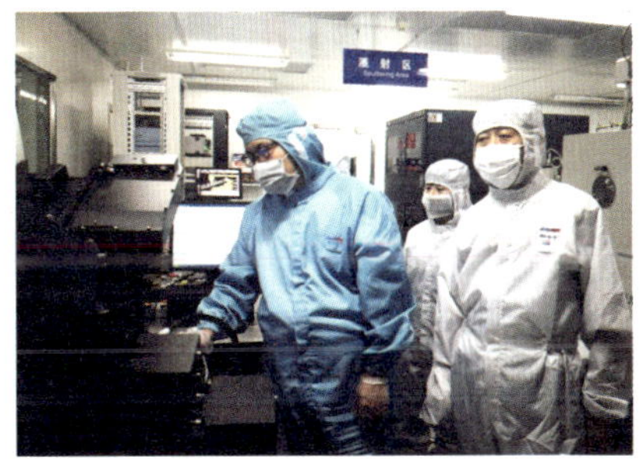

他清空以往的常规理念，打破思维的禁锢，一路尝试新方法、新工艺，沿着心中的目标得出新结论。最终，这部分研究将光栅器件从样品推向产量化，产品也从实验室走向市场，应用范围得以进一步拓宽。

时间是由分秒组成的，对于善于利用时间而又极其自律的人，它从不吝啬成果的给予。原本五年制的博士学位，马卫东充分发挥其主观能动性和勤奋吃苦的精神，最终两年半就完成了所有学业，获得华中科技大学通信与信息系统专业的工科博士学位。坚韧、勤奋的求学求知精神为其积累了厚实的理论基础并打磨了创新的实操理念，为个人的成长奠定了宝贵基石。

绝知此事要躬行，精益探索为创新

2001年4月，马卫东博士毕业后，选择进入武汉光迅科技股份有限公司（以下简称“光迅科技”），立志将所学知识投入到实践中去。光迅科技，前身是1976年成立的邮电部固体器件研究所，是国内首家上市的光电子器件公司。光迅科技是目前中国唯一一家有能力对光电器件进行系统性、战略性研究开发的高科技企业，也是国内第一家拥有光电器件芯片关键技术和大规模量产能力的企业。

创新工艺，精益求精，在此基础上寻求突破口，降低企业成本，不但要做而且还要做得比别人更好更优秀，为企业和国家赢得更多的核心竞争力，这是马卫东一直以来的目标。阵列波导光栅（AWG）是实现多通道密集波分复用（DWDM）光网络的最理想器件。而对已经商用多年的AWG芯片，如何有效地提高产量降低成本是许多研究者探索的方向。受限于切割技术，采用机械运动的方式只能进行直线切割。直线切割后的AWG轮廓只能方方正正，那么对在晶圆上拱桥式排列的AWG势必造成很大浪费。在整个阵列波导光栅晶圆片上，如何一次性获得更多量的AWG芯片，改变其切割方式是直接的突破方式。既然直线带来浪费，那么沿着拱桥曲线切割呢？马卫东由此想到了激光。大胆创新，小心求证。他先是来到了楚天激光，寻求其专业设备与技术支持。但借助外力支持，往往还需要一定运气。当时楚天激光的实验室设备需要排队使用，马卫东觉得时间不等人，再三思考后，马卫东背着资料南下前往深圳，找到了大族激光。在大族激光马卫东终于获得了对方提供的机台进行调试实验。由于该项技术以前一片空白，马卫东完全依靠自己攻关，一步步尝试，一次次改进，最终在十多天后，实验成功，获得具有弯曲切割形状的阵列波导光栅芯片。这一从无到有的技术创新，获得了国家专利，也使得芯片成本至少降低三成。

在近30年的工作实践中，马卫东从工程师干起，持之以恒、坚持不懈地深钻光电子技术，为企业、为国家发展贡献自己的一份力量。其带领团队完成国家科技部863计划项目5项、信产部电子基金课题1项、国家发改委产业化工程1项、国家科技支撑计划课题2项、湖北省重大科技创新计划项目1项，工信部重大成果转化项目1项。通过这些省部级科研项目的实施，主要完成了AWG，VMUX，PLCS芯片和对其封装技术的开发；基于这些技术，开发出了AWG，VMUX和PLCS器件，并建立了相应的生产线，实现了这些器件的规模销售，打破了日美对这些关键光器件的垄断。经统计，AWG，VMUX和PLCS产品的年销售规模逐年上升，截至2017年年底，产品累计销售超过20亿元人民币，取得了良好的经济和社会效益，其中AWG产品国内市场占有率提升到60%，国外市场占有率提升到15%。

AWG，VMUX和PLCS核心光器件产品的国产化和工程化应用，解决了华为、中兴、烽火等国内企业的供应链安全问题。2018年发生的美国制裁中兴通讯公司事件，核心就是限制其高端光芯片从美国进口，从而卡住中兴的脖子。而光迅科技所研发的AWG系列芯片是高端无源芯片，打破了美国的出口限制，也促进了电信网向质优价廉的方向发展，为手机、互联网等惠及普通大众作出了很大的贡献，大大促进了光纤通信行业的发展。

师夷长技以自强，顺势而为促发展

在深化改革开放的新时代，把引进来和走出去相结合不仅是国家发展之道，也是企业发展的重要策略。不得不承认，与国外高端芯片研制相比，我们还有一定差距。为了更好地布局光电子产业，扬长补短，更大程度发挥自身优势，马卫东带领团队与丹麦Ignis Photonyx A/S公司洽谈收购事宜。在历经多方周旋，多次谈判后，终于在2013年年初，光迅科技顺利完成收购股权的交割，马卫东成为光迅丹麦公司的执行董事。收购完成后的初期，碰到最难的不是技术问题，而是文化融合问题。丹麦的语言、文化、习惯等，和国内存在较大差异。马卫东并没有因此畏难，而是敞开胸怀积极主动地去了解，去沟通，去学习。一边是国内工作，一边是国外工作，两边必须同时兼顾，马卫东工作起来常常不得停歇，连轴转是常事。当国内已是一天结束的下班时间，而国外却是一天才开始的上班时间。于是刚完成国内的工作，他就戴着耳机在空荡的办公室里与光迅丹麦公司视频连线。更多时候，是国内与丹麦两地出差，只有深入实地，才能更好地融合。在工作分工上，国内主要提供设计、封装及销售，而光迅丹麦则完成工艺制造的实现，由此，双方形成优势互补，互惠互利模式。

在2014—2016年，马卫东带领团队确立正规研发方向，开发新产品，短短三四年间光迅丹麦扭亏为盈，完全改变了收购之初产品单一、库存冗余的局面，成为光迅科技重要的供应商之一。截至2017年年末，光迅丹麦公司规模达到52人，其中研发团队8人；全面、系统地掌握了硅基二氧化硅平面光波导相关系列技术，取得国际专利9项、欧洲专利1项、中国专利1项，是国际上第二个全面掌握PLC光集成芯片核心技术的公司。

产品按具体应用主要分为数通领域CWDM4\LAN-WDM系列、传输领域A\AAWG系列、Roadm应用VOA及MCS系列等。其中，应用于数通领域的基于AWG方案的100G/400G CWDM4和100G LAN-WDM已实现量产，成本较其他方案下降20%以上。应用于传输领域的AWG系列（商业级、工业级）已批量供应，年出货量在12万片以上，市场份额占比国内第一（60%），全球前三（30%）。2017年，代表高端无源产品的阵列VOA实现量产，指标达到国际水平，光迅科技成为全球第二家（国内第一家）掌握该技术的公司。同时，光迅丹麦正在加码晶圆产能建设，目前月产600个晶圆，未来将继续扩充产能，以满足市场需求。到2018年，其产品供不应求，且大大降低成本，满足客户需求。这是光迅科技乃至整个烽火集团，首次成功收购国外公司的实例。

鸿鹄壮志攀高峰，明月青山留心中

近些年来，随着国力的不断增强，国内外问题摩擦也逐渐增多。而在高新技术领域，最突出的莫过于知识产权之争，尤其西方国家对中国知识产权“诟病”众多。马卫东自进入光电子技术领域以来，就一直注重知识产权保护。这不仅仅是出于对知识的尊重和保护，更是基于强烈的个人自信心与民族自豪感。我们脚踏实地，有信心、有实力在该领域开拓一片属于自己的领地。

前些年，光迅科技为客户提供定制芯片，由马卫东负责该项目。面对客户提出的种种需求，他带领团队全心做调研，反复讨论设计方案，往返于实验室和生产线之间，与团队同事加班加点终于赶在截止日期前向客户提交定制芯片。客户很满意，芯片测试效果非常不错。但是出乎意料的是，有人提出该芯片的设计好像与国外某款有细微类似之处，会不会存在侵权嫌疑。这又该如何抉择？进，其实完全可以打擦边球。如果退，对客户、对公司、对自己的团队都会产生不小的负面影响和实实在在的经济损失。面对这种情况，马卫东沉默片刻后，毅然决定推翻之前产品，一切重新来过。他说服客户，并向公司如实汇报实际情况及坦言自己的忧虑和决心，征得公司的理解与认可。之后，马卫东带领团队重新出发，团队成员无不为他的决心而感染，士气大增。三个月后，完全崭新的芯片产品重新交到客户手中，这次客户不但对产品满意，更是为马卫东这种不给任何人机会“诟病”的认真精神和坚定志向而感动。虽然短期来看，交货晚了三个月，造成了不小的经济损失，但是从长远来看，他坚定的信念和清白的立身为今后持久的竞争力打造了坚不可摧的基础。这次事件，马卫东树立了良好的榜样。由于马卫东在知识产权上的严格自律和对科研的深沉热爱，在2017年11月，获聘国家知识产权局中国专利审查技术专家。

道虽迩，不行不至；事虽小，不为不成。马卫东始终坚持脚踏实地，严谨自律，求知若渴，身体力行，扎扎实实地践行自己的理想。鉴于他为公司、为行业发展、为国家建设作出的突出贡献，党和政府及行业协会授予他一系列荣誉，享受国务院政府特殊津贴，荣获中国通信学会科学技术一等奖2项、湖北省科学技术进步二等奖1项、中国标准化协会科技进步奖二等奖1项、中国专利优秀奖1项等奖项；荣获“国务院国资委党委优秀共产党员”“全国信息产业科技创新先进工作者”“湖北省有突出贡献中青年专家”“湖北省创新能手”“全国信息产业科技创新先进工作者”等荣誉称号。

在成绩面前，马卫东始终不骄不躁，从容淡定，他表示成绩只是对过往的见证与肯定。这是一个极具融合、急剧变化、机遇与挑战并存的时代，而在实现中华民族伟大复兴的关键时期，他将一如既往地保持求真创新、勇于实践、敢于承担的精神，为祖国奉献自己的一份力量。

降瓦斯突出 保煤矿平安

文光才

文光才，1963年出生，四川富顺人，中共党员，博士学位，博士生导师，新世纪百千万人才工程国家级人选，享受国务院政府特殊津贴；现任中煤科工集团重庆研究院有限公司副总经理、瓦斯灾害监控与应急技术国家重点实验室副主任，国家安全生产专家组成员，煤炭工业煤矿安全标准化技术委员会瓦斯防治及设备分会主任委员。他主持和参与完成国家项目20余项，研究成果均达到国际领先或国际先进水平，填补了多项国内空白，获国家科技进步奖4项、省部级科技进步奖28项；出版专著3部、编著2部，发表论文60余篇，授权发明专利50余项。

求真务实，不畏艰险

文光才1980年考入重庆大学采矿工程专业，学校老师说采矿工程专业是总工程师的摇篮，他就立志当总工程师，立志为改变我国矿山安全生产落后面貌奋斗一生。1984年他以优异的成绩考入煤炭科学研究总院采矿工程专业攻读工学硕士学位，专业方向为煤矿瓦斯防治，从此开始了他事业的征程。

煤与瓦斯突出（简称突出）是煤矿生产中发生的一种极其复杂的动力灾害，类似地面的泥石流，其特征是在极短的时间内，由煤体向巷道或采场突然抛出大量的煤炭，并涌出大量的瓦斯。喷出的瓦斯–煤具有很大的冲击力，能在逆风流数十至上千米长的巷道范围内造成设施摧毁、人员掩埋，在更大范围内造成人员因缺氧而窒息死亡。遇上火源还会引起瓦斯（煤尘）爆炸，摧毁整个生产区域甚至整个矿井。研究生学习期间，文光才就参加了国家“七五”科技攻关项目“六枝矿务局综合防突措施的研究”。通过科技攻关，项目研究形成了包括突出预测预报、防治突出措施、防突措施效果检验和安全防护措施“四位一体”综合防突措施技术体系。综合防突技术体系写入了行业规章并沿用至今。继后，又通过国家“八五”“九五”科技攻关项目在突出预测预报方面进行了更深入、系统的研究。

瓦斯灾害是煤矿最为严重的灾害，是煤矿“第一杀手”。煤与瓦斯突出是煤矿瓦斯防治的难点，是世界级难题。煤与瓦斯突出发生的机理非常复杂，至今仍处在假说层面。煤与瓦斯突出预测预报，类似于地震预报，技术难度非常大，与矿井安全生产和矿工生命安全息息相关。突出预测预报技术的研发和推广应用必须深入煤矿生产一线。我国幅员辽阔，从南到北，从东到西，各煤田的赋存条件、开采条件千差万别，突出预测预报工艺技术、指标及其临界值，都必须结合具体的煤层赋存条件和生产实际确定。文光才以老一代科研工作者为榜样，背负沉重的测试仪器，与煤矿生产技术人员、工人一道同班同点、摸爬滚打，汗水洒遍了无数个有严重突出危险的采掘工作面。每年深入煤矿现场的时间达200天以上，一干就是十几年，足迹踏遍了上百个不同赋存条件的高瓦斯矿井。

付出就有回报！长期的煤矿生产一线科研工作培养了他求真求实的科研精神。正是凭着他长期在煤矿科研一线的不懈奋斗、不怕艰难险阻的不倦追求，在煤与瓦斯突出防治领域中取得了诸多突破，形成了包括不同类型的突出预测工艺、预测指标和方法、预测指标临界值确定、预测指标测定仪表、防突措施工艺参数和工程施工装备等整体配套性居世界领先地位的防突技术体系，并将研究成果推广应用到了全国开采突出危险煤层的20个省90%以上的重点突出矿井和地方国营突出矿井，成为突出矿井必不可少的一个生产工艺流程，使我国突出矿井防治突出的措施工程量平均减少70%以上，采掘速度平均提高25%以上。研究成果获省部级以上科技进步奖励5项，其中“六枝矿务局综合防突措施的研究”“矿井瓦斯突出预测预报（方法和仪表）”获得国家科技进步三等奖。2000年，文光才晋升正高级职称，获得“重庆青年五四奖章”。

上下求索，成绩斐然

1999年，科研院所转制，时逢煤炭总量过剩，需求不旺、市场疲软，煤炭价格持续走低，煤炭企业严重亏损，研究院也面临着发不出工资的窘迫局面。2000年初，文光才担任瓦斯专业负责人，从一个科研人员变成了一个科研团队的负责人。他的团队面对转制为企业后的诸多问题，而先面临的是“吃饭”问题。他精心组织力量，将拥有的煤矿瓦斯防治技术与装备筛选、优化、集成创新，推广应用到煤矿。在经济形势十分严峻的局面下，通过解决煤矿瓦斯防治急、难问题，获取微薄的收入，解决团队自身的生存问题。2003年后，煤炭经济形势逐步好转，煤矿开采强度加大，但煤炭生产企业安全技术装备积贫积弱。2004年年底至2005年年初全国连续发生3起百人以上的瓦斯煤尘爆炸事故，煤矿安全生产形势异常严峻。党和国家非常重视，制定了更为严谨的法规、标准，同时，加大了科技投入，为瓦斯防治专业建设、产业发展带来了良好机遇。

凭借十几年煤矿现场科研经验和扎实宽广的理论基础，文光才积极围绕行业共性、关键技术开展科技攻关。一方面，继续围绕煤与瓦斯突出防治成套技术及装备开展深入研究，依托国家973计划项目“煤与瓦斯突出灾害模拟和预警模型研究”、国家科技支撑计划项目“煤与瓦斯突出防治及瓦斯抽采关键技术”和国家科研院所技术专项“瓦斯含量预测突出技术及装备”等项目，攻克了引发突出力学条件定量化分析方法，开发了煤层瓦斯含量快速测定、基于AE声发射与瓦斯涌出动态的煤岩动力灾害非接触式预测技术与装备；创立了基于突出煤层客观危险性、防突措施有效性、管理缺陷、灾变识别等“人、机、环”全方位的预警指标、模型、准则，借助现代信息技术，开发了模块化的综合预警系统，实现了信息在线监测、隐患智能判识、危险自动预警和灾变应急联动控制。

另一方面，文光才以更为宽阔的视野，对煤矿区煤层气开发利用技术及装备进行了开拓性的研究。瓦斯，又称煤层气，主要成分是甲烷，是清洁能源。抽采瓦斯是防治煤矿瓦斯灾害的根本措施，抽采的瓦斯加以利用，以用促抽，可以起到保障煤矿安全、提供清洁能源、减少温室气体排放三重作用。依托大型油气田及煤层气开发国家科技重大专项“煤矿区煤层气高效抽采、集输技术与装备研制”、国家“十五”科技攻关“煤层气井下开发成套工艺技术研究”和国家自然科学基金“重复采动影响下地面井综合破坏机理及煤层气空间运移特征研究”等项目，研发了以煤矿井下原始区域煤层气模块式抽采为先、采动区域煤层气地面井卸压抽采为续的采煤采气一体化成套技术与装备，研究成果“煤层气规模开采与安全高效采煤一体化研究”获2007年国家科技进步二等奖。开发了适用于煤矿区不同应用范围的低浓度（爆炸限内）煤层气管道输送安全保障成套技术及装备，制定4个AQ标准，为30%以下浓度瓦斯的利用提供了安全保障，也为《煤矿安全规程》中“30%以下低浓度瓦斯的利用”相关条款的修订提供了依据，开创了世界“30%以下低浓度瓦斯”直接利用的先河，目前全国低浓度瓦斯发电装机容量近300万千瓦时；发明了自动阻爆、气体高精度混配、抑燃抑爆型深冷液化装置等多项技术，开发了煤层气蓄热氧化利用技术与装备、含氧煤层气直接液化技术与装备，为煤矿区煤层气近零排放、安全高效利用提供了有效途径。

要实现煤矿安全生产形势的根本好转，必须提升整个行业的技术水平。由于工作环境的艰苦及行业效益整体较低，专业人才流失严重，煤矿现场技术基础非常薄弱。为此，在获得重庆市劳动模范之后的2016年，文光才成立了“文光才劳模创新工作室”。工作室的创建主要着眼于创新煤矿安全生产技术服务模式，“贴近”煤矿生产一线，开展专业化服务，包括灾害评价、技术会诊、顶层设计、标准制定、各级人员培训等，大幅提升矿井安全生产技术水平和管理水平，实现了服务矿井瓦斯零事故，对瓦斯灾害防治起到技术示范、引领作用。创新的服务模式得到神华集团、山西阳煤集团、新疆焦煤集团、云南平庆煤矿等高度认可，也得到了同行的高度赞誉，“中煤科工集团重庆研究院文光才劳模科技创新工作室”获“全国能源化工系统劳模创新工作室”“重庆市劳模创新示范工作室”等称号。

在文光才的影响下，更多的优秀科技人才在瓦斯防治科研之路上攻坚克难、健步未来，为国家的煤矿安全事业发展而不懈努力。瓦斯研究分院经过十多年的努力，打造了一支思想过硬、技术过硬、作风过硬的科研队伍，瓦斯专业科技人才由2000年的30余人发展到了现今的近400人，成为国内乃至全球最大的瓦斯治理专业科研服务机构，成为重庆研究院的“品牌”、行业的“王牌”。近年来，以文光才为首的瓦斯研究分院每年承担各类国家级、省部级科研项目50余项，解决了煤矿安全生产中的技术难题，提升了重庆研究院在国家、行业的影响力。

面向未来，心存高远

改革开放四十多年来，特别是进入新世纪后，我国煤矿安全生产形势持续稳定好转。我国煤矿平均生产百万吨煤炭的死亡人数（百万吨死亡率）由1978年的9.71降至2018年的0.093，煤矿事故年死亡人数由最多的7 000人左右降至333人，煤矿瓦斯事故年死亡人数由最多的2 300人左右降至100人以下。但是，我国煤矿百万吨死亡率与欧美发达国家仍有较大差距，较大以上事故时有发生；随着煤矿高效集约化生产向深部延伸，粉尘、热害、噪声等职业危害防治出现新的技术难题，尘肺病等职业健康问题凸显，煤矿安全与职业健康状况的根本好转任重道远。

中煤科工集团重庆研究院有限公司（原煤炭工业部煤炭科学研究院重庆研究所）成立于1965年，是国家煤矿安全技术与装备专门研究机构，“煤矿安全技术国家工程研究中心”依托单位，技术与装备研究基本涵盖了整个煤矿安全领域，瓦斯防治、粉尘（职业危害）防治、火灾爆炸防治、应急救援、安全爆破等均是其重点研究方向。研究院始终坚持“致力安全科技、提升生命保障”使命，为国家煤矿安全形势持续稳定好转提供了强有力的科技支撑。现如今，文光才作为研究院主管科研的负责人，面对新一轮科技革命和产业革命，他正以更为开阔的视野和更为饱满的热情，瞄准世界安全生产科技前沿，为建设超前感知、智能预警、精准防控、高效救援等高效防范科技体系，为实现煤炭人安全生产、健康生活、体面劳动的美好生活向往而不懈追求。

筑石化梦
逐绿色梦
圆中国梦

方向晨

方向晨，1960年5月生，安徽桐城人，1982年毕业于华东化工学院化学工程专业。现任石油化工环境污染防治技术国家地方联合工程研究中心主任、中国化工学会石化生态工程专业委员会主任委员、中国化工学会会士、中国石油化工股份有限公司大连石油化工研究院院长。荣获全国优秀科技工作者、何梁何利基金科学与技术创新奖、中华国际科学交流基金会杰出工程师、中国化学会—中国石油化工股份有限公司化学贡献奖、辽宁省优秀专家、中国石化突出贡献科技和管理专家等。

方向晨参加工作三十多年来，始终潜心于石油炼制、催化反应、绿色石化等技术的研究工作。作为国内较早专业从事石油化工环保技术研究机构的学术带头人，他是“开环而不断链”柴油改质（MCI）、“烷基转移”超深度脱硫、“分区强化分子选择性反应”高效生产、低投资低能耗液相循环加氢、石化挥发性有机物（VOCs）整体治理、催化裂化（FCC）烟气处理等技术的总负责人，立足石化行业特点，首次提出“以生产低排放清洁油品、过程节能减排为主、以末端治理为辅”的综合环保理念，全面把握技术发展方向并进行顶层设计，在石化工业不同发展阶段进行持续性重点攻关，开发了系列具有引领意义的绿色石化创新技术，创造性地应用于迫切需要解决的问题、难题并得到广泛应用，实现多项关键核心技术的重大突破，能够与国际同类技术论伯仲、比高低，达到国际领先水平，为解决产业发展与环境保护的突出矛盾、石化产业的绿色发展和全面提高作出重要贡献。先后荣获国家技术发明二等奖3项（第一完成人2项、第二完成人1项）、中国专利优秀奖4项、省部级科技进步一等奖8项（第一完成人）；获得国内外授权专利82件（第一发明人），在国内外核心期刊发表学术论文46篇（第一作者/通讯作者），出版专著5部；培养博士研究生4人，硕士研究生24人。

2018年1月8日，在人民大会堂召开的国家科学技术奖励大会上，方向晨作为获奖代表受到习近平总书记、李克强总理等国家领导人的亲切接见和合影留念。他倍受鼓舞，心里涌起了这段感慨，“三十多年了，绿色石化技术是石油化工行业几代人多长久的梦想啊！从MCI到FCC烟气超洁净排放，我们开发的系列绿色石化创新技术，可以为国家的环境治理与控制解决多少问题啊！这么些人，这么多年，这样，值了”！

筑石化梦——勇闯难关梦想成真

方向晨1982年以优异的成绩从华东化工学院毕业，投入他梦想的石化行业怀抱，荣幸地成为一名石油化工行业的科研工作者。他深知，每一项技术突破的背后，是无数前辈们默默的付出；每一项先进技术的蓝图，是前辈们高瞻远瞩的指路。老一辈科技工作者艰苦创业、开拓创新的奋斗历程，优良的精神传统和工作作风，带给了他强烈的心灵震撼，也让他拥有了继承发展的坚实力量。他立志，要运用所学的知识，在石化行业奉献自己的青春，争取让每一项技术的进步，都有自己的努力；他决心，让梦想在石化行业上，留下深刻的烙印。

万事开头难。沸腾床渣油加氢技术，被国际巨头垄断了几十年，所有可能的技术路线和专利形式，也早已被捷足先登。走沸腾床渣油加氢全套技术的国产化之路说来就不容易，实践中因技术受限何其艰难，“出师不利”，该怎么办？方向晨满怀“理论自信”地说，无经验可循、无技术可依固然艰难，但一切问题都是从零开始研究起来的，技术问题，还是要靠独特的技术路线来寻找突破。就这样，他开始了“勇闯三关”的艰苦跋涉。

第一关，技术路线关。针对业界对用创新的无动力内环流替代国外沿用几十年的高温高压循环泵体系的广泛质疑，他基于扎实的工艺工程基础知识，对反应过程流体力学系统进行深入计算和实验，充分论证了这一原创性构思的可行性。面对质疑，他敢于坚持，先后突破完成了工艺、工程、催化

剂研发等历史性难题和关键技术。中国石化用短短几年时间完成了沸腾床渣油加氢技术国产化的全部拼图，具有里程碑意义。

第二关，放大试验关。放大试验是一项技术走向工业化必不可少、风险最大的关键一步。尽管取消高压循环体系的技术路线，通过了中试验证，并得到业界专家的初步认可，但放大试验的阻力和压力却也成倍增加。“千磨万击还坚劲，任尔东南西北风”，方向晨顶住压力，反复论证，用技术搭台，用数据说话，终于使行业专家及相关部门同意在金陵石化开展工业放大试验，至此，距离实现“弯道超车”，只欠“临门一脚”。

第三关，装置运行关。试验装置建设投产这“临门一脚”，成败在此一举！从技术到工程，从催化到工艺，从控制到分析；对每一个突发事件亲自指导，对每一个运行结果反复检查，对每一个异常现象细致分析。“7 × 24h”的全天候模式，无数个装置运行难题，待一切尘埃落定，云消雨霁。

目前，5万吨/年的工业示范装置已完成8 000小时长周期寿命试验，多项技术指标均超越国外；300万吨/年首套工业化装置正在设计建设之中。这是我国炼油领域首次以全新开辟的技术路线打破国外技术壁垒和长久垄断，真正实现了创新与超越。“这虽是团队的一大步，却只是中国的第一步，未来我们会更进一步！”——正是方向晨一直以来善于学习、勇于创新、敢于坚持、勤于实践，才使他和他的团队发明出多项具有原始创新性质的先进技术，并成功应用。

他主持发明“MCI”劣质柴油改质技术，解决了车辆“冒黑烟”问题，为破解柴油质量升级难题、实现源头污染控制、引领柴油清洁化升级技术发展做出了积极贡献，获2001年国家技术发明二等奖（第一完成人）。

他参与发明“烷基转移”超深度脱硫技术，实现了低排放柴油生产过程的清洁化，破解了污染转移和生产成本过高的世界性难题，被多家国际知名公司评为“顶级”，获2013年国家技术发明二等奖（第二完成人）。

他创新石化VOCs整体治理技术，已应用于污水处理场、工艺尾气、储罐、装载操作4类废气治理，支撑国家环保战略，获2013年中国石油与化学工业联合会科技进步一等奖（第一完成人）。

他发明FCC烟气处理新技术，解决了氨逃逸和硫酸铵结垢、超深度脱除SOx、超细粉尘和盐尘气溶胶高效脱除问题，推动清洁生产技术进步，获2016年环境保护部科技进步二等奖（第一完成人）。

他主持发明“分区强化分子选择性反应”的高效化工原料生产技术，实现了化工原料生产过程的节能减排，同时解决石脑油、加氢尾油产品产率和质量不能兼顾的行业重大难题，获2017年国家技术发明二等奖（第一完成人）。

他瞄准过程节能减排，创新低投资、低能耗液相加氢技术，解决了国外技术脱硫能力受限缺陷，使液相加氢脱硫生产国Ⅴ、欧Ⅴ柴油成为现实，提高生产过程能效，获2017年辽宁省科技进步一等奖（第一完成人）。

为者常成，行者常至。方向晨始终不忘“爱我中华、振兴石化”的初心，时刻牢记“为美好生活加油”的使命，满怀激情地投入工作，数年如一日地着力开发绿色石化先进技术，全力推动石化工业的发展进步，为满足社会和人民对清洁能源和美好生活的需求和向往而努力，这一切，就是他的石化梦。

逐绿色梦——扎实研究梦想成路

“我从小就喜欢绿色，绿色象征着活泼、环保、希望。没想到，我现在每天都在为了‘绿色’而奋斗，可以说，‘绿色’就是我的梦！”——一句玩笑话，道出了这位绿色环保逐梦者正投身的伟大事业。

任重道远者，不择地而栖。“顾头不顾尾”从来都不是方向晨的风格，尽管已经发明多项源头减排、过程减排的核心技术，但末端治理的有待改进始终让他如鲠在喉、不吐不快。

PO/SM是镇海炼化100万吨/年乙烯工程的一套主体生产装置，是中国石化单套合资规模最大的化工生产装置，也是目前世界上最大的PO/SM生产装置。镇海炼化原计划从国外配套引进废气处理装置，昂贵的投资费用和苛刻的附加条款，令人望而却步。“客大欺店”，该怎么办？方向晨知晓该情况后，迅速召开技术论证会。面对近10倍尾气处理量的提升需求，且工况多、组成复杂、排放要求高，多数技术人员在会上表现出畏难情绪。方向晨凭借全面的跨学科知识，从反应机理、处理量、成本等方面综合分析，以装置体积、占地面积、整体投资均优于国外的技术方案，成功中标中国石化“十条龙”科技攻关项目。

三年时间，PO/SM废气处理装置建成投用。投资较最初引进国外技术减少了3 500万元，每年可减排有机污染物770.9吨，带来了巨大的经济效益和生态效益，为中国石化创造了良好的企业形象和社会形象。

FCC装置是炼油过程中重要的二次加工装置，是提高轻质油收率、生产高辛烷值汽油、提高柴油生产率的重要手段，但FCC烟气是炼化企业主要的大气污染物排放源。2009年，我国开始引进碱液洗涤除尘脱硫和臭氧氧化–碱洗脱硝技术，但存在投资费用高、烟气压降大、运行不稳定、废水难处理等问题。脱硝催化剂是FCC烟气脱硝脱硫除尘的关键所在，蜂窝状的结构对催化剂成型技术要求极高，实验室试制效果理想，放大试验却问题颇多，成品裂纹多，强度不达标。于是，方向晨与技术人员一起用50多个日夜攻关，催化剂制备放大试验终于成功。

“环境治理与控制的核心问题，不仅在于开发先进的末端治理技术，更重要的是统筹全产业链控污、治污的有效性和经济性。”——这是方向晨一路走来扎实研究、砥砺前行所形成的关键论断。他时刻立足石化行业特点，首次提出“以生产低排放清洁油品、过程节能减排为主，以末端治理为辅”的综合环保理念，高度全面把握技术发展方向并进行顶层设计，在石化工业不同发展阶段进行持续性重点攻关，开发了系列具有先进引领意义的绿色石化创新技术，创造性地应用于迫切需要解决的问题并得到广泛应用，实现多项关键核心技术的重大突破，达到国际领先水平，为解决产业发展与环境保护的突出矛盾、石化产业的绿色发展和全面提高做出重要贡献。与此同时，他也深知“无志不足以行远，无勤则难以成事”。于是，永不满足、永不止步的他，沿着“绿色梦”的地平线，将目光投向远方，一个更伟大梦想悄然而生。

圆中国梦——投身时代梦想成功

“领先国外的先进技术，开拓广阔的国际市场。让中国石化走向世界能源化工舞台的中央，为中华民族伟大复兴中国梦的实现而奋斗！”——他不忘初心、牢记使命，将石化梦、绿色梦投入中华民族伟大复兴的中国梦。

三十多年过去了，方向晨经历了多个岗位的多种历练，在担任中国石油化工股份有限公司大连石油化工研究院院长的十六年间，牵头引领技术创新工作，组织完成科研攻关计划，主持开展技术转化项目。数年如一日，十年磨一剑。他始终潜心于石油炼制、催化反应、绿色石化等技术的研究工作，组织完成了多项国家和省部级及境内外相关项目的科研攻关工作，在综合环保理念创立、石化创新技术开发、关键核心技术突破、工业全面广泛应用方面均取得突出成效，多项成果有力填补国内空白并达到国际领先水平，为石化行业的绿色发展和全面提高作出了重要贡献。

中国石化正在大力实施“走出去”的战略举措，方向晨和团队以提供综合环保闭环治理体系为抓手，助力中国石化积极推进海外业务布局。先进的技术让他在国际推广中游刃有余；清晰的思路让他在国际谈判中纵横捭阖；流利的英语和儒雅的举止让他在国际业界中受人关注。方向晨和他的团队坚持与伙伴互利合作、共谋发展，努力打造国际名片、提升国际影响，为中国石化建设世界一流能源化工公司做出了卓越贡献。

多年来，中国石化的“碧水蓝天”专项治理行动、“能效倍增”计划、“绿色企业行动计划”等取得了长足进步，涌现出一批科研成果。方向晨和

团队通过生产清洁化、排放洁净化、产品绿色化的源头控制，从微观、宏观、系统三个尺度重新审视石化工艺过程，努力实现生产过程清洁化、资源利用最大化、污染治理高效化、环境风险可控化，开发引领石化行业绿色发展的系列先进技术，推动国家石油化工事业发展进步，为国家生态文明建设提供有力支撑，奏响中国石化最强音，凝聚永续发展新力量，为早日实现中华民族伟大复兴中国梦砥砺前行、不懈奋斗！

特高压直流技术巅峰的问鼎者

王健

他的一个个科研成果，一次次改写着我国特高压直流领域的发展史。他的每一个奖牌后面都铭刻着两个大字：忠诚。既是对特变电工事业的忠诚，也是对国家科技事业的忠诚。他就是特变电工沈阳变压器集团有限公司总工程师王健。

多年来，王健在科技领域获奖无数：国家科技进步特等奖、一等奖；中国机械工业科学技术奖；沈阳市科学技术奖的特等奖和一等奖。他还是沈阳市优秀科技工作者，第一届中国电器工业协会标准化工作委员会先进个人，历获沈阳市专利个人奖、沈阳市市长特别奖，历获数十项中国专利优秀奖，享受国务院政府特殊津贴，是变压器行业的知名专家。

累累奖牌，闪耀着企业的荣光与骄傲

“国家科技进步特等奖”是国家科技界的最高奖项，也是国家对科学技术界非凡成就人士的最高褒奖。透过这沉甸甸的奖牌，足以看到王健对科学技术兢兢业业、一丝不苟、忠贞不渝的痴心情怀。

王健，自1991年从浙江大学电机系毕业后，一直致力于超高压，特高压交、直流变压器的研发与设计工作。近三十年的科研历程，他凭着自己的刻苦钻研精神，从一名普通的工程师锻炼成长为一名特高压直流领域的带头人。在他的主导下，我国结束了特高压直流输电依赖进口的历史，并后来者居上，引领世界。

多年来，他累计承担国家课题研制任务5项，参与制定近10项国家标准，主持开发国家重点特高压交直流科技成果100余台，创造20项世界第一，实现经济效益近100亿元。他主持的产品两次摘获全国科技领域最高奖科技进步奖项，其中特等奖1项，一等奖1项；2项专利获得国家专利优秀奖，获国家、省、部科技进步奖30余项。

在这一项项成就中，王健不但成为沈变公司专家团队中的佼佼者，而且成为全国行业专家团队中的佼佼者。

外表儒雅的王健，在世界级重大技术攻关中却如勇士一般地冲锋陷阵、大师一般地点悟开化，不断地把自己的独特观点奉献给团队，和团队一起攻克了一道道技术难关。正是因为有他和他团队的不懈努力，守护着中国重大装备制造业的振兴发展，使特变电工始终挺立在行业技术的最前沿，登上世界之巅。

把握机遇，组建筹备直流项目部

当年，直流技术一直受到国外企业的垄断。为了摆脱进口依赖，实现直流技术国产化，国家计划从优秀企业选派技术骨干公费到德国西门子公司学习，沈变公司作为变压器的龙头企业自然位列其中。

当时的王健虽然资历尚浅，但凭借他有口皆碑的钻研精神和出色的专业能力，赢得了这个宝贵的名额。王健把握住了这次宝贵的学习机会，他的勤奋好学和刻苦钻研让他在所有学习者中显得尤为出色。回国后，作为全国第一批研究直流技术的专家，王健立即组建了沈变公司直流团队，并带领团队持之以恒地进行科研投入，从直流技术的理论研究到直流技术的攻关，积累了丰富的理论和经验，项目部的科研成果已经成为国内变压器行业的风向标。

但王健并不满足于此，他喜欢挑战，敢于迎难而上，主动提出了开展直流偏磁技术对直流换流变压器的影响的课题研究。这个课题难度十分大，成果转化缓慢，当时国内无人愿意耗费时间和精力进行研究。在王健的坚持下，历时三年不断地理论模拟以及模型验证，终于完成了课题的研发，形成1项发明专利，并成功应用至公司自主研制的直流产品中。该专利荣获国家优秀专利奖，开启了沈变公司从课题研发、形成专利到成果转化的系列研发之路。

开拓进取，全面实现国产化

2005年，王健全面负责“贵广二回”工程国家首台国产化超高压±500千伏换流变压器研制，首次实现了变压器的大范围国产化。在此期间，他组织了多次专家评审，从设计、工艺、试验等各个环节做好要求和质量策划。最终，该系列产品结构优越，具有噪声低、损耗低、温升低等优点，满足铁路运输要求，获得8项专利技术。继贵广工程以后，沈变公司又研制了青藏、沐家等11个工程的108台产品，实现经济效益超过70亿元。

该项目的研制成功，提升了我国直流输电用换流变压器的制造技术，为以后自主设计制造更大容量、更高等级换流变压器积累经验，为我国直流输电工程提供优质可靠产品，为降低工程造价和电网运行成本打下了坚实基础。在满足国家电网建设需要的同时，还促进了民族工业的发展，提高了我国重大装备制造业水平，取得了显著的社会效益。

王健主持开发的该系列产品2007年荣获机械工业联合会一等奖1项；2008年荣获机械工业联合会特等奖1项，沈阳市科技进步奖、辽宁省科技进步奖4项；2009年荣获国家科技进步一等奖。

在云南－广州工程±800千伏项目上，王健带领团队严格管控质量，确保了沈变公司生产制造的产品全部合格。因此，沈变公司获得了南方电网公司的认可，将原来本应由某国际品牌公司生产的产品全部转给了沈变公司生产制造。国内首台±800千伏直流输电变压器的诞生，使沈变公司成为当时唯一一家能生产此类型变压器的厂家。

自此，王健团队的研发能力得到空前发挥。他们采用自主开发的方式，应用电、磁、热、力等多学科专业技术理论研制成功的项目，经鉴定，产品的各项技术指标均达到国际领先水平，再获8项专利技术。该项目不但填补了国内空白，而且有效地推进了清洁能源发展及西部资源优势向经济优势转化，实现资源就地转化，变输煤为输电，极大节省了铁路公路运力，优化东部能源结构，保障电力安全可靠供应。同时，也为企业新增收入超过4亿元。该项目的实施和应用，使特高压核心技术取得了全面的突破，特高压变压器设备研制实现了国产化和产业化目标。

勇挑重担，攀登世界直流技术最高峰

2017年，王健承担起被沈变公司誉为“生命工程”的昌吉–古泉±1 100千伏特高压直流输电工程项目的总工程师。

该工程首次将电压等级提升至±1 100千伏，输送容量提升至1 200万千瓦，输送距离可达3 283公里，为目前世界上电压等级最高、输送容量最大、输送距离最远、技术水平最先进的特高压输电工程。也是国家实施“疆电外送”的第二条特高压输电工程，对于促进新疆能源基地开发、保障华东地区电力可靠供应、拉动经济增长、实现绿色发展等方面都具有重要意义，标志着世界能源创新发展迈向新的时代，将载入国家、世界能源发展史册。

对王健而言，这个项目是更大的挑战、更大的压力，但也是更大的动力。他来到新疆一待就是一年，熬红的双眼、日渐增多的白发和更加瘦削的身形无一不见证了他所经历的磨炼。

共同奋战在该项目的沈变公司员工裴广超说，王健平时和蔼可亲、平易近人，没有领导架子，凡事都亲力亲为，对待工作十分严谨，对质量要求十分严苛，容不得有一丝马虎和疏漏，专业技术能力和态度令人佩服。“他十分关爱项目一线生产员工，只要一有时间就同大家一起干活。考虑到我们从沈阳来，在新疆饮食会不习惯，王健就积极协调家乡的厨师到新疆来，以解我们的思乡之情。”

王健在新疆一年多的时间里，从来没有过休息日，就连过年都没有回家，每天都工作12小时以上。他爱岗敬业的精神深深感染着身边的人。在同国家电网对接项目的过程中，为讨论整改优化方案，加班到凌晨两三点钟是王健的常态。

2018年5月26日，世界首台发送端±1 100千伏换流变压器在特变电工±1 100千伏特高压生产基地试制成功，一次性通过全部试验，各项性能指标均优于技术协议要求。6月21日，这台标志着世界特高压输电技术发展开启新纪元，引领世界能源创新迈向新时代的±1 100千伏换流变压器成功发运。

锻炼队伍，为企业储备优秀技术人才

王健深知人才是企业技术再创新的有力保障。为加快提高技术体系人才的业务水平，他通过岗位培训、技术革新和攻关改进技能等培育岗位人才，满足企业快速发展的需要。

他深入基层了解设计员需求，围绕提高变压器设计水平对不同类别的设计员进行不同层次和模式的多方面培训。针对设计人员、新进人员，王健大力开展应用软件的培训；针对公司主导产品的调整，他组织技术团队进行技术学习。2019年为了进一步激发科技团队的创新活力，他又推进技术体系的岗位技能评价，为技术团队提供岗位晋升的平台和通道。

2019年，是王健来到特变电工沈阳变压器集团有限公司的第二十八年。他说，为祖国变压器事业发展腾飞，永远不会停止攀登的脚步！

坚韧融合 志存四海

冯志海

冯志海，1965年出生，浙江绍兴人，1986年毕业于北京航空学院（现北京航空航天大学）高分子材料专业，1989年获中国运载火箭技术研究院复合材料硕士学位，后获中南大学材料学工学博士学位，现任中国航天科技集团学术技术带头人、中国运载火箭技术研究院首席技术专家、航天材料及工艺研究所研究员级高级工程师，享受国务院政府特殊津贴并获得航天创新奖。

冯志海自1986年一直在中国运载火箭研究院下属航天材料及工艺研究所学习和工作，致力于航天防热复合材料技术和碳纤维国产化研究，取得了多项重大突破，研究成果达到国际先进水平。

他先后获得国家技术发明二等奖1项、国家科技进步奖二等奖2项、国防一等奖4项、二等奖1项、三等奖1项；出版著（译）作2部，发表科技论文210余篇，授权发明专利60余项。

引 子

走进守卫森严的中国运载火箭技术研究院的大门，看到迎面伫立着中国航天事业奠基人——钱学森先生的铜像，立刻让人肃然起敬。这里诞生了我国第一枚导弹和运载火箭，也孕育了勉励无数后人的三大“航天精神”，是名副其实的中国航天事业发祥地。来到航天材料及工艺研究所办公楼大厅，首先看到首任所长——“两弹一星”功勋科学家姚桐斌先生的铜像，他正默默注视着进进出出的后辈们，勉励着年轻的航天材料人继续为航天事业无私奉献、勤勉工作。后面墙壁上赫然印着航天材料及工艺研究所的所魂——“坚韧、融合”。

冯志海的办公室位于三楼一个不起眼的房间，办公室很小，却摆放着两张已为航天材料事业奉献了大半辈子的老研究员的办公桌。坐在办公室的冯志海儒雅、和蔼，散发出资深工程师的沉稳与内敛气质。翻看众多证书时有张照片吸引了我们的注意，那是他大学毕业证书的照片，三十多年前的他风华正茂，英气十足，瘦削的脸庞也似乎是那个艰苦年代特有的印迹。

由于大量研究工作涉及型号秘密，采访的过程中，他避开具体型号任务谈工作方法，讲经验技巧；谈航天系统大协作，分享经历与感悟。朴实的语言中让人体会到航天人的平凡与伟大，字字句句让人心生敬畏。而关于生活中的故事，他谈得很少，我们只有从他身边的同事那了解到一些情况。

关于众多荣誉，他提得最多的是团队贡献，“航天是系统工程，没用航天大系统团队协作，也就没有个人的成绩和荣誉”。此刻他就是一名普通的航天人，将个人荣誉与航天事业紧密相连。他始终把自己看作是一名奋斗在航天材料工艺一线的普通工程师，所以他谈得最多的是，如何做一名有担当的航天工程师。

“特别能吃苦，特别能战斗，特别能攻关，特别能奉献”。载人航天精神脱口而出，雄壮大气，耐人寻味。

北上求学，志在航天

冯志海出生于著名的江南水乡——浙江绍兴。1982年，学习优秀的他考入北京航空学院高分子材料专业。带着家人的期盼，17岁的他独自一人乘坐绿皮火车辗转数日抵达北京，开始了“北漂”生涯。刚开始，北方干燥寒冷的气候着实让从小生长的江南水乡的他吃尽了苦头。寒风刮在干燥的皮肤上如刀割一般，冻手冻脚也是家常便饭。但在那个艰苦年代，他和其他大学生一样，怀着对知识的无限渴求，珍惜点滴的青春时光努力读书吸收营养，全然忘却了水土不服带来的不适。问起当初是为何来到航天材料及工艺研究所的，他说主要源于大学时代专业的渴求与老一辈航天光荣事迹的熏陶。

80年代的大学还是毕业分配制，学习成绩优异的他在毕业前已得知自己将被分配到一家很著名的军工企业，但他觉得自己对专业理论知识的掌握仍不够，工程实践能力也未得到锻炼，希望能继续学习深造，所以他决定考研，继续在专业领域学习。并且，当很多人在犹豫继续留在大学读研还是出国留学深造的时候，他已经有了自己的选择，那就是报考中国运载火箭技术研究院。立志航天，这个决定影响了他的一生。他希望追随钱学森等老一辈

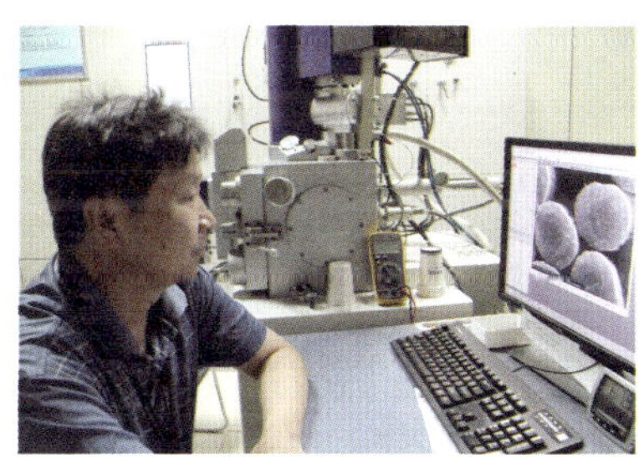

航天人的足迹，将自己学到的专业知识用于导弹火箭等高技术国防装备领域，捍卫国家安全。最终，他顺利考上了研究生，又经过三年的理论学习和实验研究，毕业留在了专业对口的航天材料及工艺研究所工作，成为一名普通的助理工程师。

艰难起步，夯实基础

成为一名优秀的工程师是一个成长和磨砺的过程，初入职场的年轻人，起步都是很艰难的。在冯志海身上，我们同样看到了一个成长的故事。从弄懂原材料基本性能，到掌握复合材料设计制备工艺，再到练就靶场现场解决问题的能力，在师傅和前辈的指导下，航天工程师的每一步，冯志海都走得很认真。

“如果不懂原材料生产工艺和基本性能，是很难做好复合材料的”。

整个90年代，航天事业陷入低谷，型号任务少，精力旺盛的年轻人“吃不饱”，很多人陆续离职跳槽。刚参加工作不久的冯志海也经历了这一困难时期，生活的清苦并未磨灭他对专业的热情，不断向老工人、老师傅们请教材料性能、用途和成型工艺的经验，勤勤恳恳做好自己的工作，不断夯实基础，积蓄力量。机会总是垂青有备者，经过几年的磨砺，领导派他参与某重点型号防热复合材料部件的研制。也正是这个研制任务，让年轻的冯志海对复合材料等原材料的研制生产有了更完整的认识。

碳纤维是研制战略导弹用防热复合材料不可或缺的战略关键原材料，国外控制出口。20世纪70年代我国开始研制T300级碳纤维，但种种原因使国产碳纤维的研制陷入困境，并逐渐与国内碳纤维应用单位脱节，很少有厂家研制和生产碳纤维。通过上级协调，吉林化纤厂和吉林石化合作，共同进行碳纤维支撑型号研制。碳纤维生产工艺极其复杂，涉及机械、纺织、高分子化学、材料学等多个学科。为了研制性能优良的防热复合材料，要求碳纤维性能稳定且与树脂基体匹配。冯志海长期蹲点驻守在东北，寒冬中往返于协作单位之间，熟悉碳纤维生产工艺，自己动手评价纤维性能和制备复合材料，与厂家工程技术人员一起讨论处理技术问题。经过几年的不懈努力，精挑细选的国产碳纤维终于应用于型号研制中。在这个过程中，冯志海通过碳纤维研制评价摸清了碳纤维的生产工艺和性能特点，熟练掌握了防热复合材料成型制备工艺技术，为以后的研究工作打下了坚实的基础。

冯志海反复强调，要当好一名材料工程师，必须要立足工程一线，掌握所需原材料的生产工艺和性能特点，而他自己也是在型号研制中得到了锻炼。

坚韧融合，攻坚克难

在1999年庆祝新中国成立50周年的雄壮阅兵仪式上，当某型洲际导弹惊艳亮相时，全国人民欢欣鼓舞，中国向世界证明拥有了可精确打击万里之外的战略导弹。这些国之重器凝聚了千千万万航天人的艰辛付出，其中就有以冯志海为代表的一大批优秀的工程师为导弹关键防热材料的研制所作出的突出贡献。

随后，美日等国加强了军用碳纤维的对华出口控制，军用碳纤维的进口渠道几乎完全被切断。作为国之重器的战略导弹研制和生产被严重“卡脖子”，引起党和国家领导人的高度关注。经过仔细调研，国家最终下定决心必须实现战略导弹用国产碳纤维可持续自主保障。2005年，国防科工委启动了T300级碳纤维国产化项目，由航天材料及工艺研究所负责技术抓总。

“外国人能干出的材料，我们中国人也一定能干得出来，而且还要比外国人干得更好”。时任该项目负责人的冯志海对碳纤维复合材料这个行业饱含热情。他深知，没有好用的碳纤维就没有性能优异的复合材料，更没有高技术的航天型号装备，而国内的相关技术落后国外何止几十年。过去相当长一段时间，中国投入了很多，但依然没有彻底解决问题，想在短时间攻克难关，难度可想而知。但是作为航天人，他更知道，航天事业从来就是自力更生，艰苦奋斗。“工程师就是要迎难而上，兵来将挡，水来土掩”，骨子里的那种不服输的韧性使他下定决心，必须完成组织交付的任务。他迅速组建了技术攻关团队，联合国内优势碳纤维研制单位和设计单位，积极开展各项技术攻关研究工作。

经过多年的研究积累，国内T300级碳纤维制备技术研究取得了较大进展，原丝技术研究得到了加强，但依然未能突破碳纤维核心技术。大型聚合釜、纺丝牵引和氧化碳化炉等关键装备也不能满足高性能碳纤维制备要求，国内多家碳纤维研制单位的碳纤维性能稳定性和应用工艺性普遍较差。冯志海通过调查和研究发现，国内研究人员对于碳纤维科学认知水平低，制约了碳纤维制备技术的提升；而且高性能碳纤维的应用研究都基于进口碳纤维，各种基体材料体系和复合材料成型工艺均不适用国产碳纤维，已有的应用研究成果对碳纤维制备技术指导性不强。

为了完成这项艰巨的任务，冯志海率领攻关团队分头开展各项研制工作，每周召开技术协调会。他“身先士卒”，率领多名技术骨干成员远赴纤维研制现场和碳纤维研制单位的工艺人员一起联合攻关，针对碳纤维研制全流程中的成百上千个重要关键工艺参数出现的问题及时逐一调整解决。遇到一些错综复杂悬而不能决的尖锐问题时，一向和蔼的他甚至“拍过桌子，骂过街”。由于高性能碳纤维技术难度极大，研制中经常出现工艺反复，攻关团队承受着巨大压力，团队成员一直蹲点在纤维研制现场协调解决技术问题，数月都未曾回家。

冯志海和技术团队发扬“特别能吃苦，特别能战斗”的航天精神，坚定必须完成碳纤维国产化的信念和目标，充分发扬了航天材料人的坚韧融合品质——“压不垮、折不断、直面困难、拼搏奋斗，凝聚和谐、协作包容、大局主动、支撑引领”。经过数年与纤维研制单位和设计单位的团结协作，终于取得最终胜利，成功研制出性能优于国外水平的国产碳纤维复合材料及构件，有效解决了我国战略战术导弹碳纤维及复合材料的自主保障问题，彻底扭转了长期受制于人的不利局面，取得了显著的军事和社会效益。

志存四海，胸怀家国

“中国男儿，中国男儿，要将双手撑天空，长江大河，亚洲之东，巍巍昆仑，古今多少奇丈夫，碎首黄尘，燕然勒功，至今热血犹殷红。”这首在“五四”时期广泛流传的歌曲，也是中国航天人的真实写照，他们不怕苦、不怕累，更不怕牺牲，毅然离开“小家”投入“大家”的怀抱，把毕生精力奉献给“大家”的航天伟业。投身航天事业已逾三十年的冯志海就是这样一位中国航天人。

2014年12月，正在山西太原出差的冯志海接到一个电话，动作瞬间凝固似的，陷入了沉思之中。原来电话是在绍兴老家的母亲打来的，告知他父亲突发疾病危重。第二天完成任务的他赶紧踏上了回家的列车。伏在病床前，看着危重的父亲，冯志海心中五味杂陈。三十年前踏上北上的列车，他听到的是父亲的坚定话别，“好男儿志存四海”，这也许是父亲对爱子的无限期盼。三十年来，为了自己热爱的航天事业，他都不记得自己跑了多少次发射基地和分布在全国各地的协作单位，而鲜有时间回家陪伴渐渐老去的父母。如今，他也是一名父亲，自己年幼的儿子也将独自踏上求学之路，正如他当年一般。站在机场海关入口外，默默注视儿子走进候机厅准备登机，他更深刻体会到当年父亲送他北上求学时的不舍和担心。

远离故土创业的人们，他们不是不想和亲人长相聚，而是工作在他们的心中占据了更重要的位置。为了事业，他们可以忍受亲人别离的苦楚。航天工程师们，为了“大家”的航天事业，也时常选择了离开亲爱的“小家”，奔忙于五湖四海。正是有了千千万万这样可爱的航天人，中国航天事业走出了自己的特色之路，展现了自己的雄姿。

勇于创新，培养新人

航天科技是前沿高科技领域，其显著的军事战略意义只有依靠自力更生。如今中国航天已成为中国走向世界的名片，靠的就是一代代航天人不断创新进取。

轻质长时防隔热和气动维形的弹头防热材料是制约新一代导弹研制的主要关键技术。导弹在极速飞行过程中产生几千度的高温，一般材料很难抵抗。防热复合材料就是导弹的保护衣，如果没有这层保护，那么导弹飞不快，也飞不远。当今新型导弹朝着高超声速方向发展，但如果没有优异性能的防热材料做保护，这一技术的发展无异于天方夜谭。而国外对导弹技术严格保密，没有可供参考的技术资料。

“这就需要航天工程师勇于创新，直面挑战技术难题”。创新一定要建立在科学基础之上，掌握技术前沿，不断推陈出新。在总结近三十年的技术研制经验基础上，冯志海提出并发展了有机无机杂化长时烧蚀防热复合材料新体系，带领团队攻克了“热耗散机制协同”“碳层强化”和“大型防热构件制造”等关键技术难题，与国内外现役主流防热材料——石英/酚醛相比，综合性能明显提升，成功应用于多个型号飞行器，系统解决了我国新一代导弹的热障难题。与此同时，他组织团队凝练提出烧蚀维形防隔热一体化轻质防热复合材料基础研究重大方向并担任技术首席专家，为烧蚀防热复合材料的升级换代探索新方向，将极大地推动我国烧蚀防热复合材料技术升级换代并抢占该领域的战略制高点。

创新需要人才。经过多年的型号研制磨砺，这支善于攻关克难的技术团队涌现一大批青年才俊，在各自岗位上发挥重要作用。在冯志海的指导下，十多名一线骨干工程师相继成长为了研究员级高工，并逐渐独立承担新型号研制任务。

“航天六十余年艰苦创业，第一代航天人开创了伟大的航天事业，并打下了坚实基业，我们第二代航天人还在发扬光大，更年轻的第三代航天人已经惊艳登场”，冯志海满怀希望看着桌上的团队合影。

创新需要更多的青年才俊加入到航天事业，而伟大的航天事业正吸引更多的青年才俊。随着新鲜血液的不断注入，冯志海和他带领的工程师团队充满朝气，团结一致围绕“建设航天材料强国”的目标不断奋斗。

坚守粉磨领域 成就国之重器

包玮

包玮，合肥水泥研究设计院总工程师、首席粉磨专家，享受国务院特殊津贴，先后参与、主持国家“七五”“八五”“九五”科技攻关项目、国家863计划项目和国家“十一五”支撑计划以及“第二代新型干法水泥生产技术”等项目的研究，取得了一系列重大科技成果并进行了大规模推广应用，为我国大型水泥技术装备国产化、节能减排和参与国际竞争提供了有力支撑。他带领的团队成功研制出我国第一台国产辊压机（也称高压辊磨机），实现了中国水泥辊压机从无到有，由弱到强的飞跃；该辊压机成为水泥行业节能减排首选技术装备之一，结束了我国大型水泥关键技术装备依赖进口的历史，也是唯一把国外同类产品挡在国门之外的关键主机装备，为我国粉体加工行业的节能减排和技术进步作出了重大贡献。他带领团队创造多项世界第一：以超1 600台套业绩，遥遥领先于国内外同行；以单套产量350吨/小时以上，刷新世界上最大水泥粉磨系统纪录；利用该技术建成了世界上首条大规模钢渣超细微粉生产线，有效解决了钢渣大规模高效处理世界性难题。

改革开放四十多年以来，紧跟中国经济建设的脚步，经过几代人的不懈努力，中国水泥工业实现飞速发展。进入本世纪后，中国不仅成为水泥生产大国，而且迈入大型水泥成套技术的强国行列，成为重工业领域最早“走出去”的典范。而这实际上与一批长期以来坚守创新、潜心钻研、默默奉献的科技工作者密不可分。合肥水泥研究设计院总工程师包玮带领的辊压机课题组就是这样一个团队。

2017年1月，由包玮作为学术带头人和主要管理者的合肥水泥研究设计院所属中建材（合肥）粉体科技装备有限公司，凭借辊压机的市场占有率、持续不断的研发成果以及强大的研发实力，被国家工信部评为全国首批54家“制造业单项冠军示范企业”。2018年2月，该辊压机作为水泥行业唯一主机装备亮相中央电视台大型纪录片《大国重器》。

包玮1982年毕业于马鞍山钢铁学院，并留校担任机械设计教师，与建材水泥还是有挺大的距离，对水泥工艺装备更是完全陌生。一次偶然的工作调动，他阴差阳错地进入了合肥水泥研究设计院（以下简称合肥院），并加入辊压机课题组。他从头学起，结合研发工作需要，不断学习相关专业理论知识，从大量的工作实践和现场经历中不断总结经验，经过这样三十多年的循环往复，终于磨炼成为国内知名的水泥技术专家。因在水泥粉磨领域的突出贡献，包玮获得了三次国家科技进步奖，其中二等奖2项、三等奖1项，此外他还被授予“全国五一劳动奖章”“全国优秀科技工作者”“中央企业劳动模范”“安徽省先进工作者”“合肥市科技杰出贡献奖”“全国建材行业优秀企业家”和“全国建材行业十大科技人物”。在成绩和荣誉面前，包玮显得十分淡定和谦逊，他认为这是团队智慧的结晶，是数十年里几代人艰辛奋斗换来的。“宝剑锋从磨砺出，梅花香自苦寒来”，三十多年中，他和同事们坚守创新、磨砺奋进，取得了令人瞩目的成就，他们的奋斗经历也正是中国科技强国、制造强国发展的一个缩影。

中国第一台辊压机的诞生

辊压机是当今国际公认粉碎效率最高的装备，1985年在德国首次实现工业化应用。而中国挤压粉磨技术研究几乎是和国外同步的。早在1986年，合肥水泥研究设计院申请国家“七五”科技攻关项目，开始了粉磨技术装备的研究开发。1988年，原国家建材局大力组织实施了辊压机技术的引进，合肥水泥研究设计院等国内四家建材科研院所和企业承担了技术引进转化任务。当时，年仅31岁的包玮正担任国家“七五”科技攻关专题——“挤压粉磨新技术及设备的研究”第二负责人，主要从事装备的研发、设计及试制等工作，使他成为中国最早从事辊压机粉磨技术装备研究者之一。由于已经有了两年的研究经历，因此，在引进过程中与德国专家进行了充分深入的交流，掌握了国际上最前沿的技术和设计理念，为日后形成具有自主创新的设计思路和设计理念，完成国内首套辊压机的研究试制奠定了坚实的基础，并且在此基础上独立完成了国外进口设备的调试工作。

当时辊压机是全新的粉碎设备，国内外都处于研究完善期，缺乏成熟的经验借鉴，遇到的困难之大是可想而知的。加之国内机械设备配套能力与世界发达国家存在巨大差距，设备和系统投资大，不适合中小型水泥生产线、故障频发运转率低下等。但是，包玮和团队坚信辊压机作为粉碎效率最高的设备，一定会在粉碎领域占有一席之地，因此在国内其他兄弟单位纷纷放弃之际，他们毅然选择了坚守，把每一次客户的要求作为难得的完善设备、工艺和自动化控制的机会，与市场和时间赛跑，秉承“新技术进步和新设备完善的速度只要超过市场否认的速度，就能取得成功”的理念，不计成本、不放过一点一滴，经过近十年的艰苦努力终于将辊压机这项科技成果转化为行业首选技术装备。

在研究制定首台辊压机总体方案时，包玮并没有完全照搬国外设计，而是根据自己的研究结果，在仔细研究引进技术的基础上去粗取精，消化吸收国外技术和理念的基础上，经过细致的比较、筛选和反复论证，形成了具有自主特色的辊压机设计理念，并且确定了适合中国国情的辊压机设计准则和工艺应用规范，实现了采用全部国产原材料、配套件和加工能力制造出与国外发达国家工艺性能相同的国产化辊压机。

1989年，他们成功研制的我国第一台水泥辊压机问世，并在江苏省江阴市水泥厂投入工业化运行，开创了辊压机国产化的先河。1990年12月，国家“七五”科技攻关项目“挤压粉磨新技术及设备的研究”通过了科技成果鉴定。该成果为辊压机工业化应用奠定了坚实的基础。1993年，包玮作为第二完成人荣获国家科学技术进步二等奖。

包玮认为，国产辊压机之所以研发成功，与合肥院的科研管理机制是有很大关系的，同时也与当时国家建材局的大力支持密不可分。原国家建材局从组织立项、技术引进、出国考察以及后来的产品鉴定、应用改进的指导等都给予了强有力的支持。同时，在引进技术之前的两年多研究，对与国外公司谈判，最终形成自己独到的设计思路起到关键的作用。可以说国产辊压机的诞生，是与行业内一批科技人员的共同努力和上级领导的坚强支持分不开的。

高可靠性辊压机及粉磨系统的推出

科技大奖的取得并不意味着成熟的技术和装备。受制于国内加工、配套件材质以及应用过程中出现的各种各样问题，辊压机在一段时间内受到行业的质疑。包玮和团队逐步认识到，不做工艺研究，哪里来的装备？装备是为工艺服务的；不做水泥成品性能的研究，哪里来的工艺？工艺是为制造出优质产品服务的。只有解决了这两个方向的问题，辊压机关键技术才能被牢牢掌握在中国人自己手中，才能真正实现辊压机本土化和国产化。因此，必须从系统工艺的角度改善设备的使用环境，完善电气及自动化控制系统提高自调节能力。在对辊压机粉磨成品及其性能进行各种测量和理论分析后，他们于1991年和1996年提出了“无球磨节能粉磨技术及设备的研究”和“水泥厂料层间挤压粉磨技术及装备的研究开发”研究课题，被国家列入“八五”科技攻关课题和“九五”科技攻关项目，包玮担任了课题和项目的负责人。

经过近十年的不懈探索，取得重大突破，研发了具有我国自主知识产权的辊压机粉磨技术，开发出SF型打散分级机和气流高效选粉机等系列配套装备，使挤压粒度和级配更有利于实现粉磨高产节能，首创了具有我国特色的集成高细高产磨、高效选粉机的辊压机联合粉磨新工艺，标志着我国在该技术领域全面达到国际先进水平。该技术成果还成功推广至矿渣超细粉磨等领域。1995年，因在水泥粉磨领域的贡献，包玮被评选为“国务院政府特殊津贴专家”。这期间，包玮还参与了粉磨相关技术“HFKH型快速沸腾式烘干系统研究”，作为第三完成人荣获1999年度国家科技进步三等奖。

通过“无球磨节能粉磨技术及设备”研究，开发出的辊压机及其粉磨系统不仅具有高可靠性、高运转率，而且降低能耗达30%以上，降低钢材消耗达60%，噪音由120分贝降低至85分贝以下，单条生产线的产能提高幅度达200%，保持了与国际先进水平的同步。2004年12月，包玮作为项目第一人的“辊压机节能粉磨技术”荣获了“建筑材料科学技术二等奖”。

辊压机大型化与系列化

我国水泥工业大型化和高性能化，对其配套装备不断提出更高要求。对于辊压机来说，不仅仅是解决大型化问题，更重要的是在装备设计理念和工艺系统应用理念方面需要有重大突破，以满足日产5 000吨及以上大型水泥生产线和年产200万吨水泥粉磨站要求。

为此，国家下达了863计划引导项目“大型辊压机节能粉磨技术及装备的开发”及“十一五”科技支撑计划项目“高性能水泥绿色制造工艺与装备”子项“大型水泥辊压机联合粉磨技术的研究及装备的开发”，组织开展对大型辊压机粉磨装备的研制。包玮担任了两个项目的课题负责人，负责全面组织和技术方案、路线制定工作。包玮和团队创新设计理论，开发出采用国产原材料及配套件制造的性能优越、可靠性高的大型辊压机，并且在料床粉碎机理研究方面取得突破，充分挖掘辊压机节能降耗的潜能，为推动水泥技术进步和节能减排提供了强有力的支撑。

国产大型辊压机研发成功，有效地解决了大型粉磨系统热容量大、球磨机散热条件差、分级和选粉系统效率低下难题，使粉磨系统电耗大幅度降低，使得小型粉磨系统或传统球磨系统被大型新型干法水泥生产线替代。与传统水泥粉磨系统比，增产100%以上，系统节电30%以上，生产车间环境噪音由110分贝降至65分贝，主要技术经济指标达国际领先水平。他们成功研制配套5 000吨/天以上生产线各类不同规格的HFCG系列辊压机，大大加速了水泥行业节能减排及结构调整步伐。

包玮作为第一负责人完成的“大型新型干法水泥生产线粉磨关键装备的研发与应用”项目获2011年度国家科学技术进步二等奖。此外，他主持的“HFCG160大型辊压机及粉磨系统节能技术的研究开发”还获得了“安徽省科学技术一等奖”和“建筑材料科学技术一等奖”。

2012年，包玮和团队开发并提供主机装备的水泥粉磨系统以350吨/小时单套产量刷新世界最大水泥粉磨系统纪录。2013年，国内最大规格的

HFCG200–180辊压机生料终粉磨系统顺利投产，产量520吨/小时，吨生料成品电耗12千瓦时/吨，达国际领先水平。

粉磨系统优化升级

“创新是引领发展的第一动力”。包玮认为，这些年来，行业内也出现了不少国产辊压机，但是唯有他们能持续引领行业发展，这主要还是因为坚守了创新，从未停歇。

包玮和团队始终都将技术创新放在首要位置，对辊压机设备和工艺系统进行了不断优化升级。譬如，开发高压力低冲击柔性液压系统、高耐磨新型辊面、电动进料装置、多种分级系统、多功能粉磨工艺系统、远程在线监测与故障诊断技术、智能化控制系统等，大大改善了辊压机设备性能和粉磨系统的稳定性和可靠性。

《中国制造2025》指出，“坚持质量是坚持制造强国生命线，没有一流的制造质量，就不可能建设成为制造强国，我国必须走以质取胜的发展道路”。因此，包玮始终坚持要把质量控制放在首位，要求从产品应用的大系统角度对质量进行前置控制，确保每一台辊压机的产品质量和工艺性能满足为客户提升市场竞争力的需要。

经过持续的研发升级和应用推广，他们的辊压机无论是在制造工艺、精细化程度、使用寿命，还是在产品可靠性和稳定性上均已达到国际同类先进产品水平。与国外知名设备相比，该国产辊压机可靠性更高、运营成本更低、操作维修更方便等，在市场中更具竞争优势。

开启创业之路 促进成果转化

科技成果产业化是把科技成果转化为生产力的必由之路。计划经济时期，科技人员研制出的科技成果往往直接转让给设备制造厂，辊压机技术最初亦是如此。但是实践中，技术进步与应用脱节，使用中出现的问题不能及时反馈研发人员，研发人员缺乏深入实际调查和解决问题的动力，设备设计的完善、工艺设计的不合理、控制系统的不适应所产生的故障频发、运转率低，使得大部分用户对辊压机产生了一些抵触情绪，甚至产生了不小的信任危机。包玮和团队认识到，技术转让存在弊端。首先，不同水泥厂的物料易磨性不同，常常需要根据物料特性调整设备参数，而制造厂对设备性能不了解，不能提供有效的技术服务；其次，产品在使用过程中暴露出来问题，只有研发人员才能及时准确地解决、完善，制造厂只能照图加工。为了解决这一问题，包玮和团队决定自己兴办产业，把最新科技成果中不成熟因素所产生的经济责任承担下来，研发人员直接面对用户，用市场经济的手段倒逼科技进步、技术完善。

要创办大型装备制造企业，其艰辛程度是可想而知的，缺资金、缺经验、缺人员，一切都要亲自动手。1992年，他们贷款30万元设立了第一家产业企业——合肥水泥研究设计院肥西节能设备厂，包玮担任主要负责人。这是中国水泥行业内最早进行科技成果化的单位之一。该厂以研发和服务为主要业务，专业生产辊压机，产品加工与配套依托于国内外顶级专业公司和工厂，是典型的“哑铃”型企业。肥西节能设备厂的建立大大加快了科技成果转化速度。经过十多年的发展，该厂由当年产值只有300万元的小型企业，成为年销售收入超过10亿元、进入合肥市50强的明星企业，在水泥行业具有很高知名度。辊压机产业化，也带动了我国机械加工、关键配套件等相关产业的发展，有力地推动了我国大型机械制造、金属和非金属材料等行业技术进步，是名副其实的国之重器。

在市场化的进程中，公司研发团队逐渐地认识到，要抢占市场，提高产品知名度和美誉度，要做大做强，还要在提高产品性能、品质和塑造品牌上下气力、做文章，尤其要打造属于自己的优质品牌。经过十多年的不懈努力，2007年HFCG系列辊压机获得“中国名牌产品”称号。这是到目前为止，中国科研单位中为数不多获得中国名牌称号的科技产品，它开创了建材行业科研院所自主研发和制造的产品获“中国名牌”的先河。如今，HFCG辊压机创下多项世界第一，国内水泥行业的第一品牌，并成为水泥生产线首选或必选技术装备，国内水泥行业产能前12强大型水泥集团都大量采购。

发挥综合优势 开拓海外市场

在水泥行业大规模成功应用后，包玮和团队又将眼光瞄准生料、矿渣、铁矿石、矿山、工业废渣处理等相关领域。尽管都是粉磨粉碎大领域，但是从一个行业跨到另外一个行业难度还是蛮大的。经过近十年研究探索，2016年4月，由他担任技术顾问的国家科技部专项基金项目“基于挤压粉碎原理大规模高效处理钢渣的研究与应用”通过了中国建材联合会和安徽省科技厅联合鉴定，主要技术经济指标达到国际领先水平。该项目成功开发出世界上首条大规模、高效的钢渣超细粉磨工艺系统并实现成功运行，根本解决钢渣粉磨所面临的易磨性差、磨蚀性强的难题，生产出品质均匀、有害物质分散、便于后期改性和激发活性的钢渣超细微粉，为钢渣大规模高效应用奠定了坚实基础。该成果被宝钢、马钢和美国哈斯科等国内外大型企业成功用于钢渣处理。该项目获2017年度“建筑材料科学技术二等奖”。截至2017年年底，该辊压机已在铁矿石、钢渣、矿渣、化工等行业应用100台（套）。

业内都说合肥院粉磨技术很强，那强在哪里？包玮认为，其实就是综合技术优势，为客户提供完整、合适的综合解决方案。因为在这里，除了辊压机这一核心技术装备外，还包括了选粉机、分级机、球磨机、烘干机等国际国内领先的粉磨技术装备及工程化应用的最新技术成果，并根据企业具体情

况有机地结合，形成完整合理的技术方案。正是这些数十年积累和不断推陈出新的成套粉磨技术使得他们解决系统性和复杂性问题的能力更强，综合优势更明显，这也是他们能够长期引领行业发展的关键所在。

近年来，随着水泥行业结构调整，业内企业发展形势严峻。为此，包玮带领团队紧紧抓住水泥行业智能制造和节能减排这一主题，从研发入手，开展粉碎机理的深入研究与探索，取得了包括智能化控制在内的一批最新科技成果，在提升市场竞争力的同时，也为水泥生产企业提供了更加完善的技术和装备。合肥院通过信息化技术提升了运营服务业务能力，努力实现由设备制造商向提供系统解决方案的服务商和工程运营承包商转变。这不仅减轻了水泥企业生产压力，帮助其提高了市场竞争力，而且也与越来越多的水泥企业共同建立完善的研发体系，为今后的科技进步奠定了基础。这些新模式业务不仅带来了可观经济收益，也培养锻炼了一大批研发与工程技术相结合的复合型科技人才。目前，该团队每年在研项目近20项，成果源源不断输出，进一步提高了我国在这一领域的研发能力和水平。

经过多年积累后，他们的辊压机技术装备日渐成熟，广泛应用于国内外新建水泥生产线和老生产线节能技术改造中，成为国内同类装备的第一品牌，并已在冶金、矿山及钢渣深加工等领域应用推广。

在国内市场取得成功后，包玮和团队认识到，要想做大做强，要想更进一步，偏安在国内是不够的，要主动进军海外市场。经过十多年的摸索探路，他们完成了从2003年首次以合肥院海外EPC总承包工程方式“走出去”到完全单独成套出口的转变，辊压机等产品先后销往包括欧盟国家在内的20多个国家和地区，近100台套。辊压机也成为中国最早出口的拥有自主知识产权的水泥主机装备。他们也在海外渐渐建立起了良好的口碑。以合肥院辊压机为代表的水泥装备“中国制造”含金量不断提升，赋予了“性价比”更新的含义，成为世界知名品牌强有力竞争者。

包玮和团队技术创新能力逐步受到国际大型企业集团和同行专家的关注。2013年9月，包玮应邀参加了在德国杜塞尔多夫召开的第七届水泥制造工艺技术国际大会，并以“HFCG辊压机粉磨系统及其应用”为题，在这个国际顶级大会公布创新成果，向国际水泥行业介绍了HFCG辊压机粉磨系统的技术理念和应用案例。这是中国水泥粉磨装备技术首次在国外顶级行业会议上展示，充分展现了“中国制造”在国际舞台上的自信。目前他们与国际大水泥集团和水泥技术研发机构保持着经常性的学术交流与合作。德国水泥工业协会主席格哈德·海司（Gerhard Hirth）和德国水泥研究院院长马丁·施耐德（Martin Schneider）博士也多次到访合肥院，并就水泥与使用生产全过程的节能减排、环境保护、二氧化碳排放控制以及绿色发展等课题进行深入交流。

筑牢发展根基 走向更加辉煌

在包玮看来，过去三十年里，合肥水泥研究设计院取得丰硕发展成果，烧成、粉磨、环保、计量、输送等技术装备享誉海内外，这些都是在我国国民经济高速发展和水泥行业快速发展的大背景下完成的，也有力地支撑了水泥行业的科技进步和重大需求。而今中国水泥工业已经处于世界先进地位，重大创新和原始创新必须由我们自己完成，而加强创新平台建设，延伸创新链，是必然选择。

在包玮精心部署下，2008年开始，除了软件设施外，合肥院还重新建立了新型研发试验基地，包括挤压粉磨系统、立式磨粉磨系统、亚微米分级机试验系统、输送与计量系统和大气污染物治理综合试验平台等。通过试验平台，合肥院开展一系列原始创新，应用实验、前瞻性的探索研究，并强化以水泥相关装备为主体同时向数字化、网络化、智能化、服务化等多元化方向发展的格局。此外，他们还拓展研发链，先后与国内外企业集团和中国科学技术大学、中科院等合作研究，完善创新体系。

“没有强大的人才队伍做后盾，自主创新就是无源之水、无本之木。”因此，包玮特别重视年轻科技人才培养，帮他们制订发展规划。他强调“合肥院的希望和未来在年轻人身上，青年科技人员必须在呛水中学会游泳”。在他倡导下，该院专门设立了青年科技基金，支持鼓励青年科技人员进行独立科学研究和技术创新，要求重点项目中必须要有年轻人参加或是负责人，让年轻人在科研中学会科研，在市场中完成成果转化，在实践中锻炼成长。这些措施取得了显著成效。目前，仅他所在的辊压机团队就汇聚了一批当前中国出类拔萃的粉磨人才，其中，享受国务院政府津贴4人、教授级高工23人、工程技术人员100多人，专业涵盖了基础研究、工艺设计、机械制造、电气自动化、设备制造、工程化应用、智能控制与诊断检测和系统维护等各方面技术。由于宽松的人文环境和科学的职业发展路径，即使遭遇行业不景气的情形，合肥院核心科技人才队伍一直保持了稳定的向心力和凝聚力。

合肥院是一个有着六十年历史以研究为基础的国家级院所，经常承担各类国家重大课题的研究，拥有众多各类专家。包玮从2005年担任院总工程师，分管科技研发工作，需要了解国家重大需求，把握行业发展方向。因此，他不仅一直坚持不懈地继续研究水泥粉磨技术与装备，还利用一切机会和时间，刻苦学习掌握涉及水泥生产技术及装备以及水泥产品应用等相关知识，并且付诸实践应用。他积极组织、参与国际专业研究机构间的学术交流与合作，提高水平、拓展视野。他经常说“科技进步比的是速度，而人生比的是耐力，失败不可怕，只要不断地学习、总结、反思、提升、再实践，就能走得更远”。通过十多年的努力，他由一个外行变成了内行，由单一粉磨技术行家成为比较全面、国内建材行业具有较高知名度的专家，不但具备了对院内科技管理和指导的能力，院外对话的能力也得到很大的提升。十多年来，合肥院科技工作取得了长足的发展，被评为“国家高新技术企业”，并获得了“国家认定的企业技术中心”、全国建材行业“科技创新优势企业”等称号，累计获国家科技进步奖5项、各类科技成果120余项，取得国内外授权专利310多项，主持和参加制定国家和行业标准10多项。科技成果产业化年均产值超过20亿元，占全院收入的60%以上。在遭遇全球金融危机和国内经济调结构去产能、水泥行业市场萎缩寒流下，展现出了强大的生命力，保持了持续稳定健康的发展。

过去的四十多年里，我国水泥工业完成了从追赶者、后进者到创新者、领先者的角色转变。在包玮而言，他们这代人是见证者、亲历者和参与者，同时也是受益者，这是最大的财富，能为中国水泥工业科技进步尽一份力是最大的幸福。行业的发展、企业的转型都离不开人才的培养，目前除了继续从事科研工作外，他把更多的时间和精力放在了培养新一代研发团队和学术带头人上，完成技术上的传承，实现事业上的可持续发展。

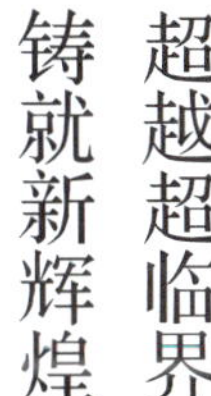

刘正东

刘正东，1966年出生于吉林白城（现内蒙古突泉），满族，1990年毕业于清华大学机械工程系金属压力加工专业，获学士学位；2001年毕业于加拿大不列颠哥伦比亚大学（The University of British Columbia）冶金工程系（现金属与材料工程系）钢铁冶金专业，获博士学位。现任中国钢研科技集团有限公司钢铁研究总院首席专家，正高级工程师。刘正东是我国超超临界火电站、核电站和潜艇核动力工程用钢及其制造领域的主要学术带头人之一。他一直在第一线从事电站动力工程冶金材料研发和应用工作，主持创建了我国超超临界燃煤电站耐热无缝管冶金技术体系、系统构建了先进压水堆核岛主设备整套材料冶金技术体系。作为第一完成人获2014年度国家科技进步一等奖和2017年度国家科技进步二等奖，2015年获何梁何利科技创新奖、2017年获首届全国创新争先奖、2018年获光华工程科技奖等。

求真务实，勇于攀登

火电，在我国能源结构中占比达四分之三，且热效率低、煤耗高、污染物排放严重。提高蒸汽参数可大幅降低煤耗和减排，制约蒸汽参数提高的“瓶颈”问题是关键锅炉管。

600℃超超临界火电机组是当前世界上最先进的商用燃煤发电技术，其良好的节煤减排性能，广受世界各国青睐。由于其用锅炉管在高温（600℃）、高压（30MPa）、多种腐蚀（流动超超临界蒸汽+高温煤灰）环境下，长期（三十年）服役需极高的组织和性能稳定性，制造难度大，在2000年前后国内还无法组织生产。若从日本和欧洲进口，不仅价格高，且供货难以保证，制约了国内电厂建设。

“当时，我感到中国经济发展需要能源工业支撑，而节能减排又要求发展能大批量建设的先进能源工程技术，超超临界火电和百万千瓦核电就是这样的工程技术，发展这些能源工程技术的‘瓶颈’问题是关键原材料，即高压锅炉管等，而这些恰是我所在研究组可以做的事情。”2001年，刘正东抱着“回国做点事情”的朴素想法，放弃了在国外的发展机会，在加拿大不列颠哥伦比亚大学完成冶金工程博士学位后即返回国内。经过审慎的分析，将自己的研究方向锁定为国家能源发展急需的超超临界锅炉管等的研发。

锅炉管研发周期长、投入大、技术难度高，需要长时间的性能考核和产品市场准入评定，一个产品的研制周期最短为三年，长的需要十年。但由于锅炉管对国家能源安全、能源战略的实施以及相关行业均有重要影响，所以回国仅半年后，2001年年底，刘正东即开始组建研究团队。“那时国家超超临界火电和百万千瓦核电工程还都没有启动”，他自筹经费开展了预研。就这样没有条件，创造条件，刘正东带领研究组有限的人手拉开了600℃超超临界火电机组钢管创新研制的序幕。

2003年、2007年，国家科技部分别设立了相关重点项目，国内冶金、机械、电力等领域的龙头企业：宝山钢铁股份有限公司、中国钢研科技集团有限公司（钢铁研究总院）、扬州诚德钢管有限公司、攀钢集团成都钢钒有限公司、哈尔滨锅炉厂有限责任公司、西安热工研究院有限公司、山西太钢不锈钢股份有限公司等纷纷参与，一个囊括冶金、机械、电力等行业的上百人的团队诞生了，加快了600℃超超临界火电机组钢管创新研制与应用的步伐。

谈起科研工作，本不善言辞的刘正东滔滔不绝，从超超临界锅炉管的国内需求讲到国际的发展趋势，边讲边在纸上画出相应的技术原理示意图，思路清晰，通俗易懂。在项目组的戮力合作下，经过十余年坚持不懈的努力，终于将600℃超超临界火电机组钢管的所有类型“全部做出来”，取得了多项突破。

——在国际上首次成功开发高强韧25%Cr奥氏体钢管成套生产技术，发现了该钢管韧性过低的物理冶金机理，设计了新成分，研发了新工艺，解决了组织稳定性难题，使国产管在持久强度提高的同时，持久韧性提高3

倍，批量替代进口。

——率先建立了18%Cr奥氏体钢管窄成分范围和7-8级晶粒度控制方案，成功研发钢管晶粒度和冷却过程控制新工艺和新设备，使国产管在保持持久强度和抗蒸汽腐蚀性能的同时，消除了晶间腐蚀，批量替代进口。

——成功研发了9% ~ 12%Cr马氏体钢管无δ铁素体成套工艺技术。通过优化成分、严控偏析和热过程温度、改进生产工装，确保国产管为单相马氏体组织，占领国内市场，大批量出口。

——首创高合金锅炉管高效连续化生产控制技术，自主设计、制造和集成了两条专用生产线。采用300吨转炉冶炼—大方坯连铸—初轧机直接轧制管坯—连轧管机组生产小口径锅炉管，采用“一火成材”（穿孔+精控轧制+定径）短流程生产大口径锅炉管，生产成本分别降低30%和40%。

作为锅炉管领域的后起者，我国不仅短时间内攻克了国外先进国家没有解决的问题，而且技术“达到国际先进水平，部分达到国际领先水平”。项目组设计制造了我国锅炉管环境腐蚀性能评价设备，制定了国际第一个锅炉管蒸汽腐蚀评价行业标准。

沥尽心血，奉献毕生

大型能源工程项目关键材料及其产品研制攻关一般分为三个阶段：实验室科研、工业产线产品试制和产品性能评定、产品的工业批量生产和市场推广。项目组克服了重重困难，终于制造出了符合要求的超超临界锅炉管，但是在市场推广初期却遇到了很大的困难：客户不愿意用国产锅炉管，甚至在招标文件中直接指出要进口锅炉管。

“在研发成功之前，国外的锅炉管在国内居垄断地位，价格畸高。但是当我们的锅炉管研发出来之后，国外厂家很快改变经营策略，大幅降价，抢占市场份额。这样国产的锅炉管就没有市场优势了。”刘正东顿了顿，说：

“当然，我们是不怕打价格战的。”国内市场不认可还有另一个原因：技术上的不信任。因为，国外的锅炉管是已经经过多年的实践检验的，虽然也存在问题，但大多数情况下性能是可靠的。而国产的锅炉管刚刚研发出来，技术参数虽然诱人，但是没有经过实践检验，说服力较弱。

技术成果得不到推广应用，多年的研究将付诸东流，怎么办？项目组从问题根源找原因，根据原因找方法，根据方法定方案：一是在宝山钢铁股份有限公司的电厂上试用国产锅炉管，形成使用业绩；二是花费巨额资金积累了高达1 500万小时的国产锅炉管持久强度数据，完全可以与进口锅炉管对比；三是订货条件普遍高于国外进口管，保证质量。加之巨大的价格优势和国家产业政策的引导，终于赢得了客户的青睐。

十余年间，国产高压锅炉管国内市场占有率由27%跃升到86%，其国外市场占有率由0达到25%，德国西门子、法国阿尔斯通、日本三菱、美国福斯特惠勒、韩国斗山等著名机构纷纷订货，彻底改变了世界锅炉管市场格局。同时迫使进口管大幅降价。

项目的实施还实现了各行业共赢。2003—2010年项目组冶金企业销售高压锅炉管利润率为22.87%，2011—2013年利润率为19%。对机械行业的锅炉制造企业而言，关键锅炉管实现自主化后，我国锅炉管采购费降低45%。对电力行业的用户而言，600℃超超临界机组单位造价降低了20%，项目产生的直接经济效益皆以亿元计数，非常巨大。

此外，如果我国火电机组的蒸汽参数从亚临界提升到600℃超超临界，我国每年可少用电煤2.32亿吨、少排放CO_2达5.1亿吨（2010年我国CO_2排放为60亿吨），为节能减排作出了突出贡献。

在研发超超临界锅炉管的同时，刘正东还将精力投向了迄今最具商业竞争力的清洁型新能源——核电上。

“2004年前，我国百万千瓦核电核岛主设备原材料全部从国外进口，价格昂贵、交货期不能保证，制约我国核电发展。材料技术是核岛主设备研发、制造和安全运行的最重要基础，我国不掌握核岛主设备材料技术和制造工艺是造成国外技术垄断的根本原因。”加之近年来压水堆核岛主设备设计呈现：大型化、一体化、长寿化和更加注重安全性等特点，对核岛主设备材料技术提出了更为严峻的挑战，成为我国发展百万千瓦核电技术的“瓶颈”。

为此，国家大型先进压水堆核电站重大专项在2008年设立了“核电站关键材料性能研究”等项目，组织冶金和机械行业龙头单位联合攻关，旨在通过系统研发，攻克核岛主设备材料技术及其关键部件制造技术，实现我国百万千瓦级大型先进压水堆核电站核岛主设备原材料的国产化和自主化。

刘正东不顾辛劳，带领由钢铁研究总院、中国第一重型机械股份公司、宝钢特钢有限公司、烟台台海玛努尔核电设备股份有限公司、上海重型机器厂有限公司等单位组成的项目组展开攻关，取得了一系列重大技术突破和研究成果。项目技术填补了国内空白，促进了全行业技术进步，打破了国外技术垄断，使我国核岛主设备材料技术跃居国际先进水平，创新技术国际领先。

通过这两组项目的实施和完成，一批年轻科技人才经历“实验室研发—工业产线生产—产品市场推广”全链条磨炼已经成长起来了，为我国未来能源工程用关键材料的研发储备了人才基础。看着学生成长为研发机构的首席专家和主要专家，刘正东倍感欣慰。

创新不停，一路前行

“为了祖国的钢铁求真务实、勇于攀登，为了钢铁的祖国沥尽心血、奉献毕生。为了祖国的强盛引领潮流、创新不停，为了强盛的祖国放眼明天、一路前行。”这是中国钢研科技集团有限公司《钢研之歌》中的几句歌词，既唱出了钢研人努力进取、蓬勃向上的斗志，也唱出了钢研人为国家强盛奋斗终生的决心，是项目组攻关历程的真实写照。

2001年，刘正东放弃在国外发展的机会，在完成博士学位后即返回国内，决心在制约能源工程技术发展“瓶颈”的关键原材料高压锅炉管和核用大锻件领域贡献力量。

刘正东主持的“600℃超超临界火电机组钢管创新研制与应用”项目获得2014年度国家科技进步一等奖。他主持的“压水堆核电站核岛主设备材料技术研究与应用”项目获得2014年度冶金科学技术特等奖和2017年度国家科技进步二等奖。

面对成绩和荣誉，刘正东感慨良多，他感谢科技部连续和长期的支持以及宝山钢铁股份有限公司和扬州诚德钢管有限公司等在锅炉管专业生产设备上的持续和巨额投入，感谢中国一重等单位在核工程主设备材料技术研制过程中的合作与支持，感谢与他一起并肩作战的团队。

两组项目的并行研发，让刘正东成为“常旅客”，一年中有200多天都是在外出差。而这也是项目组的常态，大家都习以为常。

身为一名钢研人，刘正东并不满足于现有成绩，已经向630℃～700℃超超临界示范电站用耐热材料和新一代大型先进压水堆核电站大锻件用508-4钢迈出了坚实的步伐。目前这两个方面的研究工作都已取得了重要进展，正处于“登顶”阶段。

“这些都是世界正在研发中的最新一代火电和核电工程，如果实现了，我国就真正走在世界主体能源工程技术的最前列了。”刘正东说。

三十六载青春 铸就玻璃行业之『花』

刘起英

刘起英，女，中国玻璃控股有限公司技术中心主任，教授级高级工程师，中国材料与试验团体标准委员会委员、全国建筑用玻璃标准化委员会委员、国家科技专家库专家，“十三五”国家重点研发项目“智能玻璃与高安全功能玻璃关键技术开发”项目评审专家组专家，国家建材行业烟气污染物全过程减排及节能耦合技术研究与示范项目评审专家组专家，中国建筑材料联合会科技教育委员会副主任等。她从事浮法玻璃新技术、新产品研发工作三十六年，作为研发团队主要负责人，在浮法在线镀膜技术领域付出了巨大的努力。她先后承担完成了国家“六五”“七五”863计划“十二五”等计划项目，获得国家科学技术进步奖二等奖和建材行业科技进步一等奖、二等奖。

她所研发的在线阳光控制镀膜玻璃，打破了西方厂商的垄断，引领市场二十余年。创造性地开发退火窑内镀低辐射膜（Low-E）玻璃的生产方法和装备，成为世界在线Low-E玻璃三大技术之一，填补国内技术和产品空白。

浮法在线CVD膜层，看似平整光滑，实际蕴含精细的微结构。在近千度的高温下，镀膜宽度超过4米，需要在几秒钟的时间里快速生长出厚度仅几十纳米膜层，还要完全均匀一致，难度可想而知！多年的浮法表面改性和在线镀膜经验无数次证明，要想完成这艺术般的作品，镀膜反应器的高度调节精度必须达到0.1毫米，生产线动辄几百米，要达到这个精度无疑是很苛刻的。同一个研究方向，三十六年力行不辍，时光如水，悄然流逝，生命如歌，催人奋进，刘起英的梦想和青春也浓缩在这微不足道的0.1毫米。

结缘玻璃

“好一群马房山上的千里驹。学的是玻璃，爱的是玻璃，玻璃像我们，我们像玻璃……”1982年7月，武汉建筑材料工业学院（武汉理工大学前身）的毕业生们，唱着自创的歌曲开启了人生的追梦之旅，刘起英就是其中一员。毕业后，她来到秦皇岛玻璃研究院，师从行业著名专家、全国五一劳动奖章获得者刁铁佚，从此和晶莹剔透的玻璃结下了不解之缘。

当时秦皇岛玻璃研究院正在承担国家“六五”“七五”科技攻关项目“浮法玻璃的技术开发”“电浮法玻璃的试制”刘起英作为主研人员参加了这一课题。“这项研究是在浮法线锡槽内，利用横跨锡槽的有色金属电极靶与低熔点金属形成合金体，在电场的作用下，电离后的离子渗透到玻璃网络结构空隙中，形成50微米厚的金属富集层，从而呈现颜色并对太阳光热有一定的反射，产品被称为电浮法玻璃。”刘起英回忆说，“为了能看住有色金属电极与低熔点金属形成的合金液体，稳定的控制在电极与玻璃板之间不外溢，以保证稳定生产，那时经常不分昼夜连轴转，没有休息时间。浮法生产线条件艰苦，困了就在木椅上打盹，冬季的通辽玻璃厂气温低，就裹个军大衣，在锡槽边上看着生产电浮法玻璃。经过十年的努力，终于完成了电浮法玻璃的实验室研究和中间试验研制，并在洛阳玻璃厂、通辽玻璃厂的浮法玻璃生产线上成功生产出茶色与灰绿两种颜色的电浮法玻璃”。中国最早的在线阳光控制镀膜玻璃由此诞生，填补了我国浮法在线热反射玻璃的空白，开创了我国浮法在线镀膜玻璃研究的先河，并于1995年获建材优秀科技成果三等奖。

1996—2001年，由刘起英主持的将电浮法的离子渗透与CVD技术结合开发多彩色的阳光控制镀膜玻璃的研究课题，成功研发出颜色为柔绿、柔蓝、金色的在线阳光控制镀膜玻璃。在此期间，她还成功开发了多种具有鲜明特色的颜色玻璃配方和快速换料专有技术，通过控制着色剂的梯度给料、熔窑温度分布、气氛和压力、拉引量调节能手段，实现了对玻璃颜色的精准把握和颜色转换的高效率，运用这些专有技术主持完成了32条玻璃生产线的颜色转换工作，率先推出了自然绿、金黄、古典灰、现代灰、蓝星灰、古典绿、青玉绿、福特蓝、海洋蓝、蒙古蓝、E绿等知名颜色玻璃品种。她率先提出将生产工艺控制与过量掺混系数优化设计的理念，颜色互换过渡期短、玻璃生产损失少，技术居行业领先水平。

浮法玻璃是生产平板玻璃的主要工艺，因玻璃液漂浮在熔融的金属锡表面获得抛光成型而得名。在浮法玻璃的生产过程中，利用新鲜的浮法玻璃热能优势，在玻璃表面进行镀膜，赋予玻璃新的功能，如隔热保温、光电变色、自洁净、环境友好，导电等功能，称之为在线镀膜。因是高温成膜，膜层与玻璃基体形成化学键结合，具有优异的理化性能和耐久性，称为“硬镀膜”。这一层薄膜，凝聚了刘起英三十六年的心血与汗水。

携手共进

为发挥团体技术优势，赶超世界先进水平，2001年汪建勋教授带领14名长期从事浮法在线镀膜技术研究的教授和高级工程师，与威海蓝星玻璃股份有限公司、浙江大学共同组建了产学研一体化的高新技术企业——浙江大学蓝星新材料技术有限公司，主要从事浮法在线镀膜技术及玻璃新产品开发的研究。刘起英任技术总监，主管研发工作，由此开启了新的玻璃征程。

浙江大学蓝星新材料技术有限公司2007年2月被中国玻璃控股有限公司（中玻控股）并购，成为旗下的技术中心。作为中国领先的平板玻璃和国内最大的镀膜玻璃生产商，中玻控股在香港联交所主板上市（03300HK，简称：中国玻璃）。公司主要股东包括中国建材、联想控股，强大的股东背景

是公司稳健发展的坚强后盾，为刘起英和她的技术团队开展创新研发工作提供了更高更广阔的平台。

经历多年磨砺，刘起英也从当年的青春少女，成长为行业老大姐。但她始终是乐观的，阳光的。无论是公司内部，还是行业内的熟人，都习惯的称呼她为“刘姐”，哪怕年龄差了十几岁二十几岁，已经是明显的两代人。同行们戏称刘起英为我们玻璃界的“女神”。

刘起英和她的团队几十年如一日，坚持研究新型功能玻璃材料及其产业应用，是国内唯一长期稳定从事浮法玻璃在线镀膜研发工作的团队，也是国际上在线玻璃镀膜技术三大团队之一。先后开发了阳光控制镀膜玻璃、自清洁玻璃、低辐射玻璃（Low-E）、阳光控制低辐射玻璃、薄膜电池用透明导电玻璃等系列在线镀膜产品，并成功实现产业化。

攀蜀道

每年的国家科学技术奖励大会都会吸引无数科技工作者的目光。如果说自然科学奖和技术发明奖是瑰丽的皇冠，那么科学技术进步奖就是如何把皇冠制造出来。每一项技术，从科学家大脑里的抽象理论，直到变成我们身边的产品，有一个漫长的产业化过程，包括基础研究、实验室研究、生产线中试和规模化量产等阶段。如果说在线镀膜技术是令人瞩目的高峰，实际通往成功的道路则是峰回路转，令人不识庐山真面目，而路上的艰辛和挫折更如攀登难于上青天的蜀道。

由于Low-E玻璃具有很高的隔热保温节能效果，是世界公认的综合节能指标最高的建筑玻璃，颇受市场的青睐。而在线Low-E生产技术和装置从20世纪80年代起就一直被国外垄断。为此刘起英作为项目负责人，带领研发团队决定尝试打破这一局面。她们先深入分析国内外已有在线Low-E产品存在的视觉均匀度细微差异和产生原因，然后针对退火窑温度低、气流场紊乱等问题，创建了在线镀膜流体仿真数值模型，获得高效沉积的镀膜装置结构设计参数，最终发明了高效沉积线性多进多排镀膜装置，解决了在退火窑高效制备低辐射膜的难题。为消除影响镀膜均匀性的环境干扰因素，他们还发明了浮法玻璃生产线退火窑A0区在线镀膜环境成套调节装置，获得了气流场和压力场稳定、温度场均匀的镀膜环境，解决了退火窑内大面积均匀制备低辐射膜的难点。为了消除膜层干涉呈现的反射色，发明了一种减弱低辐射镀膜玻璃反射色的设计方法以及多通道排气与稳定剂掺杂延长镀膜周期的方法。这样，不仅使得镀膜周期延长至12小时以上，还开发了原料超薄液膜强制汽化、主原料回收与废气处理、产品光学性能与镀膜主要参数闭环控制在线实时监控等配套技术，进而形成了浮法玻璃退火窑内高效制备低辐射膜的创新方法及产业化成套技术。是世界在线Low-E玻璃三大技术之一，这项研发成果使得中玻控股成为国内唯一拥有该技术全套自主知识产权的公司。

创新驱动高质量发展，创新提升核心技术能力，创新之路是艰苦和漫长的。研发人员承担的压力也是常人无法想象的，刘起英对此深有体会。面临来自市场的压力，企业的渴盼，大量的试验分析研究任务，长期出差离家的牵挂等诸多困难，她始终保持乐观主义的情怀，带领大家，鼓励大家，齐心合力，不言放弃，相助相扶。项目研发成功的背后，汇集了不知多少的心血、汗水，展示了一个技术团队的凝聚力和素质，展现了团队带头人的魅力。2005年威海遭遇多年不遇的雪灾，由于交通困难，刘起英团队被困在生产线上整整一个星期，靠啃馒头坚持了下来，反倒成了集中精力做实验，摸工艺参数的好机会。多年后谈到这段经历，刘起英翻出当年的实验记录、会议纪要，想起当年看着雪景，看着一款款新产品下线，奋斗着，快乐着，成为难得的回忆。在线Low-E玻璃试产成功，大家在上海高高兴兴开了个新产品发布会，回来后却傻了眼，产品质量不稳定，存在色差，客户大量投诉和索赔。刘起英蹲在玻璃成品库里，默默地一遍遍看着存在问题的大片产品，泪水挂满了脸颊……

刘起英从小生长于军营里，父亲是一位参加过解放战争、抗美援朝的老兵，她从小听惯了嘹亮的军号，养成了不屈不挠的作风。哪里跌倒就在哪里爬起来，在线Low-E转战到东台中玻特种玻璃有限公司，她顶着巨大的压力，又开始再攻关。经过不分白天和黑夜，寝不安、食无味的整整三年，在线Low-E玻璃2013年终于量产成功，如今已发展成为中玻控股的拳头产品。在线Low-E玻璃从研发立项，实验室试制出1厘米宽的玻璃样品，到3.6米宽的在建筑上大面积应用的玻璃，其节能指标和视觉舒适度满足建筑使用标准要求。产品市场应用，研发历程十二年，其中的艰苦和酸甜苦辣，成功的同时更见证了工程师们的不言放弃，不服输的顽强创新精神。

耕耘不辍

长期以来，刘起英瞄准镀膜建筑玻璃、节能环保与新能源玻璃，在该领域占据着国内玻璃行业高端技术地位，顺应国家发展低碳经济，节能减排的政策，促进企业全面调整产品结构和实施产业升级战略，不断拓展节能玻璃和可再生能源领域。

2001年刘起英团队与浙江大学合作承担了国家863计划课题“复合功能薄膜的浮法在线制备技术及新型节能镀膜玻璃开发”。成功开发出在线制备硅和碳化硅纳米复合的无光污染彩色阳光控制镀膜玻璃，达到国际先进水平；解决了原料汽化和镀膜系统中关键设备设计的难题；完成了低辐射镀膜玻璃工业化生产技术的开发；培养出一支高素质、稳定的研发生产队伍。

2011年她又与浙江大学、燕山大学合作承担了国家“十二五”科技支撑计划课题“在线低辐射（Low-E）玻璃低成本制造及多功能复合关键技术研究”。针对浮法在线低辐射节能镀膜玻璃生产技术中存在的大面积均匀稳定镀膜困难、多层膜结构匹配技术缺乏、镀膜成本较高等问题，研究了高效节能镀膜玻璃的膜系设计、多层匹配和微纳结构调控技术，开发了浮法在线多层复合功能薄膜的大面积制备技术、线性多进多排高效镀膜反应器、实时控制与镀膜原料回收等关键产业化设备，提高了原料的利用率，大幅度降低了镀膜玻璃生产成本，建成了具有自主知识产权的示范线并推广应用。她设计了净色和遮阳型Low-E玻璃，发明了氧化物薄膜微纳结构的可控制备技术，实现了微纳结构SnO2掺杂薄膜的稳定可控制备；发明了在浮法玻璃退火窑和锡槽内移动玻璃表面高效沉积微纳结构氧化物薄膜的关键工艺技术和装备。

2016年刘起英开始与浙江大学、燕山大学合作承担“十三五”国家重点研发计划专项课题“全光谱多功能镀膜玻璃研究与浮法在线产业化示范”，致力于将在线Low-E玻璃的辐射率降到0.1以下，满足节能率75%以上的需求；开发浮法在线APCVD镀膜用高温玻璃带激光辅助加热技术；开发节能易洁镀膜玻璃产品。

在线Low-E玻璃是目前最主要的节能镀膜玻璃产品类型，成套生产技术的开发2001年立项，2013年实现稳定的产业化生产、产品商品化应用，历时十二年之久。刘起英和技术团队一起发明了浮法玻璃在线镀低辐射膜的全新方法，包括设备、工艺、检测与控制等多项技术，是材料与工程技术的结合，难度大、集成度高、创新性极强。随着这些技术与产品的开发成功，突破了国外技术封锁，使我国成为世界上少数拥有完全自主知识产权的浮法在线镀低辐射膜技术的国家。迫使国外公司改变经营与竞争策略，打破了他们长期高价垄断市场的局面，或是同类产品逐步撤出市场，转为在中国境内控股公司生产，或是从完全技术封锁转为苛刻条件的高价转让，或是不得不降低价格销售。

Low–E节能玻璃性能优异、技术成熟、质量可靠，是目前国内外公认的节能性能最好的窗用材料。但在我国总体使用率偏低，建筑门窗节能改造使用任务还很艰巨。因此中国建筑材料联合会成立了Low–E节能玻璃普及应用工作领导小组，组建Low–E节能玻璃推广应用联盟，刘起英成为联盟专家委员会主任，并担任《Low–E成品玻璃建筑应用质量检验标准》的主起草人，致力加快Low–E节能玻璃推广应用，提升建筑门窗节能水平，促进绿色建筑发展，推进生态文明建设。

我国是玻璃生产第一大国，世界三大浮法工艺技术之一的中国“洛阳浮法”，产量占全球60%以上。但产品品质不高，低端产能过剩，一直是困扰我国玻璃产业发展的尴尬局面。中国建材联合会发起的第二代中国浮法玻璃技术装备创新（简称二代浮法），就是通过对洛阳浮法玻璃技术装备全面升级，使玻璃质量、品种功能、深加工率、能耗等各项技术经济指标达到或超越国际领先水平。刘起英积极参与其中，承担的“浮法在线Low–E玻璃及TCO玻璃产品质量及性能的优化提升及生产工艺过程的智能化控制”和“浮法在线制备阳光控制低辐射复合的双效节能玻璃的工艺技术研究”两个项目于2016年在所有承担单位里第一个通过项目验收，受到了中国建材联合会和行业的高度认可，确立了中玻控股在玻璃表面镀膜改性领域的领先地位。刘起英也连续三年荣获“突出贡献先进个人”称号，并荣获2017年度建材行业科技创新十大人物。

路在脚下

着色玻璃、热反射玻璃、镀膜玻璃、被动式低能耗建筑透明部分用玻璃、建筑用保温隔热玻璃技术条件、建筑玻璃颜色及色差的测量方法、建筑用节能玻璃光学及热工参数现场检测技术规范，一项项国家和行业标准的制定都凝结着刘起英几十年的经验与智慧，几十篇论文、二十余项专利，见证了行业的不断前行。

刘起英研发的玻璃产品已经全面应用于建筑门窗、建筑幕墙、光伏发电工程、生态农业大棚、家电门体等领域。其中利用其节能镀膜玻璃技术，累计生产镀膜玻璃2亿平方米，在国内外上万个建筑上使用。根据国际通用评估标准，每平方米镀膜玻璃每年节电约50度，累计产品应用可节约标准煤约320万吨/年。

辛勤的努力换来丰硕的成果，刘起英负责的“浮法在线镀制低辐射、TiO2系列复合薄膜玻璃成套技术与设备开发”于2008年获得建筑材料科学技术进步一等奖，“太阳能薄膜电池用在线透明导电膜玻璃成套制备技术和设备开发”于2012年获得建筑材料科学技术进步二等奖。刘起英先后被聘为国家科技专家库专家、中国材料与试验团体标准委员会委员、全国建筑用玻璃标准化委员会委员、山东省建筑门窗标准化技术委员会委员、全国性建材科技期刊《玻璃》编委、中国建筑玻璃与工业玻璃协会光伏玻璃专家委员会专家、镀膜玻璃专家委员会专家、真空玻璃专家委员会专家等。

随着玻璃行业的不断发展，提升创新模式，打造国家级的浮法玻璃功能薄膜研发中心提上了日程。刘起英和她的研发团队，在创新体制上进行探索，注册成立了山东省法人实体化企业技术中心，提升技术贡献度，建设开放平台，依托中国建材集团平台实现新旧动能转换，山东省省级企业技术中心、山东省工程技术研究中心；与浙江大学、燕山大学、山东大学等高校合作共建实验室等科技创新平台……创新无止境，永远在路上。

砥砺前行36年，一片晶莹的玻璃似乎有着神奇的魔力，不思量，自难忘。也正是带着这一份难忘初心的执念，刘起英风采依旧地奔波在创新的征程上，玻璃行业之“花”绽放正璀璨。

厚蓄进『激』 革新『智』胜

吕启涛

吕启涛，毕业于华中科技大学激光专业，之后前往德国留学深造，先后获得凯撒斯劳滕大学物理系硕士学位、柏林工业大学物理系博士学位，在国际刊物上发表学术论文50余篇，获得6项德国国家专利。他曾任德国柏林固体激光研究所高级研究员；德国罗芬激光技术公司产品开发部经理；巴伐利亚光电子公司创始人兼首席技术官，负责激光产品研发和生产；美国相干公司慕尼黑分公司技术总监。他现任大族激光科技产业集团股份有限公司董事、副总经理、首席技术官、激光光源事业部总经理，国家“千人计划”专家，为国家高新技术产业委员会委员、深圳技术大学中德智能制造学院院长、广东省光学学会副理事长、华南师范大学及暨南大学客座教授。

出身农村，求学改变人生道路

吕启涛于1962年出生在湖北荆门农村。改革开放之前，对于出身于农村的孩子来说，读书几乎是改变人生道路的唯一途径。9岁入学，小学上了三年半，初中两年，高中两年，求学之路异于常人的他，1979年考上了华中科技大学的前身——华中工学院，就读光学系激光专业，并在那里度过了拼搏的四年。

吕启涛十分珍惜上大学的机会，认真踏实的四年学习不仅让他创下了40多门科目平均分92.5分的校记录，也让他过关斩将地争取到光学系唯一公费赴西德读研的机会。德国的激光物理一直处于世界顶尖水平，而吕启涛在德国的博士导师正是有着德国“激光之父”美誉的韦伯教授。在韦伯教授的指导下，吕启涛不仅完成了硕士学位学习，而且担任柏林工业大学的全职助教，一边协助教授教学、科研，一边攻读博士学位，并在毕业后又在著名的柏林固体激光研究所做了三年博士后。回顾求学漫长岁月，吕启涛笑称自己一开始是个“有语言障碍的学霸”。之后，逐渐克服语言障碍的他，硕士和博士成绩之优异，连德国人都不相信。学习期间，他在国际刊物上发表了50多篇学术论文，申报了6项德国国家专利，在与一些德国激光公司的合作中也取得了骄人的成绩。

漫长的求学之路，有吕启涛发自肺腑的知识渴望作为内驱，也有当时外部大环境的因素。1992—1994年的经济危机呼啸而至，很多物理专业毕业的人都选择了转行，吕启涛不想放弃自己的专业学习，暂时留在了学校，潜心钻研。正是在此期间，他发明了固体激光热致双折射的补偿技术，成功地解决了固体激光器这一重大技术难题，为发展高效率、高质量固体激光器奠定了重要基础。经济危机后，吕启涛开始重新规划自己的人生方向。多年的理论钻研与项目研究令他产生了疑惑，脱离实际应用的学术研究或者耗资巨大的前沿项目究竟有多大的意义呢？“那会儿我开始思考，德国是个制造王国，去德国企业学习锻炼，这才是我应该要干的事。”吕启涛说。

海外峥嵘岁月，专业铸就卓越

1995年，经济形势有所好转，世界第二大激光公司——罗芬公司在“南德日报”上招聘一名研发人员。一时间，350份简历纷至沓来，而最终筛选出的5个获得面试名额里就有吕启涛。在激烈的竞争中，他以过硬的专业知识和优秀的综合素质赢得了这唯一的机会，开始了他在工业界的征程。初涉职场的吕启涛，面对集“光、机、电、软”于一体的激光设备研发，不禁感叹起自己的“知识面狭窄”，干脆边干边学，从零自学机械设计，学习电气控制，了解软件构架。一年后，他的产品设计、规划能力以及管理能力得到了极大提升，被升为产品开发部经理，全面负责光学、机械、电子电气

的研发工作。在罗芬公司工作的六年多时间里，吕启涛主导或参与开发的一系列产品取得了非常可观的经济效益，甚至有些至今仍是该公司的主流销售产品，每年仍创造上亿美元的销售额。他研发的主要产品有：50W和100W的半导体侧面泵浦打标机，截至2010年累计销售4 000多台、总产值超过4亿美元；2001年推出的端面泵浦打标机，销售6 000多台，也取得了很好的经济效益，至今仍是罗芬公司的主打产品之一。2000年8月，德国《南德日报》曾载文介绍吕启涛及其团队。同时，这段宝贵的国际一流公司工作经验对他开拓国际视野和了解世界市场发展趋势很有帮助。

从学术界到工业界，吕启涛骨子里求变求新的特质越发明显。2001年，慕尼黑的另一家专注于近视眼治疗激光器的公司找到吕启涛，想要与其合作拓展业务。经过半年慎重筹划，吕启涛与他们合作成立了巴伐利亚光电子公司，开始了自己的首次创业。该公司致力于工业级固体激光器的研发、生产和销售。高性能的产品带来了高速增长的业绩：公司成立后的第四年，销售额就突破了600万美元，2005年被世界最大的激光公司COHERENT以1 200万美元全资收购，而吕启涛作为首席科学家在相干德国分公司留任了三年。

当时德国激光公司的大部分产品都是卖给亚洲客户的，如中国台湾、新加坡、马来西亚的半导体公司。但是同一台设备，在亚洲的售价却远远高出欧洲的价格。已经在德国工作生活了二十五年的吕启涛，忽然闪过一个念头——中国的市场或许大有可为。

“我曾在德国大学任教、研究所攻关，在知名激光公司工作多年，经历过创业的艰辛和喜悦，下一个人生挑战是什么？我想，是时候充分利用国内的市场和平台，使自己的技术和经验得到更大倍速的放大，实现更大的社会效益、报效祖国。”就这样，人生新一轮的挑战开始了。

归国十年，厚蓄进“激”

2007年的慕尼黑激光博览会上，吕启涛结识了大族激光的董事长高云峰先生。大族激光于1996年由高云峰先生在深圳创建，是世界主要的激光加工设备生产厂商之一，中国工业激光设备制造业的开拓者。正是这个契机，成就了吕启涛人生中又一个重要转折点。2008年5月，他毅然举家回国，加入大族激光。

“作为员工，要为公司创造价值，而不是首先向公司索取资源。”吕启涛坦言，当初自己回国没有带一个人，而是依靠公司已有的人员，充分利用自己在工业激光领域的尖端技术和海外二十五年的工作经验及在国际光电子行业的知名度，毫无保留地将产品设计理念及技术细节传授给员工，竭力建立公司的技术团队。皇天不负苦心人，他领导的大族激光研发团队，坚持以市场为导向，开发了一系列先进激光光源及高端激光加工设备，迅速提升了大族激光持续创新能力和在行业内的领先地位，创造了巨大的经济效益。主要业绩有：

1. 自主研发的DracoTM系列红外、绿光、紫外、超快激光器，填补了国内空白，达到国际领先水平，截至2018年年底，已经完成了“第15000台下线”的壮举！尤其是紫外系列激光光源，使得大族激光成为唯一一家能提供一整套紫外激光微加工解决方案的公司，极大地提高了公司在国内乃至全球的核心竞争力，连续七年产销量全球第一，总量超过1万台。该系列产品荣获2013年中国光学优秀产品奖、2017年深圳市科学技术一等奖。

2. 25W高功率紫外激光器更是国内仅有、国际前三的世界级领先产品，荣获2016中国最佳激光器技术创新奖。

3. 专为欧美市场所研发的BL3000系列激光设备畅销欧洲，荣获第三届工业设计“红帆奖”。

4. 基于DracoTM系列激光器为核心，开发了50多款高端激光加工装备，广泛用于智能手机、PCB制程、汽车电子、半导体元器件的加工，6年来新增销售收入近40亿元、创造净利润超过15亿元。

5. 尤其是创新产品——“多轴、高精度紫外激光PVD微加工系统”在2017年入围被誉为“光电子行业的奥斯卡”的国际光学工程学会“棱镜奖”。该产品采用自主研发的高功率亚纳秒紫外激光器、高精度振镜系统、高效率五轴运动系统以及高分辨率视觉定位系统，攻克了复杂的微加工工艺和软件控制技术，实现了微米量级加工精度，批量应用于新一代智能手机、汽车零部件以及半导体等行业。单单一款产品便为大族激光创造了15亿元销售额，并将继续在更多、更广的细分市场获得广泛应用。大族集团作为唯一入围该奖项的亚洲公司，也实现了中国激光制造商在该奖项的突破。与全球光电子行业最顶尖的厂商同台竞技，是民族激光的至高荣耀。

6. 十年来，培养核心技术人才逾1 500名，为广东省本土打造了一支实力雄厚的激光技术创新团队，并创造就业岗位2 300个。

7. 自主研发的全系列光纤及固体超快激光器，攻克了单频锁模、光纤放大、非线性效应抑制、固体主放大等重大技术难题，实现皮秒输出功率达到50W、飞秒输出功率超过20W，快速替代同类进口产品，打破了欧美公司的技术垄断。曾经的一个个小目标，就这样在艰苦卓绝的攻坚下，化为代表中国制造核心竞争力的一座座新的里程碑。

8. 积极推进公司的全球化战略，主导收购了多家欧美激光公司并负责德国分公司的经营管理，致力于打造中国“原生”全球化企业。

9. 凭借多年的国外工作经验、对国内外供应商的了解及商务谈判经验，同时精通英语和德语，2009年起负责公司国际采购业务管理工作，至今为公司节约了1亿多元人民币的采购成本。

10. 联合华南师范大学、暨南大学、深圳技术大学建立“大族工业激光技术研究院”“工业级超快激光技术”省重点实验室，构建以企业为主体、产学研紧密结合的自主创新体系。

11. 紧密跟踪全球科技和产业发展趋势，领导研发激光3D打印装备并实现产业化，成功应用于珠宝、牙科及金属零部件制造等领域。

12. 负责或参与近十个深圳市、广东省、国家级各类研发项目。

13. 凭借担任柏林技术大学助教的经验、对德国应用技术大学教育体制的充分了解和深刻认识，以及在国际光电子领域的知名度和广泛的人脉网络，被聘请为深圳技术大学中德智能制造学院的院长，全面负责学院的整体规划、课程体系、实训设置、师资队伍等项工作，致力于将深圳技术大学建设成一所面向深圳经济社会发展特别是产业优化升级的迫切需要，培养极具“工匠精神”的顶尖专业工程师的高水平应用型技术大学。

14. 在世界最大的“激光与光电子”博览会上（德国慕尼黑），受主办方邀请，连续三届作“中国和全球工业激光市场的现状及展望”的主题演讲，受到高度赞誉。

15. 2012年，他带领140名员工创造了人均税后产值430万元、净利润250万元的制造业奇迹。

每当总结起这些年的经历，吕启涛总是说“我运气挺好的”“真的挺顺利”，“衷心感谢大族激光这一平台和董事长高云峰先生的信任”，这背后除了过硬的研究能力，更折射出一个经历丰富的科学家豁达开朗的心态。

实际上，吕启涛在2001年创业之初就遇上了“9·11事件”以及整个通信互联网行业泡沫破裂，人们对经济的信心产生动摇。但吕启涛却认为这是上天给予的机遇：“如果整个行业发展很好，我的企业就没有了发展的时间与空间，市场会被成熟的产品占领，因此行业的低迷反而给了我开发自身产品的缓冲期。”

2008年金融危机袭来，当时吕启涛刚刚加入大族激光，“当时周围人很恐慌，但我觉得这又是一个机遇，市场低迷，我们才有时间静下心来专心搞研发。等到开始复苏时我正好准备好了，在战场上一炮打响！”果然，经过金融危机的蛰伏，2009年吕启涛的团队推出了DracoTM系列激光器及设备，这是让大族品牌在全球激光行业拥有真正话语权的产品。

“工业产品最重要的是稳定性与可靠性，这一点上DracoTM系列产品算是做到了极致，一点也不输给进口产品，不然苹果公司也不会这么大批量地采购我们的设备。”说到这些产品他总是很开心，恰如一位父亲谈起自家孩子般欣慰自豪。“在我们所有的设备上贴着一个标示：DracoTM Series * Make a Difference！我这是借鉴了深圳大运会的口号。它不仅意味着我们有能力做出世界一流的产品，而且代表了我们对客户的品质承诺。”

一个企业家的蜕变与思考

早在1995年，母校华中科技大学就希望吕启涛回来做教授并担任激光研究所的所长，但那时一心想去德国企业实践的吕启涛拒绝了。他说：“比起在研究机构拿纳税人的钱去取得研究成果，我更想用自己研发的产品在市场上获取回报。”直到现在，吕启涛依然庆幸自己当初的选择。

在罗芬公司开发产品的六年，让吕启涛完成了从学者到业界专家的蜕变。“我对罗芬公司的这段工作经历心存感恩。企业界的工作让我认识到自己知识的不足、彻底转变了我的技术观念；在这里我学到了真正受益终身的东西，使我领悟了如何开发领先的工业产品、如何管理公司。让我感触颇深的是：德国人的许多优秀品质在日常的工作中体现得淋漓尽致，这也是许多德国企业成功的秘诀吧。”德国人常说，“魔鬼藏于细节中”。这一点上，吕启涛认为德国人的严谨认真是非常值得中国企业家学习的。“沉下心来，不要浮躁，有了技术上沉淀、管理上沉淀、人才上沉淀，企业发展才能建立在牢固的基础上。”

在经历过德国企业的熏陶后，他意识到在学校里做的研究工作、发表论文，只是一个学术环境的世界；而在企业里开发产品、从市场取得回报，为他打开了另一个世界。“我见了两个世界后，更愿意在企业里奋斗。很多人一直待在一个环境，没有机会体验另一个世界，因此我一直很庆幸自己做出了最适合自己的选择。”

吕启涛有一套自己的处世哲学，在他看来——工作的过程就是交朋友的过程。他每年都会前往世界各地参加光电子行业的展会，他笑称自己每走几米就不得不驻足交流——高校教授、企业高管、同行专家……有太多老朋友、熟面孔。而平日里在公司，他也平易近人、毫无架子，经常巡视实验室及生产车间，与一线员工交流。吕启涛之所以十分受人尊敬，正是因为他用自己严谨、权威的专业表现和端正、求是的作风“交到了天下朋友”。

“雄关漫道真如铁，而今迈步从头越”。无论是在德国还是中国，无论处于困境还是顺境，吕启涛一直追求着技术和自我的超越。他也经常勉励年轻人：“一定要坚持脚踏实地、实事求是的作风，没有时间的投入和辛勤付出，是很难取得卓越成绩的，同时要充分认识自我、准确定位自己。一个人要善于适应大环境，而不是要求环境来适应你。”

革新“智”胜，民族激光闪耀世界舞台

改革开放四十多年，中国制造业取得了骄人的成绩，而深圳是改革开放的窗口和旗帜，高科技制造业在这里有广阔的发展空间。作为高端人才被引进回国的吕启涛表示，非常庆幸选择了深圳这样一个开放、包容的城市。随着先进的激光加工技术越来越被工业领域普遍接受，中国的激光产业正处于蓬勃发展“最好的时代”。2016年10月，李克强总理到大族激光考察时表示：“中国制造2025”大有希望，要在你们手上大放光芒。

归国之初的吕启涛曾有着这样的规划：“大族激光的英文是HAN★SLASER。HAN意味着汉族，是中国人口最多的民族，这个五角星代表咱们中国人的五星情节，我要把中国的激光公司做大做强、走向国际。”

披星戴月，是数不清的奋斗日常；满满功勋，全靠长久的技术沉淀。当被问起如何看待自己的职业生涯，他坚定地答道：“我从不曾后悔回国加入大族激光的选择”。很多人奋斗了一生，但少有人做到“无悔”。通过革新“智”胜，带领民族激光闪耀世界舞台，吕启涛终于做到了。

冶金人的金色梦想

曲胜利

曲胜利，1966年出生于山东省烟台市，工程技术应用研究员，现任山东恒邦冶炼股份有限公司（以下简称恒邦股份）总工程师、中南大学兼职教授、博士生导师。作为公司工程技术负责人，他先后主持建设了恒邦股份两段焙烧项目、金精炼技术改造项目、复杂金精矿综合回收技术改造项目、提金尾渣综合回收项目、湿法黄金冶炼废渣无害化处理项目等十几个在国内有较大影响的重大技术改造工程，助推恒邦股份迅猛成长，稳健盈利，迄今已连续八年入选中国《财富》500强；在中国黄金协会公布的中国黄金十大冶炼厂榜单中，连续四年蝉联第一名；在国内国际有色冶炼行业名列前茅，成为世界有色冶炼技术的创新者和引领者。

2010年，他主持建设的“造锍捕金”工艺系统建成投产，该工艺核心技术“氧气底吹熔炼造锍捕金处理复杂金精矿技术开发与应用”获得了2017年度中国有色金属工业科学技术一等奖。2013年，他主持建设的“高铅提金”工艺系统建成投产，该工艺的核心技术“难处理多金属混合铅物料低碳熔炼综合回收新技术研发及产业化应用”获得2013年度中国有色金属工业科学技术一等奖，“底吹熔炼—熔融还原—富氧挥发连续炼铅新技术及产业化应用”获得2016年度国家科学技术进步二等奖。2014年，由他负责自主研发的“高砷难处理矿富氧熔炼收砷关键技术的研发与工业应用”取得国际领先的重大突破，项目获得2016年度中国有色金属工业科学技术一等奖。工作之余，他把从事黄金冶金三十年的科研成果及其宝贵经验，组织编写成25万余字的《黄金冶金新技术》专著，由冶金工业出版社正式出版发行，在行业内外引起强烈反响和关注。

作为企业技术带头人，他还担任中国有色

金属学会重冶学术委员会专家委员、创新发展工作委员会副主任委员等专家领导职务，参与行业的发展规划及重大技术研讨论证。2011年，国家人力资源和社会保障部、中国黄金协会联合授予曲胜利“全国黄金行业劳动模范”称号；2016年，他成为国务院授予的国家科技进步二等奖获得者；2017年，又荣膺“科学中国人年度人物”。

初出茅庐，把湿法冶金工艺推向新高度

在20世纪70年代以前，中国的黄金冶炼严格来讲还没有形成一个独立的产业，全国70%以上的黄金产量依靠有色冶炼厂回收，只有不到30%的黄金产量来自于黄金矿山的就地冶炼。1970年以后，随着氰化法提金工艺的广泛应用，黄金冶炼在中国才逐渐发展成为一个独立的产业。

1988年，恒邦股份的前身牟平县氰化厂开始筹备建设。同年，刚刚大学毕业的曲胜利就作为公司招聘的首批大学生加入了企业。1990年，公司首期黄金冶炼生产线建成投产，该生产线采用的就是氰化法提金工艺。氰化法提金工艺大致可以分为两类，一类是直接氰化，主要处理常规金精矿；另一类是先氧化预处理再氰化，主要处理复杂型金精矿，也称难处理矿。氧化预处理的方法有多种，焙烧氧化是一种被实践证明的最为有效和应用最广泛的方法。恒邦股份采用的就是这种方法。从建厂一期工程到二期工程，作为技术人员的曲胜利，全程参与了项目的设计、建设和生产组织，在这一过程中他也逐渐成长为该工艺技术的行业顶尖专业人才。但是一直以来，黄金回收率低、杂矿处理水平差、生产规模受限制等问题始终困扰着他。

1999年以前，恒邦股份氰化系统氰渣金品位一直在3g/t以上，这也就意味着有大量的黄金得不到回收，而白白浪费。曲胜利对此是看在眼里、急在心上。为了解决这一问题，他请教了国内几乎所有的专家，查阅了行业内无数的专业书籍和论文，但是都没有得到很好地解决方法。他只能扑下身子扎入一线，在生产流程中观察、总结。一次偶然的机会，由于焙烧炉冷却管束出现漏点没有及时修复，致使大炉焙烧温度比平时低了100多度，而这段时间内黄金的回收率却比以往高了许多。技术人员特有的专业嗅觉，使细心的曲胜利意识到：是不是原来750度以上高温焙烧的行业普遍做法存在错误?

他突然考虑起了这个问题。于是，他又反复试验，将炉温控制在600度左右时，得到了回收率最高的结论。从此，公司氰化系统氰渣金品位降到1g/t左右，黄金的回收率一下子提高了5%，在行业内产生了轰动。

低温焙烧在恒邦股份取得成功后，曲胜利又将技术进步的工作重心放在了复杂含砷矿的处理领域。由于砷元素在黄金冶炼过程中属于有害元素，会严重影响金属回收率，所以国内很多科研机构和黄金冶炼企业一直将此作为重点攻关课题。2004年，恒邦股份在国内率先引进了瑞典波立登公司的两段焙烧技术，该技术被认为是当时全世界最先进的处理含砷矿的生产技术。但是在该技术关键的收砷环节，恒邦股份引进时与技术供应方产生了重大分歧。以曲胜利为代表的中方科技人员认为瑞典的技术有一定的局限性，而且技术转让费异常高昂。最终，恒邦股份放弃了他们的技术。放弃了这一技术不代表放弃了这一目标。曲胜利带领专业技术人员与国内相关科研院所合作，经过反复验证和生产实践，最终一举突破了骤冷干法收砷技术。将入炉物料砷的品位由行业内普遍的1%以下，一下子提高到了6% ~ 7%的水平。这一重大提高，极大地冲破了公司在原料市场上的限制，让恒邦股份成为国内复杂矿处理水平遥遥领先的企业。

虽然这些进步让恒邦股份的技术指标在行业内达到了领先，但是焙烧预处理的生产规模限制问题在全行业还是一个难题。炉子过大，对于后续的收尘、收砷、制酸等都是一种挑战。但是在曲胜利眼里，这都不过是一个过程而已，早晚会得到解决。2013年，在他的主持下，亚洲最大的沸腾焙烧炉在恒邦股份建成，而且实现了持续平稳运行。曲胜利再次用实际行动证明了他的坚守与努力。

虽然湿法冶金工艺在当今环保标准下已经走到了生命的末端，即将被新的工艺所淘汰。但是在其发展过程中却为中国黄金行业、为中国成为第一黄金生产国立下了汗马功劳。我们不能忘记那些为了增强湿法冶金生命力而付出艰辛的中国黄金冶炼行业的科研工作者和工程师们，曲胜利就是其中的杰出代表。

厚积薄发，把火法冶金工艺引入黄金冶炼

2006年，恒邦股份开始筹备上市。为了壮大企业规模、提升企业的综合实力，公司决定利用上市后的募集资金建设一套处理复杂矿的生产系统。采用什么工艺，在当时确实成为困扰企业决策者的一大问题。以曲胜利为代表的技术负责人员经过多方考察，最终为公司提交了引进富氧底吹熔炼造锍捕金技术的方案。2008年7月，运用该技术的复杂金精矿综合回收技术改造项目正式动工，曲胜利任现场总指挥。

因为该项目采用的工艺和设备在恒邦股份所有专业技术人员面前都是崭新的，所以曲胜利不敢有一点懈怠。从项目开工建设到建成投产的将近两年时间里，他每天都穿梭于工地的各个角落，每天都与工程项目小组的专业人员探讨交流各种技术问题。他那句“辛苦一年、幸福一生”的座右铭成为全公司工程技术人员的永恒信念。2010年4月，项目一次性开车成功，这一壮举在行业内传为佳话。然而在曲胜利看来，项目开车成功只是一个新的开始。

氧气底吹工艺最早应用于铅冶炼，后来在铜冶炼中也取得了成功，而恒邦股份采用该工艺的初衷是金冶炼、处理复杂矿，特别是含砷矿。如何达到这一目标，已经走上主要领导岗位并担任第一技术负责人的曲胜利踌躇满志。他带领公司工程技术团队访专家、求学者，参加各类学术研讨会议，到国内外同行业冶炼厂考察学习，深入一线研究工艺、积累数据。最终，在与中国恩菲等相关科研院所的合力攻关下，恒邦股份攻克了利用富氧底吹炉处理低铜高金矿、在富氧底吹炉实现骤冷干法收砷、将底吹炉与吹炼炉烟气实现分离等一系列重大难题，使冶炼工段工艺指标达到行业最先进水平。并且还创新性地引入离子液脱硫、酸性废水硫化氢硫化处理等三废治理的新手段，做好清洁冶金的文章。尤其是氧气底吹熔炼+骤冷干法收砷技术的突破，解决了全世界处理高砷物料的难题，使复杂精矿有效处理成为现实，在全球同行业内产生了重大影响。该技术也被评为2016年度中国有色金属行业科技进步一等奖，并进入国家科技进步奖的推选名单。

将氧气底吹技术应用于黄金冶炼取得重大成功后，曲胜利带领的团队并没有停下探索的脚步。富氧底吹熔炼造锍捕金工艺是以铜为捕收剂回收金银等贵金属，铅也是金银的良好捕收剂的原理又立刻被曲胜利及其团队注意到。于是，新的创新举措随即摆在了他们的面前。2011年，恒邦股份利用二次融资募集资金建设了高铅提金系统。该项目采用的工艺就是以铅为捕收剂进行金银等贵金属的综合回收。有了火法冶金项目建设和生产的经验积累，曲胜利及其团队在新的项目建设和技术改进方面显得得心应手。他们与中国恩菲等相关科研院所通力合作，开发了粉煤喷吹熔融还原新技术，以双底吹和三炉联动来处理复杂金精矿、提金尾渣和各类含铅物料，综合回收金银等贵金属。在项目建设过程中，曲胜利及其团队对项目设计进行了多项大胆改进，创造了五个“世界第一”：第一家成功应用粉煤底吹还原技术的企业，第一家成功应用保尔沃特渣处理设备替代传统的水池水淬的企业，第一家在底吹熔炼系统应用骤冷收砷技术实现烟气收砷的企业，第一家成功运行三连炉联动生产系统的企业，第一家在电解工段成功应用煤气蓄热燃烧器的企业。该项目采用的技术获得了2013年度中国有色金属行业科技进步一等奖、2016年度国家科学技术进步二等奖。作为获奖者代表，曲胜利也登上了国家科学技术奖励大会的中国科技最高领奖台。

为了保持公司在行业内特别是原料市场上的竞争力，2017年恒邦股份又投资建设了湿法黄金冶炼废渣无害化处理项目。项目采用侧吹熔池熔炼工艺，虽然工艺路线看似传统，但是在曲胜利及其团队的创新支持下，生产工艺环节已经进行了多项改进和提升，一项崭新的工艺技术又将呈现在行业面前。正像曲胜利常讲的，冶金企业要永远走有技术支撑的道路，在技术创新方面要永远走在行业前面；别人不能处理的矿我们能处理、别人能处理的我们处理得更好，这就是效益。作为一名在基层成长起来的冶金工程师，这样的话语道理虽浅显，但其背后的艰辛与困苦，也许只有真正的同行才能体会到。

火法冶炼黄金解决的不仅仅是氰化提金工艺产生氰化物污染环境的问题，而且也为矿产资源中的稀贵金属得到综合回收奠定了基础。目前，恒邦股份可以综合回收的各类稀贵金属已达10余种。在恒邦股份的示范下，这种工艺如今已逐渐被行业认可，中国黄金、灵宝黄金等国内多家黄金企业集团纷纷建成了类似生产系统。显然，曲胜利在这一新的历史潮流中又一次充当了弄潮儿。多年的积淀，曲胜利也在行业里树立了自己的威望，先后被中国有色金属学会重冶学术委员会聘为专家委员、创新发展工作委员会副主任委员等职务，2017年，又被中南大学聘为兼职教授、博士生导师，并荣膺“科学中国人年度人物”等称号。

大展身手，构建冶金材料产业链

在黄金冶炼行业拼打了三十年的曲胜利，不仅积累了丰富的专业技术经验，而且对行业的发展也有了深刻的认识和独到的见解。如今，冶炼行业在新的环保标准下困难重重，湿法冶金已经面临淘汰，而且恒邦股份多条氰化提金生产线已经关停。火法冶金虽然展现了强劲的生命力，有很大的优势，但是面对如今易处理矿产资源越来越少的局面，黄金冶炼行业也需要谋求新的发展动能。特别是在国家高质量发展成为主旋律的大背景下，谋划新的格局已是迫在眉睫。

“任何事物都有不利的一面，也有有利的一面。”这是曲胜利常说的一句话。既然环保的门槛越来越高，成了企业的生命线，我们就要在环保上下功夫、做文章。曲胜利深谋远虑，提出了“做环保就是做产品”的创新理念，并进一步提出了“有价元素全产品化、绿色发展零废弃物”的目标思路。资源化治污的理念被曲胜利及其团队很快应用到实际生产中。砷是冶炼行业最头疼的元素，它影响工艺流程、影响职业健康、影响环境保护。但是砷也是有价元素，也有着广泛的工业用途。如果将其产品化，甚至高端化，岂不就解决了这个问题吗?

在这一思路的指引下，曲胜利及其团队又一次开始了新领域的学习和研究。2017年，恒邦股份金属砷生产线建成投产，将冶炼过程中回收的有剧毒的三氧化二砷转变成了无毒的金属砷。这一思路立刻受到同行的关注。恰逢“十三五”国家重大专项的选题，恒邦股份的这种做法毫无疑问得到了课题小组专家的青睐。2018年，国家重大专项之固废资源化“铜冶炼危废源头减量及全过程控制技术与示范”项目正式将恒邦股份纳入课题组，并作为工程示范基地承担了其中6项子课题中的2项。

然而，曲胜利对此并没有满足。普通金属砷的工业用途有限，而且价格也不高，但是高纯砷（7N）就大不一样了，不仅价格呈几何倍增长，而且用途广泛。作为一种新型材料，其化合物砷化镓、砷化碲、砷化铟等已经广泛应用于微电子、光电子领域，在航空航天、5G通信、军工等行业已发挥出重要作用。曲胜利敏锐地捕捉到了这一行业前沿讯息。想到了、认定了，就要干。在2018年恒邦股份年度工作会议上，曲胜利要求高纯新材料项目在2019年一定要见到产品。恒邦股份规划设计的高纯金属新材料项目不仅生产高纯砷，还将生产高纯锑、高纯铋、高纯碲等高端材料。这些材料都是科技前沿和国之重器的必需材料，长期以来都受到国外的技术封锁和限制。曲胜利的新决策就是要冲破这种限制，让中国的核心装备用上自己的材料。

工程师，在我们常人眼里可能就是一种称谓，或者一种职业，而杰出工程师带给我们的并不仅仅这么简单。曲胜利在冶金行业奋战的这三十年，也是中国深入推进改革开放、重新走向世界舞台、引领世界发展的三十年。我们见证了中国奇迹，也见证了中国建设者们优秀的品德和高尚的情怀。作为一名冶金工程师和基层科技工作者，曲胜利在扎实推进中国黄金冶炼技术不断改进、提升的同时，也向世人展现出了大国建设者们所特有的品德和情怀，也许这就是他一生为之追求的金色梦想。

砥砺前行 报效祖国

朱忠义

朱忠义，1972年出生，中共党员，北京市建筑设计研究院有限公司副总工程师、复杂结构研究院党支部书记、副院长。

“伟大梦想不是等得来、喊得来的，而是拼出来、干出来的。”这是习近平总书记对我们国家七十年艰辛与光辉发展历程的科学总结，也是对我们进一步实现中华民族伟大复兴的号召。习总书记的讲话平实而深邃，一个国家一个民族如此，一个家庭一个人也是如此。朱忠义的成长历程正契合了习总书记讲话的精神与思想。

自幼勤勉好学，养成良好品德习惯

冠县，隶属山东省聊城市，位于齐鲁大地最西侧，紧邻河北省，属于欠发达地区。1972年，朱忠义出生于冠县的一个普通职工家庭。父亲是县化肥厂的职工，母亲是县药材公司会计，兄弟三人，他排行老大。朱忠义的父母对孩子管教严格，从不娇惯，家风优良，而他本人也从未辜负父母的期待，从小勤奋好学，一直是同龄人中的学业佼佼者。

一个人的良好道德习惯，大多是从小养成的。在朱忠义身上，有一件事情，对此做了很好的印证。在他上中学的时候，他的表哥到他家走亲戚住了几天。第二天一大早，表哥起来，发现全家都还没有起床，唯独朱忠义已经上学去了。表哥问朱忠义的母亲："怎么忠义没吃饭就走了？"母亲告诉表哥："他已经吃饭了！他上学时间早，每天都是他自己早起，弄开炉子，做好全家的饭，自己吃一点，就上学去。"说完又补充道："没叫他做，是他自己定上小闹钟，早起做饭。"说这些时，朱忠义的母亲既有欣慰之意，更有疼爱之情。了解朱忠义的亲朋至今感慨，自小养成的这些习惯与品质，与他今天在事业上做出的成就，有着必然的联系。

正确对待人生转折，学业贵在持之以恒

高考，对所有学子都是一大关口。能否正确面对考试结果，是对莘莘学子的重大考验。高中时代，朱忠义始终是学校的拔尖学生。1988年他参加高考时，山东省仅招收两万多本专科生，升学率仅2%，竞争极其激烈。按他的平时成绩，考取重点大学不成问题。但是，由于考前几天感冒，他临场

发挥不好，考取了当时的山东矿业学院（现为山东科技大学）的工业与民用建筑专业。结果与预期相差较大，怎么办？朱忠义首先想到的是复读。然而当时家中还有两个弟弟在上学，沉重的生活负担使父母无力支持他的这一意愿。很快，他就下定决心去学校报到，认为只要努力，在哪儿都能学出优异成绩。进入大学，尽管没有了升学的压力，他仍旧保持着强大的自律精神，将全部精力都投入学业中。四年时间，他的成绩始终名列全年级第一。

大学毕业，朱忠义面临就业与考研的选择。按父母的意思，本科毕业已经很好了，希望他直接参加工作，缓解家庭生活负担。朱忠义十分孝顺，不愿直接违拗父母的想法，就和母亲说："妈，我试着考一下吧，如果考上了，也可以不去上。"结果，他顺利考取浙江大学，导师是我国空间结构泰斗董石麟院士。家人此时也转变了观念，都十分高兴，支持他继续求学。

转眼到了研究生入学报到的日子，母亲想办法凑了300块钱，放进朱忠义的背包，叮嘱他："你弟兄仨都上学，家里钱不多，紧着点花。"朱忠义告诉母亲："现在研究生不收学费，国家补贴点生活费，够吃饭的。""那也拿着点，生活费不知什么时间发，也仅够吃饭，没一点钱怎么行？"母亲说道。第二天，父母高高兴兴送他到车站，奔赴浙大读研。但是，等从车站回到家，母亲发现给儿子的300元钱，就放在窗台下面的桌子上。母亲坐在床上呆呆看了好久，潸然泪下：除了路费，儿子身上没几个钱，怎么生活？知道体谅大人是好，但这孩子也太为难自己了！

凭着自己的勤奋和坚韧，朱忠义以优异成绩在浙大完成硕士和博士学业，具有了扎实的理论功底，养成了严谨的学风，培养了突出的创新能力，为他后来承担国家重大工程建设奠定了重要的基础。与此同时，由于表现优秀，他在校期间就被批准加入党组织，成为一名光荣的共产党员。他的经历表明，勤俭、勤奋、持之以恒，永远是个人成功的基石，永远是合格共产党员的宝贵品格。

奔赴经济建设主战场，奉献国家重点建设工程

2000年，朱忠义博士毕业，导师想要他留校。留在杭州，在浙江大学从事教学与科研工作，这是多少人才梦寐以求的机会。但是，朱忠义的心中始终有一个“工程师之梦”，希望把自身所学运用到一线工程当中，直接为国家建设服务。反复考虑后，朱忠义毅然放弃了象牙塔里的安稳生活，选择到北京市建筑设计研究院，从事紧张繁忙的工程设计工作。

事实证明，朱忠义的这次选择对他后来的个人成长产生了深远影响。在他参加工作的第二年，北京申奥成功，随后展开的大规模工程建设给他带来了重要的发展机遇。在奥运工程建设周期中，他负责了当时的国门工程——首都国际机场T3航站楼和奥运中心区三大场馆中唯一由中国工程师全程自主设计的标志性工程——国家体育馆的钢结构设计工作。持续数年夜以继日地工作，他出色地完成了设计任务，一举奠定了在行业内的地位。这些年，他还负责了汶川地震时最大的抗震救灾中心——绵阳九洲体育馆、引领中国隔震技术的世界最大隔震工程（已建成）——昆明长水国际机场、获2017年国际桥梁与结构工程协会唯一杰出结构大奖的项目——凤凰中心和全球最大航站楼——北京大兴国际机场航站楼等20余项大型工程的钢结构和隔震设计，解决了大量关键技术难题，取得一系列创新性成果，保障了项目的成功建设与工程安全，创造了显著的技术与经济效益，产生了深远的社会影响，有力推动了所在行业的技术进步与发展。

视质量为生命，始终把工程安全放在首位

作为结构工程师，对朱忠义来说，最难以忘怀的是绵阳九洲体育馆。2008年，我国发生了“5·12”汶川特大地震。全力抗震救灾，尽可能减少人民群众的伤亡及财产损失，成为当时全国乃至世界瞩目的头等大事。九洲体育馆科学合理的结构设计与高质量高标准的建设，使其在大震中安然无恙，成为当时最大的抗震指挥和灾民安置中心，发挥了难以估量的巨大社会效益。

时间回到2003年，绵阳市为筹建2005年第十三届世界拳击锦标赛主场馆，面向全国开展工程设计招标。当地对此场馆的建设高度重视，对参与竞标的团队及其设计方案进行了全市公投，结果北京市建筑设计研究院的方案一举中标。九洲体育馆建筑造型新颖独特，如两片树叶飘落山涧。朱忠义负责项目的大跨空间结构的设计，实现了建筑优美、结构科学、安全、经济的建设目标。根据屋盖造型，朱忠义采用了4个落地拱架作为主要承重结构，受力清晰明了。然而跨度达165米的大拱，使这个总面积不算太大的建筑，对设计提出了不小的技术难题。2003年，绵阳当地抗震设防烈度只有6度。但是，对于这个当地可容纳人数最多、可承担国际赛事的体育馆，朱忠义不敢有丝毫放松，在几任总工程师的指导下，进行了大量的分析研究。他与设计团队设想，为确保安全，不仅要保障大型建筑的日常使用安全，还必须充分考虑大震等不可预测因素的影响。为此，朱忠义带领团队在设计周期极为紧迫的情况下，把防连续倒塌设计作为重中之重来对待。他们对大跨空间结构的关键构件进行了多方面的验算和校核，进行了预防大震的防连续倒塌设计；对结构的薄弱点进行了充分研究，对关键构件和部位进行了加强；对于一般普通部位则尽可能优化减少用钢量，既做到轻巧省钢，又减少用钢量和造价。

2008年，“5·12”汶川特大地震来袭，直线距离北川震中不足百里的九洲体育馆，经受了主震的考验，安然无恙！随即，该场馆成为当地最大的

抗震指挥和灾民安置中心，为保障人民生命安全发挥了无可替代的巨大作用。考虑到其后余震会不断来袭，为确保结构安全，在公司齐五辉总工程师的指导下，朱忠义和周笋副总工程师把各种可能出现的不利情况重新一一研究，对于关键部位逐个过筛检查，反复验算结果表明，该馆在大地震下安全可靠，可以用于抗震救灾。设计团队又与该馆管理人员密切配合，提示馆方及时安排对关键部位做好检测，要求在每次4级以上余震后例行检测；同时要求馆方对于有可能存在隐患的部位留出安全距离，避免围墙局部砖块脱落，伤及避难群众。在主震和上万次余震的考验下，朱忠义团队设计的九洲体育馆结构表现完好，保证了在此避难的上万群众毫发无损。得益于防连续倒塌设计的先进理念、科学设计与先进技术，朱忠义带领团队设计的体育馆，为抗震救灾做出了历史性的巨大贡献！

设计世界最大“天眼”工程，为民族伟大复兴增辉

由中国自主设计建造的500米口径球面射电望远镜（FAST），是世界最大、最灵敏的单口径射电望远镜，被誉为“中国天眼”，党和国家领导人、国内外顶级科技杂志和新闻媒体都给予了高度关注与报道。朱忠义作为FAST主动反射面主体支承结构设计负责人，主持了其设计、科研及施工配合工作，创新多项重要设计理念、方法及重大工程技术，取得的成果居于国际领先水平，为FAST建设作出了突出贡献。

FAST位于地形地貌复杂的贵州喀斯特洼地，精度要求和几何尺度都远超常规建筑结构，而且为满足观测需求，还要求结构具有主动变位功能，这些都给结构设计带来了前所未有的挑战。设计过程中有一个小故事。由于所处地貌复杂，FAST圈梁支承柱高度在3米至50米不等，导致结构和基础受力复杂，并且圈梁温度作用明显。这个问题在项目前期一直没有得到有效解决。后来朱忠义提出将柱子与圈梁隔开，通过一个径向可动支座进行滑动释

放，并且发明了满足力学模型的相关产品，有效解决了复杂山区环境对结构受力的影响，并且减小了索网变位过程中应力变化幅，FAST反射面变位也更加灵活。已故的FAST首席科学家南仁东老师听取了该方案汇报后非常满意，兴奋地说“这就是我心目中的方案”。汇报结束，南老师特意把朱忠义团队送出中国科学院大门，还表扬他们：“北京院设计水平高、经验多”。

因为在FAST建设中作出重大贡献，朱忠义被评为“FAST工程建设突出贡献个人”，其所在单位北京市建筑设计研究院有限公司获得了“FAST工程建设突出贡献单位”和“贵州省五一劳动奖状”等荣誉称号。该项工程的成功建设，是中华民族伟大复兴的历史性辉煌成就之一。

为工作舍小家顾大家，甘于奉献

每个项目能够顺利实施、取得成功，都是工程师团队辛勤工作的结果，同时也离不开其家人的理解与支持。长年一心扑在学业及工作上，2007年9

月，已经35岁的朱忠义，才迎来独生子的出生。当时，他参与设计的昆明长水机场航站楼正处于现场设计施工的紧张时期。孩子出生仅4天，爱人剖腹产手术的伤口尚未完全愈合，他就离家去了昆明机场建设工地，一待就是两个多月。等到他再次回家，孩子已经会笑了。但是，孩子见到陌生的他，只是呆呆看着，似是不敢笑。面对孩子与爱人，朱忠义脱口而出："真是对不起！"爱人却没有太多在意，随口说："没事，我们挺好。"此情此景，爱人的理解与支持使他湿润了眼睛，也给了他进一步做好工作的动力与压力。做不出更多业绩，不仅对不起社会和国家，更何谈对得住家人的奉献与付出？

在设计首都机场T3航站楼最紧张的2004年，朱忠义长驻现场，全力投入项目当中，尽管家就在市区，也往往数周才能回去一次。当年10月份，他的母亲感觉身体不适，老家医院建议进一步检查。爱人知道他工作忙，就自己安排老人家从山东老家来北京检查身体，没有告诉他这件事。母亲检查身体后，身体没有大碍，在北京住了半个多月，想回山东了。回家前，母亲想见见儿子，妻子就带着她乘机场大巴到工地现场看望朱忠义。正在忙碌的朱忠义看到突然出现的母亲，百感交集，问道："妈您怎么来了？"母亲心疼又无奈地说："我来北京检查身体，大半个月了，一面都没见上你。现在要回老家了，你回不去，我来看看你。"母亲之后又说："好好工作，做出成绩来，回报国家的培养，这就是我的最大心愿。"此情此景，怎不让人感慨！朱忠义后来自己讲："这么多年，我体会，家人的理解、支持，是做好工作的保障！母亲的叮嘱也是我做好工作的最大动力！"

朱忠义同志从不计较个人得失，任劳任怨，不争名夺利，在公司受到大家一致好评与赞誉。鉴于他个人为公司、为行业发展、为国家建设做出的突出贡献，党和政府及行业协会授予他一系列荣誉，如享受国务院政府特殊津贴，荣获全国"杰出工程师奖""北京市有突出贡献的科学、技术、管理人才"国家"有突出贡献中青年专家""首都劳动奖章"等荣誉称号，入选"国家百千万人才工程""2018·首都科技盛典"之推动"北京创造"十大科技人物，当选首届中国钢结构协会"钢结构大师"。2019年，朱忠义荣膺全国五一劳动奖章。

在成绩面前，朱忠义不骄不躁，仍然保持谦虚谨慎的精神，艰苦勤奋的工作作风，勇于创新、敢于担当的初心。他表示，在国家前所未有地接近实现中华民族伟大复兴目标的时代，要以更充实的干劲，更顽强的斗志，积极投入到新时代中国特色社会主义建设的伟大事业当中，以更大的决心为祖国奉献自己的一切力量，争取作出更多更大的贡献！

三十年只做一件事

——炼好钢

许晓红

许晓红，1966年出生在江苏省江阴市一个普通的农村家庭，1988年毕业于上海工业大学钢铁冶金专业，中共党员，现任中信股份旗下中信泰富特钢集团江阴兴澄特种钢铁有限公司总工程师、炼钢首席专家。

钢铁铸造的人生

1988年8月，当时的兴澄特钢还是“江阴钢厂”，因扩能改造人才极度匮乏，恰在此时，许晓红学成归来。当时的大学生懵懂、勤奋、谦虚，他也不例外，同几千名钢铁工人一样从炉前工做起。记得刚进公司的那几年，劳保用品匮乏，每天带着破洞的手套，围绕在炉内温度达到1 600℃以上、炉外温度300℃～400℃左右的炼钢炉周围，一个班下来衣服一次次被汗水湿透，又一次次被高温的炉子烤干。如果是严冬，前面是300℃～400℃的炉子，汗水恨不能一出来就被烤干了，身后寒风夹着雪花吹打在背上，可谓是名副其实的“冰火两重天”！还记得那年冬天，最低气温-8℃，水管上结的全是冰，在高温环境下工作的工人最需要的就是水，没有选择，他们就直接饮用水管里的水，那种感觉可想而知。那时能坚持在一线工作的人少之又少，能真正沉下心来，把事情做好的人更是寥寥无几，而许晓红就是其中一个。他从来顾不上汗水与泥水在脸上交织，更顾不上炉前高温带给他的烧灼感，他满脑子想的都是怎么能提高生产技术，确保每炉钢水的质量。也正是这股干劲，在进厂2个月后就被破格提拔为炉长。这就是当年的他——炉前工许晓红。这炉前工一干，就是十年！

如果问他，这十年最记忆犹新的是哪件事儿？他肯定会说是1992年，那个异常寒冷的冬天，钢包受环境影响温度异常低，因为当时未考虑钢包温度，导致一炉低温钢的产生。这次的事故使他背负了沉重的打击并承担了所有责任，他被公司罢免炉长职务，每月只能拿基本生活费，到花山厂区“劳动改造”——捡废钢。这种打击让他食不下咽、夜不能寐，在同事、领导们质疑的眼神中他没有颓废，而是认真总结，积极查找报废原因。他记录了当时所有的生产数据，这次的失误让他养成了每个班都认真记录、总结的好习惯。钢水质量好的数据，不好的数据，无一遗漏，都记录在他的“炼钢秘籍”中。那年冬至，下班后他穿着“张嘴”的劳保鞋走在接近20厘米厚的积雪里，左手拿着炼钢工人常用的工具“铁锹”，右手拿着公司发的一只鸭子，回到四面透风的宿舍，没有亲人的陪伴，没有热腾腾的饺子，甚至没有一口热水，可他做的第一件事却是拿着他的“炼钢秘籍”记录当天的生产数据和心得。恶劣的工作和生活环境都没有妨碍他积极向上的心态，那种积极的工作态度是最宝贵的。这样的状态维持了两年，这两年的生活让这位技术型人才饱受着身心的双重折磨，更让他失去了很多生产实践的机会。他有过怨言，有过委屈，可他心里想得更多的是“只要再给我一次机会，我绝不会犯同样的错误”！

两年的沉淀，不断地分析数据和积累经验，使许晓红发现了钢水的变化规律：随着环境的变化，出钢温度也应随之变化。所有的操作都应该按照工艺流程走，生产绝不能凭感觉，要有测量，要有数据分析，并且之后，他要求在工艺操作规程中加入验证。

十年磨一剑，那些艰苦的生活没有把他打倒，反而使他更加珍惜每一次学习进步的机会。通过不断地积累，敢于突破原有思路，不断创新，他听声音就知道温度，加入什么合金温度会变高，换另一种合金温度就会变低，他的炼钢技术已达到炉火纯青，千锤百炼的他已然成为名副其实的炼钢专家。也正是这十年的努力、创新，使他几乎每年斩获各项先进和标兵。即便如此，他依然坚持勤俭节约、艰苦朴素的品质，从不铺张浪费，因为他知道，公司的一分一厘都是成千上万在一线浴血奋战的工人们用血汗换来的。

1997年公司送许晓红赴德国学习。他回忆说：“当时中国的教科书上说要炼好钢，就要炼好白渣，渣要越白越好，但实际生产中白渣炼出来并不是很白，而我们也没有把它当作一个问题，但在德国我们改变了传统的炼钢观念，教科书中的说法与实践一定要结合。这段时间的学习完全颠覆了曾经啃书本的陈旧炼钢方法，我们要敢于推翻陈旧过时的生产方法，要敢于思考、创新突破。此次的德国之行对我触动最大的就是德国人的工作态度，他们可以为了拧紧一个螺丝而弯腰屈膝，甚至趴在地上。而我们又有多少人能为了工作趴在地上，又有多少人可以为了检查一个问题而去拆掉整套设备重新组装一次呢？这种敬业的精神让人折服，非常值得我们学习。”

他在德国学习期间，公司要对一座炼钢电炉改造，希望借鉴德国企业正在使用的电炉方案。对方给了一份炉边氧枪的图纸，而他并没有抱着这份千金不换的图纸回国，而是拿着这份图纸来到德国企业的生产现场，在停产检修时，根据图纸对炉子进行测量。而测量的结果是实际尺寸与图纸不符，这时德国专家却说：“I’ m sorry”，表示这份图纸不是给兴澄特钢的，而是供给另一家公司的！这次的谨慎验证让他重新认识了知识的来源，也因此获得了德国人的尊重。

正是因为许晓红的谨慎，善于运用数据分析、测量，使他通过赴德国学习炼钢技术的机会，能迅速充分消化吸收德国现代化炼钢技术、纯净钢冶炼技术、高效冶炼技术，并在以后的工作中运用得游刃有余。他经常对员工说：“认真学习别人的优点，但必须要形成自己的思考，否则永远无法超越。要敢于否定权威！”

宝剑锋从磨砺出，梅花香自苦寒来。他坚毅执着、无所畏惧的工作态度，超强的学习研究能力，独特的生产把控能力，让他在生产岗位上一路勇往直前，从未停歇。从炉前工到主任工程师，再到生产技术副厂长，直到2011年12月担任研究院院长，他始终坚持在生产一线，潜心技术创新及研发工作。

“特种部队”领头人

优秀的团队离不开优秀的领导者，许晓红掌控全局、沉稳睿智；他有勇有谋、心怀国家，有着坚定不移的信念，已然成为兴澄特钢青年一代砥砺奋进、勇于攀登的力量源泉。他培养和带领的团队就像一支“特种部队”，披

荆斩棘创下一个又一个的“神话”。

2000年，当时国标轴承钢氧含量为≤12ppm，通过六年的积累沉淀，许晓红带领这支无坚不摧的“特种部队”，将轴承钢氧含量稳定控制在5ppm以下，高频探伤合格率100%，高标准轴承钢的产销量连续十一年稳居国内市场冠军。2008年他带领团队创造了轴承钢氧含量的最低纪录——2.5ppm。

许晓红通过几十年如一日驻守炼钢现场获得的生产经验，结合实验室研究，终于探索发现“夹杂物无害化研究新领域和有害夹杂物控制的新技术”，这是国内其他冶金单位与科研院所至今没有涉及的研究领域，是夹杂物认识的全新理念。这一发现，为提高轴承钢实物质量做出了重大贡献。2017年日本某知名企业来兴澄特钢走访时说：“兴澄特钢的产品近几年从来没有发生过大的质量问题，这是日本钢厂无法做到的！”2017年12月初德国的工业基金会对轴承著名制造商说：“工业机械轴承、汽车轴承，疲劳寿命最好的就是兴澄特钢的轴承材料。”这充分说明了兴澄特钢走到今天靠的就是过硬的产品质量，没有产品质量就没有兴澄特钢的今天。说到产品质量许晓红总是自豪地说：“全中国有这么多的钢棒，只有兴澄特钢的可以出口到欧洲，为什么？因为，轴承零部件是运动件，是安全件，不仅质量要求高，材料可靠性要好，更要求它们在高速运转的环境下有更长的疲劳寿命。而我们的产品出口就是用于这些别人生产不了的部位，这就是特钢！我们的轴承之所以有名，那是因为我们的抗疲劳寿命好！就是产品质量过硬，因为我们生产出让世界尊重的产品，我们必然能得到世界的尊重！”

《高碳铬轴承钢》是国内轴承制造产业链材料基础标准，2002年之前，各版标准都不推荐连铸钢做轴承钢，兴澄特钢凭借在连铸工艺技术领域的精益求精以及连铸轴承钢产品的优异表现，成功推动“连铸工艺”首次被写入国家标准《高碳铬轴承钢》2016年版。

在国家标准《高碳铬轴承钢》2016年版修订的过程中，许晓红作为兴澄特钢代表，在九次标准讨论及审定会中，用大量详实的研发和生产数据，最终取得同行、用户和科研单位的共识，删除了“连铸钢不推荐做钢球用钢”的规定。兴澄特钢提出的将“高碳铬轴承钢按照不同等级区分、非金属夹杂物评定时的取最大值而非以往的平均值评定合格级别”等主要技术要求纳入2016年版标准中。新标准将轴承钢分为三个档次，最高级别的特级优质钢技术要求达到甚至超过国际和国外先进国家的标准水平。兴澄特钢凭借用户认可的高端轴承钢技术和质量理念，推动轴承钢生产行业的进步和外界对中国高端轴承钢制造的认识转变。ASTM国际滚动轴承钢先进技术研讨会是国际轴承行业顶尖产品技术交流平台，作为唯一一家中国企业的代表，许晓红代表兴澄特钢应邀两次出席会议。2014年应美国ASTM大会主席John Beswick邀请，介绍“兴澄特钢如何从小的企业成长为世界领袖”。2016年又受邀在会上做主题为《连铸大圆坯生产轴承钢的研发和质量保证》的报告。会上兴澄特钢获得了包括大会主席在内的诸多参会代表的赞许。

兴澄特钢轴承为高端装备国产化提供材料基础，为“中国制造2025”做出了重要贡献，带动我国轴承行业及高端装备制造业的整体发展。

2004年，许晓红带领团队攻坚克难，再放一颗“卫星”——研发出世界最大规格合金钢连铸圆坯，引发新材料的革命。他们在实验室里整整两个半月不断进行模拟试验，利用循环反测、工艺预推等方法，克服超大规格连铸坯生产时产生的表面裂纹、中心疏松与中心裂纹等世界难题，他们敢于突破原有设计，大胆尝试新工艺新方法，改造设备，创造条件，首创当时世界上“最大”的特钢产品——Ø600mm合金连铸圆坯。为风电轴承与法兰、超超临界用火电机组等新能源、石化、机械领域提供关键装备基础材料。时隔数年，Ø700mm、Ø800mm、Ø900mm，再到Ø1 000mm合金钢连铸圆坯的一个个技术难题被逐个攻破，纪录一次次被这支“特种部队”所刷新，此项技术打破了世界纪录，使世界各国、行业专家无不震惊。

这些成功在许晓红眼里只是短暂的喜悦与推动创新的不竭动力，在攻克Ø1 000mm不久，他和团队又成功研发出一系列高合金品种：如典型钢种P91（合金含量达到10%以上）。这一高难度的高压锅炉用高合金连铸大圆管坯填补国内空白，是世界上首次以连铸方式生产的超超临界高压锅炉管用钢，在开发出Ø450mm、Ø500mm规格P91钢后，又开发出世界首创的Ø600mm，Ø700mm规格P91钢，目前在全世界范围内只有兴澄特钢具备稳定生产如此大规格、高合金连铸圆坯的能力。其相关技术获得2015年度国家科技进步二等奖。

作为一位兴澄特钢自主培养的研发人才，许晓红视兴澄特钢如家，对兴澄忠诚，为兴澄奋斗！贝卡尔特集团是世界金属制品界举足轻重的大型跨国公司，2008年元月，一场十年难遇的大雪，使其采购的原材料无法按期交货。没有原材料，无法兑现对客户的承诺，信誉受损是所有企业的致命伤。贝卡尔特请求兴澄特钢的帮助，希望兴澄特钢可以生产帘线钢以解燃眉之急。

帘线钢被誉为金属制品中的皇冠，是洁净钢的主要代表之一。兴澄立即成立了项目组，购置了专用设备，开始与贝卡尔特合作。2008年9月，许晓红带领兴澄特钢的“特种部队”开始做市场调查，并且开展对国内、国外等多家优秀钢铁企业的分析研究，通过对材料夹杂物、可塑性等进行研究，查阅近十年的大量相关资料，发现资料与实物质量不一致。当时，团队立即对实物进行分析，并进行生产、拉拔试验，在得到实验数据后进行分析调整，第二次生产的产品经过贝卡尔特实物检验得出结论，此次的产品实物质量是国内最好的！就是这支不寻常的队伍，仅用了两个月的时间就超越了其他公司花十年研究出来的成果，最终实现钢帘线通过钢坯轧制达到Ø5.5mm的水平，产品稳定拉拔成Ø0.12 ~ 0.15mm的钢帘线，达到世界领先水平，打破了日本与德国长期以来的垄断。贝卡尔特授予兴澄特钢

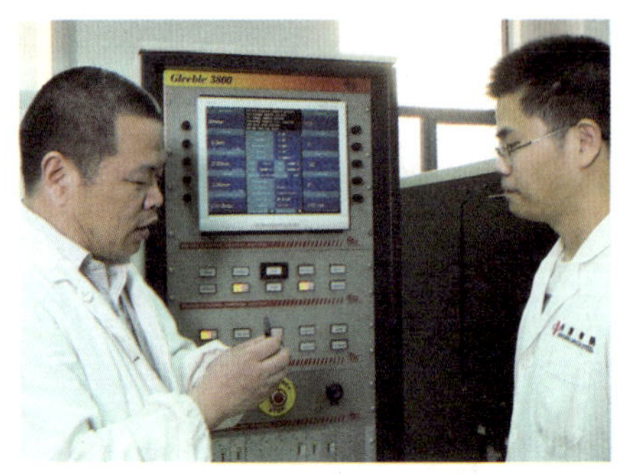

“金人奖”以表彰其在金属制品行业所作出的特殊贡献。

许晓红带头攻克的技术难题为兴澄特钢科技成果转化为生产力，增强企业国际竞争能力，创造经济效益和社会效益作出了特殊的贡献。作为特殊钢领域的专家，他关注青年科技人才的成长与培养，为新生科技力量添砖加瓦。同时也为中国特钢行业能在竞争激烈的国际高端市场，占有举足轻重的位置，作出了应有的贡献。

运筹帷幄之中，决胜千里之外

三十年的执着，三十年的专注，三十年的坚守，使许晓红从一名普通的炼钢炉前工，成长为兴澄特钢的总工程师、炼钢首席专家。如今，他依然经常到分厂参加班前会，遇到重点钢种的冶炼，他依然亲临新钢种冶炼现场，组织员工学习生产关键工艺步骤。实验分析室、工艺技术室、生产现场处处都能发现他勤奋、踏实、可爱的身影。

他常说：“轴承钢强，则特钢强；特钢强，则中国强！”正是因为他对研发的执着，对兴澄特钢的热爱，形成了兴澄特钢今天“剑阁峥嵘而崔嵬，一夫当关，万夫莫开”之势。三十年坎坷随风去，三十年辉煌迎阳来，他见证了“江阴钢厂”扭亏为盈，见证了兴澄特钢逐渐壮大，见证了中国特钢行业崛起的坎坷与辉煌！

在三十年零五个月的特钢炼钢生产实践中，他心中一直有一个特钢的“强国梦”，他给目标产品的质量定位是争取全球领先。

他于2010年获得江苏省科技进步二等奖；作为项目负责人参与研发

的15个项目通过省级以上新品鉴定，曾经两次获得国家科技进步二等奖；2012年获得中国钢铁工业优秀科技工作者；2014年获得全国钢铁工业劳动模范；获得2011—2016年中国金属学会十佳科技工作者；2016年获得江苏省有突出贡献的中青年专家。早在2003年他就被聘为美国钢铁协会会员，2007年被聘为中国金属学会第五届炼钢分会炉外处理专业委员会委员；2016年被聘为日本钢铁协会会员等。他拥有授权发明专利5件；实用新型专利25件，受理发明专利25件；参与国家标准制修订3项；在国外核心钢铁期刊发表论文4篇，国内多篇。他还经常参与行业授课活动，与同行业知名企业交流分享特钢技术的前沿知识，摒弃传统技术研发束缚，取长补短，不断创新，培养新人促进行业研发水平提升。借助企业力量不断践行在实现中国钢铁强国梦的道路上。

2016年，许晓红作为牵头单位项目负责人，主持国家“十三五”重点研发项目“轴承钢冶金质量控制基础理论与产业化关键共性技术研究”该项目的实施，将进一步提高兴澄轴承钢质量水平，接触疲劳寿命将达到L10 ≥ 1 × 108次，形成10万吨的超高纯净度轴承钢生产示范线。同时，将突破国产轴承钢冶金质量不稳定和依赖进口的瓶颈，达到国际领先水平。该项目通过中国钢铁工业协会鉴定，主要成果达到国际领先水平。相关成果获得2017年冶金科学技术一等奖。

2016年他参与“高强度弹簧钢及切割钢丝关键技术开发及示范应用”的研究，正在实现超高强极细规格切割丝、高强弹簧产品质量达世界先进水平。对促进我国钢铁行业产品的升级换代与结构调整，提升国际市场竞争力，以及节能减排等均具有十分重要的现实意义和战略意义。

尽管他的个人成果和奖项数不胜数，但他却总是轻描淡写地说：“我今天的成绩和我的团队是分不开的，这都是大家无数个夜以继日换来的”。但正是这些高端特钢精品研发和科研项目的成功，奠定了中国公司成为全球最具竞争力的特钢企业的基础，向实现中国的特钢强国梦更近了一步。

让机器拥有人的语言智能

吴华

吴华，女，博士，百度技术委员会主席、百度自然语言处理首席科学家，主要研究领域包括自然语言处理、机器翻译、知识挖掘等。吴华在语法语义分析、机器翻译、人机交互、自动问答等方向上进行了多项创新，其成果已应用于百度多数产品。她负责的“百度翻译”项目翻译质量目前处于世界领先水平。她曾经获得“十佳中国电子学会优秀科技工作者”，4次获得中国电子学会科学技术奖一等奖，2015年获得国家科学技术进步奖二等奖。

取得如此骄人的业绩，头顶着这么多耀眼的光环，人们一定非常想了解这位杰出的女工程师的成长经历和奋斗事迹。

不知从什么时候起，在大众心里，“百度”已经从一个公司的名字变成了一个动词，如果有人出现不懂的问题，就会到网上“百度”一下。有句流行语叫“知之为知之，不知百度知”。但不为人知的是，我们面对的不是刻板的荧光屏，而是为此孜孜不倦、攻坚不畏难的真实的吴华本人。

在不改初衷中成长

吴华，湖南人。从她娓娓道来的言谈话语中你能感觉到，她的性格中既有江南女性的温柔聪慧，也有潇湘儿女的果敢执着。同所有奋斗者的成功故事一样，她所走过的道路也不是一帆风顺的。吴华从小爱学习，是个好学生，读初中和高中时，学习成绩一直名列前茅。1991年参加高考时她的理想是名牌大学的计算机专业，却因临场没有发挥好，未能被理想的专业录取。她本科被内燃机动力专业录取后就告诫自己，眼光放长远一点，进入大学继续努力也为时不晚。在大学里，她刻苦学习，重新回归到学霸状态，学习成绩一直是全班第一，连续四年都被评为校“三好学生”，获得奖学金。

四年之后，吴华即将大学毕业，尽管学习成绩出类拔萃，足以保送读研，但报考清华大学计算机方向的研究生仍是她向往和坚守初衷的愿望。学校领导和老师得知后，爱才心切，反复做她的工作，最后保送她直接转入本校的自动化控制专业读研。研究生时期的学习让吴华进一步确认了自己最感兴趣的仍是计算机、软件这个她在高考时曾报选过的学习研究方向，并为此打下了坚实的理论实践基础。

1998年研究生毕业后，她以第一名的优异成绩考取了中国科学院自动化研究所，攻读“模式识别和智能系统”专业博士学位，通俗地说，就是攻读人工智能专业。在读博士的三年中，吴华的导师黄泰翼教授是当时的自动化研究所的副所长，所在的实验室是国家重点实验室，主要研究方向是语音识别和语音合成。在黄泰翼教授的带领下，吴华不仅成为实验室里首个专攻自然语言处理方向的博士生，还是黄泰翼教授的“关门弟子”。在当时国内互联网不是很发达、资料短缺的情况下，吴华就到较远的图书馆

去查资料，虽然当时资料还很原始，她就把资料及书籍借出来，再打印和复印下来，一点点地积累，后来实验室算是有相对比较完善的纸质资料和软件资料了。也就是在吴华读博士期间，在导师的指导下，她的第一篇学术论文在重要的国际会议上发表了。从那之后，她在自己最喜欢和擅长的研究沃土上，辛勤耕耘和奋斗着。让机器拥有人类的语言智能，成了吴华的使命。

外企的历练，眼界的拓展

2001年吴华博士毕业后进入了微软亚洲研究院，从事自然语言处理研究项目。这是当时最前沿科学和众多学者期盼的工作之一，那个时期吴华所在的团队可谓是中国自然语言处理研究走向国际的先锋。当时的吴华虽还是个初出茅庐的青年学者，但很快成长为一个具有前瞻视野和能够技术落地的双料人才。之后她离开了微软，进入日本东芝公司，开始从事机器翻译项目。

吴华八年多的外企工作经历和历练，令她充分了解到国际前瞻领域的技术结构和科研基础，同时也发现了各公司不同的工作风格和在翻译领域的大数据研究短板，拓宽的眼界为吴华奠定了向前沿科研冲刺的基础。

攻关不畏艰，事业攀高峰

2010年，吴华来到了现在工作的地方——百度公司。经过微软和东芝的历练，吴华在自然语言处理方面取得了丰富的理论和实践经验，为后来的发展奠定了扎实的基础。十年磨一剑，厚积薄发，吴华终于找到了能够充分发挥她智慧和能量的地方。

她在百度的第一个挑战，就是创建一个全新的项目——“百度翻译”。用短短一年时间，吴华和她的团队成功发布了“百度翻译”，从无到有，创建了多个第一。

这是一个全新的项目，又有着“中国第一”的宏大目标，吴华满怀信心地迎接这个新奇的挑战。第一次基于互联网做机器翻译让她遇到了许多棘手的困难。例如如何降低语料获取过程中的“噪音”。做翻译首先需要有语料，以中英文翻译为例，语料分为中文语料和英文语料，把这些中、英文语料正确匹配起来就会获得双语句对。但是在抓取语料的时候，庞大的互联网信息系统会给抓取的过程带来“噪音”。

举个简单的例子，第一版“百度”翻译出来的时候，英文短语“How old are you”的中文翻译居然是“怎么老是你”。这一结果让团队里的所有人直接傻了眼，哭笑不得。后来究其原因，他们发现问题就出在了“噪音”上。在网上抓取“How old are you”的中文翻译时，所获得的其中一种结果就是“怎么老是你”，这便是一个“噪音”。为了解决互联网数据带来的“噪音”问题，吴华和她的团队采用了当时在自然语言处理领域不太常用的方法，除了翻译本身的特点，还结合了互联网网站的特征，如网站权威性等外延信息来判断语料的可靠性，从而过滤掉“垃圾”语料。

将神经网络翻译方法用于“百度翻译”，是吴华团队攻克的又一个难题，因为当时的神经网络翻译方法在翻译质量和速度方面都面对挑战。吴华提出了多任务学习翻译方法，缓解了语料缺乏的问题，大幅提升了翻译质量。在速度方面，吴华尝试和创建多个改变速度的方法，把各种加速的方法写进网络系统。比如翻译一个句子，词表有数万个，而每输出一个词，就必须计算数万次，严重影响翻译速度。经过多次反复实验，终于用最有效的技术手段将翻译速度提升到满意的效果。最终在2015年上线了神经网络翻译系统，领先美国谷歌公司一年多时间。并率先开发了全球首款融合WiFi和翻译功能的翻译机，给用户带来极大的便利，帮助使用者实现跨越国界的自由交流。吴华团队研制的成果除了用于“百度翻译”产品，还应用于国家多个重要部门，覆盖全球超过数亿用户。通过免费开放API（应用程序编程接口），支持了超过5万个第三方应用。在2015年，这个项目获得了国家科学技术进步奖二等奖。

这其中，吴华带领团队经历了艰苦、日日夜夜的奋战才得以成功，这在翻译领域中创下纪录。就连纽约时报宣传谷歌公司的过程中，也不得不提到百度的技术是“突破性的”。

此后，吴华作为百度技术委员会主席、自然语言处理首席科学家，带领团队布局了完整的NLP（自然语言处理）技术方向，实现了一系列的技术突破，获得中国电子学会科技进步奖一等奖4项。并在此基础上建立了NLP基础技术平台，支持了百度绝大多数产品。该平台日均调用数千亿次，并对外开放了数十项NLP技术。吴华先后孵化了“百度知识图谱”（运用数据挖掘能力和语义理解技术将散落在互联网上碎片化的信息经过理解、提炼整合起来形成网状知识）、“小度机器人”等。先后作为课题负责人或者核心成员的吴华参加了“核高基”（即“核心电子器件、高端通用芯片及基础软件产品”的简称）、863计划、973计划、自然科学基金重点项目等。内容涉及搜索引擎语义分析与理解、自动问答、深度学习（中文虚拟大脑）等。

荣誉的背后是坚韧与追求

作为百度翻译技术负责人和团队的创始人之一，吴华在机器翻译及自然语言处理领域浸润多年。丰硕的研究成果得到国际学术界的广泛认可。2011年吴华受邀担任NLP领域重要国际会议IJCNLP的机器翻译领域主席。2012年，她担任自然语言处理领域世界最具影响力的国际学术组织ACL机器翻译领域主席。2014年她被遴选为ACL程序委员会主席，也是中国本土企业首位ACL程序委员会主席。在国际会议中，程序委员会主席承担着最重要的学术职责，同时也代表着世界级的学术地位和影响力。2017年，吴华获评福布斯“AI杰出女性”，福布斯专栏文章对吴华所取得的成就十分赞赏，称吴华提出的神经网络机器翻译（Neural Machine Translation，NMT）多任务学习框架是“开创性”的工作。《纽约时报》也曾对该项技术创新有过同样的评价。由于在机器翻译上的突出贡献，2018年3月吴华受邀在“MIT technology Review” 前沿技术年会上做邀请学术报告。

吴华对于获得的荣誉是既自豪，又淡定。她感谢的是一路走来一直支持和帮助攻关的领导、团队，对自己忘我工作和不畏艰难的奋斗，只是淡淡一笑，“这是我应该做的”！

热爱的事业，志同道合的团队

吴华带领的科学技术团队，是一支人数不多的精英团队，在她的眼里，只要在一起谈到技术构想和产品形式的实现时，总能互相碰撞出耀眼的火花。对于这样一个团队，吴华言语间总是充满了爱护和欣慰。这个团队是在她身体力行的影响和精心培养下成长起来的。从最初2010年成立的“机器翻译”团队，到后来扩大到整个“自然语言处理部”。部门所属的各个技术团队，一般都维持在十人左右。“自然语言处理”是一个跨专业的技术领域，它跟计算机学科相关，跟认知科学相关，也跟语言学相关。在她的团队里，除了计算机领域的专业人才外，也有一定比例的语言学学者。

作为这个充满活力、团结向上的队伍的一员，吴华说自己的工作状态也可以用“打了鸡血”和“忘我”来形容。工作繁忙的时候，她常常可以坐在同一个位置上几个小时，一动不动。她很喜欢周末加班，那时候空无一人的办公室，在她看来正是专注工作的绝佳场所。也有时候有其他团队成员在时，感受着彼此在为同一个目标奋斗，会觉得那一刻的加班变得格外有温度。

吴华在和一群志同道合的人聚在一起做同样一件事情的时候，她不会有任何别的想法，只会想着去做成这件事情，而这就是她眼里的幸福。在遇到技术难题时，吴华善于为团队指出可行的方向，引导成员打开思路，同时借鉴学术界的研究成果和工业界的既有技术，加入自己的创新思维，研发出具有“百度”自主知识产权的技术解决方案。

在把握宏观技术方向的同时，吴华擅于关注每个成员的工作细节，发现他们的亮点和痛点，给予其具体指导和启发。吴华从自身工作实践出发，引导团队成员不仅研发自然语言处理技术，同时进一步了解用户行为和需要，积极思考产品的定位与发展。在她的影响和带领下，团队学习氛围浓厚，研究成果和产出显著。

每当吴华亲眼看着自己的科研成果成为具体的产品，一点点地改善人们的日常生活时，她从心里感到非常欣慰，这也是对她事业的最宝贵的回馈。人工智能始终是人们关注的焦点，也是当前国家高度重视的核心科技领域之一。作为人工智能领域的研究者，吴华荣获了国家级“杰出工程师奖”，这是对人工智能领域工程师们辛勤工作，不断创新的充分认可与赞誉，对她今后进行技术创新迈上新台阶有着极大的鼓舞动力。今后吴华和她的团队一定能够研制出更好的科技成果，造福中国与世界。

让隐身飞机现出原形

吴剑旗

吴剑旗，四川泸州人，博士，中国电子科技集团公司首席科学家，38所科技委主任，中国电子学会理事、雷达分会主任委员。他从事雷达研究近三十年，重点研究反隐身防空雷达，获得国家科技进步一等奖1项、二等奖2项，获省重大科技成就奖和集团最高科技奖。

他为什么会选择研究反隐身雷达，为什么能坚持近三十年，他的成长经历能否给今天的年轻人一些启发？让我们一起来近距离了解这位杰出工程师。

勤能补拙，在勤奋中成长

可能多数杰出工程师是天资聪慧，从小爱学习，成绩一直都好。吴剑旗说他不是，这让我们感到有点惊讶。他说他小时候很贪玩，并不爱学习。小学的时候成绩很差，他现在都还记得，有一次主科考试只考了60分，老师狠狠批评了他。他还记得小学高年级班主任的一次家访，本以为班主任会向父亲告状，免不了要挨父亲一顿训斥，谁知班主任讲的尽是表扬和鼓励的话，一句批评的都没有，整个家访过程不断能听到父亲的哈哈大笑。班主任走后，父亲只说了句，老师说，要向成绩好的同学看齐。

家访后，他突然知道要上进了，想要用心学习。小学五年级时，开始重新编班，吴剑旗有幸被编入了重点班，后来考上了重点中学、重点高中。在中学阶段，他学习出现了偏科，那时强调数、理、化，这些课程理解了，再做些练习题，考试也就不怕了。但语文不一样，课文会了，做作文还是不知道写什么。老师说多读、多背自然就出口成章了。他就背课文、背唐诗、背字典，将《新华大字典》通读了2遍。上高中时的吴剑旗更有点懂事了，知道母亲每天操劳，为的是让自己专心学习。每天吃完晚饭会自己一个人背着书包到父亲办公室上自习，三四个小时，除了学校集中有晚自习或补课外，每天如此。正是靠这样下苦功夫，他才保持在学校成绩名列前茅。高考全校第3，总分超一本线123分，语文成绩全校第一。那时文理科语文题是一样的，他是理科班的，语文成绩竟比文科班第一名还高。语文老师让他写点学习经验给学弟妹们借鉴，他写的就是：背字典、通读大词典。

脱胎换骨的深造

对他来说，接受高等教育的意义非常不寻常，是人生的一次升华。他高考第一自愿填的是北京航空学院（现北京航空航天大学，简称北航），因为对首都的憧憬，其他所有志愿填的全是北京的学校。生长于西部地区的一个小城市，上大学前就没出过远门，来到首都，他受到全方位的震撼和冲击，而且能在首都、全国最好的航空航天大学就读，他感到非常满足。他记得，第一堂课叫“航空概论”，首先就讲人类如何实现飞翔的梦想，以及如何延续这一梦想，飞得更高更远。这对他触动太大了，原来个人的志向可以不是要在班上、学校里取得第几名，可以是为人类、为社会做有意义的事，可以是追逐人类梦想的事。

他学习的专业是电子工程，在北航是很有优势的一个专业，课程设置非常有讲究，从高频到低频、模拟到数字、电磁场到电路和信号处理、计算机硬件到软件，让学生的专业知识面足够宽广。谈到在北航的学习体会，他说：一是学会了看问题要有高的站位和眼界；二是有了足够宽广的专业知识面；三是有了足够的自信。说到自信，他说因为我们接受了最好的教育，我们不应该做得比别人差。

本科毕业后，他接着在成都电讯工程学院（现电子科技大学，简称成电）上了研究生，专攻微波技术和天线。他说，要想成为一名优秀的雷达工

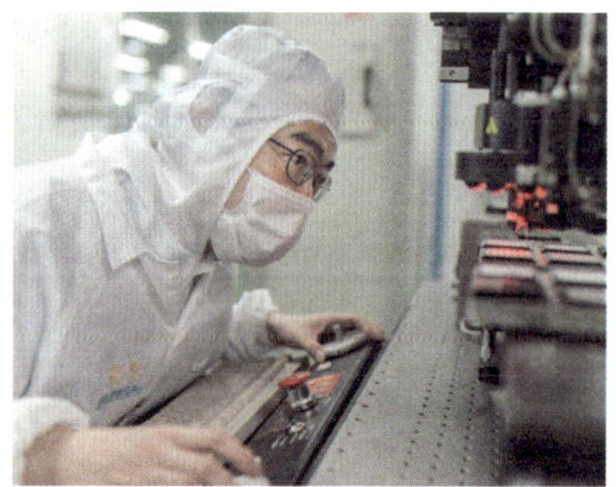

程师，除了要能很好地掌握雷达总体设计技术外，是否有对天线和信号处理的深刻理解至关重要。导师给他定的学位论文方向是自适应天线，这为他今后从事先进雷达体制研究打下很好的基础。

年少挑重担，十年难磨一剑

1990年研究生毕业，吴剑旗进入了电子38所。那时38所刚从贵州都匀迁到合肥不久，单位有非常明显的人才断层，高学历毕业生非常少。那时研究生在38所是很受重视的，单位先安排他在雷达型号产品上熟悉工作。不到一年后的一天，总工程师把他叫到办公室，说交给他一个任务：我所要和西安电子科技大学（简称西电）合作，联合申报一项重点研究课题，你去找西电老师协商合作事宜。他便代表38所，只身前往西电找到牵头该项研究工作的院士，洽谈合作研究内容、分工等。随后回所在充分消化技术资料、理清研究思路后，组织力量与西电联合撰写了课题立项申请报告，获得了国家军工科研主管部门的批准。1992年课题正式启动，他便担任了38所和西电联合研究课题组的第一负责人，那年他26岁。

这个课题研究的是一种新概念的雷达技术，是一种泛光照射的、全计算波束形成的全向凝视雷达。当时叫稀布阵综合脉冲孔径雷达，简称SIAR，其实就是一种多输入多输出（MIMO）雷达。但是MIMO雷达的概念在世界上直到2003年才首次被提出。1991年刚刚发生的海湾战争中，隐身飞机首次大规模投入实战，雷达反隐身成为研究热点。当时课题的目的是想探寻一种反隐身的技术途径，即通过大口径范围的稀疏布阵，通过综合形成窄波束，用以提高米波雷达的角分辨力和测角精度，进而使米波雷达成为隐身飞机的克星。他说，我们耳熟能详的相控阵雷达很先进，那时相控阵雷达的理论已经很成熟，但MIMO雷达则不然，要从原理开始研究，然后是理论建模、性能仿真，之后要建立基本原理验证系统、基本性能验证系统。当时全世界只有2个团队在背靠背的开展类似的研究工作，另一个团队是法国宇航局和汤姆森公司（泰雷兹公司前身）组成的联合团队。

他说，我们历时八年，到2000年年末，才把预研课题的研究工作完成。因研究工作成绩突出，在总装重点预研课题验收中名列全国第一，课题成果鉴定意见评价是“为我国创建了一种新的雷达体制，属当前国际领先水平”。算起来从1990年毕业到2000年刚好十年，是不是正好应了“十年磨一剑”的老话呢？不，离磨成一剑还差得远呢，他说，我们的目标是要搞出反隐身雷达，而这一步仅是个试验系统，根本不是能实用的雷达，后面还有很多更困难的工作。

独行又十年，不成利剑誓不休

要研制出实用的反隐身雷达，必须坚持继续往前走。在国外，20世纪90年代末，法国人终止了这项研究工作，他们没有做出实用系统。在国内，参加联合研究工作的西电老师，已经换了三批人。吴剑旗带的徒弟们，因工作需要，课题结束后，已重新安排到别的工作岗位。他不得不手把手重新教授新的徒弟，带领他们从2001年开始进行全国首个实用反隐身雷达型号立项方案论证。为了攻克米波地面多径干涉这一前人未曾解决的难题，他提出了从空、频双域拉开相位中心的超宽带立体阵解决方案，后总结形成米波雷达反多径干涉的多相位中心理论模型。他打比喻说，就像一个灯泡照东西难免有阴影，无影灯就是用多个灯泡从不同角度去照，就能消除阴影。不过一部雷达要同时形成足够数量和足够分离度的相位中心，可不是像安几个灯泡那么简单。他带领团队在理论指导下实践，又

在实践中总结提炼出有效的方法。就这么一个问题一个问题地解决，直到雷达经历了所有严格的定型测试、鉴定和试用，所有技术指标全部达标，时间已经是2012年年末了，不知不觉又走过了十二年。

终于，世界首部实用米波稀布阵雷达、我国首型反隐身四坐标全向凝视防空雷达诞生了。

在自信、求真、坚守、感恩中继续前行

当我们问他，您有没有想过，如果经过二十多年，付出最好的青春年华后，不成功怎么办？他没有直接回答，而是说，我要感谢母校，给了我最好的教育，给了我足够的自信和独行探索的勇气；我要感谢单位，给了我实践的机会和舞台，感谢老师傅教导培养的严谨、务实和求真精神，感谢所领导对失败的宽容，感谢团队同事的信任和鼎力同行。

他说，尽管我们研制成功了几型性能先进的反隐身雷达，可以有效探测跟踪现役隐身战机，但是隐身技术也在发展，反隐身技术和装备必须加快发展。他说，从第一代隐身飞机投入实战，到我们研制出首型反隐身雷达，间隔了二十多年，也就是说我们对隐身飞机敞开了国门二十多年。今后反隐身雷达必须走在对手前面，不能等新的隐身飞机出现了，发现雷达不行了，再来研究。这样的情况一天也不应再有了，这是我们反隐身雷达工作者的使命。他说，我们要做的事情很多，越来越觉得时间紧迫，须加快前行。

徜徉在五彩斑斓的化工世界

宋晓玲

宋晓玲，女，汉族，1970年出生，中共党员，博士研究生，正高级工程师，享受国务院政府特殊津贴专家，现任新疆天业（集团）有限公司（简称天业集团）党委书记、董事长。

天业集团处于新疆生产建设兵团第八师石河子市，是中国氯碱化工和节水农业两大行业的领军企业。在天业集团，宋晓玲从技术员成长为国有企业负责人，长期致力于氯碱化工和煤化工领域的技术研发，带领科研团队取得了一系列具有自主知识产权的原创性成果，多项技术列入国家清洁生产标准和重点鼓励发展的清洁生产技术。她作为课题负责人承担国家863计划、重点科技攻关、国家火炬计划、兵团重大科技攻关等课题30余项，攻克30余个制约行业发展的重大科技创新难题；荣获国家科技进步奖1项、中国石油和化学工业协会科技进步奖8项、省市级科技进步奖46项，发表专业学术论文60余篇，获得国家授权专利20余项；入选“国家百千万人才工程”，荣获“万人计划”科技创新领军人才、“全国创新争先奖”“全国优秀科技工作者”等荣誉。

在这么多的成就和荣誉面前，谈起从事化工研究的初衷，宋晓玲微笑着说：只是喜欢通过化工研究将简单的元素化为五彩斑斓的世界……

把对化工的热爱融入学习与工作中

宋晓玲是地道的“兵团二代”。当年，她的父母积极响应党和国家的号召，从内地来到新疆，扎根兵团、建设兵团，可谓是“献了青春献终身，献了终身献子孙”。宋晓玲从小耳濡目染，在父母的潜移默化中，对“热爱祖国、无私奉献、艰苦创业、开拓创新”的兵团精神有着深刻的认识，对这片条件艰苦但资源丰富的土地怀有深厚的感情。

因为对化学工业的浓厚兴趣，宋晓玲在中学毕业后考入兰州大学学习应用化学。因为对兵团土地的深厚感情，宋晓玲在大学毕业后又回到石河子，进入当时的石河子塑料制品总厂，成为一名技术员。技术研究需要耐得住寂寞，也经常遭遇失败，但宋晓玲从不气馁，对化工事业的热爱从未被挫伤，反而凭借着那股执着与热爱不停地探索，不断地创新。随后的几年时间里，宋晓玲从技术员逐步成长为技术科长、厂长助理、副厂长、厂长。在进行化工研究、增长实践经验的同时，宋晓玲也在不断地给自己“充电”，提升自己的学历和知识水平。她把化学工艺学习研究与企业工作实际相结合，把国内、国际更先进的技术应用到企业发展的方方面面，为企业走向行业前列做出了突出贡献。2014年6月至2016年9月，宋晓玲在浙江大学化学工程与技术博士后科研流动站、新疆天业（集团）有限公司博士后科研工作站做博士后研究，取得博士后证书。

学习上在进步，工作上也在不断前进，伴随着一项项科研成果的问世和一个个荣誉的获得，宋晓玲也从技术骨干一步步成长为管理精英。但无论是作为化工厂厂长和经理，还是担任物流公司总经理，乃至成为天业集团党委书记、董事长，宋晓玲始终用自己的实际行动践行着兵团精神，诠释着天业精神，带领着全体天业人不断创造出不平凡的业绩。

让电石渣变废为宝，开辟循环经济发展新路

改革开放以后，随着中国经济的快速发展，PVC生产企业在全国各地如雨后春笋般不断涌现。然而，聚氯乙烯生产过程中产生的电石渣却是令人头疼的污染源。电石渣造成污染甚至灾难的案例屡见不鲜，如何处理电石渣成为一道世界级难题。数万吨电石渣就像一座大山，压在天业集团领导和职工的心头。

当时，宋晓玲已经从一名技术员成长为化工厂的生产副厂长，她苦苦思索着、探索着解决难题的办法：怎么才能让电石渣变废为宝呢?

功夫不负有心人。有一天，宋晓玲“突发奇想”：水泥生产需要氧化钙，电石渣含有氧化钙，电石渣是不是可以作为水泥生产的原料呢？这在当时的氯碱行业还没有先例，但宋晓玲敢想更敢干！她主动承担起电石渣制水泥的小试试验，率领团队走向攻克这一世界级难题的战场。

马不停蹄，宋晓玲立即多次走访各个水泥厂。在原有石灰石制水泥工艺中，从添加5%电石渣试验起，再到10%，最后达到20%……这证明她的想法是可行的，令她兴奋不已，但她觉得电石渣的价值还不止于此。

后来，得知江西有家水泥厂用50%的电石渣替代石灰石的水泥生产线将试车投产，她立即带领技术人员坐了三天的火车赶往江西。到了以后，没有公交车通往厂家，宋晓玲就搭乘人力蹦蹦车，在几十里的山路上颠簸了四五个小时。下车时宋晓玲的脚已经肿得脱不下鞋子。但第二天一大早，她不顾双脚肿胀，就直奔生产现场。连续七天的技术交流，终于让她找到了新的突破点。

通过不断查阅国内外相关资料和数百次现场试验，宋晓玲最终完成了电石渣制水泥的小试试验，向天业集团呈交了近万字的电石渣制水泥项目建议书。这为天业水泥厂的投产奠定了坚实的基础，为天业集团循环经济的发展开辟了一条新路。

2005年12月16日，国内乃至世界第一条100%以电石渣为原料的水泥生产线在天业集团投产，解决了几十年来困扰电石法生产聚氯乙烯的难题，颠覆了传统电石法生产聚氯乙烯的格局。天业集团的成功实践还引导国家主管部门调整产业政策，为氯碱行业带来了生机与活力。

随后，天业集团的这项重大发明以及经验与工艺迅速在全国推广，创造与实现了环保和经济效益的双赢，对行业发展起到了引领示范作用，推动了行业绿色健康可持续发展。2017年，该技术获得国家环境保护科学技术二等奖。

与时间赛跑，科技创新永不止步

创新是企业赖以生存的根本。宋晓玲长期工作在企业生产一线，为应对市场对PVC树脂产品高端化、差异化、多元化发展的需要，推动天业集团战略转型，她带领团队立足于产品品质多元化与高值化，专项研究开发新产品，在煤化工、汞污染防治、特种树脂等领域取得了重大突破，相继攻克了一系列专用PVC树脂生产与循环经济关键技术。

作为课题负责人，宋晓玲和王英、孙玉军、黄东等技术人员一道承担了3项国家重点科技攻关课题：“聚合配方研究”“聚合工程研究”“PVC专用树脂研究”。期间，宋晓玲一直在与时间赛跑。在科技攻关的近千个日夜里，宋晓玲和同事们每天工作十几个小时，而她总是最后一个离开试验现场。吃方便面、赶夜路、住办公室，对她来说是常事儿……1999年，3项科研成果全部达到国内领先水平，其中2项随后荣获中国昊华集团科技进步二等奖、中国石油化学工业协会科技进步二等奖。

2002年，纳米技术在各行业取得应用。宋晓玲敏锐捕捉到这方面的信息，决定在聚氯乙烯聚合生产中加入加工助剂纳米碳酸钙。当年7月，宋晓玲前往浙江大学聚合工程国家重点实验室进行研究。当时，南方正值盛夏，酷热难耐，宋晓玲每天早早来到实验室，称量、扳阀门、拧螺丝，脏活、累活抢先干好。实验每天七八个小时，她一刻不离开，生怕错看一个现象，漏掉一个数据。每次实验完，她总是第一时间去取样检测。晚上，她写工作日志到深夜，记录分析试验的工艺参数，取样保留试验制品并详细记录物测指标。经过几百次的实验、几百次的失败和总结，她终于找到了解决此项技术难题的关键点。最终，“纳米碳酸钙改性PVC脂原位聚合综合分散技术”获得2002年兵团科技进步一等奖，“固相增韧接枝共聚纳米PVC复合树脂的开发”填补了国内空白，产品性能达到国际先进水平。

此外，宋晓玲主持“聚氯乙烯专用树脂产品的开发与产业化示范”项目研发，针对PVC专用树脂的重大关键和共性技术进行联合攻关，历经十多年的努力，取得PVC专用树脂领域的重大突破，开发出9种PVC专用树脂，其中4个品种填补了国内空白，并实现了高效、环保、安全、稳定的工业化生产，打破了国外产品的垄断，增强了我国PVC行业的核心竞争力。专用树脂系列产品在国内多个发达省份得到推广使用并出口俄罗斯、印度等国家，项目累计创造产值30多亿元，新增利润7亿元，经济社会效益显著，荣获2013年度国家科技进步二等奖。

攻克汞污染瓶颈，做清洁生产标杆企业

电石乙炔法聚氯乙烯在生产过程中使用氯化汞作为氯乙烯合成催化剂。随着我国电石乙炔聚氯乙烯的快速发展，对汞资源的过度消耗和汞污染成为行业可持续发展的巨大瓶颈。随着汞减排全球性法律约束性文书的制定，电石法聚氯乙烯产业面临着汞消减与汞资源匮乏的双重压力。

面对瓶颈和压力，天业集团迎难而上，以降低汞消耗、达到汞减排为己任，率先组建研发团队自主研发，搭建试验验证平台。宋晓玲主持完成了汞减排集成技术研发，成功开发低固汞触煤、高效气相汞回收等汞减排成套集成技术，并率先在行业内实现百万吨装置低汞化，提前三年完成国家计划目标，总体研究水平处于国内领先地位。

2012年，固汞催化剂被列入国家重点新产品，获得3项国家发明专利授权。其中，“乙炔氢氯化固汞催化剂”获得2013年中国专利优秀奖，“一种电石法氯乙烯气体中氯化汞的脱除方法”获得2015年中国专利优秀奖，“电石乙炔法聚氯乙烯清洁生产关键技术集成与示范”荣获2011年石化联合会科技进步一等奖。

2013年，固汞催化剂被成功销往河南、云南等地的多家氯碱企业，极大地推动了氯碱化工行业清洁、可持续发展的进程，为行业实现资源、经济发展与环境保护的和谐统一提供了技术支撑，同时对促进区域经济和社会全面发展产生了积极而深远的影响。天业集团被认定为聚氯乙烯行业汞污染防治的标杆企业。

宋晓玲作为国家重点研发计划“氯乙烯无汞催化合成新技术及产业化”课题负责人，主持研究开发的无汞催化剂关键技术目前已进入工业化测试阶段，将极大推动绿色环保型无汞催化剂的工业化应用进程，从根本上彻底打破乙炔法聚氯乙烯汞污染瓶颈，将为行业汞污染防治与汞减排做出巨大贡献。2017年，天业集团被认定为环境保护清洁生产及汞污染防治工程中心。

废气废渣变魔法，延伸节能减排经济链

针对工业排放高纯二氧化碳及电石法聚氯乙烯行业所面临的氧化钙废渣所带来的环境污染及资源浪费问题，宋晓玲提出以工业排放氧化钙废渣和二氧化碳废气为原料，生产活性碳酸钙系列产品的新思路。

自2013年起，天业集团率先在行业内开展工业废气减排与废渣综合利用技术的研发工作，先后搭建活性碳酸钙绿色合成小试、中试装置，验证以工业二氧化碳废气和钙基废渣为原料合成碳酸钙系列产品的可行性，并形成一整套活性碳酸钙绿色合成的工艺技术路线。经过小试、中试，天业集团最终实现了工业废气减排和废渣综合利用的有机结合，建成了国内首套3万吨/年活性碳酸钙绿色生产线。该项技术拥有国家专利2项，处于国内领先水平。

该项目生产出的高品质绿色活性碳酸钙产品于2017年9月批量投放市场，销往全疆各地，产品利润可观。同时，该项目的实施实现年减排二氧化碳2.39万吨，减排钙基废渣2.4万吨，减少石灰石矿石开采3.5万吨。技术得到推广后，二氧化碳减排空间巨大，原生矿石开采量大幅减小，环境效益和社会效益突出，同时也为实现循环经济运行模式在电石法聚氯乙烯行业中的应用奠定了基础，提升了国内电石法聚氯乙烯行业清洁生产水平，为保护祖国青山绿水做出了巨大贡献。该项目因此获得中国循环经济2018年度最佳实践奖。

培育碳基新材料产业集群，开启现代煤化工发展道路

新时代、新机遇、新作为，2017年，十户滩新材料工业园暨天业集团100万吨/年合成气制低碳醇项目正式启动。已经是天业集团党委书记、董事长的宋晓玲担任60万吨乙二醇项目总指挥，带领天业广大建设者“奋起再次创业”，坚定不移推进氯碱化工、煤化工、石油化工多产业耦合的碳基新材料产业集群发展。

十户滩新材料工业园规划面积9.98平方公里，远景展望发展至23.02平方公里。园区规划和发展坚持产业集约化、技术现代化、装置规模化、生产清洁化、产品高端化，坚持工业化与信息化、创新技术与产业发展的深度融合，注重现代煤化工与电力、盐化工、石油化工、化纤、冶金建材等多产业的融合发展。园区重点规划差别化聚酯及特种纤维、盐化工特种新材料、高端烯烃及工程塑料三大新材料产业基地和芳烃原料工程，最终打造成国内领先、国际一流的多产业融合发展化工新材料产业园区。

为了加快项目进度，宋晓玲早已没有休息的概念，一挤出时间就到项目现场解决问题。项目地处沙丘地带，只要刮大风便有沙尘暴。有一次，沙尘暴袭来的时候，其他人都回到了室内，她却带领指挥部成员迎着风沙查看现场、确定方案，描绘天业未来发展的蓝图。

目前，十户滩新材料工业园一期60万吨煤制乙二醇项目的建设工作已实现整个系统顺利开车。

现在，宋晓玲正带领着天业集团深化改革、创新求变、聚焦聚力、释放动能，以坚如磐石的信心、只争朝夕的劲头、坚忍不拔的毅力，扎实推进企业生产经营、科技创新、安全环保、智能制造等各项工作，奋力谱写新时代企业高质量发展新篇章，以优异的成绩为决胜全面建成小康社会、实现“两个一百年”奋斗目标作出新的更大贡献！

张春颖

生物产业『高地』上的逐梦之旅

张春颖，女，现任西藏天虹科技股份有限责任公司（以下简称西藏天虹）副总工程师。她曾在中国医学科学院和中国中医科学院工作、学习多年，期间发表第一作者论文、综述20余篇，一直处于生物制药工程技术成果转化、技术改造、生产建设的一线，具有较强的工程化技术的开发和较强的产业化转化能力。

十五年前，张春颖怀揣着梦想，离开国内一流的科研环境和安逸的生活环境，从首都北京来到了西藏拉萨，开始了在青藏高原“高地”上的生物产业创新创业的逐梦之行。

青藏高原"高地"上的第一家生物制造企业

2004年，张春颖获得博士学位，成为一名科研院所的一线工作者。"最让我感触的是，我国高校、科研院所的科研人员的智慧结晶——科技成果，大多数被束之高阁，不能转化为生产力。有数据显示，我国科技成果转化率仅为10%左右，远低于发达国家50%的水平。"张春颖坚定了离开科研一线走到产业一线，让高校、科研院所的科研成果应用到企业中的念头。这位北京女孩有着令人艳羡的工作环境和收入，却在博士毕业后选择到条件艰苦的西藏参与创业。

西藏，青藏高原的主体，堪称世界屋脊；方土异同的高地，数条世界之最的公路，伸展在人类生存的极地。"占领生物产业高地"在很多地方是句常见口号，往往意味着此处较为重视生物技术发展，剑指产业高端。然而，张春颖博士毕业后，来到青藏高原"高地"——西藏拉萨发展生物产业，走出了一条有特色的产业发展之路。

"自从我第一次来到位于青藏高原高地上的'日光城'拉萨的那一刻起，我就被她的魅力所征服——气势磅礴的布达拉宫、神奇的藏医药文化……"张春颖谈起初到拉萨的震撼，至今依然充满敬意。

"在高原进行生物制造，对生产设备、生产工艺等都有更高的要求。"张春颖说，判断生物制造是否成功最主要的是菌株的生长情况及其代谢产品的生产量和目标产物的提取率，如果上述指标达到内地的70%及以上就算是成功了。在试验过程中，既有失败的经验也有成功的喜悦，第一次在高原上进行达托霉素的发酵产量和提取率只达到了内地指标的30%，最后只好放弃该品种；后来经过多次对比试验，在高原上成功地试车了酿酒酵母生产谷胱甘肽的产业化技术。

再比如发酵车间的厂房设计。因为是西藏第一家生物制造企业，在当地无法找到可借鉴的生物制造企业的产业化建设经验，只能请内地专业设计院来进行厂房设计。但是，内地专业设计院对西藏特殊气候情况了解并不多，如日照时间长、昼夜温差大等。于是，张春颖和团队邀请多位生物产业、建筑行业一线专家，为近5 000平方米的发酵车间的厂房设计出谋划策。

对于发酵车间的设备的选择与购置，内地生物发酵工程设备厂家普遍没有赴藏安装规模化发酵设备的经验，对在西藏进行发酵生产设备的参数设计也是零经验值。团队技术人员和设备厂家通过多次在西藏试车，逐步确定并完善符合西藏条件的设备参数，在拉萨市率先建成了50L–500L–5 000L的发酵体系。

在科技部的创新人才推进计划中，张春颖及其科研团队追逐生物工程技术国际科技前沿，率先在青藏高原地区采用生物制造工程技术开展产品的开发与产业化建设，通过产学研合作，围绕高原极端环境下生物工程技术中的工程菌构建、高密度发酵、培养基优化、分离、纯化等关键技术问题，搭建了集实验室技术集成、中试工程化放大、产业化技术开发为一体的面向全产业链的生物技术创新平台。

西藏的生物制造企业，多在内地进行生产。2013年，张春颖所在的集团公司在拉萨的发酵生产基地落成，并开始进行试生产，成为西藏首家落地的高原生物制造产业化基地。在严格意义上说，这是第一家落地西藏并具有真正意义和一定规模的生物制造企业。

攻克生物发酵“高原反应”的工匠精神

提到高原，往往想到的都是高原反应，那么，生物发酵上了高原会有什么反应?

拉萨属于高原季风半干旱气候，年平均7.4摄氏度，由于海拔在3 000米以上，年平均含氧量只有平原地区的60% ~ 80%，大气压为平原地区的60% ~ 75%。金稞集团的发酵生产线位于拉萨市曲水县雅江产业园，由于地处青藏高原，他们因此感受到了在此环境下生物制造的优势。

生物产业是我国“十三五”期间重点发展的战略性新兴产业。西藏的第二产业尚欠发达，金稞集团做的恰恰是第二产业中的战略性新兴产业——生物技术成果的转化。“在这一过程中，我们的确遇到不少技术困难”，张春颖说。因为环境特殊，在高原培养微生物并不是一件容易的事，拉萨基地试生产的第一个产品达托霉素就以失败而告终。

“低压、低氧的自然环境，不利于微生物的生长，空气中所含有的其他微生物较少。在发酵过程中，只要控制好灭菌环节，不易因其他途径的污染而出现染菌的现象，在一定程度上就降低了发酵成本。”张春颖说。西藏的水质在国内处于前列，这也更适合发酵过程中微生物的生长。他们在厂区打了水井，简单处理后就可饮用。张春颖说：“井水里，硅酸盐和硒的含量高，而且喝起来都透着泉水的甘甜。”同时，在高寒环境下，后处理过程中的环境温度较低，有利于生物活性物质的分离纯化过程中活性的保存，提高提取

率和纯化率，在一定程度上降低了分离纯化成本。当然，在高原进行生物制造也不全是优势，也有其相对的短处。西藏的所有设备都需要采用高原型设备，所耗的能源高于平原地区，在一定程度上增加了在高原地区进行产业化生产的成本和难度。张春颖提到，不但人会面对高海拔带来的困难，设备亦然。比如她的一台笔记本电脑，在拉萨就是充不上电、开不了机，而一拿回内地就什么毛病都没有。在平原地区的技术参数都需要在高原条件下重新摸索，这就增加了中试技术验证的复杂程度。

西藏的特殊自然条件孕育了大量具有生物特殊性的动植物资源，但是与内地资源相比，西藏地区又面临资源量稀少、产业发展的空间较小的现状。于是，张春颖带领技术团队找到当地专家，到西藏日喀则、林芝等地区进行实地调查，结合区域特有的自然资源情况以及技术团队的优势，决定以西藏的马铃薯粉等作为发酵工程中所必需的培养基中的部分原料，既可充分利用区域资源优势又可增加当地农民的收入。

张春颖和她的科研团队在位于“高地”上的发酵车间内日夜攻关，采用毕赤酵母直接高效分泌表达单拷贝的人胰岛素原C肽（human proinsulin C-peptide），获得了稳定高效表达人胰岛素原C肽的工程菌，完成了人胰岛素原C肽在500L发酵罐水平下稳定的中试生产，发酵液的表达水平达到2 400mg/L以上，蛋白活性回收率高于45%，产品含量高于98%，所构建的工程菌菌株的发酵浓度和蛋白活性回收率高于国内通用水平，经多次连续三批平行验证，工艺参数和产品技术指标均达到上述指标，规模化工艺成熟稳定。至此，历经多年的开发，才获得了人胰岛素原C肽的稳定生产技术。人胰岛素原C肽的生产经验，可在一定程度上解决活性多肽的高表达基因工程菌难于构建、活性肽在发酵表达过程中易降解、表达产品难纯化和检测等关键技术难题。其核心技术已经获得了国家发明专利证书，在技术上处于国内领先、国际先进水平。目前，成功开发的具有性能稳定、高纯度、低价格等优势的C肽科研试剂，已广泛用于科研院所、高校、企业关于治疗和预防糖尿病血管病变、糖尿病肾病、糖尿病神经病变、糖代谢紊乱等的科学研究中，先后被十余家企业和科研院所用于科研中，累计生产人胰岛素原C肽13 000g，累计销售金额超过5 000万元，获得了较好的经济效益，且市场潜力较大。在新药开发方面，该项目被列入国家科技重大专项“重大新药创制”候选药物项目，已经完成了重组人胰岛素原C肽的急性毒性、药效学试验、一般药理学和制剂学研究，正在进行C肽药物的长期毒性等临床前研究，重组人胰岛素原C肽若能开发为预防和改善糖尿病慢性并发症的新药，经济社会效益潜力很大。

中华民族历来有“敬业乐群”“忠于职守”的传统，敬业是中国人的传统美德，也是社会主义核心价值观的基本要求之一。工匠精神，是一种职业精神，它是职业道德、职业能力、职业品质的体现，是从业者的一种职业价值取向和行为表现。工匠精神都意味着一种执着，即一种几十年如一日的坚持与韧性。“术业有专攻”，一旦选定行业，就一门心思扎根下去，心无旁骛，在一个细分产品上不断积累优势，在本领域成为“领头羊”。正是这种工匠精神，使得张春颖和科研团队坚守在“高地”上，度过一个个不眠之夜，克服身体上的“高原反应”和设备的“高原反应”，最终攻克了多个关键产品在生物发酵中的“高原反应”。这在青藏高原尚属首次，为生物医药领域的战略性新兴产业在西藏等高寒、高海拔地区可持续发展作出了积极贡献，有望促进西藏第二产业的结构调整。

在“高地”上采用绿色工艺将废弃物资源化利用

2018年，国务院正式公布了《青藏高原生态文明建设状况》白皮书，在白皮书中说到，青藏高原拥有丰富的水能、太阳能、地热能等绿色能源。同时也表示，青藏高原绿色能源产业快速发展，青藏高原绿色发展模式已初步建立。青藏高原各省区以循环经济、可再生能源、特色产业为特点的绿色发展模式已初步建立，绿色发展水平不断提高。

绿色发展的核心是实现生物制造过程中的节能减排，节能减排是指减少能源浪费和降低废物的排放，其工作重点之一就是大力发展循环经济。它强调资源的再使用和再循环，提高使用效率，使产品完成其使用功能后重新变成可利用资源，提高自然资源尤其是紧缺资源的利用率，采用科学技术措施将废弃资源转化为有用的其他产品，从而形成一个资源—生产—产品—废物和排泄物（资源）—再生产—另外产品的环形闭合圈，达到没有不可利用的废水、废气、固体废弃物排放，形成一种清洁生产的状态。

近年来，我国发酵工业发展迅速，但是发酵生产过程中产生的大量废菌体的排放不仅产生严重的环境问题，同时也导致大量的氮源、碳源等生物资源的流失，给节能减排带来巨大的压力。张春颖及其科研团队，立足于“高地”的特殊环境，针对微生物制造过程中清洁生产的关键技术问题，提出采用静态优化、控制细胞代谢流、添加产物促进因子等多种方法提高发酵过程中目标产物的产量，同时采用循环利用菌丝体、循环利用有机溶剂等方法综合利用原料资源，减少生产废弃物的排放；发酵过程中产生的发酵残余和滤渣（菌丝）含有蛋白质和碳水化合物，可加工为有机肥料；生产过程中产生的培养基废物营养丰富，经高温灭菌后可用作林地使用的有机肥料；废弃树脂、失活活性炭属危险废物，由厂家进行回收处理；污水处理产生的污泥通过浓缩脱水机压缩成含水率约为78%的泥饼，不含有毒有害物质，而且有机质丰富，可作为肥料使用。张春颖及其科研团队所建立的具有产业化转化前景的微生物制造清洁生产工艺，其关键技术已在多个产品中得到了应用。所采用的菌丝体回用技术和配套的污染物治理及循环利用技术，为我国微生物制造业中的菌丝体综合利用提供了可行的技术参考，为清洁生产技术在生物制造行业中的研究和应用提供了技术参考，同时也有助于促使西藏的微生物制造业提高到国内的领先水平，带动西藏地区的技术进步和产业升级，社会效益较为显著。在西藏高海拔、低氧地区的微生物制造产业化技术的成功落地，不仅可以带动西藏地区的微生物制造产业技术升级和生产过程的绿色化，也可为我国的微生物制造业提供有价值的生产实践经验。

牦牛是青藏高原牧民的重要生活和经济来源，也是当地畜牧业经济中不可缺少的重要畜种，生长在高寒的“高地”上的牦牛的脏器具有优于其他牛科牲畜的生物学活性。张春颖及其科研团队，对目前基本废弃的牦牛气管及软骨进行综合利用，开发出了高附加值的牦牛硫酸软骨素。硫酸软骨素（chondroitin suifate，CS）是以D–葡糖醛酸和2–乙酰氨基–2–脱氧–硫酸–D–半乳糖通过β–l，3糖苷键相结合的双糖为基本单位，聚合而成的一类大分子多糖，具有促进细胞增生及存活、调节细胞黏附、保护胃及口腔黏膜、调节血脂及抗动脉粥样硬化、镇痛抗炎、增强免疫、抗凝等作用，在临床上作为药品或保健品用于防治冠心病有一定疗效，还可作为抗关节炎药物，不良反应少。牦牛硫酸软骨素是一种贵重生化制品，具有广泛的生物活性，作为安全有效的保健食品和药品在世界各国得到了广泛应用。张春颖及其科研团队采用现代生物技术，对通用的分离提取技术进行了改进，建立了以牦牛气管或软骨为原料，采用碱性胰蛋白酶和酸性胃蛋白酶对牦牛软骨进行充分酶解，中空纤维超滤、醇沉、乙醇精制、浓缩干燥后得硫酸软骨素的清洁生产工艺。该项目解决了目前本类产品生产工艺流程复杂、污染严重、碱酸或盐用量较大、提取周期较长以及收率较低等问题。该法制取的硫酸软骨素含量达到90%以上，收率达到18%以上，对牦牛骨进行精深加工综合利用的关键技术获得国家发明专利，在技术上处于国内领先水平。由牦牛硫酸软骨素作为主要原料开发的保健食品，已于2016年5月获得国家食品药品监督管理总局的保健食品批准证书（国食健字G20160258和G20160268），作为在西藏本地生产保健食品的少数企业，累计销售额超过5 000万元。

张春颖和科研团队所开发的生物工程清洁生产的共性技术，不仅可促进我国生物制造行业的产业化生产技术达到国际先进水平，同时在产业化技术中对原辅材料进行综合利用，整体方案充分体现了清洁工艺理念，尽可能减少项目产品的生产对环境的影响。该项目充分利用发酵工艺实现减少污染、提高效率、降低成本、提高活性等绿色生产过程，因而有助于推动我国大宗化学原料进行微生物制造产业化生产的技术示范应用。

保持初心，在“高地”上继续前行

在青藏高原高地上进行生物技术的产业化成果转化，除了坚定的意志，一路走来，张春颖和科研团队脱了无数次“皮”，历尽艰难。当问及“如果回到博士毕业时，重新选择的话，你会如何？”张春颖却笑了起来，“如果再次面临选择，我依然会选择到拉萨来创业”。

目前，张春颖和科研团队已建成了支撑科研和产业化的上万平方米的科研楼和厂房车间。“正是在我们团队的创新技术的驱动下，西藏第一家从事生物制造产业的企业已在拉萨市开花结果。”张春颖认为创业之路上还有更高目标，“我们向国内外的大企业看齐，今后需要做的工作还很多。”张春颖和科研团队将继续保持初心，沿着青藏高原“高地”上的生物产业创新创业之路继续前行。

激情铸就梦想

李叶青

李叶青，教授级高级工程师，享受国务院政府特殊津贴专家，硅酸盐国家重点实验室学术委员，武汉理工大学产学研合作特聘首席专家，入选国家百千万人才工程，现任华新水泥股份有限公司总裁兼技术中心主任。

三十多年来，李叶青一直在一线从事水泥行业的研发、设计和产业化工作。他紧扣时代脉搏，瞄准世界最前沿和最先进技术，在水泥工业技术、产品、装备、工程、新材料及可替代原燃料等领域，先后主持完成了国家863计划、973重点科技攻关和省部级科技攻关项目20余项，荣获国家科技进步二等奖2项、省部级科技进步一等奖4项；主持制定国家标准4项，获授权发明专利36项，获重大科技成果21项，发表科研论文40余篇，被公认是我国水泥产业技术进步及产业化的领军人物。

李叶青主持和领衔完成的科技成果和技术创新实践，极大地推动了我国水泥行业的技术进步和产业升级，同时让华新水泥这家百年老厂持续焕发青春活力，在低碳水泥、水泥窑协同处置、节能减排、工业系统生态设计、安全生产及职业健康等多个领域具有领导地位，企业由三十多年前的一家单纯从事水泥生产的企业，发展为涉足水泥、混凝土、骨料、环保、装备制造及工程、新型建筑材料等领域全产业链一体化的全球化建材集团。

在李叶青的办公室里，有一幅装裱朴素的书法伴随他多年，“激情铸就梦想”，6个遒劲有力的大字，正是他30多年技术职业生涯的真实写照。

年轻有为，样板工程为华新技改和发展奠定坚实技术基础

1987年10月，当看到中国水泥工业处在巨大落后的局面，怀着干一番事业的激情，年仅23岁的李叶青作出了他人生当中一个重大决定：放弃令人羡慕的大学老师这一优越职业，来到华新水泥当了一名基层技术员。

华新水泥是我国水泥工业的摇篮，早在20世纪50年代，毛泽东主席曾将其誉为“远东第一”。她为新中国的社会经济发展作出了巨大贡献。然而，由于受到传统计划经济的束缚，自此之后的近四十年，华新水泥一直无法“长大”，年产量始终徘徊在一百万吨的水平，企业的影响力也跌落到历史低谷。

一来到企业，李叶青就深入到车间、工段、班组，很快便熟悉了水泥的生产、工艺、设备、销售等相关环节，不到三个月就迅速成长为一名技术骨干。同时他发现：华新水泥的40年代“一流”设备，到了80年代末还有70%以上仍在超期服役，生产能力撑到了极限，不仅能耗高，效率低，而且水泥生产过程中产生的粉尘，让水泥厂给人留下了“光灰”的印象，而生产供给与市场需求之间的巨大差距又是当时存在的重大社会问题。

“水泥不应该是‘污染’的代名词，华新要让‘美好的世界从我们开始’。”李叶青誓言一定要实现这个梦想。一向充满激情与活力的李叶青坐不住了。他多次向公司领导发出并非“危言耸听”的呼吁：“再不创新、再不发展，华新将被市场无情淘汰出局。”

1993年年初，凭借着在工作中所展露出的激情和智慧，年仅29岁的李叶青就任华新水泥副总经理，主管企业技术改造与扩建发展工作。也就是在这一年，满载着华新人希望的4号窑正式破土动工，李叶青任工程总指挥。日产2 000吨水泥熟料的4号窑，引进的是国外代表当时国际先进水平

的干法生产线，这对于与湿法窑打了几十年交道的华新人来说，注定是一个全新概念。李叶青带领工程技术人员盯紧施工图、吃住在工地，想方设法消化吸收引进的先进技术。为了加快工程进度，他与技术人员自主开发了计算机软件，将计划、资金、材料、统计、设备等纳入管理网络。此外，他还力主组建公司设备安装技术队伍，逐步独立完成有关项目，不仅节约了大量外汇，更为重要的是锻炼了队伍。1994年12月，华新4号窑建成并实现大窑一次点火投料试车成功，比国家计委核定的工期缩短了近半年，比国家同期建设同等规模的项目节省投资2亿多元。

4号窑是华新水泥发展史上的一个重要里程碑，国内外水泥专家都说："这是一个了不起的技改奇迹。"李叶青本人也因此被评为省"八五"重点建设标兵。

20世纪90年代初，随着三峡工程被列入我国国民经济和社会发展规划以及上海浦东大开发的进程加快，一个依托沿江、沿海的经济带正快速成型。面对这些千载难逢的发展机遇，围绕着5号窑的上马问题华新人展开了一场激烈的大讨论。反对意见认为：上马5号窑会使公司背上巨额债务。为

此，李叶青拿出了详细的工程可行性研究报告。1996年4月，华新水泥职代会表决通过，明确把日产4 000吨水泥熟料的5号窑作为企业发展重点。1997年10月31日，5号窑正式开工建设。

5号窑是国家建材局“九五”第一年唯一开工建设的大型项目，李叶青在施工过程中提出一系列创新思路：实施技术与经营对口的优化流动设计；实行招标分包与“点菜吃饭”相结合的招标采购运行机制；建立以目标管理为核心、以项目法人负责制为主体的规范管理体制，核心是从国外20多家供应商身上学习当时最先进的技术。

1999年2月，5号窑一次点火成功，比国家经贸委核定的30个月工期提前了14个月，节省投资3.8亿元，创造了国内同行业中工期最短、投资最省、技术装备最先进、实际生产能力最佳等多项之最，被国家建材局认定为水泥工业技术进步的样板工程。

5号窑的建成投产，不仅使华新水泥的生产规模和技术装备水平再次跃居国内前列，而且形成了一套完善的技术创新机制，培养和锻炼了一只能打硬仗敢于攻克技术难关的队伍，为华新水泥后来的快速发展奠定坚实的基础。

勇挑重担，用丰硕技术创新成果不断提升企业核心竞争力

为了给企业打造一个能够提供持续创新动力和成果的平台，1997年，李叶青主持创建了华新技术中心，并亲任中心主任。

身为华新技术中心的科学技术带头人，李叶青坚持“创新驱动发展，引领行业前沿”的理念，始终将“科技创新”摆在企业发展最核心的位置上，并逐步建立了一整套完善的技术创新体系，形成了良好的创新文化，培养了大批创新人才。该中心1998年被认定为省级技术中心，2012年升格为国家级企业技术中心。

中心成立以来，李叶青主持实施和完成了华新水泥所有重大技术创新项目。在项目开发过程中，李叶青与研发人员共同分析、研讨、解决技术难题，极大地调动了员工的积极性和创造性，取得了丰硕的成果。

在新型干法生产线项目建设中，李叶青率研发人员，把引进国际先进技术装备和企业自主创新结合起来，自主设计、制造和安装新型干法生产线，设备国产化率达到了100%。其中，2005年2月25日，由李叶青与研发人员完全依靠自身力量设计制造的国际最大风扫原料磨，在华新武穴水泥有限公司日产6 000吨的水泥熟料生产线正式落位安装。经过生产实践，这台直径6米、长12米、重达487吨的生料磨具有运转率高、能耗低、故障少、产能大等特点。与该磨机同时交付使用的还有两台Φ5M×15M水泥磨和两台选粉机，也均创国内之最。

目前，华新水泥是国内唯一能自主设计、制造和安装国内最大万吨水泥干法生产线整套主机设备的企业；享有水泥窑、磨、篦冷机等系列技术专利30多项；在大型球磨、立式辊磨、高效选粉机、篦冷机制造技术方面处于国际领先水平。这些不仅表明华新水泥已掌握领先同行的核心技术优势，也让公司在水泥制造之外，跻身于中国一流机械制造企业行列。

2001年，国家863计划项目提出：水泥的低环境负荷化——通过技术与装备的创新与集成，实现资源、能源消耗和环境污染排放最低化，高效利用工业废渣并大幅提高性能，延长使用寿命的系统方法和技术。

针对我国水泥工业亟需摆脱关键装置和技术需引进、资源和能源消耗量大、环境污染严重、粗放式使用混合材料造成水泥性能劣化的现况，李叶青主持完成了“低环境负荷型复合水泥及功能胶凝材料关键制备技术”等课题，发明了我国独创的基于新型干法水泥条件下的分解—预烧技术，开发了基于“分解—预烧”的水泥熟料高产低耗、高稳定性生产关键技术与装备，研制出的高效低污染燃烧器，已取代国际知名的丹麦史密斯燃烧器成功应用于多条新型干法水泥熟料生产线，并实现出口。研发了高掺量工业废渣高性能水泥的制备技术和装置，解决了传统水泥工业废渣利用率低且性能较低的技术瓶颈。首次在国内系统采用工业废渣的物理改性、激发技术、微细化、分级复配与功能改性等技术相结合，生产出低热微膨胀水泥、普适性抗硫酸盐水泥和高抗海水侵蚀水泥。该技术创新与集成了具有我国自主知识产权的水泥低环境负荷化及高性能化的成套技术与装备，并陆续在湖北、云南、河南、西藏、江苏、湖南、四川、重庆等国内地区和塔吉克斯坦、柬埔寨、蒙古等国家的20多条生产线（从日产2 000吨的生产线到日产6 000吨的生产线）上进行成功推广应用，取得了显著的经济效益和社会效益，应用单位累计实现产值370.6亿元，实现石灰石消耗降低20%、水泥生产综合能耗降低20%、CO_2等排放减少15%以上、固体废弃物的处理量增加20%以上。

经业内专家评审鉴定，该研发系列成果整体技术水平达到国际先进，其中窑单位容积产量、单位熟料热耗和NO_X排放量和普适性抗硫水泥等均居国际领先水平。该系列成果获得国家科技进步二等奖1项、省部级科技进步一等奖2项，获授权发明专利3项，重大科技成果11项，实现了水泥行业资源、能源消耗和环境污染排放最低化，高效利用工业废渣并大幅提高产品性能，促进了我国水泥低环境负荷化成套技术与装备跨越式发展，有力支撑着新型干法水泥生产技术进步和我国水泥工业可持续发展。同时，丰富了水泥工业高产低耗和废弃物资源化的基础理论，促进了水泥工业相关学科(材料、能源、资源、环境、化工等)的交叉与融合。

进入21世纪，面对经济全球化和中国水泥制造业重新洗牌的冲击，在华新技术中心雄厚技术研发实力的支撑下，华新水泥走出黄石，加快发展步伐，先后在省内和全国10多个省市投资建厂。以李叶青为首的技术人员，以最经济的投资、最先进的技术、最良好的效益为目标，以提高水泥生产、资源和能源利用效率、降低环境污染为重点课题，展开技术攻关，逐步缩小与世界先进水平的差距，使企业拥有了行业领先的核心竞争力，推动企业走上一条“由旧变新、由大变强”的快速发展道路。

近年来，李叶青又把握国家“补短板、促转型”机遇，带领技术人员成功研发及应用推广超高性能混凝土（UHPC）、路面铺装、建筑结构、轻质保温、华新防渗宝、华新砖业等系列新型绿色建材产品。目前，已拥有新材料领域发明专利4项，先进智能制造领域发明专利3项和实用新型专利技术30项。

不忘初心，让企业实现“水泥摇篮”到“环保先锋”蜕变

让“灰色”水泥转型为“绿色”水泥，让美丽家园保持山青水秀天蓝，这既是李叶青三十多年前加入水泥行业的初心，也是他作为一名科技工作者的责任担当。

随着我国生活垃圾、市政污泥等固废数量逐年剧增，原有填埋处置因渗滤液、臭气污染，焚烧处置留存高危灰渣和二噁英污染等问题，已成为亟需解决的重大环保难题。为解决“垃圾围城”难题，李叶青主持完成了“城市生活源固废综合处置与循环利用技术及应用”“水泥窑协同处置生活垃圾工艺及装备关键技术与应用”等国家与省级重大课题，利用水泥窑高温、长流程与碱性环境的特点，在国际上首次研发出水泥窑高效生态化协同处置固体废弃物成套技术，开发出水泥窑协同处置大替代率衍生燃料(RDF)系统装备与稳定控制技术，开发了超大规模生活垃圾生态化预处理与RDF制备技术，设计出协同处置过程有害排放物的全程高环保标准系列消解技术，集成了多种固废（涵盖城市生活垃圾、市政污泥、工业危废、有机污染土、水面漂浮物、医疗危废）生态化预处理和水泥窑协同处置系列技术，实现了大规模固废处置与100%无害资源化全利用，燃煤替代率50%，NO_x减排80%，CO_2减排37%。该系列技术实现了固体废弃物安全、彻底、无害化处置，消除环境风险，大幅减轻环境总负荷，资源节约效果显著，提升循环经济效益，引领了水泥工业绿色转型、创新发展，为水泥这种传统原材料产业向环保功能产业转型提供了方向、途径和技术支撑。成果达到国际领先水平，是世界水

泥工业的一次技术革命。若该技术推广至全国，每年只需用水泥行业总产能的50%，就可以处置全国的生活垃圾，实现节约标煤4 000万吨、减排二氧化碳2亿吨、减排二氧化硫1.5万吨、减排氮氧化物近60万吨。形成了节约资源和保护环境的绿色水泥工业产业结构，满足了我国新型城镇化战略的发展需求，成为当今世界水泥环保转型和固废处置技术的重要发展方向。

与填埋和焚烧相比，华新水泥窑协同处置固体废弃物技术优势明显：一方面可节约大量土地资源、无渗滤液和留存灰渣二次污染隐患，二噁英超低排放；另一方面总体成本低、经济性好，处理规模世界最大，燃料替代率高，节能效果好，普适性好，易于推广。经过多年实践探索，华新水泥窑协同处置垃圾技术日趋成熟，项目运行效果显著，受到党和国家领导人的高度肯定。

2014年10月，在全国政协双周专题讨论会上，李叶青应邀向领导和专家介绍“利用水泥窑协同处理废弃物”技术和应用成果。时任中共中央政治局常委、全国政协主席的俞正声在会上指出，利用水泥窑协同处置垃圾废弃物是一件值得重视的好事，要搞好，关键是政策，希望中央有关部门要抓紧研究，出台与垃圾发电大体相同的政策，把这件好事办好。11月，时任中共中央政治局常委、国务院副总理的张高丽就政协双周会《关于加强利用水泥窑协同处置垃圾废弃物的建议》提案作出批示，要求发改委、财政部、国土部、环保部等部委认真落实俞正声同志的批示要求，研究政协委员的建议。

2015年5月，国家工信部、发改委等六部委联合发布《关于开展水泥窑协同处置生活垃圾试点工作的通知》，旨在解决水泥窑协同处置生活垃圾面临的技术、装备、标准、政策等突出问题，规范技术工艺路线，提高技术装备水平，建立标准体系，探索运营模式，为

“十三五”科学推进利用水泥窑协同处置生活垃圾奠定基础。

2017年1月9日，华新“水泥窑高效生态化协同处置固体废弃物成套技术与应用”荣获国家科学技术进步二等奖，成为水泥行业在水泥窑协同处置领域的唯一获奖单位。

2017年2月23日，“百年华新成功转型升级打造垃圾处理‘湖北样板’”荣列2016年湖北省十大科技事件之首；2017年12月23日，水泥窑协同处置创新发展大会在北京召开，华新环境工程公司荣获全国水泥窑协同处置技术创新突出贡献奖，武穴公司和秭归公司被评为中国水泥工业水泥窑协同处置示范工程。

目前，华新水泥在湖北、湖南、重庆、广东、河南、云南、四川等省市运行和在建的环保工厂共计40家，年处置各类废弃物能力超过550万吨。截至2018年年底，华新水泥已安全生态化处置生活垃圾504.41万吨、市政污泥181.9万余吨、三峡库区水面垃圾漂浮物71万立方米、危险废弃物11.3万吨、污染土77万吨，修复城市毒地上千亩，年生活垃圾处置量已占全国水泥窑协同处置总量的61%以上，占湖北省水泥窑协同处置总量的95%以上。其中，武汉市30%的生活垃圾、90%的城市污泥由华新水泥进行无害化处置，河南省信阳市、四川省万源市以及湖北省鄂州市、武穴市、十堰市、赤壁市、应城市、秭归县、南漳县和湖南省株洲县、攸县等市县100%的生活垃圾均交给华新水泥处置；湖北省黄石市、宜昌市、大冶市及重庆涪陵100%的生活污泥也由华新水泥进行环保处置。

水泥窑高效生态化协同处置固体废弃物成套技术成果应用后取得的直接和间接经济效益超过百亿元，其中，取得新增销售收入12.14亿元，创效8.26亿元；在减少垃圾填埋用地、修复城市发展用地等方面获间接经济效益逾百亿元，解决了我国日益严峻的固废处置难题，为我国环境安全、人民生活健康和城市生态文明建设提供重要保障。华新水泥在实现自身从“水泥摇篮”到“环保先锋”跨界转型的同时，也为全国废弃物处理、生态文明建设提供了安全可行的解决方案。

一个人要想成就一番事业，离不开昂然喷薄的激情；一个企业要在市场经济的汹涌浪潮中生存下来，除了要有前瞻的战略，更离不开持续的创新力。作为一名工程师、华新科学技术的带头人，李叶青将二者和谐统一，不仅成就了事业和梦想，也为我国传统行业转型升级创新高质量发展带来了一种“华新模式”。作为一名亲历中国水泥过去三十年发展历程的行业人，李叶青也深知，水泥的绿色发展之路还任重道远。

李叶青表示：“今后，华新将变身为一家集环保处置、建筑材料供应于一身的企业，在帮助社会解决环境问题的同时，生产出高质量、高技术的建材产品，为社会提供双重服务！”这既是个新的梦想，也是一种新的使命，将激励着他不敢有丝毫的懈怠，一如既往地在技术创新之路上执着前行、向着更高目标迈进！

一颗红心『卫』稀土

李红卫

李红卫，1982年毕业于东北工学院稀有金属冶炼专业，此后一直致力于稀土冶金及功能材料科学技术的研究开发工作，现任有研科技集团有限公司（原北京有色金属研究总院）首席专家，教授级高级工程师，享受国务院政府特殊津贴。

李红卫在稀土领域从业的三十多年里，共主持、参加了自然科学基金、863计划、科技攻关、重大专项等多个国家科研项目；作为一线科技人员，先后完成了7个稀土工厂的技术转让与建设工作，为中国稀土工业体系的建立和技术进步做出了相应的贡献。他负责、参加、完成的稀土功能材料用高品质金属及合金快冷厚带产业化技术及装备、钕铁硼快冷厚带产业化技术及关键装备国产化、高纯稀土金属及其合金产业化技术、非皂化萃取分离稀土新工艺、高纯单一稀土提取分离工艺、铕的电解还原工艺及设备等多项工业化技术在稀土行业内广泛应用，有力支撑了中国在全球的发展地位。他所取得的成果有：获得国家技术发明二等奖2项，国家发明三等奖1项，中国专利优秀奖3项，省部级一等奖5项；中国专利优秀奖3项，省部级一等奖5项；获授权发明专利109项，含国外发明专利27项；发表论文58篇。

资源优势转化为技术和产业优势——稀土永磁

稀土，广泛应用于新能源、新材料、节能环保、航空航天、国防军工、电子信息等领域，是战略性新兴产业不可或缺的重要元素。中国是世界上稀土资源最丰富的国家。可在21世纪之初，资源优势并未转化成技术和产业优势，各类稀土新材料，特别是稀土永磁材料，中国相对落后。钕铁硼（NdFeB），又被称为"磁王"，是磁性最强的永久磁铁，广泛应用于计算机、汽车、通信、国防等高新技术领域，也是支撑稀土行业发展的最大市场。在21世纪以前，钕铁硼永磁材料的制备技术、装备及专利主要掌握在日本、美国等发达国家手中，严禁对外输出，而制备烧结钕铁硼永磁材料的核心技术——快冷厚带（SC，the Strip Casting）工艺更是被列为绝密。

2000年开始，李红卫带领团队向这一技术发起了进攻。可没基础可借鉴，就连研发的装备也没有，一切都只能自力更生，自己开发。从设备开发，到厚带制备，再到微观组织与性能的控制等，共进行了159炉甩带试验，一步步、一项项逐一攻克。期间经历了无数次失败，但丝毫没有动摇他的决心，反而给他找到了解决难题的突破口，取得了全套的工艺和装备参数。随后立刻开展了工业化技术开发与验证，共进行了463炉验证试验，采用边试验、边改进、边完善、边销售、边出口的快速推进模式，解决了我国该产品在国内外市场的空白。成功发明了具有自主知识产权的钕铁硼快冷厚带关键制备技术及装备，产品质量处国际先进水平，自主设计开发的国内第一台快冷厚带产业化设备，成本仅为国外同类设备的1/8。该发明技术迅速在行业推广，使我国烧结钕铁硼制备技术从传统的铸锭工艺升级为快冷厚带工艺，快冷厚带的市场使用份额从起初的几乎为零发展到现在超过85%，成为我国制备高性能烧结钕铁硼磁体的主流工艺，极大地推动了中国稀土永磁材料的产业调整升级，产品质量和产量均位列全球前列。该技术获得2009年度国家技术发明二等奖。

作为稀土永磁的另一个重要领域，稀土粘结磁粉，因其磁性能高，且容易制成各种复杂、异形、微小的形状，方便制成微特电机、传感器等广泛应用于汽车、电脑、手机、电器、智能机器人等领域。然而，长期以来粘结磁粉被美国公司垄断控制，一家独大，占据90%以上的市场份额。为了解决这一窘况，李红卫又带领团队向该产品的核心关键制备技术发起冲击，研制出百公斤级连续快淬炉，实现核心设备的国产化，解决了连续生产的关键问题，开发出包括钕铁硼和钐铁氮在内的十余种具有自主知识产权的高性能各向同性粘结磁粉，产品质量处国际先进水平；特别是高性能耐腐蚀钐铁氮磁粉，成本比原有钕铁硼磁粉低30%以上，具有极大的市场竞争力。

目前，中国已成为稀土永磁材料最大的生产国、出口国和应用国。这些技术的成功突破，彻底打破了国外在高端稀土磁性材料领域的垄断，大幅提高我国稀土永磁行业的国际竞争力，进一步促进我国稀土磁性材料产业高端化、高值化发展，稀土的资源优势正在转化为技术和产业优势。

“稀土棋局”的关键性筹码——高纯稀土金属及合金

21世纪初，中国稀土工业已经实现了从小到大的跨越式发展，然而大而不“高”，别说高端稀土功能材料，就连高纯稀土金属也不能自给。中国稀土低价出口国外，然后再以高价从国外买回高纯产品来研究开发新材料。为改变这一现状，李红卫再次说“不”。他带领团队从理论计算、杂质迁移模拟出发，集成制备、提纯技术与装备，创新开发了3条可覆盖16种高纯稀土金属的技术路线和装备，在国内首次将稀土金属的绝对纯度由99.5%提高到99.9%再到99.99%，个别金属甚至达到99.995%，并在有研稀土新材料股份有限公司（以下简称有研稀土）进行产业化转化，使其成为目前世界最大

的金属钐生产商。十多年来一直是日本高性能磁蓄冷材料用高纯稀土特种合金的唯一供应商，国内首家实现晶界渗镝/铽用高纯稀土金属大尺寸靶材的规模化生产的企业。另外，这些高纯产品还被广泛应用到光纤晶体、集成电路以及OLED屏幕等高端领域。

李红卫常说，市场需求是我们科研工作的导向，更高层次的科研工作，是开发出引导市场应用的产品。早在2002年，在制备出高纯重稀土金属铽、镝之后，他凭借着对稀土金属产业和钕铁硼永磁材料产业发展的深刻理解和敏锐判断，意识到采用镝铁（DyFe）合金代替单一金属镝（Dy）来制备钕铁硼磁体具有更大的技术优势、成本优势和市场潜力，随即组织团队自主开发氟化物熔盐体系氧化物电解制备DyFe合金技术。经过一年半的努力，技术完全突破，产品大受市场欢迎，而且该技术具有巨大的节能减排和成本优势，较传统金属热还原工艺（中间合金法）单位产品节电50% ~ 60%，固体废弃物减排80%以上，加工成本降低70%以上。技术和产品优势迅速在行业推广，2005年前后DyFe合金基本取代金属Dy而成为制备钕铁硼磁性材料的主要原料，我国稀土金属产业也相应由大量使用金属Dy调整到DyFe合金。

稀土行业绿色发展——稀土绿色冶金

稀土是镧系元素和钪、钇共17种金属元素的总称，如何低成本从稀土矿中分离出一个个高纯的稀土氧化物是将其应用的关键第一步。20世纪80年代，李红卫刚参加工作时，中国稀土工业正处于起步阶段，他所在的原北京有色金属研究总院稀土所的张国成教授（1995年当选为中国工程院院士）开发出“三代酸法”，实现了包头混合型稀土矿低成本、大规模、连续化生产，吹响了中国稀土快速崛起的号角。随即，他就作为科研技术人员跟着张国成院士等到工厂做技术转让和推广实施。为满足应用对高纯稀土氧化物的需要，他作为核心技术发明者首次开发成功HEH（EHP）萃淋树脂分离提纯氧化铽、氧化镝、氧化钆工艺，合作开发出电解还原氧化铕工艺，国际上首次在工业规模上应用，建成世界上最大的高纯氧化铕生产线，促进了中国彩色电视机行业的繁荣。他回忆说，那段时光是艰苦而又美好的，主持参与完成了国内7个稀土工厂的技术转让与建设工作，为他日后工作中特别注重科研成果的产业化转化积累了宝贵财富；更为重要的是，亲身见证中国稀土的工业化历程及从小到大的跨越式发展，那种付出与收获，特别是为中国稀土的自豪感更加坚定了他奉献稀土的事业的信心和决心。

进入21世纪，从行业到国家都意识到，稀土要持续为人类造福，其开采、选冶、分离过程存在的资源利用率较低，氨氮、氟、高盐废水和含放射性废渣污染环境等问题必须解决。然而，稀土行业应用了几十年的技术不是说改就能改的，很多从事稀土冶金研究的科研工作者都转到先进稀土材料领域，稀土冶金这个领域似乎“没有了前景”。可有研稀土人不忘初心，始终坚守在这一领域。经过十多年的摸索和验证，非皂化萃取分离稀土技术、碳酸氢镁皂化萃取分离稀土及沉淀结晶技术等一项项绿色工艺被开发出来了，不仅实现了主要化学材料的循环利用，降低了成本，而且从源头解决了长期困扰行业的氨氮、高盐废水污染难题。目前正在国内六大稀土集团下属的大型稀土企业推广应用。上述技术的第一发明人黄小卫院士说，没有李红卫的鼓励、支持和参与，这些技术不会这么快被突破，他思路活跃，敢于突破常规，大胆创新，是一位优秀的稀土科研工作者和企业技术带头人，他的睿智也激励着有研稀土人砥砺前行。

既要“开花”还得“结果”——科技工作者的责任

李红卫说，科研成果不能只在实验室里“开花”，还得“结果”。科研工作者有责任去将它们真正转化成产品，为人类的生产生活创造财富，提供福祉。对此，他深有体会，不管是在20世纪八九十年代作为一线科研人员进行技术转让和稀土工厂建设，还是在他担任有研稀土总经理的十五年公司运营中。2001年年底，李红卫参与稀土材料国家工程研究中心改制组建有研稀土公司，并出任第一任总经理。刚成立的有研稀土只有4条中试线。为了尽快走出困境，他广纳人才，亲自带领科技人员深入科研、生产和市场的第一线，瞄准市场的急需大胆创新、小心求证，从试验到中试，一直到产业化、产品让客户满意。他说，开发的产品怎么样，得让市场和用户说了算，一定要经得起市场的检验。就这样，他带着有研稀土人在稀土绿色冶金、高纯稀土金属、特种稀土合金、先进稀土磁性材料、高端稀土发光材料等领域一步一个台阶，新技术、新工艺、新装备、新产品不断涌现，产业化效益行业领先，累计实现销售收入135亿元、利税30亿元、出口创汇13亿美元，连续四年出口创汇全行业第一，已经成长为全世界稀土行业著名的高科技企业。

同时，李红卫非常注重保护知识产权。他说，这一方面是对创新的保护，只有通过知识产权保护了创新，创新才能持续下去；另一方面，像稀土这样的高科技领域的竞争，以后就是知识产权的竞争，我国要成为稀土大国，首先必须得有知识产权的话语权。为防止西方发达国家以专利限制、威胁、扼杀中国稀土产业的健康发展，他带领有研稀土人积极创新，创新的同时做好知识产权布局，这些年来共申请发明专利464项，其中还有110余项国外发明专利。这些专利不仅有效抗衡了国外巨头在相关领域的垄断，而且确保了产品竞争优势，有效支撑了相关产业的快速健康发展。

李红卫从大学毕业至今一直兢兢业业奋斗在我国稀土行业科技进步与产业发展的第一线，怀揣着变中国稀土资源优势为技术和产业优势的梦想，积极创新，敢于说不，带领团队攻克稀土行业一个又一个难题，真正做到了一颗红心“卫”稀土。

李红霞

高温材料科技进步的追梦人

李红霞，女，1965年出生，工学博士，教授级高级工程师，博士生导师，现任中国中钢集团有限公司副总工程师，中钢集团洛阳耐火材料研究院有限公司（以下简称中钢洛耐院）院长、党委书记，先进耐火材料国家重点实验室主任。她是我国耐火材料行业技术、学术领军人物，享受国务院政府特殊津贴，新世纪百千万人才工程国家级人选，国家有突出贡献专家，全国优秀科技工作者，全国三八红旗手，中原学者、首批中原学者科学家工作室首席科学家；第十一届、第十三届全国人大代表；第八届、第九届中国科协全委会委员。她担任国际标准化组织耐火材料标准化技术委员会主席，中国金属学会常务理事，中国金属学会耐火材料分会理事长，全国耐火材料标准化委员会主任委员，获得国家技术发明二等奖1项、2018年河南省杰出贡献奖、省部级科技进步一等奖4项，授权发明专利27项，发表论文186篇，出版专著2部。

孜孜不倦，学海不断求索

工学博士、教授级高级工程师、博士生导师、日本科学技术厅STA学者……李红霞在学海中不断求索，孜孜不倦。她1983年至1990年在天津大学完成本科和硕士研究生的学习，先后获得工学学士和硕士学位；1990年9月，考入中科院上海硅酸盐研究所攻读博士学位；1992年至1993年在美国密歇根大学作为访问学者进行课题研究；1997年至1999年，作为日本科学技术厅STA学者在日本冈山陶瓷研究所担任研究员，进行科研工作。

1994年5月，李红霞博士学成归来，到中钢集团洛阳耐火材料研究院工作。90年代的中钢洛耐院，逐步确立创建规模产业、走规模化经营之路的理念，由课题承包制逐步走上了科技开发、推广应用、产业化生产和规模化经营的轨道。正是这一时期，她扎根科研开发第一线，先后任高级工程师、教授级高级工程师和综合技术研究所所长，从事科研开发和科研管理工作，主持完成863计划项目“近终形连铸用特种功能耐火材料”、国家“九五”攻关项目“薄板坯连铸用浸入式水口的研制”等一批先进成果，填补了国内空白。

在从事科研开发工作的同时，李红霞还担任中科院上海硅酸盐研究所、天津大学、北京科技大学特聘教授，培养硕士、博士及博士后30余人，为我国高温材料技术的发展和人才的培养做出了积极的贡献。她精通英语和日语，基础理论知识扎实，了解世界陶瓷和耐火材料发展新动向，致力于陶瓷和耐火材料的基础和应用研究。

坚持学习，不断探索。正是因为她怀着一颗求索的心和更高追求，才总是能在科研开发中迸发出强烈的探索欲和创造力，才总是能为高温工业科技进步和中国耐火材料技术发展注入源源不断的强大动力！

致力创新，推动高温工业发展

耐火材料应用于钢铁、有色、建材、化工、电力、环保、航天等领域的高温过程，是所有高温工业新工艺和新技术实施的重要基础和支撑材料，对高温工业产品质量提升与品种开发、高效生产和节能减排具有重要作用。钢铁、有色和石化等高温行业的高速发展，关键装备和技术的进步，极大地带动了我国耐火材料的科技创新和产业发展。我国已成为全球耐火材料和耐火原料生产、消费和出口最多的国家，在国际耐火材料领域占有重要地位。

李红霞专注于耐火材料行业技术的发展与创新，将企业与耐火材料行业的发展紧密结合，坚持在不断提高自主创新能力的同时，充分发挥科技创新平台优势，促进耐火材料及相关新材料产业的发展，为进一步提升行业科技创新能力和产业核心竞争力，支撑我国高温工业的科技进步奠定了坚实的基础。

围绕我国冶金、煤化工等高温工业发展需要，李红霞带领团队致力于先进耐火材料的研发和工程化应用，取得多项技术与应用水平国际领先的创新成果，累计创造产值37亿元，经济社会效益显著，并推动了我国耐火材料由跟踪到创新的跨越，为高温工业技术进步做出了突出贡献。她领导研发出多种新型冶金功能耐火材料、低导热纳米隔热材料及应用集成技术，获得多项核心专利，并实现工程化应用，材料服役寿命提高30%以上，优于国际著名公司同类产品水平，服役功能改善，节能显著，板坯、带材质量明显提高，构建了支撑钢铁、非晶带材安全高效运行的功能耐火材料技术体系。

李红霞带领团队创新高温装置炉衬耐火材料设计方法，优化材料配置与结构，改善炉内热场与应力场，突破冶金、煤化工行业新技术与装备大型化用关键耐火材料及炉衬长寿化集成技术，解决了富氧竖炉、COREX、大型熔铝炉、现代煤气化装置等高效低成本运行的耐火材料技术瓶颈，炉衬寿命提高50%以上，技术指标与寿命国际领先，实现节能、生产效率和服役寿命的协同提升，促进相关工业新技术实施推广，大大提升了国际竞争力。

站高望远，提升行业影响力

作为我国耐火材料领域主要学术带头人之一，李红霞创建了先进耐火材料国家重点实验室。2018年7月，先进耐火材料国家重点实验室通过科技部评估，在材料大类18个企业国家重点实验室的评估中位居前5名。此次评估结果是对先进耐火材料国家重点实验室科研工作、行业创新引领带动、科研条件、人才队伍建设、实验室运行管理等各方面取得成绩的肯定，充分体现了实验室较强的发展潜力。

李红霞担任ISO/TC33主席期间，推动中国牵头制定4项国际标准，实现了我国在耐火材料国际标准制定领域零的突破，实现ISO/TC33会议首次在中国召开。她主持制修订标准194项，组建耐火材料产业技术创新联盟，编制我国耐火材料发展战略及技术路线图，引导行业科技发展。她担任《耐火材料》编委会主任，《硅酸盐学报》《炼钢》《连铸》《大氮肥》等编委，积极推动行业学术交流，多次担任耐火材料国际会议和技术委员会主席，在国内外重要会议作特邀报告20多次，宣传推介中国耐火材料，让世界了解中国耐火材料，为中国耐火材料行业的发展做出了突出贡献。

在她的领导下，中钢洛耐院大力实施科技创新工程，建立了从新材料研发、应用模拟到工程化的“一个体系、两级平台、三个面向”创新体系，制定了行业服务指导方针，获国家科技奖3项，国家重点新产品9项。中钢洛耐院荣获国家创新型企业、国家技术创新示范企业等称号，并因扶持河南省中小企业成效显著，受到国家领导人的高度赞扬。她积极推进创新团队建设，培养河南省杰出青年人才3人，河南省创新团队3个，所在科研团队获科技部“十一五”优秀创新团队。

追求一流，推动国家经济技术发展

李红霞瞄准国际先进科技方向，积极推动产学研用深度融合，让耐材行业在国家经济、科技发展中大放光彩。

发明冶金耐火材料关键服役性能协同提升技术。透气元件、浸入式水口等耐火材料支撑着钢铁精炼、连铸的安全高效运行，深度参与冶金过程，影响钢液洁净度、品种成败、质量与效率。然而，材料的抗热震性、抗侵蚀性和功能性等关键服役性能相互制约，是材料服役行为改善和寿命提高的瓶颈。

李红霞主持特种功能耐火材料高技术产业化项目，实现重大引进装备用关键耐火材料国产化，多项成果填补国内空白，项目“冶金功能耐火材料关键服役性能协同提升技术及在精炼连铸中的应用”获国家技术发明二等奖。

她创新数值、物理与热场相结合的“三位一体模拟”研究方法，揭示耐火材料服役行为演化与失效机理、结构对服役功能的影响规律。提出按服役环境进行功能分区、关键部位增强的材料设计新思路，发明多层复合低热应力化、低维碳-非氧化物陶瓷复相结合低碳材料、结构功能一体化制备三项关键技术，攻克了降低钢液污染与提高抗热震性和抗侵蚀性的矛盾，并改善抗氧化性、优化钢液流场，实现了功能性、抗侵蚀性和抗热震性的协同提升。研制出透气元件、长水口、浸入式水口等五类新型功能耐火材料，技术推广覆盖率达70%以上。在濮耐股份、河南熔金等实现产业化，2013—2015年新增产值10.4亿元。

研发产品在宝武、南钢等企业应用，寿命提高30%以上，服役功能显著改善，优于国际知名公司产品，明显提升生产效率和钢材质量，并降低配套耐火材料总消耗。新型薄板坯浸入式水口用于珠钢薄板坯连铸连轧国家重点工程，钢坯精整率由4.2%降到3%以下；系列新型浸入式水口降低连铸过程中钢液平均增碳2.7ppm，特钢连铸效率提高50%；新型透气元件夹杂物去除率提高21%。梯度功能耐火材料和复合结构技术研究处于国际领先水平，引领和促进了耐火材料行业科技进步，实现了高品质钢生产和薄板坯连铸用关键材料的国产化，使我国高端耐火材料跃升至世界前列。中国金属学会将之作为重点推广项目，认为其提高了中国钢铁工业国际竞争力，促进了钢铁产品质量提升。

喷嘴是铁基非晶带材的关键生产技术之一。李红霞带领团队应用层状复合理念，攻克了单一氧化物抗热震性差的瓶颈，研制出低导热新型氧化物–碳化硅复合喷嘴，解决了原氮化硼材质寿命低及高导热与氧化变形导致的带材质量差等难题，打破了国外对我国的技术封锁。喷嘴服役时无变形、无黏附，寿命提高1倍以上；钢水过热度下降80℃以上，带材微结构明显改善，柔韧性等性能得到提高，节能效果显著。

构建冶金装置炉衬耐火材料长寿化集成技术。节能降耗、发展绿色制造是提升冶金行业竞争力的必然选择。高性能耐火材料在其中的重要作用不可或缺。

钢包隔热材料热导高、耐久性差是造成我国钢水过热度高、吨钢能耗高和包衬侵蚀严重的主要因素。而进口产品昂贵，亟待研制低成本超低导热材料。李红霞攻克纳米孔高温烟尘替代二氧化硅气凝胶提高服役温度、陶瓷纤维增强提高稳定性、复合高温遮光剂降低辐射传热三项关键技术，在国内首创可长期服役于1 100℃的低成本新型纳米隔热材料。用于钢包降低出钢温度3℃～6℃、吨钢节能1元以上，为扩容钢包、降低钢水过热度和能耗提供了重要的材料保障，解决了国外纳米隔热材料用不起、国内材料不好用的难题。

为减少排放和回收不锈钢冶金灰中的铬、镍等贵金属，太钢引进德国富氧竖炉技术，但炉衬和出铁流道服役远低于49天和15天的设计寿命，且进口材料昂贵，严重制约竖炉的低成本高效运行。李红霞带领团队研究揭示服役环境下进口炉衬材料配置失当及损毁机理，提出材料组成和气孔微细化的性能调控新思路，研发出风口、出铁流道用系列高性能关键材料；优化风口和炉缸材料配置，发明复合结构出铁流道，攻克高渣量混合出铁侵蚀严重的技术难题，获得富氧竖炉长寿化集成技术。新炉衬和出铁流道服役为设计寿命的1.7倍，耐材消耗降低22%，竖炉利用率提高16%，四年经济效益达2.6亿多元，运行指标处于国际领先水平。

宝钢1号Corex–C3000是世界规模最大的非高炉熔融还原炼铁装备，为国家重大引进工程。运行中存在竖炉围管、气化炉风口和炉缸侵蚀严重、寿命短、成本高等问题。她带领团队基于计算模拟优化炉衬结构与风口材料配置，使用碳化硅材料替代刚玉材料，降低了气化炉风口温度、改善服役环境；研发出竖炉与风口、炉缸用关键材料，性能指标高于报道水平。用于宝钢2号Corex–C3000炉衬工程，运行与节能效果明显优于引进的1号，实现关键耐材国产化。

熔铝炉、保温炉大型化是铝材高端化和节能降耗的选择，不定形耐火材料是满足大型化发展的技术关键。为避免铝液对炉衬的渗透和侵蚀造成污染，她带领团队发明满足不定形材料力学和作业性能需要的防铝液浸润功能添加剂，开发出系列新型不定形材料，服役中硅、铁溶解远低于国际标准，材料制备节能90%，填补了国内空白，在国内外得到广泛应用。

李红霞还带领团队突破现代煤气化装置高效长周期运行的耐火材料技术瓶颈。煤炭清洁高效利用是国家重要的能源战略，水煤浆、粉煤和碎煤等液态排渣的先进煤气化技术是煤化工、循环联合发电等煤炭清洁高效利用的关键，是煤制气–竖炉直接还原铁绿色冶金的核心环节。随着煤种多样化和气化装置大型化，炉衬材料服役行为和寿命成为气化装置高效运行的制约瓶颈。她带领团队创建多因素耦合炉衬耐材服役行为评价技术，阐明煤气化环境下耐材服役行为的演化规律和失效机理，揭示炉衬结构应力产生与剥落机制，研制出满足不同煤气化技术需要的新材料，实现关键服役性能的调控和协同提升；创建环境、材料、结构、功能一体化设计和构筑集成技术，实现气化炉扩容、耐材减量和关键部位耐材快速更换。水煤浆气化炉内径扩升150mm，耐材用量下降8%，产量提高30%；水煤浆和粉煤气化炉渣口维修时间由7天缩为3天，生产效率显著提高。成果应用于中石化、神华、中煤等不同技术的大型煤气化装置，创造水煤浆气化炉连续稳定运行777天、粉煤航天炉460天、BGL碎煤气化炉239天的世界纪录。整体技术水平国际领先，技术国内占有率90%。中国石化联合会认为，这些技术突破了国内外各种煤气化技术耐火材料的瓶颈，提升了我国煤化工技术的国际竞争力，满足了我国能源战略发展需要。

投身公益，用心用情奉献社会

李红霞富有爱心，积极投入公益活动，先后资助贫困学生10余名；同时充分发挥中钢洛耐院优势，积极参与脱贫攻坚、公益活动。中钢洛耐院先后结对帮扶洛阳市汝阳县、孟津县、宜阳县等贫困地区，在民生改善、产业培育、智力帮扶等方面给予支持，取得了明显成效，企业获得“新时期扶贫开发先进单位”。多年来，企业捐资10万元援建洛宁县城郊二中操场，向贫困山区学校捐赠图书万余册、办公设备数十套，为学校改善办公、教学条件；先后为井沟村捐赠办公设备、文体用品、棉衣棉被及米面油等物资价值18万余元，协调安排贫困户到企业就业；协调落实资金200余万，推进实施扶贫项目，党群、文化、卫生等村级阵地建成投入使用；600KW光伏发电项目并网发电；服装加工扶贫车间建成运行；建设食用菌大棚培育基地；水、电、网络、道路等基础设施得到改善，取得了明显成效，群众满意度明显提高。她组织中钢洛耐院向汶川地震、玉树地震专项捐款30余万元，组织职工开展学雷锋、无偿献血、关爱盲生等志愿活动，履行了央企政治担当，树立了良好形象。

挑战地球物理极限 勇闯深层勘探禁区

李宗杰

李宗杰，中国石化西北油田分公司油气勘探首席专家，物探领域中青年领军后备人才。他曾获得中国石化突出贡献专家、中国石化杰出青年、新疆第一届青年科技奖、新疆青年岗位能手等荣誉称号，获得省部级科技进步一等奖2项，二等奖6项等，授权发明专利5项，专著2部，发表论文40余篇，其带领的研究团队获得中国石化优秀创新团队，其创新性成果转化应用，取得了重大经济效益和社会效益，为国家油气供应安全，为新疆社会稳定和长治久安做出了积极的贡献。

自1995年硕士研究生毕业到新疆工作以来，李宗杰一直在塔里木盆地油气勘探、地球物理勘探生产科研一线从事技术研究与管理工作，具有扎实的理论功底和丰富的勘探工作经验，地质与物探相融合，带领研究团队攻坚克难，形成一系列创新性成果，达到国际先进或国际领先水平。

他创造性提出了振幅变化率、趋势面分析、古地貌与古水系地震刻画等技术；集成创新超深层岩溶缝洞储集体预测技术，超深碳酸盐岩缝洞型油气藏高精度三维地震技术，深层三叠系河道砂、低幅度圈闭落实技术等并产业化推广应用，形成沙漠区弱信号恢复、火山岩精细速度建模、断裂体系及缝洞体成像、多尺度裂缝预测及缝洞含气性检测等地震关键技术。推动了塔里木盆地深层碳酸盐岩领域和碎屑岩领域油气勘探，将勘探深度拓展到8 000多米。

物探技术经常使用时间切片，他对自己的时间也有切分。他有个习惯，把集体性工作放到八小时内，独自工作和学习，便放在八小时之外。因此，他大量的奖项、成果、论文，都是在夜晚的灯光下累积起来的。

他所从事的物探工作，就像是给地球做

CT扫描。在灯光下，墙上、桌上那一张张平面图、剖面图，像是一页页大地的曲谱，诉说着地球的奥秘。他作为弄弦人，在塔里木盆地这个世界级的油气勘探禁区，奏响一曲曲石油交响乐。

西出阳关，投身物探

工作和学习，是他最大的爱好。

在长春地质学院上大学时，李宗杰年年成绩都是全系第一。同学说，他每天看书到深夜一两点。这个习惯，一直延续了二十多年，妻子担心他的颈椎，便在书房里给他支了张床。

由于是保送研究生，毕业后要留在学校，因此，他磨破了嘴皮子，才如愿到新疆工作。当时，他能进京就业，也能留校任教，不少人说他傻了。他总说："西部有我火热的石油梦。"

到了企业，也有不少人说他傻，干起工作没完没了。他偶尔得知，一笑而过，机房的灯光依旧亮到深夜，夜显得更加寂静。

1995年，他坐了一周的火车，到了乌鲁木齐，再搭了一辆油罐车，颠簸两天，来到油田一线。握着接他的物探队员粗糙的大手，看他们披着油腻腻的军大衣，头发硬邦邦地向外"炸开"，他才知道，戈壁大漠，工作如此辛苦。

刚到物探队，环境还没熟悉，技术员回家看病，软件不能正常工作，低速带没法计算，物探作业得搁浅。他熬了两个通宵，便能熟练操作，队长看着他布满血丝的眼睛，暗自点头。

即便是枯燥的工作，他也能干得津津有味。从一线转到科研岗位，第一件工作很简单，加载磁盘里的三维地震数据。就这样，一干就是三个月。他说："基础工作本来就枯燥，这让我沉得住气，俯得下身。搞科研就得重基础，不然都是'空中楼阁'。"

创新技术，增储上产

1997年，以S46井、S47井、S48井获得高产工业油气流为代表，西北石油局发现了中国第一个海相碳酸盐岩特大型油田——塔河油田。发现之初，由于油藏认识不明确，部署井位举步维艰。

没有地球物理资料不能定探井井位，这是油气勘探的常识。塔河油田的油藏为碳酸盐岩缝洞型油藏，非均质性强，平均埋深在5 500至6 000米以下。由于没有任何经验和实例借鉴，为了解决深层油藏的精细刻画难题，李宗杰带着团队夜以继日地探索。

到了2000年，他担任了勘探开发研究院地球物理研究所主任工程师、副所长。当时，妻子正好怀孕，他在工作五年后，终于开始按时下班，照顾妻子。但饭后，他便钻进书房，破解海相深层缝洞型油藏储层预测及井位优选难题。

这段时间，他利用振幅变化率提取地震资料属性，使地震剖面中的“串珠”在平面上清晰成像，展现了塔河油田岩溶缝洞储集体的发育规律。看似一小步，却是塔河油田勘探开发的一大步，经过实践证实，“串珠”的中心便是岩溶洞穴，是油气最富集的地方。

看着他对待工作热情似火，受到感染的科研团队沿着他提出的趋势面分析、相干断裂检测、振幅变化率的思路，逐步完善发展技术，在他的带领下，集成创新了超深层岩溶缝洞储集体预测技术。

该技术实用性高，沿用至今，储层预测成功率达到90%以上，被科研人员戏称为“部井三板斧”，为塔河油田油气累计产量突破1亿吨做出了积极贡献。

进军砂岩，大海捞针

“当时，我们通过科研攻关，获取了合格的地震成像资料，塔河油田碳酸盐岩油藏的勘探开发取得了长足的进步。然而，动用碎屑岩油藏依然是难点。”时任勘探开发研究院院长，现任西北油田副总经理、总地质师漆立新提到2005年开始攻关三叠系低幅度构造、地层及古河道油气藏时说。

塔河油田碎屑岩油藏，埋深在4 000至5 000米之间，一类为微幅度构造油藏，隐蔽性强，储层底水极强，科研人员称作“水上漂”油藏；另一类为岩性–古河道砂油气藏，存在“深、薄、窄”三大难题，寻找这些河道砂油气藏就像大海捞针一般，难度极大。

在大量的数据和图纸中，李宗杰带领团队采取了“定”字诀，开始“大海捞针”。

于是，科研团队采取河道砂储层定标志、定边界、定期次、定厚度等技术手段，形成“四定”油藏识别与描述技术，将地下4 000多米的古河道清晰地刻画出来。

在地震资料里看清楚了油藏，钻井才知道往哪里钻进。科研人员王保才说：“大家都铆足了劲，从地震资料采集、处理，再到反复论证后部署井位，最后实施钻井，当年就出油了。”

经过多年勘探开发证实，李宗杰带领科研团队所刻画的河道砂，其中5条富集成藏。截止到2014年年底，新增石油地质储量568.4万吨，部署井位55口，累计产油55.4万吨，产生经济效益20.6亿元。

精益求精，高效发展

熟悉李宗杰的人，都说他严谨。他说：“我只不过是想把每件事都做好而已。”

跟他做汇报，每个标点都不能出错。他说：“西北油田矿区的油藏埋深大，一口勘探井需要投资数千万，甚至上亿元，我们要对国家的投资负责。”

2006年，他担任勘探开发研究院地球物理研究所所长时，正逢塔河油田经过早期勘探开发，三维地震需要进行高精度采集参数优化。这相当于以前捞“大鱼”的网要进行加密处理，“大小鱼”要通吃。然而，这样三维地震每平方公里造价超过60万元。他深入调研和测算，要长期优化超过上千平方公里三维地震，这是一笔天文数字。怎样让国家付出较少的投资，而取得优厚的回报，成为他最紧迫的工作。

他利用数学函数的原理，在精度和成本的抛物线上，选取最优化的交汇点。这看似一个小点，却是他带着团队，对采集的每一个参数，从理论方法到模型正演，进行数百次拆分实验而来。

这样下来，优化采集观测方式后，每平方公里节约采集费用18万余元。而且，还建立了外拓油区三维地震的样板。

“经费降下来了，最关键还是要看效果。我们经过实际运用，认为优化后得出的图像，与最初付出高昂代价的效果在伯仲之间，几乎没有区别。”科研人员刘群说。

地质指路，物探先行。要隔着五六千米的地层寻找到一个篮球场般大小的储集体，像是在漆黑的夜晚，坐在五千米高空的飞机上，寻找地面的楼房一样，难度极大。因为地下的储集体看不到、摸不着，所以三维成像质量的高低，决定了能否在碳酸盐岩地层中寻找到优质缝洞型储集体。

“十一五”期间，西北油田的原油产能进入了高速发展阶段，年均增油57万吨，有力地证实了优化后的高精三维质量过硬。截至目前，在塔河油田高精度三维优化超过2 000平方公里，节约投资近4亿元。同时，高精度三维地震技术成为塔河油田高效勘探开发关键支撑技术之一。

汇聚智慧，矢志奋斗

油气不仅蕴藏在地下，还蕴藏在地质学家的脑海里。地震资料的解释，颇有“横看成岭侧成峰”之感，看似枯燥的分析工作，需要艺术的灵感闪光。

2007年6月，他成为勘探开发研究院副院长，主管物探技术，他采取“因人施教”的方式，带领科研团队攻坚克难。

当时，位于大漠深处的顺南区块油气突破后，科研团队遇到新的储集类型。继续部井时，他不谈方案好坏，而是谈起他脑海里油藏的画面。他说：“塔河油田缝洞型油藏顶面，就像葡萄架一样，因为地表溶蚀，储集体像是一串串葡萄挂在那里。而顺南油区，像苹果树一样，储集体沿着主干断裂，经过破裂及溶蚀形成一个个苹果，分布在断裂的枝杈间，等着我们去摘取。”

年轻的物探团队项目长刘军说：“经过他形象的描述，地下七八千米的油藏便浮现在我们脑海中，团队攻关便有了方向。”后来，科研团队将油气成果从这里拓展到了顺北油气田。

他自己从未放松过学习，2012年到2014年，他在北京大学完成地质学博士后的攻读和研究，并把所学无私传授给科研团队。

“天山南，难于上青天。”这是科研团队在复杂的天山南区块，隔着天山进行油气勘探时发出的感慨。

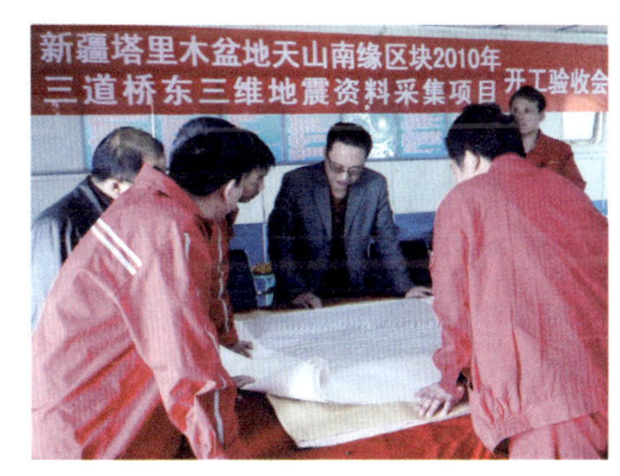

在部署星火5井时，地震波的速度难以预测。在团队一筹莫展时，他根据稀疏部署的几口钻井资料，提出井间速度梯度推算

的方法。团队“顺藤摸瓜”，预测出了油藏的构造形态。

在星火5井白垩系实现了重要油气发现，天山南这个油气领域的“百慕大”，燃起了希望的星星之火。科研人员骆福嵩说：“后来，深度偏移数据进站，解释完后与推算预测结果完全一致，我们对他如海般渊博的知识敬佩不已。在我看来，他既像老师，又像兄长。”

勇闯深层，攻坚顺北

他在上学时，假期到地质队打工，硬是用双肩抬着物探仪器翻越长白山，表现了不怕吃苦的韧劲。与他合作的人，记得最深的是，他从不会轻易被困难压倒。

科研人员李海英说：“科研项目再难，不弄出个所以然，他不会放弃。”因此，科研团队看到他，便感到如山般的厚重，敢于迎难而上。

2012年9月，他成为勘探开发研究院主管勘探工作的副院长，2015年他又任院党委副书记，主持党委日常工作，他既要了解职工思想动态，解决职工实际困难，又要带领团队攻坚克难，他的担子更重了，时间更不够用了。但是，再忙碌，他依旧没有搁下热爱的科研事业。面对勘探遇到的新难题，他总是说“只要思想不滑坡，办法总比困难多”。

2016年9月，中国石化宣布，在塔里木盆地发现顺北油气田。这里的储层平均深度超过7 300米，有的地区超过8 000米，是世界上最深的油田之一。要隔着一座珠穆朗玛峰的距离描述油气藏，无异于盲人摸象。

物探技术依靠地震波采集数据，顺北油气田位于塔克拉玛干大沙漠深处，厚厚的沙层像棉花一样，将地震波能量吸收大半，无法真实反映地下储层情况。

他通过反复研究、推导、演算，成百上千的数据在他脑海里奔跑、跳跃，不断地进行组合、拆散，再行组合。在无数次失败后，他搭建起沙漠区弱信号恢复函数，神奇地找回了失去的地震波能量。

表层的问题解决了，但是在顺北储层的上面，有二叠系和上奥陶统两层火成岩，像盖子一样罩住油藏。地震波经过其他地层时，像走路一般，到了火成岩便像跑步一样。这样一来，速度变化较大，地震资料上便会出现储集体假象。这里一口探井造价上亿元，一旦被假象迷惑，钻井将“颗粒无收”。

2016年，他提出“三层一带”精细速度建模思路，带领研究团队开展火成岩相约束速度建模，精细划分地震波通过的地层，确定地震波通过不同类型岩层的速度，将高精度三维技术从传统的时间域拓展到深度域，便能分辨出“李逵”和“李鬼”的真假。

结合顺北主干断裂带的“控储、控藏、控聚”特征，他带着团队再次亮出“定”字诀，并用“立体雕刻法”，在三维空间里将不含油地层逐步剔除，精准寻找储油层。

他带着团队，攻克一道道难题，形成沙漠地区深层油气勘探地震关键技术系列，隔着一座“珠穆朗玛峰”，能够精细刻画地下油藏，钻井实现从“摸着打”到“看着打”的转变，为顺北油气田的勘探开发提供了技术支撑。经过相关专家鉴定，相关技术达到国际先进水平。

“塔里木盆地每一个油藏的发现，每一口油井的突破，都凝结了许多工程技术人员的智慧和汗水，而我的汗水，只是其中的一滴。”面对各种荣誉，他恳切地说道。

结对情深，大爱无疆

在妻子眼中，他是个缺少浪漫的人，成天醉心于科研工作。但是，他对没有血缘关系的“亲戚”却关怀备至。

2016年，他与柯坪县上库木力村村民木合塔尔·热依木结对认亲。他到木合塔尔家同吃同住同劳动，在家建起村里的党小组活动室，又给木合塔尔的妻子找到工作，解决他们的生活困难。

木合塔尔家有“五朵金花”，二女儿、三女儿在乌鲁木齐上学，他一有空闲，便拽着妻子，去看望两个维吾尔族“女儿”。老大迪丽努尔见证了西北石油人对柯坪县村民的无私帮助，因此，一直梦想成为一名石油人，穿上梦寐以求的红工装。迪丽努尔大学毕业后，他便给她制订了复习计划，辅导她应考。经过精心准备，迪丽努尔通过了统一考试和面试，光荣地成为一名石油工人，在柯坪这个全国贫困县传为佳话。

每次，迪丽努尔来看望他，他都带着自己的孩子陪着，孩子心里甚至有点羡慕迪丽努尔，因为严厉的父亲总是对这个维吾尔族“女儿”很和蔼。其实，孩子不知道，他的父爱，也像海一般深厚，只是从未说出口。

“我为祖国献石油，为美好生活加油”是他人生的追求，也是他无声的誓言。新时代，新目标，新征程，他正以崭新的姿态拥抱未来，用智慧和汗水努力为国家奉献更多的油气能源。

做好药为中国

李春雷

李春雷，1976年出生，吉林省梨树县人，药剂学博士，正高级工程师，享受国务院政府特殊津贴，现任石家庄制药集团（以下简称石药集团）董事、执行总裁，是中国药学会药剂专业委员会、纳米药物专业委员会、产学研工作委员会委员。他2019年入选"万人计划科技创新领军人才"、2015年入选国家百千万人才工程，2010年荣获全国劳动模范称号。

刻苦钻研，孜孜不倦

李春雷于1995年考入吉林大学，就读于生物制药本硕连读班。在取得硕士学位后，他开始了新的思考：生命科学更偏重于理论研究，离应用还相距甚远。因此，他作出了决定，于2001年9月考入沈阳药科大学，攻读更贴近应用的药剂专业，2004年获得药剂学博士学位。自从选择了药剂专业，他就下定了决心要学有所长，学有所用。

早在20世纪60年代初期，英国学者Bangham将磷脂分散在水中进行电镜观察时发现了脂质体。1971年，Rymen等人开始将脂质体用作药物载体，希望可以减少药物剂量，降低毒性，提高疗效。脂质体用作药物的载体使药剂学的研究进入靶向给药的新天地，越来越受到药剂研究人员的关注。至2001年，国际上已经有多个脂质体药物上市。而在国内，对脂质体的研究还处于初级阶段，与国际水平有很大的差距。也正因此，李春雷在攻读博士阶段决定以脂质体作为研究方向，开启了在以脂质体为主的纳米制剂领域研究的征程。

在不墨守成规的创新精神驱动下，在读博期间，李春雷发明了专利技术——单相溶液冻干法。这是一种制备脂质体的新方法，它解决了易氧化、易水解和易变性的药物制备成脂质体过程中出现的难题。该研究发表在药剂学领域的著名期刊*Journal of Pharmaceutical Sciences*上，也正是由于这项研究丰富了脂质体技术的体系，使李春雷收到了国际脂质体协会会长G.Gregoriadis的邀请，参与编著*Liposome Technology: 3rd Edition*（《脂质体技术（第三版）》），这也是中国内地学者首次参与该著作的编写工作。同时，这项研究的相关成果，使他获得辽宁省科学技术奖三等奖、中国药学会科学技术奖三等奖、沈阳市科技进步奖一等奖共3项奖励。

扎根沃土，科技创新

成绩优异、勤学进取的李春雷博士毕业后选择了石药集团，石药集团也为他提供了干大事业的氛围和土壤。

药企的研发最终要以市场为导向，为患者谋福音。李春雷的目光是远大的、前瞻的。他认为，企业发展背后的支持是创新，中国医药落后，那我们就迎头赶上。他先从仿制国外高端制剂开始，做市场急需的、技术垄断、患者用药成本高的产品。

为了将所学付诸所用，李春雷把目光聚焦在了脂质体药物上。当时，脂质体核心技术一直被国外大制药公司垄断，我国脂质体药物的研发，成果大多停留在实验室阶段，在临床转化和产业化方面的成果几乎为零。而石药集团在该领域研究还是个空白，平台要从头搭建，缺人少物、条件简陋，这些困难都没有让李春雷退缩，反而激励他从零开始，以“实干”精神推进研发平台建设。

李春雷首先选择了盐酸多柔比星脂质体注射液项目，这是一种长循环靶向纳米制剂，作为乳腺癌、卵巢癌、淋巴瘤等癌症的一线治疗药物，其疗效已经在临床应用中得到广泛认可。但是进口产品进入中国的售价为8 980元/支，患者半年的治疗费就高达27万元，患者的经济负担和社会负担沉重。

为了尽早改变这一现状，他开始了“驻扎”实验室的生活。为了尽快研发出产品，他成为实验室最忙碌的人——从文献查阅、材料采购、设备选型、实验操作到自己动手改造了设备……

药物研发不仅仅是制备出样品，还要对这些样品进行药理、毒理研究等一系列的动物试验，石药集团当时没有实验动物室，没有相关技术人员，怎么办？李春雷亲自采购小鼠，在实验室的楼道里饲养小鼠。为节省经费，他不断摸索小鼠的饲养和繁殖条件，进而成功筛选符合试验条件的小鼠，到终于能够开展相关的实验，搭建起了实验动物室。目前，石药集团药物研究院建成符合GLP条件的药理中心，实验动物室占地4 000平方米，饲养SPF级各种动物上万只。

由于当时国内没有脂质体药物上市，无论设备还是工艺都没有可借鉴的先例，李春雷根据文献和专利的描述，或与国外厂家联系定制设备，或将现有设备进行改造，或引入原本为其他用途的设备，终于拼凑出一条完整的生产线，实现了盐酸多柔比星脂质体的中试放大生产。目前，李春雷参与设计的新生产线已经实现了自动化和智能化，全程电脑控制，最大程度地避免了人为干扰，保证了工艺的重现性和稳定性，生产出的产品质量达到国际标准，部分指标优于进口产品。

生产出质量过硬的产品后，又一个问题摆在面前：脂质体药物属于复杂注射剂，这类药物如何进行临床生物等效研究？当时国际上都没有评价标准。为了解决这一问题，在深刻理解这种药物的特点和在体内的代谢行为的基础上，李春雷及其团队人员在国际上率先建立了脂质体药物生物等效性评价指标并应用于临床，并建立了微量分析方法，从而更准确评价脂质体的临床生物等效性。一年以后美国药品食品管理局（FDA）才颁布了类似的指南。目前，中国和美国药监部门对于脂质体类药物的生物等效评价使用相同的原则。

在历经六年的研发、克服了种种困难之后，该产品于2011年9月取得了国家食品药品监督管理局颁发的生产批件，成功上市，商品名为“多美素”。多美素的上市打破了国外技术垄断，售价仅为进口产品的一半，极大地减轻了患者的经济负担和社会负担。截止到目前，多美素的累积销售收入已经超过25亿元，为石药集团创造效益的同时，也为我国患者提供了质优价廉的药物，推动了我国制药行业的发展。由于在研发过程中多项技术创新，该项目于2015年获得河北省科技进步一等奖，李春雷领导的研发团队也获得河北省“巨人计划”第二批创新创业团队。

有先进的科研理念和深厚知识背景做支撑，李春雷成了石药集团乃至全省药剂学研发领域的领军人物。在脂质体技术取得突破后，他将研发方向拓展到注射用微球、纳米粒及纳米复合物等其他新型靶向长效制剂。

注射用紫杉醇（白蛋白结合型）（商品名：克艾力）是李春雷主持研发的另一个上市纳米药物。该药物以人血白蛋白为载体，不需要预先给抗过敏药物，提高患者适应性、增强疗效、减少副作用。2018年2月克艾力注射用紫杉醇以临床急需、市场短缺、独家首仿上市。该产品的上市打破了国外的技术垄断，填补了国内空白。由于其在临床肿瘤治疗中的优异表现，预计将达到25亿元的年销售额。而由于其定价约为原研药的三分之一，为肿瘤患者解除了巨大的经济负担，将患者从用不起进口高价药的困境中解救出来。

在李春雷主持和领导的研发团队带领下，一个又一个高新科研项目接踵而至，一个又一个创新技术应运而生。目前在研的纳米药物品种20余种，包括：盐酸米托蒽醌脂质体、伊立替康脂质体、前列地尔脂质体、两性霉素B纳米复合物、长春瑞滨脂质体等；在产品开发过程中还形成了一系列的脂质体载药、释药和制备技术，包括：交叉流混合方式制备技术、SBE-CD内相技术、5-SSA内相技术、小尺度脂质体释药技术、脂质体外表面亲水聚合物修饰技术、脂质体chol亲水聚合物修饰技术等，授权专利18项，其中

2项PCT专利已在超过20个国家/地区授权；在基础研究领域，系统研究了脂质体的载药、释药机制以及纳米药物CARPA、ABC现象，发表SCI论文近30篇，被引用200余次；在国内率先实现了纳米药物的规模化生产，按照cGMP标准建设了5个车间11条生产线。

在李春雷努力和带领下，石药集团已经成为具有国际水准的纳米药物技术和产业化平台。

枝繁叶茂，开拓业绩

李春雷没有坐在功劳簿上享受着赞美，凭着对科技研发的挚爱和独到的前瞻眼光，又开启了新的征程。此时的他已经开始负责石药集团研发的全面工作，为了石药集团的未来发展，依据流行病学研究及疾病谱的变化调整研发战略，对研发给予了新的定位——自主创新、重点跨越、支撑发展、引领未来。

目前，李春雷及其领导的研发团队，在研的创新药产品项目约有200个，主要集中在心脑血管疾病、代谢类疾病（如糖尿病）、肿瘤、精神疾病、神经系统疾病等领域，满足国家最广泛、最前沿、最急需的卫生需求，形成创新药集群，为健康中国战略进行全产品链储备，依托创新引领医药行业的供给侧改革。

李春雷不会停下研发的脚步，也不会让其他外因干扰他前进的步伐。脂质体所用的辅料，价格昂贵，供应厂家有限，使脂质体的生产受制于人。李春雷看到了脂质体药物的前景，决心自己开发辅料。DSPC-PEG新辅料是首个也是唯一由国内企业开发成功的新辅料，打破了国外技术垄断，为盐酸多柔比星脂质体注射液的生产提供了辅料保障，同时大大降低脂质体研发和生产投入。还有胆固醇硫酸钠、磺丁基环糊精盐也都正在临床研究阶段。

李春雷开启了国内新药研发新格局。2019年，石药集团以合作开发和获得商业授权协议的方式，开启了小分子创新药和生物创新药的发展。收购上海津曼特、武汉友芝友，合作海和生物、杭州英创等，可一定程度上规避资金和研发风险压力，加速产品商业化落地。

除了拓宽研发领域，李春雷还有一个更大的“野心”在逐步实现。技术升级，让新制剂产品走出去，同时开展国际合作，包括在美国设立新药研发基地、做技术授权等，国际化之路要用两条腿来走。

盐酸米托蒽醌脂质体在美国开展二期临床试验，在美国被FDA授予“孤儿药”地位和Fast Track资格，这也是我国第一个取得该资格的纳米药物；伊立替康脂质体由美国FDA批准在美国开展临床研究。盐酸多柔比星脂质体、两性霉素B脂质体、伊立替康脂质体和注射用紫杉醇（白蛋白结合型）分别授权给包括Teva在内的5家欧美药企，率先实现高端制剂技术向海外授权，并在欧洲和美国开展注册工作，标志着纳米制剂产品和技术受到国际认可。李春雷博士把技术推向了国际，实现了自己的国际梦想，也推动石药集团“从本土企业向国际化企业”转型的步伐。

做好药，为中国

李春雷还有一个身份，就是新型药物制剂与辅料国家重点实验室主任。他对企业国家重点实验室的定位以及功能的发挥进行了深入的思考：成为开放平台，服务企业、服务社会。

李春雷认为，企业国家重点实验室培养人才和服务社会的潜力巨大，但潜力的进一步发挥还需要国家的相关政策牵线搭桥。

2011年，新型药物制剂与辅料国家重点实验室与河北省科学技术厅共同建立了“河北省自然科学基金石药集团医药联合研究基金”，每年拿出100万元作为课题经费，面向高校青年教师在全国范围内征集并资助新型制剂方面的研究课题，共资助了46个相关课题的研发，为青年教师创造更多机会。

实验室分别与沈阳药科大学、中国医学科学院药物研究所、中国科学院上海药物研究所和中国科学院昆明植物研究所四家单位建立了石药集团创新药物研制产学研联盟示范实验室，共同进行新药和新制剂的开发工作，推动了中国医药行业的技术发展与共同进步。

此外，新型药物制剂与辅料国家重点实验室拥有价值近2亿元的先进实验设备，为了让这些设备更好地得到利用，李春雷主动把实验室加入了河北省大型仪器设备网，实行大型仪器设备对外开放，资源共享。

谈及未来的发展，李春雷豪情满怀：目前国家和企业都非常重视高效药和精品药的研发，我们一定要抓住这千载难逢的大好机会，把我们的研发团队打造成一支勇于拼搏、乐于奉献，敢于攀登、勤劳智慧的制药行业高端科研团队。用我们的实际行动来诠释“科学技术是第一生产力”的真谛，为人类战胜疾病、创造幸福，研发制造出更多的实用药、安全药、高效药和精品药。李春雷这种自强、担当、拼搏的精神激励着研发人追随理想，始终坚定地走心中通往美好目标的路。

“做好药 为中国”，这不仅是石药集团的广告语，也是李春雷从事药品开发事业的真实写照，已然把它融入了自己的灵魂。不断攀登、不断跨越、依靠科技进步，最终在优势领域实现技术和创新能力的跨越和提升。

延长『核心寿命』做足『表面文章』

汪瑞军

汪瑞军，1967年出生于黑龙江省哈尔滨市，工学博士，研究员，博士生导师，现受聘为中国机械工业集团有限公司首席专家、中国农业机械化科学研究院首席专家、北京金轮坤天特种机械有限公司总工程师，享受国务院政府特殊津贴专家，是中国科技部科技专家库专家、工信部“两机专项”基础研究专业组专家、中国稀土学会理事、中国农机学会材料与制造分会主任委员、中国机械制造工艺协会副理事长、哈尔滨工业大学先进焊接国家重点实验室兼职教授、西安交通大学、北京师范大学兼职教授和中科院宁波材料所外聘研究员。

汪瑞军长期工作在我国材料热加工领域的先进表面技术科研一线，重点在高端装备表面增材制造与再制造工程化应用方向开展工作。他主持研制了多型号热喷涂涂层制备系统，研发了高能电火花沉积、堆焊表面强化成套技术以及建立的多耦合环境涂层服役性能测试平台与方法，在我国石油、冶金、化工、热力和航空等领域高端装备关键部件制造与再制造中获得广泛应用。作为国防“973”首席科学家承担了国防重大科研项目，研制成功的高性能热障涂层制备技术、海洋环境长寿命薄膜材料制备技术与装备等科研成果，为提升我国先进航空发动机涡轮叶片及飞机关重零部件的服役寿命和可靠性作出重要贡献，实现了“关键”制造技术的自主创新并拥有自主“核心”知识产权；培养出的兼具科研创新与工程管理能力的年轻技术团队已经在重要岗位发挥作用。他共获国家授权专利10余项，获国家技术发明一等奖1项，国防技术发明一等奖1项，国防技术发明二等奖1项，省部级国防科学技术进步一等奖1项，入选2018年北京市科技创新领军人才培养工程。

以科技创新为动力，与改革开放同成长

1995年，位于北京朝阳区北沙滩的中国农业机械化科学研究院（以下简称中国农机院）周边还是典型的城乡结合部景象，京藏高速还正在筹备建设中。每当夕阳西下的时候，大屯路东侧农田中化粪池还会散发出难闻的味道。4月中旬，汪瑞军由哈尔滨工业大学研究生毕业后分配到中国农机院工作，因学的是材料加工方向的焊接专业，所以分配到原工艺材料研究所从事精密机械零部件及模具保养焊接修复技术研究及技术服务。

1996年，在国家科研体制院所改革的大潮中，中国农机院体制改革与科技创新掀开新篇章，“技术领先半步”的标语不仅高高悬挂，更是深入人心。在当时的院、所领导支持下，汪瑞军在老师傅的带领下不仅坚持拓展原有精密机械零部件保养焊接与修复技术服务，更是盯住了当时国内大型火力发电装备中的汽轮机转子等关重部件对在线修复技术的迫切需求，发挥自身技术创新的优势，通过转化国外先进工艺，快速形成了从设备、材料、工艺及后加工配套的成套专用技术，并通过了哈尔滨汽轮机厂专家的考核验证。当年就在国内的华能珞璜电厂、兰州二电等单位获得推广应用，国内有50%左右的电厂在线修复中采用了该项技术。在随后的多年该技术一直是国内此领域的领先技术。正是在这种“以科技创新为推动力，以市场需求为导向推进产业化发展”理念的指导下，在这种“改革”“创新”的时代氛围中，汪瑞军和他年轻同事们的专业技术水平和为市场提供技术服务的能力得到快速成长与提高。

2000年，正值国内石油、化工、冶金及路桥等行业的装备市场急速发展时期，对苛刻工况条件下关键零部件耐磨、减摩及防腐技术的需求十分迫切，国外花样繁多的先进表面工程应用技术扑面而来。汪瑞军在找到市场热

点的同时，大胆技术创新，在热喷涂设备研制、热喷涂涂层制备技术以及苛刻工况耦合条件涂层性能测试平台设计等方面获得技术突破，形成了系列专用产品和成套专用技术。相继为国内主要钢铁厂提供了热轧钢板生产线层流托辊表面耐磨涂层制备成套装备与技术；为国内主要火电厂提供锅炉“四管”表面耐磨、防腐延寿涂层制备成套装备与技术；为石油大型机械提供抽油杆表面耐磨、减摩喷焊层制备的成套装备与制备技术；为汽车部件配套企业研发汽车冷凝器ZnAl合金耐蚀涂层生产线及制备技术；为宝钢等冶金企业设计并制造冶金环境涂层性能测试平台等，取得骄人的工作业绩，得到国内同行的高度认可。

坚持产、学、研、用合作创新，科研成果工程化应用效果显著

近十年，在承担国防科技的创新工作中，汪瑞军坚定不移地走产、学、研、用协同创新科研道路，在领导与同事的大力支持下，注重与社会学术团体的紧密合作，实现协同创新，合作共赢。他充分团结国内高校与科研院所，凝聚高级科研人员的聪明智慧，避免重复的无用劳动。

2009年，针对我国先进航空发动机高温涡轮叶片用热障涂层材料承温性能与服役寿命不足，已经严重制约新型号装备研制的重大问题，在国家有

关部门的指导与大力支持下，汪瑞军作为相关项目的负责人，组建并带领产、学、研、用联合攻关团队，不畏困难、埋头苦干、十年磨一剑，创新性地应用先进表面工程技术，在先进热障涂层材料及其制备关键基础问题与工程应用方面取得系统性的重大突破。在高承温隔热热障涂层材料与制备技术研究及其工程化应用等方向取得显著的科研成果，不仅在国内首次搭建出航空发动机模拟环境涂层高温性能实验室专用测试平台，成功研制出满足在役型号技术指标与服役寿命需求的热障涂层材料及其制备方法，创新设计出更高承温能力的新材料，开发出超音速喷涂系统与高温等离子喷涂系统，并设计完成了一整套满足先进航空发动机涡轮叶片复杂异型曲面高精度热障涂层性能的涂层自动化制备装备与方法。相关科研成果不仅通过国家级项目评审并通过了中航冶金总师系统评审和质量体系管理评审，全面满足了我国在役航空发动机涡轮叶片热障涂层批量生产的需求。上述创新性科研成果切实解决了我国高性能航空发动机涡轮叶片亟需的热障涂层制备技术难题和更高型号的发展需求，全面掌握了相关材料、设备、工艺及测试方法等“核心”技术，突破了国外的垄断与技术“封锁”，设计并建立了多套工业化批量生产线。该成果获得2016年度国家技术发明一等奖1项，相关成果还获得国防技术发明一等奖1项、二等奖1项。

在不断创新中再立新功

近年来，针对我国先进航空发动机等服役装备亟待解决的工程问题，在有关部门的支持下，汪瑞军提出了“先进材料及其复合表面改性层制备技术”等解决方案，高效、高质地完成任务。相关科研成果已在多个型号任务中获得批量应用，获得良好经济效益。其中研制成功的大长径比动力传输内内花键表面制备高耐磨、减摩元素掺杂碳基薄膜成套技术已形成批量生产并完成百套以上的科研批验证件，考核成绩优异；针对关键部件在海洋环境服役中可靠性不足的迫切问题，研制成功了低温制备耐磨、减摩与防腐复合型表面改性层制备成套技术，不仅掌握核心制备技术，拥有自主知识产权，更切实解决了在役型号任务的需求。目前采用该技术成果批量化生产的部件已经交付使用，在国家重大工程项目中发挥作用。

汪瑞军在完成科研任务的过程中，更注重建设了一支兼具工程科研攻关与批量生产管理能力的复合型人才团队，培养博士研究生5人，硕士研究生6人。如今，他带领的团队已经形成了“团结协作，敢于拼搏”的团队精神，不仅有具备“工匠精神”的老师傅坐镇，还有发挥顶梁柱作用的中年技术骨干，吃苦耐劳的年轻人技术人员和不离不弃的技术工人们。在十年的时间里，他的团队由原来的三四个科研人员发展到今天由科研、生产、工艺等核心技术骨干组成的30余人的专业团队，每个人都把实现自我价值与公司发展紧密联系在一起，为我国科技工业与技术产业的持续发展作出了贡献。

踏遍内蒙草原 探寻丰富宝藏

沈存利

沈存利，出生于内蒙古自治区察哈尔右翼中旗，中共党员，博士后，教授级高级工程师。现任内蒙古自治区有色矿业(集团)有限责任公司（内蒙古自治区有色地质勘查局）总工程师。2004年入选“国土资源部青年科技骨干”；2009年开始担任中国矿物岩石地球化学学会第七、八届应用地球化学专业委员会委员。中国科技核心期刊《矿产与地质》《矿产勘查》编委会委员；共发表学术论文24篇，其中，担任第一作者13篇；领导完成的各类地质勘查项目200余项，先后主持或领导发现和评价大、中、小型矿床20余处，获省部级一等奖多项。

学生时代结缘地质

沈存利的少年时期是在家乡内蒙古自治区察哈尔右翼中旗度过的。和很多男孩子一样，他喜欢数理化，热衷于钻研难题。同时他爱好体育，是田径队的运动员，也是足球队的右前锋。他高中就读于集宁一中，80年代初的集宁一中的升学率在全内蒙古名列前茅，考入集宁一中就相当于一只脚已经跨入大学校门。尽管学习生活艰苦，他一直十分乐观努力。优秀敬业的老师助他在学习上打下坚实基础，朴实简陋的环境让他养成吃苦耐劳的优良品德。在紧张的学习之余，他见缝插针，在图书馆阅读了大量中外名著。正是当时读到的《徐霞客游记》等“探险”故事，让他萌生了从事地质勘查工作的想法。李四光、黄汲青等老一辈地质学家的事迹更坚定了他学习地质的决心。1983年他以第一志愿考入了武汉地质学院地质系，也就是现在的中国地质大学（武汉）。

在南望山下，沈存利的大学生活充实愉快。能如愿以偿地学习地质专业他深感幸运和幸福。凭借高中打下的良好基础和对专业学习的热情，他的成绩一直名列前茅，在班里任学习委员。当时一门专业课“结晶学和矿物学”不好入门，第一次期中考试挂科的同学很多，只有他得了90多分。他没有满足于自己的好成绩，而是自告奋勇当起了辅导老师，与同学们分享学习体会，帮助大家顺利拿下期末考试。同时他依旧坚持课余阅读，从大二就开始阅读专业性较强的科学论文。在阅读中他再次深刻感受到了地质学的博大精深，决心继续深造。

野外工作筑牢基础

凭借扎实的学习基础和良好的身体素质，沈存利在大三实习时有幸加入叶震寰教授在川西的“七五”重点攻关科研团队中。地质科学是实践性的科学，本科就能参加重点科研项目对地质专业学生而言意义非凡。凭借良好的表现，沈存利赢得了叶教授的青睐。叶教授鼓励他报考研究生，将来全程参与项目研究。1987年，沈存利顺利通过研究生考试，进入中国地质大学（武汉）研究生院学习。

如今，自驾去川西和西藏是时髦的旅游方式，但在20世纪80年代，川西高原人迹罕至，地质工作环境极其艰苦。沈存利所在的研究区位于义敦乡措莫隆，当时没有公路，所有物资只能靠牦牛驮运。大家凌晨4点出发，骑马工作，晚上八九点才能扎寨休整。平时工作甚至需要配枪来保障安全，预防野兽袭击。一次返程途中，沈存利骑的马突然罢工，眼看着天色转黑他却掉了队。如果不能回到营地过夜，搞不好会有生命危险，他心里害怕极了。好在马儿终于回心转意，半夜两点多一人一马才有惊无险地回到驻地。他连滚带爬回到帐篷，捂着被子放声大哭。后来他才明白，这就是地质工作者的常态。但也正是在这里，他见识到了只有地质工作者才有幸看到的风景：虽然家乡在内蒙古，但在川西，沈存利才第一次见到了真正的草原。脚踩坚实的冰川，远眺剔透的湖泊，天空仿佛触手可得，那一刻他为自己是个地质人感到无比自豪。在这片朴实的土地上，他打下了坚实的专业基础，磨炼出坚强的意志，也形成了顽强坚韧的工作作风。

逆风前行，积蓄力量

1990年6月，沈存利研究生毕业时正赶上全球矿业经历下行期，工作前景并不乐观；老师们也希望他继续读博或从事教学研究工作。但几年的野外工作让他时常想起家乡内蒙古，那里地域辽阔，矿产丰富，去那做地质工作一定会有用武之地。他想要回去试试，如果不行再读博士研究生。

内蒙古矿产实验研究所是沈存利回乡工作的第一站。没有大项目他就踏实干好小项目，参加了包括“内蒙古自治区达茂旗合教铁矿地质普查”等多项室内及野外调查工作。这些小项目让他养成了自己的一套专业系统的工作方法。

后来整个行业经历低潮，小项目也没有了，为了生计沈存利又做起了珠宝鉴定。当时很多技术人员都改行下海了，但他一直没有放弃。大家在一起讨论地矿行业究竟何去何从时，他曾说过：“国家建设需要地矿人，我要坚持到只剩一个人之时”。

功夫不负有心人。1996年内蒙古自治区地质矿产局与加拿大艾芬豪矿业公司合资成立了“内蒙古康蒙金刚石勘查开发有限公司”，需要一名高级技术人员帮助开展金刚石找矿工作，这正是沈存利的专长。上任后除了全面的技术指导，他还参与了大量的野外取样工作。一出差就是一整个夏天，回到家年幼的女儿都记不得他就

是爸爸。期间沈存利还参与了众多项目的评审工作，组织了内蒙古地矿局与俄罗斯赤塔州地矿代表团的互访，翻译了多篇俄文大型矿床的参考文献。丰富多样的工作拓展了他的知识面，与老前辈们共事也让他受益匪浅，为日后的综合研究和技术管理工作打下扎实的基础。

全力以赴，工作学习

1999年随着中国地质调查局正式成立，全国地勘单位开始改革，内蒙古也新组建了内蒙古自治区地质调查院，沈存利随黄占起处长等同志一起调入地调院工作。慎重考虑后他提出想报考博士研究生，单位的答复是只给一次机会，且导师必须是院士。彼时沈存利已经硕士毕业十年了，缺乏系统学习，又逢地调院组建初期，工作非常繁重，要学习只能开夜车。他爱人开玩笑说："不知道他几点睡觉，也不知道他几点起床！"2001年，沈存利成功考取翟裕生院士的博士。翟院士是国际知名矿床学家，提出的成矿系统理论已经成为地矿勘查工作的基本方法论。师从翟院士后，沈存利学以致用，2004年自治区地质勘查基金的项目论证时，创新地提出了以综合多种技术方法为基础，以圈定有利找矿靶区为目标，开展1∶5万区域矿产地质调查的基础性工作方法。该方法后由中国地质调查局采纳后改进，在全国推广后，发现了一批大中型矿床。

2003年至2005年是沈存利参加工作以后最忙碌的一段时间。一方面要完成研究项目和日常管理工作；另一方面，2003年自治区国土资源厅正在策划内蒙古地质勘查专项基金，沈存利担任技术组组长。同时他还要完成博士论文。考博士时的作息又派上了用场：白天参加各种会议，编写文件，晚上熬夜写论文，早晨再按时上班。

2004年5月，正当一切准备就绪：自治区地勘项目已经启动，博士论文经多次修改已定稿。就在答辩前，由于长期超负荷工作，沈存利突发急性阑尾炎，就医时患处已穿孔化脓，病情甚至危及生命。所幸手术及时，他转危为安，但至今仍有肠粘连的后遗症。当时主治医生总说他："还博士呢？整个没文化！命也不要了。"

博士顺利毕业后，沈存利又进入博士后工作站继续进行研究工作。于2010年完成了题为"内蒙古自治区有色金属矿床地质特征、成矿规律及资源潜力分析"的博士后出站报告，对自治区有色金属矿床成矿规律及资源潜力提出新的认识，得到专家的高度评价。

求真务实，勇挑重担

经过多年的野外地勘实践和学习，沈存利养成了严谨务实的工作作风，也练就了很强的综合技术能力。2005年他被借调到自治区地勘项目招投标委员会办公室（现为自治区地质勘查基金管理中心），先后担任技术部主任、副主任兼办公室主任，协助厅勘查处负责技术管理工作。面对每年几亿甚至十几亿元的资金，如何安排项目才能高效高产？这个大难题让他深感自己急需提升技术管理能力。面对巨大的压力，在厅领导和勘查处的大力支持下，沈存利从细化技术管理和综合研究两方面入手，制定系统的项目管理办法，同时聘请中国地质调查局和自治区的知名专家研讨项目安排。很快，他完成了"地勘项目管理办法"，实现了从立项到验收的全过程系统管理；自治区全区的煤炭资源勘查规划也完成了，为后期大规模煤炭勘查和开发奠定了基础。两方面的努力实现了有计划地部署基础性地质矿产项目，这为矿产勘查项目选区和实现找矿重大突破提供了有力保证。此外沈存利主持并主笔完成《建设大兴安岭有色金属资源基地矿产资源勘查工作方案建议》，该建议引起了中科院多名院士的高度重视和认同，对自治区加强地质勘查工作起到了极大推动作用。

2007年6月，经单位推荐，沈存利通过人才引进调入内蒙古有色地质矿业（集团）有限公司（内蒙古自治区有色地质勘查局），任副总经理兼总工程师，负责全局地质矿产勘查技术管理工作。当时有色地质勘查局技术力量相对较弱，想要快速提升，对年轻的总工程师是很大的挑战。在时任局长吴日山的大力支持下，沈存利顶住各方压力，根据过去的经验，建立了地质勘查项目管理办法等系统的规章制度，理顺了管理部门职能，同时积极开展技术培训工作，使全局技术水平有了很大提高，在地质找矿方面取得了多项重要新成果。沈存利领导完成的卓资县大苏计大型钼矿勘查，首次在华北地台北缘中西段发现了大苏计大型斑岩钼矿，打破古陆边缘无大型斑岩型矿床的历史。他在《地质与勘探》上发表的《内蒙古钼矿找矿新进展及成矿远景分析》不仅在业内影响较大，更引起了矿业投资者广泛关注。沈存利还领导完成了诺门罕煤田从选区到详查的具体工作，获资源储量201亿吨，这是空白区新发现和探明的特大型煤田，该项目于2012年被国土资源部评为科技一等奖。他指导完成的第二轮自治区矿产资源总体规划研究成果获得2012年国土资源部优秀成果一等奖。近几年来，他更是带领全局在自治区铜矿找矿方面不断取得重大突破，先后发现了中大型扎拉格阿木铜矿、罕山林场铜锡多金属矿及登吉屯铜矿。

不忘初心，开拓创新

作为一名优秀的地质工作者，沈存利始终不忘初心，围绕国家资源战略和自治区经济社会发展需求，坚持不懈开拓创新、探索研究。从在地调院任副总工程师到担任内蒙古有色地质勘查局总工程师，他一直奋战在地勘一线，在多个领域做出了开拓性的成绩。

农业地球化学在内蒙古起步较早，沈存利是最早的策划者和推动者之一。2001年，中国地质调查局准备开展农业地球化学调查，他组织团队积极争取，提出开展“内蒙古主要绿色食品基地环境质量评价与指标的研究”

的建议。很多人都认为不可行，但他没有放弃，而是带领团队积极调研，争取各相关部门支持。到2003年年初，他重整思路，再次争取，建议终于得到采纳，但是要求他在三天内，写出一份通俗、简明的上报文件。沈存利的专业不是地球化学，高度专业的术语该怎么改？他绞尽脑汁，决定请家人当听众。从初稿完全听不懂，到完全听明白，用了整整三天时间。在张宏院长的大力支持下，《内蒙古河套地区开展生态地球化学调查建议》最终顺利通过自治区政府和中国地质调查局评审，总经费3 000多万元，这在当时是很大的项目。项目实施后内蒙古跻身全国农业化探的前列。现在该项目已广泛服务于民生建设，大家熟知的富硒农产品就是其研究成果的具体应用。

我国对铜矿需求量大，进口量也大，但内蒙古境内的铜矿勘查已经几十年没有大突破了。“找个大铜矿”一直是沈存利最大的心愿。他从理论出发，结合野外考察，于2004年发表了《内蒙古铜矿床区域成矿特征初步研究》。他的博士论文和博士后研究报告均对铜矿进行了重点研究，并在空白区先后发现了多处具有大型和特大型前景的铜矿床。2007年沈存利带领团队在大兴安岭中段首次发现了火山–次火山热液型富锡银铜多金属矿床，预测锡、银、铜均为大型规模，并以此发表了《内蒙古罕山林场铜银锡多金属矿床的发现及意义》。该论文首次提出大兴安岭中段具有形成大型锡多金属矿的潜力，现已得到业内广泛认可。沈存利还领导完成了扎拉格阿木铜多金属矿的勘查工作，这是自治区境内近二十年来首次在空白区发现并探明的新中大型铜矿，该矿的发现引起专家的极大关注。翟裕生、程毓川院士多次亲临现场参观指导，并给予高度评价。经局部勘探已获得铜金属资源储量31万吨、银1 000吨以上，随着勘查的深入可达到50万吨以上，有望成为自治区一个新的铜矿基地。2016年他发表了《内蒙古自治区扎拉格阿木铜多金属矿床地质特征及发现启示》。该勘查成果2018年被中国有色金属工业协会评为地质找矿一等奖。

从事地质工作三十多年来，无论地质行业形势如何变化，沈存利始终坚持自己的理想信念，不忘初心，刻苦钻研。他热爱地质事业，行业下行期他坚持学习，积蓄力量，上行期他勇挑重担，开拓创新。作为一名地质工程师，他作风严谨，团结同志，坚持奋战在野外一线。作为一名总工程师和专家，他艰苦朴素，求真务实，思路开阔，工作中不计较个人名利和得失，爱岗敬业，能关心年轻技术人员，注意培养和提高他们各方面的能力和水平。他常说："机会只给有准备的人，只有坚持不懈的努力才有可能取得成功，坚持就是胜利。"

将论文“写”在祖国的大地上

沈政昌

沈政昌，1960年出生，1982年毕业于北京钢铁学院（现北京科技大学）矿山机械专业，毕业后分配到北京矿冶研究总院（现北京矿冶科技集团有限公司）工作，一直从事矿物加工设备的研究及工程转化工作，是我国浮选装备研究领域的学术带头人，推动了我国浮选装备体系的创建和完善，领导了我国浮选装备的大型化发展和浮选应用领域的拓展。他共获得国家科技进步奖2项，国家发明奖4项，国家专利优秀奖4项，部级科技成果奖25项，授权专利34项，出版专著4部。

为有牺牲多壮志，敢教日月换新天

沈政昌出生于江苏省常熟市，1976年夏天从董浜中学高中毕业后，就作为回乡青年到公社参加劳动。他被分配到运输大队跑船，每天他都要和同伴们用机船将二十多吨农产品运到一百公里外的上海。他们除了开船，还要负责装卸，劳动非常艰辛。由家乡的小河进入长江，独立船头，江风拂面，看千帆竞渡，与百舸争流，又别有一番豪迈。1978年夏，华东一场大雨让苏州河上海市区段的水位猛涨，沈政昌他们卸完菜，发现河水几乎到了桥面，船已经无法钻过西藏路桥回家了，这一困就是半个月。沈政昌无心上岸去逛大上海，而是拿出随身携带的学习资料，抓住机会狠狠地复习了一遍。回去后没多久就参加高考，他顺利被北京钢铁学院录取，从此沈政昌与矿业结下不解之缘。两年的公社劳动，赋予了他吃苦耐劳、乐观勇毅、力争上游和胸怀国家的优秀品质，深深地影响着他的人生与事业。

1982年，沈政昌从钢院毕业后，作为恢复高考后的首批大学毕业生，被分配到北京矿冶研究总院工作。时值我国矿业蓬勃起步，对浮选机的需求出现井喷。当时我国普遍使用的是20立方米以下的小型机，处理量小，型号单一，且自动化程度低，远远不能满足矿山一线的生产需求。刚刚走上工作岗位的沈政昌敏锐地意识到，浮选设备的大型化、系列化、精细化和自动化将成为浮选装备发展的重要方向。然而这种装备的大型化设计，在当时既没有成熟的经验可以借鉴，也没有现成的理论可以指导，甚至连最基本的科研仪器都欠缺。有一次为了摸清浮选机内部的矿浆流动特征，老教授谢佰之毅然跳进槽内，用身体去感受流场特性。这一场景对年轻的沈政昌触动很大，他立志一定要建设一流的浮选实验室，开发一流的浮选装备。他一边跟着老专家们学习做研究，积累浮选装备的设计经验，一边自己钻研浮选基础理论。

1987年，沈政昌参加38立方米浮选机的开发，他匆匆离开妻子和刚出生的儿子，在一千多公里之外的矿山一待就是九个多月，直到圆满完成任务才返回北京。虽然错过了儿子成长的点点滴滴，但他毫无怨言。

经过多年的积累，机会终于来了。时间转眼到了90年代中期，沈政昌已经成为浮选领域的知名专家，在浮选装备放大设计理论上已颇有建树。他向总院领导系统地汇报了浮选装备大型化发展思路，得到时任院长孙传尧等领导的大力支持，很快，由沈政昌主持的“大型高效选矿设备研制”项目正式立项，我国浮选装备大型化、系列化的序幕正式拉开。

不久，发生了一件让沈政昌终生难忘的事，西北某矿业公司要扩建6 000吨/天的选矿厂，根据工艺需求，须采用50立方米浮选机，因当时国内还没有这个级别的设备，只好接受了国外厂家离谱的高昂报价。这件事对沈政昌触动非常大，也鞭策着他和团队以更加忘我的精神投入到紧张的开发工作之中。

凭借扎实的理论功底和多年的研究心得，沈政昌带领团队加班加点，只花了两年多的时间就顺利完成了50立方米浮选机成套技术的开发。工业试验期间，沈政昌带领团队吃住在大西北的矿山，不顾条件艰苦，他一待就是半年，带领大家反复试验，反复推演，设计图改了一稿又一稿。到2001年，我国第一台拥有自主知识产权的50立方米大型浮选机终于研制成功了，当年就成为矿冶总院的拳头产品，国内企业纷纷赶来订货，进口设备的价格一下子跌去一半。50立方米大型浮选机的成功，标志着我国大型浮选设备的研发迈出了赶超世界先进水平的第一步。

好的开始是成功的一半，第一步走顺了，后面的研究就更有底气了。沈政昌再接再厉，提前布局，抓住某矿企扩建14 000吨/天产能这一契机，在2005年一举研制成功了160立方米浮选机。打破了我国100立方米及以上级别大型浮选装备长期被西方跨国公司垄断的局面，使我国的大型浮选装备技术跻身国际一流水平行列。

激烈的市场竞争并没有给沈政昌任何喘息的机会。几个月后，秘鲁的托洛莫克铜钼矿宣布进入开发阶段，其单条生产线日处理量高达14.7万吨，为世界之最。设计院推荐采用300立方米级别的浮选机。当时Outotec和FLSmidth公司的此类机型已经研制成功，在竞争中占尽先机，沈政昌并没有气馁和退缩，他不顾大家的质疑，当机立断，马不停蹄地带领团队开始了320立方米浮选机的研发。离设备的最终招标只有两年多的时间了，沈政昌和团队成员争分夺秒，一刻也不敢松懈，课题组的灯光，经常亮到半夜。2008年，工业试验在江铜集团大山选厂如期开展，随着现场总指挥沈政昌的一声令下，操作人员按下电钮，这个庞然大物开始启动。“电机状态正常”“风机工作正常”“液位控制正常”“气体分散正常”……看到大量的有用矿物随着泡沫不断涌出，现场人员紧绷的神经渐渐松弛下来，情不自禁地击掌庆贺。

几个月后，最终时刻到了，矿冶总院与Outotec和FLSmidth同台竞技，争夺秘鲁托洛莫克项目的浮选装备合同，凭借着过硬的技术，沈政昌团队一举夺魁，被美国Aker Solutions设计公司选定为此项目的浮选装备独家供应商，合同金额1亿多人民币。消息传到北京，焦急等待的项目组成员激动得泪洒当场。秘鲁托洛莫克项目的成功中标，使我国高端浮选装备首次实现大批量出口，向世界展示了中国矿冶人的智慧与精神。沈政昌的努力，也获得国家认可，KYF-320大型浮选装备在2012年获得国家科技进步二等奖。

男儿何不带吴钩，收取关山五十州

矿业是经济社会发展的基础产业，事关国计民生和现代化建设全局。改革开放以来，我国的矿业发展取得了巨大成就，为国家经济建设和社会发展提供了约95%的能源资源和80%的原材料，而浮选机是分离和富集矿物的核心装备，世界上约90%的有色金属和50%的黑色金属矿物通过浮选法选别，浮选装备的技术水平，直接影响着矿业的发展质量。目前全球矿产资源禀赋愈来愈差，600立方米级别超大型浮选机以其高效、节能和环保等优点成为资源大规模集约化开发的利器。Outotec和FLSmidth公司分别在2015年成功研制出了620立方米和660立方米的超大型浮选机。其高企的价格、漫长的供货周期、昂贵的配件和迟缓的服务，很大程度上限制了我国大型绿色矿山的建设规模和进度。

面对这一情况，作为我国浮选装备研究的学科带头人，沈政昌感到了肩上的压力。他知道，我国矿业的发展不能受制于人，研发超大型浮选机是解决“卡脖子”问题和保障我国矿产供给安全的当务之急。国家的需要就是命令，2016年，沈政昌组织团队做了详细的市场和技术调研，并向领导做了汇报。以夏晓鸥书记为首的矿冶集团党委班子在听取汇报后，当机立断，决定将KYF-680超大型浮选装备列为集团的重大技术研发计划，以科技创新践行绿色发展理念，以高端装备开发落实供给侧结构性改革。今日长缨在手，何时缚住苍龙？沈政昌庄严地签下任务书后，就带领团队争分夺秒地撸起袖子干起来了。

超大型浮选装备的开发面临着两大难关。一是技术开发难，浮选是一个复杂的气液固三相物理化学过程，它利用微小的气泡将疏水性的矿物颗粒从脉石颗粒中粘附出来，涉及物理、化学、流体动力学、机械、控制和信息科学等各学科内容以及复杂的放大设计理论。二是工业试验难，超大型浮选机至少需要做半年的工业验证试验，各种基建施工、设备安装和配套设施建设耗资巨大，不啻于新建一条生产线，试验期间的电耗、药耗和运行管理费用更是动则上千万元，仅靠科研经费远远不够，而一旦试验失败，所有这些投入都将打水漂。

困难没有让沈政昌低头，凭借扎实的理论功底和多年来研发浮选设备的技术积累，他带领团队加班加点，只花了一年的时间就完成了方案论证、参数计算和图纸设计。有时候为了验证一个参数，沈政昌都要翻阅大量的文献，并安排人进行实验室测试，他甚至和团队成员一起奔赴千里外的矿山做现场调研，其审慎和严谨，令年轻人钦佩不已。方案甫一成型，沈政昌就和集团领导去拜访江西铜业集团寻求支持，江铜集团党委班子从企业的长远发展、国家的科技进步和经济安全的大局出发，毅然决定与沈政昌开展项目合作，为超大型浮选装备的工业试验提供所需的一切条件。

两年的集中攻关，让世界上最大单槽容积的680立方米浮选机在江铜集团德兴铜矿选矿厂拔地而起，日处理尾矿1.8万吨，生产指标远超设计要求，回收率得到大幅提升，预计年增利润超千万，一年即可收回投资成本。工业试验的完美完成，标志着我国浮选装备技术已站上世界之巅。

2018年9月11日，一场重要的项目评审会在江西铜业集团有限公司总部大楼举行，历经四个小时紧张的材料审阅、口头陈述、专家质询和综合评议，评审专家们一致认为，由北京矿冶科技集团沈政昌团队研发的680立方米超大型浮选装备，各项技术指标达到国际先进水平，系统运行稳定可靠，生产指标远超设计要求，同意项目通过验收，现场响起经久不息的掌声……KYF-680机型的顺利验收，标志着全球最大的浮选装备研制成功，使我国成为世界上掌握600立方米级别浮选装备成套关键技术的三个国家之一，彻底打破了西方国家在这一高端矿冶装备领域的垄断。680立方米超大型浮选装备的研制成功，为庆祝改革开放40周年献上了一份特殊的礼物。

问渠那得清如许，为有源头活水来

当有人问在科研中什么最重要时，沈政昌总是回答：求真务实。他和团队正是秉承着这四字精神，仅用二十年时间就走完了西方人五十年走过的路。

求真务实就是stay hungry（求知若饥）。浮选机是一种三相流流体机械，其工作机理非常复杂。要设计好浮选装备，特别是大型和超大型浮选装备，必须对物理、化学、流体力学、机械和电控等学科的相关理论有深入的理解。以往的浮选装备研究，大多是以工程经验为基础，知其然，不知其所以然。求知欲旺盛的沈政昌知道，这样的研究模式肯定走不远，非基础研究不能成就顶尖技术。为此，他多方奔走，筹措资金，建立起我国第一个浮选动力学研究实验室，采购了一系列先进设备，包括3D-PIV和高性能计算机机群等，放眼全世界，其软硬件条件也属一流。实验室建立十年来，团队共承担国家自然科学基金课题10多项，其他各类纵向、横向课题近百项，取得了大量的研究成果，为浮选装备的大型化和系列化发展提供了重要的理论支撑。

求真务实就是stay foolish（虚心若愚）。沈政昌已经是国内外有重大影响力的浮选装备专家，连FLSmidth公司都定期检索分析他的团队的科研论文和专利，但沈政昌始终保持着谦逊的学者风范。他总觉得自己懂得还太少，一直保持着良好的学习习惯，定期阅读浮选相关的论文和专利，不仅自己学，还要求团队成员一起学。沈政昌也从来不摆学术权威的架子，总是平等地和大家探讨问题。对于新出现的大数据、物联网和人工智能等技术，沈政昌也表现出了极大的热情，除了自己看书，还经常虚心地找年轻人请教。沈政昌正是靠这种浓郁而民主的学术氛围，确保了创新成果源源不断地从团队涌现。

求真务实就是“是骡子是马拉出来遛遛”。工作以来，沈政昌获得大小奖励和荣誉20多项，但他最看重的却并不是这一顶顶的帽子。他非常喜欢习近平总书记的那句话：把论文写在祖国的大地上。这句话，正是沈政昌三十六年科研生涯的真实写照。三十六年来，为了能将科研成果尽快转化为生产力，他的足迹踏遍了国内外几百家重点矿山，从中国最东部的珲春紫金矿业，到西北戈壁深处的罗布泊钾盐公司，从气候温和的江西德兴铜矿到高寒严酷的青海德尔尼铜矿，从南非的PMC铜矿到秘鲁的托洛莫克铜钼矿，无不留下了沈政昌忙碌的身影。有一次，加拿大有个项目拟向矿冶集团采购两条浮选生产线，但其公司高层在审批合同时担心中国设备不行，最后决定一条生产线向中国采购，一条生产线向美国采购。项目投产后一对比，中国装备的各项指标都明显优于美国产品，该公司的高管这才心服口服。矿冶集团的系列浮选装备，全球应用超过两万台套，占全国装机总量的85%，出口到全球31个国家，为我国的矿冶装备赢得了巨大的国际声誉，极大地推动了我国乃至国外选矿厂的大型化和现代化进程。

作为国内外著名的大专家，沈政昌依然每天打卡上班，他总是笑着跟年轻人说：“我现在的工作就是喝喝茶看看书，你们就要辛苦一点啰”。但是大家知道，他的工作一点也不轻松，除了本单位的工作，他还承担了越来越多的社会责任，每天都要阅读和撰写大量的资料，思考、谋划和推动我国有色金属工业的下一步发展。老骥伏枥，志在千里，烈士暮年，壮心不已，改革开放再出发，沈政昌永远在路上。

变『呆矿』成『宝藏』探索稀贵金属选矿奥妙

邱显扬

邱显扬，1957年出生，广东省科学院教授级高级工程师，博士生导师，荣获何梁何利奖和全国优秀科技工作者，现任稀有金属分离与综合利用国家重点实验室主任。他长期从事低品位难选共伴生稀有、贵金属矿产资源矿物加工研究与工程转化，开发了极低品位稀有多金属共伴生矿高效开发；复杂难处理钨矿高效分离和难选贵金属共伴生矿的冶金强化矿物分选等系列技术，居国际领先水平，推动了选矿技术创新进步，先后主持参与完成国家973、支撑计划及省部级等科研项目；获国家科技进步二等奖2项、省部级一等奖7项；授权发明专利29项；出版专著1部；发表论文70余篇。

激活“呆矿”成“宝藏”，高效利用声远扬

金属，是自然界中广泛存在的物质。人类文明的发展，每一次进步都与金属密不可分。如今，手机、电脑、汽车、高铁和飞机等，与我们衣食住行息息相关的现代工具，几乎都离不开金属。那么，我们从哪里能够获取它呢？答案就是矿石，这一提供人类生活与生产资料的主要原料。从矿石中加工提取金属，需要经过选矿和冶金两段工序。选矿，本身很不简单，它既要为冶金提供达工业标准的原料，又要从变化莫测的大自然中索取。随着大规模工业开采，优质资源已经逐步枯竭，怎样处理更“贫”“细”“杂”“难”的矿石，是摆在选矿工作者面前的难题。科技创新，攻坚克难，数十年来无数学者为之前赴后继。邱显扬就是他们中的一位。

1982年，邱显扬以优异成绩大学毕业后，被分配到广州有色金属研究院工作。这是国内第一支矿产资源综合利用研究的科研单位，也是“稀有金属选矿的国家级科研中心”，历史悠久，人才济济。刚进入这个大家庭，他就感受到了亲切与温暖，责任与担当。其中，听得最多的是前辈们语重心长的教导：“我们主要从事稀有金属矿选矿，与大宗金属矿相比，虽体量小，但难度要大得多！我们只有不断进行技术创新，实现综合利用，才能把国家宝贵的资源拿出来”！他默默地记在心里，在这片肥沃的土壤上工作更加刻苦钻研，砥砺前行。

“我国矿产资源‘丰’而不‘富’，种类齐全，但矿石品位低，很多矿种开发利用是世界性难题，尤其是稀有金属矿”。邱显扬娓娓道来，“稀有金属矿多为共伴生矿，组分多，性质复杂，分离难度大，技术上要求就很高。一旦矿石品位低于工业品位，它的经济价值就大打折扣，利用起来难上加难。矿石能不能开发，其关键的衡量标准就是是否赚钱。不能赚钱的矿，就被认

定为‘呆矿’”。国内有相当一部分大矿床被地质工作者发现，但最终被认定为“呆矿”。如何激活这些矿产，首当其冲、责无旁贷的就是选矿技术人员。

1999年，国家撤销有色工业局，广州有色金属研究院的隶属关系也由部直属变为广东省直属。生存与发展的问题，对已经走上领导岗位的邱显扬来说，是一道难题。“国家在支持西部大开发，我们到云南去‘二次创业’！”邱显扬坚定地说。云南，素有“有色金属王国”美誉，矿业是名副其实的支柱产业，公司林立，人才辈出。云南最大的矿业公司——云锡集团，有系列的选矿技术问题需要攻关。他听闻后，久久思量，说：“我们到云锡去！”有人说“云锡已有百年历史，选矿技术力量雄厚，他们自己搞不出来的肯定是硬骨头。”“没错，就是到云锡去！”这次他说得更加斩钉截铁。

位于云南省个旧市的云锡公司，立于世界级超大型锡矿田中，是世界锡产业的领头羊。经百年开采，锡矿逐步枯竭，被列为危机矿山。卡房矽卡岩型锡矿田是个旧五大矿田之一。矿床中除锡外，还共伴生有铜、钨、钼、铋、硫、萤石、银等有用矿物，潜在价值500多亿元以上。但由于共伴生元素品位低，选矿难，共伴生组分一直处于呆滞状态。怎样激活这一“呆矿”，给公司创造经济效益，就是摆在邱显扬及其团队面前的“硬骨头”。

他带领团队，先从矿石性质入手，理清品位极低、矿物种类多、嵌布粒度细、氧化程度各异等特征，针对铜钼铋硫矿物难分离等技术难题，提出高效、综合回收、短流程的思路。经过无数次无眠之夜、无数次实验室试验、扩大试验和工业试验，终于开发出了具有自主知识产权的浮选药剂和工艺，高效综合回收铜钼铋硫等7种有价元素，获得了很好的技术指标。最初，厂矿人员听完技术汇报后，提出了很多疑问。为此，邱显扬邀请厂矿人员到广州一起合作开展扩大试验，这才打消了他们的顾虑，积极主动推动新建百万吨级选矿厂。

项目的成功，使卡房的“呆矿”成为接替资源，使“锡都”矿区濒临闭坑的老厂矿重新焕发了活力，这都离不开技术的不断创新。此项成果获得2010年国家科技进步二等奖，排名第一。

金杯银杯，不如口碑。广晟有色公司听闻该业绩后，主动到广院洽谈，希望对其粤北山区石英脉型与花岗岩型复式极低品位稀有金属矿，开展研究。邱显扬的团队持续创新，又历时七年，开发出系列关键核心技术，高效综合回收了钽铋银等，在市场低迷的情况下实现了盈利。此项成果获2017年度广东省科技进步一等奖，排名第一。

咬定青山不放松，钨矿分选再建功

我国钨矿储量世界第一。然而，70%以上属白钨和黑白钨共生难处理矿。这类资源矿物种类多、品位低，白钨矿常与方解石、萤石等含钙矿物共生，其选矿是世界性技术难题，一直是国内选矿工作者热衷研究的课题。

针对国内资源量最大、选矿难度高的典型钨矿床——柿竹园钨矿，从20世纪80年代开始，全国多家选矿科研单位就开展了联合攻关，广州有色金属研究院就是主力军之一。历时二十余年，终于取得了“柿竹园法”的重大成果，获得2001年国家科技进步二等奖。随着矿山不断开发，矿石性质更加复杂、品位更低、选矿技术要求更高。为了能够持续攻关，2001年至2012年期间，邱显扬带领的团队长期奋斗在科研一线和实验室，经过无数不眠之夜和反复实践，最终研发出更加适合矿石性质的新工艺和新药剂，提高钨回收率超过13%，给企业创造了显著的经济效益。

“由于我们在钨选矿关键技术的重大突破，现在国内外很多钨矿山，都主动来找到我们合作”。邱显扬自豪地说，“对福建行洛坑黑白钨共生矿，以创新技术简化了工艺流程，大幅提高了钨细泥回收率35%。安徽白钨矿类质同象富钼变种，无法开采利用，一度也被认定为‘呆矿’。我们通过一系列的创新，研制出新药剂和新工艺，成功建成了国内外首座50万吨/年富钼变种白钨矿选矿厂”。

经过十多年的不懈创新，邱显扬带领的团队，在钨选矿新药剂和新技术方面，取得了丰硕的成果。国内多家大型钨矿山应用，钨浮选捕收剂畅销全国，与选矿技术一起出口到澳大利亚、美国、加拿大等矿业强国。他总结多年的科研成果，著书《现代钨矿选矿》。其科研项目成果达到国际领先水平，先后获得中国有色金属工业协会科技一等奖3项和2014年国家科技进步二等奖。

精诚所至，金石为开

云金集团某金矿建设初期，选矿厂采用“细磨—全泥氰化—弱磁选—强磁选”工艺处理地表金银铁氧化矿。应公司要求，以邱显扬为学术带头人的科技创新团队与公司签订了两年提高指标规划项目，开展系统的工艺矿物学、小型试验和现场流程考查、工业试验等，团队成员在生产一线一待就是数月。

“通过我们的研究发现，原生产工艺指导思路是以金为主，银铁为辅。存在着金银浸出率低、铁因过磨回收率低的问题”。邱显扬客观评价道，“矿石性质说明，铁矿物不能过磨，一旦磨得很细，多好的矿都无法回收了；银浸出率低的主要问题在于微细包裹，如果不能暴露在矿物表面与氰化钠反应，磨多细都无效。”针对这些核心问题，他反其道而行之，提出了“金铁并重，综合收银”新思路，先以铁矿物为目的矿物进行磁选分流，再分别以金和银为目的矿物进行集中分选，开发出“冶金还原破锰—氰化浸金银—精选铁”关键技术，既保障了铁回收，也有效回收了金银。使金、银浸出率和铁回收率分别提高6%、45%和20%，项目完成当年为云金集团新增直接经济效益2.15亿元。

“把创新写到厂矿去，我们的科技创新一定要经得住实践的检验。”邱显

扬经常对团队循循善诱道。秉承了这一指导思想，他的工程化团队经常数月出差在外，服务于最艰苦的矿山一线。也正因为如此，他们已经习惯了与企业同呼吸，共命运。2012年，云南省首届专家工作站——"邱显扬专家工作站"在云金集团挂牌，更加有力地促进了产学研合作。相关成果也逐步推广应用其他矿山，获得中国有色金属工业协会科技一等奖和云南省科技进步二等奖等。

陈历俊

匠心之道 初心不改
三元树立新时代中国乳业品牌旗帜

陈历俊，1967年出生于湖南省隆回县，中共党员，食品科学博士，教授级高级工程师，现任北京三元食品股份有限公司（以下简称三元食品）常务副总经理、国家母婴乳品健康工程技术研究中心主任、国家乳品健康科技创新联盟理事长、中国食品科学技术学会常务理事；东北农业大学、天津科技大学、大连工业大学、吉林农业大学等多个高校的外聘博士生、硕士生指导教师；享受国务院政府特殊津贴专家，被授予中组部“万人计划”科技领军人才、国家级百千万人才工程“有突出贡献中青年专家”、科技部中青年科技创新领军人才、全国科技优秀工作者、中国杰出质量人、科技北京百名领军人才、北京市百千万人才、北京市劳动模范，北京质量管理贡献奖优秀推进者奖等30多个荣誉称号及奖项。

陈历俊主持参与国家及省部级课题30余项，包括国家母婴乳品健康工程技术研究中心组建、“十二五”传统发酵乳制品微生物资源开发与产业化关键技术等国家科技支撑计划、“乳制品品质改善技术研究与产业化示范”科技部支撑计划、“安全健康婴幼儿配方乳粉的研究与产业化”、乳制品质量安全控制技术研究与产业化示范、“863计划”等多项省部级课题。他发表SCI、EI等文章150余篇，出版著作15部；获国家科技进步奖2项、省部级科技奖18项，新产品奖30多项；申报国家专利51项，已授权国家专利36项（其中发明专利32项），多项技术成果已实现工业化生产。

2018年7月，陈历俊汇报了“国家母婴乳品健康工程技术研究中心”筹建成果，并顺利通过科技部现场验收；2017年1月至2019年12月，他主持北京市科委科技计划京津冀协同创新推动项目“婴幼儿配方乳粉营养安全控制技术研究与产业化”；2018年11月，他作为项目负责人申请了北京市高新技术产业化处“母乳研究技术创新中心”项目。

初心不改，以非凡气魄实现科研突破

对于陈历俊而言，振兴中国乳业不仅是内化于心的责任与使命，更是外化于行的动力与鞭策。在三元食品二十余年的科研工作经历，让他成功地从一名科研人员成长为极具工匠精神的“杰出工程师”，这其中的艰辛与坎坷不言自明。无论是产品研发还是基础研究，他始终坚守科学精神，深耕企业科研一线，不畏艰难，勇于突破。

在产品研发方面，陈历俊将工作重点始终放在婴幼儿配方乳粉，他认为，最能体现乳业应用研究领域的“科研高峰”，以及最能代表乳业加入全球化营养健康产品竞争的重要乳制品品类之一，就是婴幼儿配方乳粉。作为满足婴幼儿生长发育所需的，尤其是作为0 ~ 6个月婴儿的重要辅助食品——婴幼儿配方乳粉有着天然的优势，甚至对于有些因为某些特殊原因无法实现母乳喂养的家庭，婴幼儿配方乳粉往往成为孩子的唯一食物来源。为了做好婴幼儿配方乳粉的相关研究工作，陈历俊从两个维度实现了创新突破。其一是“建立中国人母乳成分数据库”。2014年，在国家科技部和北京市科委的大力支持下，三元食品构建了包括北京、河北、河南、江苏、湖南5个省市约20 000条数据的母乳组分数据，选择722名哺乳期母亲及447名婴儿，纵向收集其母乳，全面覆盖初乳、过渡乳和成熟乳，将常规母乳营养素研究拓展到更加细微的母乳功能成分研究，并且建立前沿、快速、准确的母乳成分检测方法，首次对我国母乳中的500多种功能成分做出定量分析。该数据库也被称为迄今为止最为完善的“中国人母乳成分数据库”。这项工作也得到了业内专家的一致认可，以此为基础的“中国母婴营养组学研究及产业化”项目也荣获了中国食品科学技术学会技术进步一等奖。其二是“靶向婴幼儿肠道微生态研究”。为了探索婴幼儿配方乳粉与中国宝宝肠道微生物之间的相互作用，寻求更加适合中国宝宝体质的婴幼儿配方乳粉。2014年，陈历俊再一次带领团队，聚焦婴幼儿肠道微生态研究，对肠道内微生物基因组学展开研究，并同时进行了蛋白组学和代谢组学的研究。基于多年的研究结果，研发出一款产品，使其具有类似于纯母乳喂养才能达成的“最优肠道微生态”效果。2016年年底，“三元爱力优母乳模拟与临床验证项目”顺利通过北京市科委验收，成为行业内首家通过母乳研究与临床验证的企业。通过多地区对比母乳喂养过程的研究，三元爱力优婴幼儿乳粉增加宝宝肠道乳杆菌、乳球菌、双歧杆菌等有益菌的丰度，有助于宝宝消化、吸收、保护、认知、成长的全面提升，喂养效果全面接近母乳。

始终如一，视产品质量如企业生命

食品安全关系千家万户的身体健康，甚至生命安全。在保证产品质量安全方面，陈历俊始终非常重视，视其为企业生存的生命线。他带领三元食品不断提升质量管控标准，确保全产业链的质量安全控制。在食品安全管理方面，三元食品从1998年就开始施行检验检测；2002年，三元食品在检验检测的基础上，又做了全过程的控制；2006年，三元食品对品质控制进一步

改进和提升，在检验检测全过程控制的基础上，又做了风险管控，对供应商提供的原材料都做到了可追溯。在质检方法上，三元食品依据国家标准对乳制品要求全项检验、批批检验。前期在质量安全工作方面的坚守，使得三元食品在面对“三聚氰胺事件”时，更加从容、自信，平稳度过中国乳制品行业的“危急时刻”。2008年之后，三元食品又率先在乳制品行业中开展了型式检验，由质量技术监督部门，引入第三方检验机构对产品各项指标进行全面检验，检验覆盖质量标准全项目。产品质量安全方面取得的成绩没有让陈历俊停下在检测方面的研究脚步，他开始专注于快速检测方法的开发。在他的带领下，三元食品团队开发出先进的快检技术，覆盖了所有微生物指标的检测，将原本需要72小时才能完成的检测工作，压缩到只需8个小时。通过快速检测技术和全程冷链运输，消费者得以享受到产自当天的高质量鲜奶。与此同时，在他的领导下，三元食品专门构建了全球范围内的食品安全风险监测系统。只要世界任何一个角落出现食品安全问题，被媒体曝光，三元食品的科研人员会马上进行分析，将可能会影响食品安全的潜在风险纳入检验检测指标中去。

在质量安全方面的另一个重大突破就是牛奶的“指纹图谱”，通过建立原料乳质量指纹图谱模型，三元食品对牛奶形成了完善的质量评价技术体系，切实解决了令业内头疼不已的奶源质量问题，这也是让陈历俊津津乐道的创新性工作之一。

芳华依旧，用“国乳”精神传承创新使命

北京三元食品，隶属首农食品集团有限公司，传承自1956年创立的北京市牛奶总站。六十余年来，三元始终坚持以科研创新实现产品质量升级、驱动产业发展。作为国家高新技术企业和国家技术创新示范企业，三元食品高度重视科技研发和科技人才培养，积极进行国内外科研合作。

习近平总书记在全国科技创新大会上指出："科技是国之利器，国家赖之以强，企业赖之以赢，人民生活赖之以好。中国要强，中国人民生活要好，必须有强大科技。新时期、新形势、新任务，要求我们在科技创新方面有新理念、新设计、新战略。"三元食品谨遵总书记、党中央、国务院对食品安全、对婴儿配方奶粉质量的监管，以及对科技创新的嘱托，坚持以科技为立业之本，不断夯实企业科研能力，培养一批又一批高水平专业技术人才。以陈历俊为首的一大批三元食品本土成长起来的科技工作者始终坚持"用至诚之心，缔造至臻产品"的价值观，为提升三元食品在食品行业的整体科研实力做出重要贡献，这样一种企业与人才共同成长的模式，成为三元食品数十年来稳步发展的重要支撑。

2014年，在国家科技部和北京市科委的大力支持下，三元食品正式筹建"国家母婴乳品健康工程技术研究中心"，在陈历俊的带领下，国家母婴乳品健康工程技术研究中心始终围绕母婴乳品营养与健康发展方向，致力于最适合中国婴幼儿生长发育的营养、健康产品核心技术原始创新与工程化技术系统集成创新，在短短四年内，成为国内领先、世界一流的健康母婴乳品工程技术创新与服务平台，并于2018年通过科技部现场验收。国家母婴乳品健康工程技术研究中心的成立，不仅为启动了国内首个前瞻性、跨区域、多点、多中心、动态跟踪的母婴营养研究队列项目（MINC），搭建了包括母乳数据库、母婴肠道菌群结构数据库及代谢物数据库等中国母婴营养组学数据库；还成功研制出国内首款经临床验证更适于中国婴幼儿需求的蓝标爱力优婴幼儿配方乳粉，成为国家“十二五”重大科技成就展和北京市“十二五”重点成果推介唯一乳制品。

作为一名在食品领域深耕多年的科技工作者与管理者，陈历俊喜欢用“踏实做好自己的事，不管风吹浪打，胜似闲庭信步”，这样一句话总结三元食品多年秉持的品质与发展理念。作为“杰出工程师”的他，除了高水平的专业素养与科研能力外，内心深处的“无我”精神与“思利及人”的品质更值得人们敬佩和学习。

倚马仗剑待天明

尚敬

尚敬，1977年出生于四川省遂宁市，控制科学与工程博士，教授级高级工程师，现任株洲中车时代电气股份有限公司副总经理兼总工程师。

尚敬2003年从西南交大毕业后，即在中车株洲所主攻大功率变流控制前沿技术。十六年间，尚敬已成长为企业变流控制技术的佼佼者。他亲历我国干线机车、城轨车辆、磁悬浮列车到高铁动车自主牵引系统从无到有，从有到优，并达到国际领先的全过程，取得一系列重要的创新性研究成果，带领团队构建了整套从理论到工程实践的自主变流控制系统核心技术体系，研制出世界先进水平的轨道车辆自主牵引系统，并广泛应用于高速动车组、干线机车和城轨车辆，为我国轨道交通牵引传动领域国际领先地位的奠定做出了重要贡献。

尚敬提出一种牵引系统参数辨识方法，实现我国完全自主的控制系统在各种环境下（严寒、酷暑）都能对列车进行稳定、可靠的高性能控制。牵头分析牵引系统电磁噪声产生机理，提出一种基于谐波最优的脉宽调制方法，实现了对高速列车牵引系统噪声的有效抑制。主持高速列车牵引传动控制装置开发，攻克了三电平空间矢量脉宽调制、无二次谐振回路拍频抑制等关键技术，实现了我国高铁列车牵引系统的完全自主，相关技术申请的发明专利，获第十九届中国专利奖金奖。主持自主无速度传感器控制技术开发并批量应用，使自主城轨牵引系统得以再次与国外公司同台竞技。他主持大功率开关器件“中国芯”研制，组织攻克IGBT元胞结构、均流、高压终端设计及匹配等关键技术，实现了低损高效和高可靠性的突破，形成高压IGBT成套技术，成功应用于轨道交通、智能电网等国计民生领域，使我国成功掌握芯片—器件—模块—系统—应用全产业链技术。发明了一种直线感应电机恒转差频率矢量控制方法，团队成功研制磁悬浮列车牵引控制系统，获第十四届中国专利奖金奖。

尚敬主持和参与国家、省部级项目10余项，7项科技成果通过鉴定，发表专业论文20余篇，授权发明专利50余项，先后获“中国科协求是杰出青年成果转化奖”“中央企业劳动模范”“茅以升铁道工程师”“中国南车十大杰出青年”“中国中车资深技术专家”“中国中车首届十大杰出青年”等荣誉称号，获中国专利金奖2项，中国铁道学会科学技术奖励一等奖1项、中国有色金属工业科学技术一等奖1项，广东省科学技术一等奖1项，湖南省科技进步二等奖2项，南车科技特等奖1项、二等奖2项，中车科技特等奖1项、一等奖1项、二等奖1项、三等奖1项。

勇挑重担，频填“国内空白”

2003年，铁道部“十年转换”工程进入承上启下的关键期，完全自主大功率交流传动技术平台经过“奥星”“中华之星”“中原之星”等科研项目的历练，虽已初步成形，但大规模商业运营还有待时日。与此同时，以素有“欧洲短跑手”之称的DJ4为代表的引进交流传动车型，开始大举圈占中国市场。

严酷的现实，让中国的工程技术人员心中隐隐作痛。有过多次引进合作经历的株洲所，深刻地意识到，唯有自主创新，迎头赶上，才能保证我们不被别人牵着鼻子走。

就在这年，尚敬加盟株洲所研发中心，这里完备的科研开发平台，浓郁的学术共享氛围，强劲的自主创新精神，吸引着他，激励着他。彼时，由于大功率交流传动产品刚刚投入市场，几个强势的跨国公司为了自身利益，采取了极为严格的技术封锁，可以检索到的文献资料中，有效信息几乎为零。初出茅庐的尚敬，采取“大海捞针”的办法，网罗所有和交流传动相关的文献资料，从中进行筛选和提炼，再把分散的信息组合起来，结合自己的推理演算，摸索一条可行的技术路线。

大功率变流控制试验系统庞大，需要团队配合，如果每一个方案都采取试验验证，效率将极其低下。因要借助公司引进的当时世界上最先进的半实物仿真平台，尚敬索性搬到仿真实验室办公。他要抢在时间前面，实现自己的一个心愿。

经过三年努力，尚敬完成了全速度范围圆形磁链直接转矩控制一系列科研成果，为公司立足大功率变流控制前沿领域，提供了技术储备。随后，他相继攻克了高精度异步电机及逆变器数学模型、全速度范围稳定性等一系列难题，成功构建了完全自主的无速度传感器控制理论架构，并完成了1:1机组的地面试验验证，在国际竞争中抢得先机，填补了我国大功率无速度传感器控制领域的技术空白。

不辱使命，敢向垄断叫板

2008年，株洲所迎来大考，铁道部下达了六轴7 200 kW电力机车交流传动系统批量订单。消息振奋人心，全所上下也倍感压力。这是我国第一个完全自主大功率交流传动系统批量订单，如果项目成功，将彻底改写我国主型干线交流传动机车被国外公司垄断的历史，实现株洲所重返主流机车市场的梦想。尚敬成为7 200 kW电力机车交流传动控制软件的核心骨干。

次年盛夏，北京东郊，骄阳似火，一辆蓝灰相间的电力机车呼啸而过。温度高达40℃的机械间内，尚敬带着一群年轻人顾不上汗湿衣襟，双眼紧盯着电脑屏幕上不断跳跃的数据。我国首台完全自主的7 200 kW大功率交流传动干线机车奔跑在铁道科学研究院环形试验线上，进行型式试验。试验一旦通过，这款承载株洲所几代人梦想的机车将拿到“准生证”，然后迅速批量，穿行在祖国大江南北。

为了早日实现这个愿望，尚敬和团队成员夜以继日地工作，自创了今天被人们津津乐道的“黑白战术”，即白天尽可能多做试验，晚上回到驻地再

分析和准备第二天需要的程序。白天，紧张忙碌；晚上，集体会诊。现象、数据、症结、对策……一个异常波形，往往需要准备三四套应对方案，一天的程序走下来，已是凌晨两三点，抓紧休息一会，一大早就又精神抖擞地背着电脑迈上机车。思路在碰撞中逐渐明晰，方案在探讨中变得可行。仅用了一个月时间，所有考核试验圆满完成。如今，7 200 kW大功率交流传动货运电力机车已成为我国铁路货运主型机车，并远销南非等国，累计投运近2 000台，成为国际先进水平的主型干线机车。我国自主大功率交流传动系统，在干线铁路居技术领先地位。

我国自主大功率交流传动系统，以其优异性能、高性价比，在干线机车和城轨车辆领域迅速推广。为了维持市场份额，跨国公司在不断降价的同时，亮出了技术“杀手锏”，在城轨领域快速推广无速度传感器控制技术。

兵来将挡，水来土掩。早有准备的尚敬，马上着手自主科研成果的产业化，通过硬件调整和软件优化，彻底解决了低速区辨识的技术难题，彻底改变了我国自主无速度传感器控制技术无法在大功率牵引领域工程应用的局面。

志存高远，开拓新兴产业

春华秋实。如今，在轨道交通装备需求量最大的国内市场，株洲所自主牵引系统已占据半壁江山（市场占有量是所有国外公司的总和）；在澳大利亚、南非、泰国等海外市场，株洲所的自主产品走上前台，与国际巨头比武打擂。居安思危，目光前瞻的尚敬，跳过轨道交通装备，瞄准了一个宽广的舞台。

与交通领域的情形不同，在我国石油、冶金、矿山、船舶等行业，高端交流传动装备依旧被跨国公司垄断。节能减排，绿色环保，在国家产业政策引导下，株洲所把握机遇，实施核心技术同心多元化产业战略，经验丰富且精力充沛的尚敬，无愧地充当了产业拓展的先锋。

不到两年时间，尚敬和团队就完成了首台低压IGBT产品在油田现场的示范应用，行业影响巨大。刚刚投产成功的国外产品，猝不及防，只好纷纷降价，部分产品的降幅更是高达50%。低压工业传动变频器在油田取得不俗业绩后，转攻矿山、船舶、空调等领域，多次创造了我国完全自主装备的行业首次应用突破，产生了极大的经济效益和社会效益，其中的空调变频器，成为行业标杆产品。

打破垄断，成功研发“中国芯”

2016年年底，株洲所下属一级子公司时代电气研发的IGBT（“绝缘栅双极型晶体管”）模块成功中标印度机车市场——这是我国高铁装备核心器件首次获得海外批量订单。从受制于人到自主研发，满足国内IGBT的使用需求，再到出口到国外，尚敬付出了艰辛的努力。

自主研发常常意味着长期的艰辛努力。但在接受《科技文摘报》采访时，尚敬并没有过多描述研发过程中的艰辛。“IGBT芯片类似于手机里的CPU芯片，对于高铁而言，它更是列车的‘心脏’核心。”尚敬介绍，IGBT和人的手掌大小差不多，但它却是驾驭庞大机车的核心。IGBT的中文名全称为“绝缘栅双极晶体管”，是自动控制和功率变换的关键部件，也是功率半导体器件第三次技术革命的代表性产品。它以较小的功率就能控制高电压和大电流，并且能够根据实际需求进行变化，采用IGBT进行功率变换，能够提高用电效率和质量，节能效果十分明显。”在家电领域，比普通的变频家电节电30%。在轨道交通、智能电网、航空航天、船舶驱动、新能源装备等行业采用IGBT的大型功率变流装置，节电和节能效果也十分明显。

尚敬还告诉记者，现代机车车辆装备要实现高速和重载，关键是机车要有一个强大的“心脏”，这个“心脏”便是牵引电传动系统，而牵引电传动系统的关键部件就是牵引变流器，它是机车功率转换的必备部件，而要实现机车功率等级提高和操控的灵活自如，就离不开IGBT。在过去几十年的时间里，IGBT技术与产品长期被国外少数几家公司所垄断，轨道交通应用领域所需高压IGBT全部依赖进口。作为新一代功率半导体器件，IGBT是国际上公认的电力电子技术第三次革命最具代表性的产品。如何做到自主研发IGBT技术，打破国外少数国家在IGBT技术方面的垄断成为时代电气公司亟待解决的问题。

尽管从20世纪60年代开始，中车株洲所通过自身培育和国外引进等方式，掌握了双极器件技术，但对于技术更为先进的IGBT芯片及模块设计、制造技术，还是一片空白。每年公司都得花费数亿元从国外采购IGBT产品。不仅技术和市场被国外垄断，国外器件的采购更是价格高、到货周期长。仅一个IGBT器件、部件价格就高达数千元，采购周期长达数月甚至半年以上。这对于我国电力电子产业的发展，甚至轨道交通牵引装备、柔性直流输电等战略性新兴产业的长远发展，都是严重的阻碍。所以从长远的发展来看，在IGBT技术的研发领域方面，对于中车时代电气来讲实现自主研发，产学研结合才是真正的出路。

2006年年底，时代电气派团出国考察半导体产业。经过一番调研发现，英国的丹尼克斯公司实力虽然比不上行业巨头，但它却拥有从高压IGBT芯片设计、制造到模块组装、测试、试验的整套研发制造技术和能力。尽管丹尼克斯的技术不是最先进的，但它有完整的技术基础和产业链，有一定的应用业绩。2008年10月31日，中车时代电气成功收购英国丹尼克斯半导体公司75%的股权，成为中国轨道交通装备企业首个海外并购项目。2010年5月，中车时代电气在英国林肯郡成立功率半导体海外研发中心，成为中国轨道交通装备制造企业首个海外研发中心。几年下来，研发中心的成果显著，不仅成功开发了多个电压等级的IGBT芯片和模块产品，同时培养了一大批技术骨干。

如今这批赴英的先遣队成员都已成长为尚敬团队的核心专家，也是我国自主大功率基础功率“芯”产业的中坚力量。2014年，中国首条、世界第二条8英寸IGBT产线落成，1 200V、3 300V、6 500V系列化自主IGBT芯片相继研发成功并批量应用于轨道交通、电动汽车、直流输电等关乎国家战略安全的关键领域，彻底改变了我国大功率半导体芯片长期依赖进口的局面。

成绩属于过去，奋斗创造未来。创新的路上永不止步，尚敬带领团队致力于在IGBT性能上与国外标杆比肩甚至超越，同时积极部署下一代功率半导体器件的研究。此举将有望实现我国功率半导体芯片产业发展模式由传统的“落后追赶”到“齐头并进”新局面的根本转变。

自主创新，科技报国。作为株洲所变流控制技术新一代带头人，尚敬风华正茂，不负时光。作为株洲所的青年代表，尚敬不忘初心，为中国中车的创新之路贡献力量。

做就要做到最好

林 民

林民，籍贯福建永泰，博士，教授级高级工程师，中国石化突出贡献专家、学术带头人、高级专家。他于1998年博士后出站便一直在石油化工科学研究院从事催化氧化新材料和新工艺开发研究，一直工作在科研一线，先后承担多项国家、省部级科研攻关课题，不仅在技术上处于领先地位，也为企业创造了显著的经济效益和社会效益。作为第一完成人获得国家技术发明二等奖2项、省部级技术发明一等奖3项、中国发明专利优秀奖2项、省部级科技进步二等奖1项；获国内外授权发明专利422项（国外44项）；发表论文174篇；参与编写专著4部；获得2017年首届全国创新争先奖、2012年工程院光华工程科技工程奖、2012年中石化科技创新功勋奖，率领的课题组获2016年优秀创新团队。

板凳甘坐十年冷，科研不可半步松

含氧化学品是重要的化工产品和中间品，如环氧丙烷可用于生产泡沫、海绵等，其衍生物广泛用于汽车、建筑、食品等多个行业，与日常衣食住行密不可分。含氧化学品种类和数量的增长，直接推动现代社会快速发展。

含氧化学品传统制备方式通常存在工艺复杂、反应条件苛刻、环境不友好、污染严重等缺陷。解决问题的关键是使用新催化材料。20世纪80年代，国外科学家开发出一种全新的钛硅分子筛，可使传统含氧化学品氧化过程变得清洁、高效、环保，解决传统氧化缺陷显现了曙光。林民主动要求承担开发钛硅分子筛并进行工业化的课题。许多人不理解，劝说道，钛和硅在原子半径电负性等方面有显著的差异，难以进入分子筛骨架，国外很多科学家都对此开展研究，但都没有解决合成上的难题，你为什么要去啃这个硬骨头。他说一方面我愿意做挑战性的工作，别人做不成，并不意味着没有成功的可能；另一方面如果能够解决钛硅分子筛合成并工业化，将给催化氧化带来多么大的变革呀。林民敏锐捕捉到这一技术变革，一头扎入这一全新领域。

一次次构思，一次次试验，合成的样品堆满了抽屉，可是并没有得到满意的结果。有的人气馁了，林民却说每一次的失败反而使得我们离成功更近了一步，前期的工作都是从常规的方法入手，现在要回过头来，从基础研究着手，对分子筛晶体生长机理展开分析。他像着魔一样不停思考、反复试验。有时晚上躺在床上，脑中突然冒出新想法，不等天亮便立刻爬起来去做试验。在他的努力下，一个个看似无法突破的难题被逐一破解。为弄清楚数据变化背后的规律，他费尽周折联系上德国专家，使用当时最先进的透射电子显微镜（TEM）确定分子筛晶内的结构，至此所有困惑迎刃而解。最终他提出羟基缩合和分子筛晶内造孔的概念，不仅确保合成的成功率达100%，且制成的分子筛具有空心结构，更有利于反应物分子扩散，催化性能更优异。这项技术先后获得中国、美国、欧洲、日本等国家和地区发明专利，使中国掌握了具有自主知识产权的空心钛硅分子筛HTS新催化材料技术。

实验室研究的成功只是万里长征第一步，工业化放大比基础研究更加复杂，且毫无经验可借鉴。林民全身心投入到工业化放大研究中。他和技术员、工人一起整天泡在车间里，从原材料规格、工艺指令制定到质量检测，每一个细节都不放过。每天都工作到很晚，常常后半夜他刚睡下，又被电话召回解决突发问题。经不懈努力，终于在工厂的高压釜成功合成出空心钛硅分子筛，当得到雪白的分子筛，当拿到一个个漂亮的分析评价数据，满意的笑容浮现在林民的脸上。随后完善全套生产方案，正式生产后优级品率达到100%，使我国成为首个能够工业化生产空心钛硅分子筛的国家。

目前，空心钛硅分子筛已形成系列产品，广泛应用于多种化学品的清洁生产，填补了高选择性氧化催化剂空白，多次获得国家和省部级奖励。

踏平坎坷成大道，斗罢艰险又出发

己内酰胺是生产尼龙的原料，广泛用于化纤行业，我国引进的国外技术工艺路线长，反应条件苛刻。其中最关键的步骤是氨肟化生产环己酮肟，使用钛硅分子筛可以将需4步的高压高温苛刻反应，简化为1步缓和反应。如何将这一技术实现工业化，新的任务又摆在林民的面前。他打破常规将需要成型后使用的催化剂改变成原粉催化剂，大大提高了反应效率，但也给自己提出了新的挑战。氨肟化中需要使用膜过滤，分子筛中只要有万分之几的细颗粒就会造成堵膜，影响生产的稳定运行。是回到催化剂成型的老路上，无风险地开展工作，还是咬定青山不放松继续采用原粉的路线？林民的信念是：要做就要做得不留遗憾。回过头来他一步步优化分子筛生产工序，从源头上抑制细颗粒的形成，最终确保了氨肟化生产的长周期运行。新氨肟化技术使投资减少78%，氨利用率提高60.7%，NO_x废气降低99.5%。现在国内绝大多数己内酰胺都是采用中国石化这种新氨肟化技术生产，每年创造效益上百亿元。

完成了这项重大任务，林民又带领团队重新启程，挑战催化氧化领域的又一难题——环氧丙烷清洁生产技术。环氧丙烷是全球产量最大的50种化学品之一，也是我国急需的大宗化工原料。长期以来，我国已有的生产方式工艺复杂、设备腐蚀严重，而采用丙烯和过氧化氢在钛硅分子筛催化下生产环氧丙烷是完全绿色化学过程，但技术被国外垄断。

林民作为技术总负责人迎难而上，开始环氧丙烷成套技术研发，几乎每年一大半的时间都在装置现场。他始终认为："只有在装置上才能掌握第一手数据，才能第一时间解决问题。"有一段时间，丙烯环氧化反应装置不能保持稳定运行，许久都没有找到原因所在。有人因此而泄气，林民鼓励大家："解决常人解决不了的难题才能体现我们的水平"。在他的鼓励下，大家提出一个个设想，针对细节一一剖析，最终攻克工业化难关。

2015年环氧丙烷的国家标准进行修正，对纯度提出更高要求。按照合同任务，产品只需符合旧国标要求即可。林民却说："我们要做就要做到最好。不仅要达到新国标，还要成为最先进的技术。"经过艰苦攻关，团队制备出表面富硅多空心分子筛，并制成专用催化剂。历经十四年，先后完成工艺小试、中试和10万吨/年工业放大研发。2018年完成全套技术开发，全部指标均优于国外先进技术，获得业内专家高度评价，使我国成为除美国、德国外第三个掌握HPPO法成套技术的国家。

身体力行树榜样，学无止境继前行

无意过往的荣誉，林民只在乎把催化氧化做大做强的理想；提携后辈、甘为人梯，他将自己宝贵的经验和感悟倾囊相授。

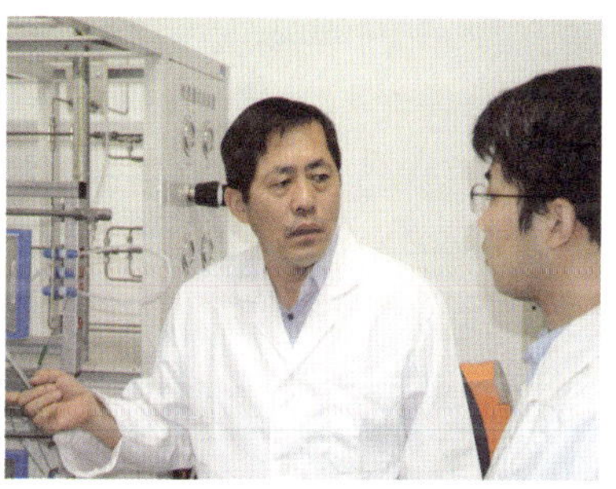

出差回到单位，林民会抓紧时间让学生汇报课题进展，及时跟进研究进度。他常教导学生：“不要忽略每一个异常，要敏锐挖掘异常背后的原因。”

谈到对林民的印象，同事评价说：“林老师非常单纯，他的心思全部都放在了科研上”。林民的敬业精神也深深感染和影响着身边的每一个人。即便是周末，课题组的办公室和实验室晚上也常常灯火通明，大家都不约而同加班加点做研究。在工厂，大家都习惯亲切地称林民为“博士”，这不仅是简单的学历名称，更是对他长期的信赖和尊敬。

随着技术转化成果不断涌现，各种奖励和荣誉纷至沓来，对此，林民却表现得十分谦逊。他说：“荣誉的取得是团队的功劳，靠一个人是做不成事情的。”他常说：“三人行，必有我师。工人师傅那里值得学习的东西太多，要勤学习、会学习，才能不断成长。”

繁重的工作挤占了太多的业余时间，他说对于家人我亏欠得太多了，等有一天我干不动了，好好陪陪家人，享受天伦之乐。

科技创新路上的追梦人

胡长华

胡长华，1963年出生，中共党员、研究员级高级工程师，现任徐州煤矿安全设备制造有限公司（以下简称徐州煤安）董事长、总经理、党委书记，第十四届、十五届徐州市人大代表。针对国产提升容器无法满足我国深部矿井年产千万吨运输能力的需求，他与中国矿业大学进行长期产学研合作，历经二十余年科技攻关，突破了特大型提升容器及其安全运行关键技术，为我国深部矿井提运研究领域做出了突出贡献。他先后获国家技术发明二等奖1项，国家科技进步二等奖1项，江苏省科技进步一等奖2项、中国专利优秀奖1项等奖励；荣获江苏省有突出贡献的中青年专家、“江苏省首批科技企业家培育工程”培养对象、江苏省第三批产业教授（中国矿业大学）、江苏省苏北创业领军人才奖、全国煤炭机械工业优秀企业家、徐州市高层次人才创新创业人才一等奖等荣誉称号。

砥砺奋进，科技创新领先者

作为一名地地道道的徐州人，胡长华将自己的全部精力奉献给了徐州煤安，将毕生心血倾注给了徐州煤安。20世纪八九十年代，煤矿安全设备普遍都是技术层次低、效率低的落后装置，存在较大安全隐患，且长期以来传统煤炭提运方式的问题是矿井提运效率偏低，安全性能偏低。随着矿井向着深部化、大型化方向发展，作为输送煤炭、人员、设备和物料的关键装备——矿井提升容器的发展停滞不前，成为盘踞在深井煤矿与大运量矿井企业发展道路上的“拦路虎”。这让当年还是一名技术员的胡长华看在眼里，急在心里。从那时起，他的内心便立下了一个目标：改进矿井提升容器设备，实现高效安全的矿井提运。

企业改制后，当上公司董事长的胡长华并没有忘记自己当年暗暗立下的决心，改进矿井提升容器的想法再一次浮现在他脑海中。这一次他毅然拿出资金，引进人才，把立井特大型高效安全提升容器研发应用定为公司的首要研发任务。研究之初，进展并不顺利，胡长华倍感压力。他想到了同处徐州的一所高校——中国矿业大学。该高校一直致力于大型矿山机电设备的研发，并取得了突出成绩。这让胡长华的心中燃起了希望，他积极与中国矿业大学朱真才教授（矿山大型机电装备可靠性教育部创新团队带头人）的科研团队进行沟通，经过详细交谈，两个单位一拍即合，共同成立了科研攻关团队。由胡长华所带领的徐州煤安负责大型提升装备的生产和制造，朱真才教授的研发团队负责攻克特大型矿井提升容器关键技术难题的攻关，保证了研究项目的顺利推进。

在研发过程中，困难层出不穷，巨大的压力和前所未有的挑战让胡长华不敢懈怠，但他并没有畏惧，反而在心里转化为砥砺前进的动力，充满干劲。他带领研发人员多次下到矿井现场进行实地勘察、收集数据，结合中国矿业大学给出的理论依据，无数次进行推敲和修改设计图纸，并亲自到车间对关键设备进行加工指导，与朱真才研发团队保持积极沟通，合力解决了一个又一个“拦路虎”。项目期间，他身体力行地深入一线，在团队陷入困境的时候鼓舞士气。共同参与项目的一名工程师十分感慨地说道：“胡总对这个项目投入了很多心血和努力，这个项目就像他的孩子一样，那种强烈的责任心也深深地感染了我们，极大地提高了我们的工作热情。”

经过反复的研讨和试验，他们的不懈努力终于有了回报，成功研发了适用于年产千万吨矿井的大型提升容器。2013年4月，在国家安全生产监督管理总局规划科技司于北京召开“立井特大型高效安全提升容器”科技成果鉴定会上，专家一致认为“该设备工作稳定、性能可靠、技术先进，达到国际先进水平”。2014年1月，中国煤炭工业协会组织专家在泰安召开“千万吨级矿井大型箕斗安全运行关键技术”科技成果鉴定会，专家一致认为“该装置运行稳定可靠，项目成果达到国际先进水平”。项目验收完成的那一刻，胡长华心里的一颗大石头终于落到了地上，这是他一直梦寐以求的时刻。看着整个团队的科研成果，胡长华激动地说：“我们研发的立井特大型高效安全提升容器是我们的‘神器’，它在实际应用中的效果非常显著。这项新技术在神华集团中煤能源提升系统改造中也得到成功应用，大大提升了煤炭提运效率和安全性能，降低了生产成本。我们非常开心，所有的努力是值得的！”胡长华的话掷地有声，回忆这段时间，他的内心感慨万千：“这个过

程说不累是假的，心里是真的很累，压力也很大，但想到那么多兄弟姐妹和自己在一起奋斗，就又满血复活了！”他风趣地说道：“现在公司内部更具凝聚力，大家早已建立起了深厚的‘革命情谊’！”有社会担当、有刻苦钻研的毅力、有高超的专业水准，胡长华带领徐州煤安蓬勃发展，闯出了自己一片天空。

声名远扬，专业制造排头兵

一直以来，我国立井大型提升容器生产存在较多问题，如缺乏行业标准、技术参数口径不统一、技术层次较低等，给公司采购部门、技术部门带来了很大的困难。在这种情况下，胡长华暗下决心，一定要建立一套立井大型提升容器行业标准。他为此制订了工作计划，成立了相关课题组，同时申报国家相关部门，在课题批复后组织相关专家进行多次研讨，并安排人员进行矿山企业调研。不仅如此，胡长华还非常看重一线工人的现场经验，他多次走访立井大型提升容器使用现场，和一线工人深入交流，了解使用需求，收集第一手资料，最终成功组织编写了《立井大型提升容器行业标准》。对立井大型提升容器的主要参数、设备制造、检验使用等进行规范，结束了国内立井大型提升容器没有行业标准的历史，推动大型提升容器行业进入国标时代，弥补了国家没有选型标准的空白。

一个行业标准从无到有，其中所经历的考验和耗费的心血可想而知。积极促进行业标准建立的同时，胡长华也为自己量身定制了一套“个人标准”。担任董事长的他深知一个道理，一个企业的强大离不开科学的管理，但作为专业技术出身的他恰恰最缺乏的就是企业管理知识。胡长华曾说过：“我的梦想是让徐州煤安全国领先、让徐州煤安设备走向世界。”为了这个梦想，他上任伊始就开始恶补企业管理知识，并于2013年来到中国矿业大学深造，主修高级工商管理硕士课程。通过学习，胡长华认识到制度建设的重要性，主持制定了包括人力资源管理、财务管理、市场营销管理、质量管理等的40多项管理制度，使公司逐步建立了现代企业管理制度，根据企业自身情况和特点确立以市场营销为龙头的经营方针。在他的带领下，徐州煤安迅速发展起来，由原来生产单一的产品转变为生产系列罐笼、系列箕斗和装载设备。其中，罐笼防坠器、首尾绳悬挂装置等矿井提升专用系列设备的国内市场占有率已达到50%，特大罐笼、箕斗的国内市场占有率达到70%，分别增长了15%、35%，实现市场订货重大突破。公司的销售额年平均增幅达到21%以上。公司的产品销量突飞猛进，喜悦之余胡长华陷入了思考：怎么样才能实现利益的最大化呢？经过多方研讨，他将目光投向了预算管理和成本管理上，将成本管理向产品的设计市场和用户需求分析等延伸，实现从成本节约到成本避免。一位一线工人真切说道："胡总对公司产品的生产要求特别严格，特别是在生产管理细节上，要求我们在设计原材料精确控制，在确保产品质量的前提下，不浪费原材料，不浪费人力、财力和物力。"对质量的严把关、对成本的精控制，是徐州煤安持续发展的基本。现在，徐州煤安在国内大型提升容器行业中跃居首位，产品不仅享誉全国，还出口孟加拉国、印尼、土耳其、赞比亚、巴基斯坦等国。

开疆辟土，产业转型拓荒者

自担任徐州煤安董事长以来，胡长华不断加大技术改造力度：改造老厂房及设备，并购置了大型龙门吊、数控切割机、数控镗床、大型数控液压折弯机、自动焊机等设备，新建了50 000平方米厂房及设计中心、电气工作室、喷砂房等设施，使公司的装备水平有了显著提高，具备了设计制造大型提运设备和相关安全设备的生产能力。

胡长华始终认为，技术与人才是企业发展的左膀右臂，设备条件上来了，人才培养不能落下。他根据公司整体发展规划，实施人才强企战略，致力于人才引进、培养和科技研发。近年来先后与中国矿业大学、合肥煤炭研究院等高等院校和科研院所建立了战略合作关系，并成功引进十余名高层次创新创业人才。拥有了这样一支实力强劲的队伍后，胡长华的压力更大了。“常言道：人尽其才，物尽其用。作为公司的领导人，我要对公司的未来负责、对相信我的这些精英负责。”胡长华和他的团队一步一个脚印，迈出了一连串坚实的脚步：针对罐笼的结构改进，胡长华与中国矿业大学朱真才教授团队提出了局部刚性、整体柔性的罐笼设计方法，开发了大型结构件形位误差与焊接微变形控制技术，并发明中间盘体位置可调的大型罐笼，使其自重与载重比小于1.1，罐笼单次输送量达到60t，单次载人数高达358人，输送设备尺寸也从过去的5m × 2.5m × 3.5m增大到8.5m × 3.8m × 4.5m，真正达到了大型罐笼空间大、自重轻、强度高的要求；此外，提出了一种摩擦型高强度螺栓连接与焊接相结合的箱形框架结构和外动力曲轨卸载的窄长型薄壁大型箕斗，箕斗单次装载量达50t，达到了容积大、自重轻、强度高的要求。不仅如此，胡长华团队的科研成果也十分显著，共有授权美国、澳大利亚等国外发明专利11项、中国发明专利7项，获国家重点新产品1项、国家安监总局安全科技成果优秀推广项目1项、江苏省首台（套）重大装备产品3项、江苏省高新技术产品3项。此外，由公司参与的大型矿山提升装备关键技术及应用项目获2010年国家科技进步二等奖；承担了江苏省科技成果转化专项资金项目——特大型矿井高效提升和安全装备研发及产业化。这一项项成果，都是胡长华带领他的团队交出的令人满意的成绩单！

现在，胡长华带领着自己的团队又投入到新的项目研究中。正如胡长华自己所说的那样：“在这片沃土上，在科技创新的道路上，我是一位执着的追梦人。”如今57岁的他热情依旧、创新依旧，尽管未来道路上还会有许多艰难险阻，但胡长华始终相信自己的一颗赤子之心终会指引他带领徐州煤安插上梦想的翅膀，翱翔天际！

攻坚克难
力铸大国重器

胡亚安

胡亚安，1965年出生于湖北云梦，1983年毕业于葛洲坝水电工程学院，1986年在我国水利科技的摇篮——南京水利科学研究院研究生毕业，留院工作。他一直在科研一线从事国家内河水运研究工作，现为水利部、交通运输部、国家能源局、南京水利科学研究院教授级高级工程师，交通运输部通航建筑物建设技术交通行业重点实验室主任，国际航运协会升船机工作组主席。

胡亚安工作三十三年来，勤奋敬业，勇于创新，取得一批具有国际影响力的原创性成果，解决了世界上水头最高、规模最大、技术最复杂的三峡工程双线连续五级船闸以及提升重量达15 500t、技术难度远超世界水平的三峡垂直升船机水动力学一系列重大关键技术难题。他发明了一种利用水能作为提升动力和安全保障措施的水力驱动式新型升船机，突破了传统升船机在安全和制造维护方面的技术瓶颈，为世界首创、中国原创，并在澜沧江景洪水电站得到成功应用，在内河水运领域创造了中国品牌，在世界高坝通航发展史上具有重要意义；提出高坝泄洪消能新技术，解决了世界第二大水电站——白鹤滩以及世界最高拱坝——锦屏一级水电站水力学重大技术难题。

他先后获国家科技进步二等奖3项（排名第一、二、四），国家技术发明二等奖1项（排名第三），省部级特等及一等奖15项，国家专利授权60余项；主编通航建筑物模拟技术、原型调试、运行维护和安全评价等10部行业标准。他还获严恺科技奖、交通运输部科技特殊贡献奖、江苏青年科技奖、中国航海学会特殊贡献奖等，是江苏省333工程第一层次人选，交通运输部首批青年科技英才、水利部首批5151人才工程部级人选、新世纪百千万人才工程国家级人选、享受国务院政府特殊津贴，2013年获全国优秀科技工作者，2017年获得全国首届创新争先奖。2018年他出席了中国科协成立60周年百名科学家百名基层科技工作者座谈会。他发明创造的水力驱动式新型升船机技术被誉为大国重器。

世界首创，引领世界升船机发展方向

2016年12月18日上午，云南景洪水电站迎来的第一艘社会船舶，沿景洪水电站升船机下游引航道缓缓驶入升船机承船厢，随着上行后与上游水位成功对接，船只解缆驶出承船厢向上游思茅港驶去。

整个提升过程用时仅17分钟，客船如同坐“电梯”般被提升了60多米。这项魔术一样的技术“水力驱动式新型升船机”，背后凝结了胡亚安历时十五年的不辍努力。这是中国水电百年来第一项完全自主的原创性技术，在升船机建设史上也是世界首创，极大地推进了世界升船机技术的进步和发展，中断十二年的全长350公里的澜沧江–湄公河航道因此恢复了全程通航。

过去电动升船机使用的是国外的理念和技术，因此，从工程设计、建设到运行，水力升船机没有任何经验可循。系统总体构架、设计理论方法、安全保障机制……每一项都是从无到有，胡亚安从2001年开始科研攻关，突破了水力驱动式这种全新的升船机的一系列关键技术难题。

相比普通载人电梯，我国山区河流上的载船“电梯”更为复杂艰巨。在升船机升降过程，船厢提升的荷载重量在3 000吨到1.6万吨之间，提升的高度通常达几十层楼房高。普通载人电梯尚且面临踏空、下坠等故障，载船“电梯”更不容有失。比如船厢门和“电梯”门必须精准对接，如果错位造成内外水相互流动，就会带来安全风险。

德国、法国等西方国家的河运水面风平浪静，他们所制造的升船机并不完全适合中国。中国大江大河，尤其是山区河流，水位波动幅度很大。通俗地说，载船的“电梯”所对接的楼层并不在固定的高度，必须实时跟踪，动态对接。

胡亚安及其团队设计的升船机首次采用了水力驱动代替传统电机驱动方

式，依靠水力驱动并自动适应荷载变化实现稳定平衡，不仅大大简化了传动机构及控制系统，还提高了运行的安全性、可靠性和适应性，同时避免了突然停电带来的隐患。该升船机两侧的竖井内共有16个浮筒，体积近1.5万立方米，可以承受2 920吨的重量，而且这16个浮筒同时升降，同步性误差小于5厘米，抗倾斜能力和稳定性极强，运行平稳，在山区型河流通航方面具有广阔的应用前景。

“九死一生”，创新就是不断地在失败中升华

创新，要有“九死一生”的豪情。在中国科学院第十九次院士大会、中国工程院第十四次院士大会上，习总书记说过的一句话“创新从来都是九死一生，但我们必须有‘亦余心之所善兮，虽九死其犹未悔’的豪情”，让列席参加会议的胡亚安感动不已。

创新的征程艰险且漫长，坎坷与风险总是相伴相随。这也是胡亚安多年

来刻苦攻关的真实写照。在经历长达十年的设计和建设后，2011年4月底，水力升船机在众人期盼的目光下，进行船厢有水调试试验。当时却出现了意外情况，船厢突然倾斜失稳，同步轴扭动过大，调试工作被迫中止。尽管此前胡亚安用1∶10的模型做过上千次的成功实验，但实际的原型试验却给了他当头一棒。随之而来的误解和压力让人喘不过气。很多专家怀疑技术不成熟，甚至要彻底改变景洪升船机的型式，其中不少人要求下马自主设计的水力升船机，采用传统设计。

面对“瞎鼓捣”的质疑，胡亚安坚定自己创新的信心，顶住了压力。他认为，模型能成功，原型一定能成功！关键是要找出问题。临危受命，他承担了升船机抗倾斜机理研究和输水阀门抗振减蚀的科研任务，投入到船厢倾斜和船厢“飞车”等重大安全问题的解决中。

很少有人知道，有一年多胡亚安经常失眠，但天一亮，他又带领团队开展大量现场观测、模拟试验及理论分析研究和论证。2013—2016年三年间，他反复奔波于科研实验所和工地之间，先后9次开展原型观测，现场有很多大大小小的问题，每天他都会在小小黑板上画出当天要解决的问题，如果不能解决就要加班。不仅是“996”，连假期也没有。2015年9月30日，胡亚安正在工地现场进行升船机的调试，他接到了父亲当天晚上去世的消息，可他没有告诉别人，坚持把任务调试完成，再赶回南京。

从原型试验的失败，到水力式升船机的试通航成功，胡亚安咬牙又坚持了足足五年。在他看来，失败本身就是创新的一部分，科研人员要勇于直面创新的巨大风险，才可能创新成功。

如今，欧洲乃至其他发达国家都想推广应用水力升船机。胡亚安目前担任国际航运协会升船机工作组主席，也是该协会成立百年以来首位欧美以外国家担任的工作组负责人。他正在对升船机的设计、施工方面的一系列标准规范进行编制，未来这套从理念到核心技术完全自主的升船机，将走向国际市场。

船老大的好友，破解重大技术难题

多年来，胡亚安的原创性技术，解决了国家内河高等级航道网长江三峡、葛洲坝、西江长洲、乌江思林、嘉陵江草街、金沙江向家坝、澜沧江景洪等40余座重点工程重大技术难题，奠定了中国高坝通航技术上的国际领先地位。这背后凝结着他大量的艰苦努力和辛劳汗水。

为了科研成果在重大工程上的应用转化，他几十年的科研工作一直在工地现场。在世界上技术最复杂的三峡船闸，在世界上规模最大的三峡升船机，在中国原创的景洪水力式升船机，在世界上最大的内河船闸群——西江长洲四线船闸等一座座在国内外有重大影响力的工程现场，都有胡亚安的足迹。工地现场科学研究的艰辛程度普通人难以想象。酷夏寒冬睡在甲板上、彻夜忙实验、在工地连续几个月不回家，对胡亚安来说并不是新鲜事。清晨五六点起床，加班加点直到深夜更是家常便饭。因为经常打交道，工地上的船老大也把胡亚安当成了好朋友。

在三峡北线船闸水力学问题的现场，胡亚安光着膀子，冒着50度酷暑高温，带领团队布设监控仪器。他每天生活在大坝底下90米深处的阀门廊道空间，相当于30层的楼梯，平常人往下看都觉得脚软，但胡亚安每天徒手攀爬，上上下下。

在三峡升船机试通航实验中，为了等待客船进行过升船机性能实验，胡亚安带领团队连续工作36小时。客船半夜三点钟才到，一下完客胡亚安就带着大家将仪器搬上去，连续24小时在客船上不睡觉，完成实验。这样的实验胡亚安前前后后做了几十艘船，有时候现场安装的仪器都热得烧坏了。白天做完了试验，胡亚安在夜深人静的时候还要把白天做的实验资料分析整理出来。

在这样的工作环境下，胡亚安攻破了一项项世界级科技难题。船闸的输水阀门24小时频繁运转，在高速水流下极易发生空化和强烈震动，类似于深层爆炸，会危及大坝和船闸的安全通行。阀门空化一直是船闸领域的核心技术难题之一。胡亚安改变了传统主动防护理念，创造性发明了门楣自然通气技术，率先用于葛洲坝3座船闸改造。他构建了我国独创的阀门分级防空化技术体系，攻克了高水头船闸阀门空化空蚀的世界难题，突破了制约船闸向更高水头发展的技术难题。这一重大突破已成功应用于30余座国内外高水头船闸。

2002—2003年三峡船闸调试阶段，胡亚安在现场担任调试技术咨询及水动力学安全监测工作，解决了有水调试多项复杂技术难题，为2003年6月船闸如期顺利通航做出了贡献。2004—2011年船闸运行阶段，他提出多级船闸过闸新技术，以及为适应船舶大型化所开展的船舶吃水控制标准研究，得到工程及时应用，提高船闸年通过能力20% ~ 30%，为三峡船闸年货运量由2003年试通航的3 000万吨提高到目前的1.3亿吨做出了重要贡献。

针对装机容量仅次于三峡、坝高289m的世界第二大水电站——白鹤滩水电站，建立了世界上规模最大的水工全整体模型，胡亚安创新提出了坝身表孔与中孔消能型式，实现了非对称拱坝结构泄洪水舌在水垫塘的入水均匀分布，解决了白鹤滩水电站特大泄洪功率消能难题。形象地说，就是在相当于100多层楼房的高坝上，宣泄长江大洪水到300米坝下河道，采取消能新技术，不对下游河道产生破坏，类似于跳水运动员的高台跳水压水花技术。

关键技术是要不来、买不来、讨不来的，对此胡亚安有深刻的体会。超负荷的工作并没有压垮他，长年累月的封闭式工作也没有让他觉得枯燥。“看到科研指标的每一点进步，看到目标的步步接近，那是什么奖励、什么享受都无法比拟的。”掌握核心技术研发的艰难探索道路没有捷径，在他看来，这也是一名科研工作者肩上的时代责任和担当。

匠心逐梦护蓝天

郦建国

郦建国，1963年出生，教授级高级工程师，现任浙江菲达环保科技股份有限公司（以下简称菲达环保）副总工程师，兼任中国环保产业协会电委会副秘书长、全国环保产业标委会委员及其环保机械分标委会副秘书长、机械工业环保机械标委会副秘书长及其大气净化设备分标委会秘书长、环保部火电环保中心专家委员会委员、中电联电力行业专家库环保专家、科技部国家科技专家库专家等职，为绍兴市高级专家、省级领军人才。

郦建国扎根菲达环保，连续从事电除尘工程设计、环保装备新技术开发三十四年，主持或参与实施省部级及以上科技攻关项目6项，其中国家级科技攻关项目3项，开发出国内首台套产品2项、省内首台套产品1项。他积极探索电除尘前沿技术，为菲达环保成为国内大气烟尘治理领跑企业、全球最大的电除尘器供应商作出了卓越贡献，并推动了我国电除尘技术进步和产业升级，促使了我国电除尘器走向世界并跻身强国行列。

作为我国电除尘行业知名专家，郦建国得到国内外同行广泛认可，已获省部级科学技术奖15次，其中一等奖4次，并获得国际电除尘行业最高荣誉——FREDRICK G.COTTRELL AWARD、国内电除尘行业最高荣誉——碧空奖、绍兴市科学技术奖重大贡献奖等。

坚守初心，专注创新

“20世纪70年代初，联合国召开了环境保护大会，中国环保工作也提上日程，同年发布了国家标准首次对燃煤电厂大气污染物排放提出限值要求。自此，电除尘器被时代赋予了环境保护的使命，逐渐成为燃煤电厂等工业领域主力除尘设备。”郦建国充分肯定了电除尘器在中国环境保护中的作用，且始终认为，“创新是产品技术的生命力。每一项产品技术都有生命周期，随着市场的变化需要推陈出新，只有不断创新，产品才能在激烈竞争中赢得先机，赢得市场”。

郦建国对创新的独到认识，也贯穿于他的事业中。2013年，燃煤电厂烟气超低排放概念刚刚有人提出时，郦建国就凭着近三十年的工程经验，敏锐地察觉到，燃煤电厂烟气超低排放最难的是除尘，而常规电除尘技术较难达到超低排放的要求，必须开发出一种新的除尘技术，低低温电除尘技术逐渐进入他的研究视野。

低低温电除尘技术在国外多应用于低硫煤机组，该技术是否适用于煤质复杂多变的国内工程条件，业内一直存在争议。2013年5月—2014年3月，郦建国作为公司技术负责人，开始自主研发低低温电除尘技术，这项技术攻关最大的难点在于烟气降温后是否会发生低温腐蚀。郦建国翻阅了大量的国内外文献，组织团队进行关键部件的试制，并反复进行实验。他惊喜地发现，只要降温前烟尘浓度与SO_3的浓度比例达到一定数值后，低低温电除尘器就不会发生低温腐蚀，而结合国内煤种及实际工程条件，基本都可以满足该要求。基于此，郦建国明确低低温电除尘技术为将烟气温度降低到酸露点以下的电除尘技术，并首次给出其适用准则，即灰硫比>100，创造性地提出了以低低温电除尘技术为核心的烟气协同治理技术路线，为低低温电除尘技术在国内的大范围推广奠定了理论基础，且该技术路线通过污染物的协同治理和全过程控制，可经济高效地实现烟气超低排放。

2014年12月，低低温电除尘技术示范工程华能长兴2×660MW机组投运，经第三方测试，满足超低排放要求，成为国内首套采用该烟气协同治理技术路线实现燃煤电厂烟气超低排放的机组。

研究成果得到了中国华能集团公司相关领导和专家的充分肯定和高度评价。作为除尘专题负责人，郦建国参与制定了华能国际企标《燃煤电厂烟气协同治理技术指南》。他主持制定行业标准《低低温电除尘器》，作为除尘部分统稿人完成行业标准《火电厂污染防治可行技术指南》《燃煤电厂超低排放烟气治理工程技术规范》，将低低温电除尘技术的定义、适用准则纳入标准，进一步推动了低低温电除尘技术在国内的大规模应用。自2015年始，以低低温电除尘技术为核心的烟气协同治理技术路线逐渐成为国内的主流技术路线。

郦建国带领团队开发的燃煤电厂烟气超低排放协同治理技术——低低温电除尘和湿式电除尘技术于2017年1月通过了由中国工程院院士等专家组成的鉴定委员会鉴定。鉴定专家一致认为，“产品总体技术处国际先进水平，部分技术处国际领先水平”，并荣获2018年度中国机械工业科学技术一等奖。在第十四届国际电除尘学术会议上，上述技术也备受世界瞩目，郦建国荣获了国际电除尘行业最高荣誉——FREDRICK G. COTTRELL AWARD。

放眼世界，敢为人先

2003年，作为公司电除尘技术研发带头人的郦建国，带领团队成功研制出具有自主知识产权的600MW超临界机组配套电除尘器。2005年6月，公司第一台600MW超临界机组配套电除尘器在华能沁北电厂投运，经第三方测试，各项指标均符合设计要求，并于2006年8月通过了浙江省科学技术成果鉴定，被认为“技术上有创新，处国际先进水平”。

2005年，郦建国率领团队瞄准1 000MW超超临界机组的超大烟气量除尘需求，开发出三室结构的电除尘器，并解决了三室结构存在的气流三分叉流量分配不均的难题，成功研制出国内首台（套）具有自主知识产权的1 000MW超超临界机组配套电除尘器，占据了行业发展的制高点。国家重点工程——华能玉环电厂1 000MW超超临界机组示范工程成功投运，其配套的电除尘器由菲达环保提供。2007年5月，经第三方测试，各项指标均符合设计要求。产品于2007年12月通过了浙江省科学技术成果鉴定，被认为“技术上有多项创新，处国内领先水平”，被浙江省经济贸易委员会确认为2007年国内首台（套）产品。

600MW超临界机组及1 000MW超超临界机组配套电除尘器的成功研发和应用，提高了我国重大环保装备技术水平，满足了我国大型电厂建设的环保急需，打破了国外技术、市场垄断，实现了大型电除尘设备的国产化，技

术成果已广泛应用于国内大型燃煤电厂烟气除尘，并成功进入国际市场。

最近几年，随着人们对空气质量的日益关注，PM2.5一词逐渐被大家熟知。然而早在2008年，郦建国和他的团队就瞄准了燃煤电厂PM2.5高效治理技术研发，开发了旋转电极式电除尘和电凝聚技术。应用该项技术，不仅可以满足国家燃煤电厂烟尘新排放标准，同时可以做到对PM2.5的高效治理。2010年7月，他主持了示范工程达拉特电厂330MW机组旋转电极式电除尘器改造工程，工程于2010年12月投运，经第三方测试，出口烟尘浓度为29.2mg/m^3（改造前约为150mg/m^3）。2012年2月，他主持了示范工程中电投上海电力吴泾热电厂300MW机组电凝聚器的设计，2012年4月投运，经第三方测试，电凝聚器运行时，电除尘器出口PM2.5质量浓度下降率为30%，总尘下降20%。

旋转电极式电除尘和电凝聚技术2013年3月通过了浙江省科学技术成果鉴定，被认为"技术处国际先进水平"，并荣获2013年度浙江省科学技术一等奖等省部级科学技术奖3项。

现在，郦建国正带领团队，通过组织实施国家重点研发计划项目对电除尘技术开展更深入的技术研究，将进一步挖掘电除尘技术的提效和节能潜力。

勇挑重任，分享成果

"菲达环保作为全国大气污染治理行业的龙头企业，有责任和义务推动行业的技术进步，实现科研成果共享。"郦建国是这样说的，也是这样做的。

《火电厂大气污染物排放标准》对火电厂污染物的排放浓度做出了非常严格的要求，某些指标甚至超过欧美的标准。在标准的征求意见稿出台之际，曾有人对电除尘器是否仍是我国烟尘治理的主流设备产生质疑，另外，由于历史原因，我国电除尘器普遍存在电场数量偏少、比集尘面积偏小等现象，使部分电除尘器运行状况不够理想。2009年3月，受中国环保产业协会电委会委托，郦建国在组织翻译、研究国外大量文献资料的基础上，做了大量艰苦的基础性工作：对国内100多台（套）电除尘器实测结果进行了统计并分析，对国内200多种煤种进行分析及除尘难易性评价。在对电除尘器性能影响因素进行系统、深入研究的基础上，他进行了电除尘器适应性研究和经济性分析，提出了燃煤电厂电除尘器选型设计指导意见。2010年4月，郦建国将独家研究成果毫无保留地拿出来与同行分享，主编完成了培训资料《燃煤电厂电除尘器选型设计指导书》，为业主、各委员单位的营销、技术骨干开展技术培训，并在《中国环境报》对其进行了专题报道。指导书经修改完善，于2013年10月由中国电力出版社出版。研究成果的公布，消除了社会舆论对电除尘器能否达标排放的质疑，使业内对电除尘器的认识回归理性。指导书提出电除尘器对煤种的除尘难易性评价的方法，全面论述电除尘器的适应性、技术经济性、提效改造技术路线和选型设计及修正等内容，为用户、设计单位、制造单位选择合适的除尘设备提供了科学依据，并得到广泛认可，成为行业工具书，对推动中国电除尘技术进步、规范行业市场、提升行业整体水平起到了积极作用，为电除尘技术仍为燃煤电厂主流除尘技术做出了卓越的贡献。

为进一步推动我国燃煤电厂烟气超低排放政策的顺利实施，中国环保产业协会电委会于2015年4月在南京召开的六届二次常委会决定，由菲达环保负责编写《燃煤电厂烟气超低排放技术》一书，郦建国担任主编。2015年10月，该书由中国电力出版社出版。该书对超低排放的技术路线及相关技术进行了全面、系统的阐述和总结，分析了超低排放技术的经济性及介绍了电除尘用高压供电及控制技术、电除尘器的高压绝缘技术、湿式电除尘器的调试及运行、超低排放测试技术等，科普了燃煤电厂烟气超低排放技术相关知识，为燃煤电厂污染物控制提供了参考，同时为用户及相关部门阐述了中国电除尘行业已掌握实现燃煤烟气超低排放的核心技术，且已有多台（套）燃煤电厂烟气超低排放机组成功投运业绩。该书的出版，进一步推动和引导了电除尘行业技术进步，为燃煤电厂烟尘超低排放的实施作出了贡献。

郦建国自2005年10月至今，担任机械工业环保机械标委会副秘书长及大气净化设备分标委会秘书长。在标委会领导下，十五年来，他先后组织开展行业标准化工作会议24次，组织标准函审34次，组织制修订国家标准15项、行业标准131项，完善并建成了涵盖除尘、脱硫、脱硝等大气污染治理领域、专业较全面、操作性较强及富有一定前瞻性的标准体系，带动企业走“技术标准化—标准产业化”的发展之路，促进了产业升级、结构优化和技术进步，增加了国家环保装备产业核心竞争力。他先后主持起草完成3项国家标准、16项行业标准，参与起草完成7项国家标准、23项行业标准。

因标准化工作成绩突出，机械工业环境保护机械标准化技术委员会大气净化设备分技术委员会荣获中国机械工业联合会“十一五”“十二五”机械工业标准化工作先进集体、郦建国获“十一五”机械工业标准化工作先进工作者等荣誉称号。

匠心逐梦，甘为人梯

2015年10月，在武汉电除尘委员会三十周年庆典暨第十六届中国电除尘学术会议上，有11位电除尘行业老同志获得了专门为中国电除尘事业做出重大或开拓性贡献的前辈设立的“苍穹奖”，年龄最大已到耄耋之年，最年轻的也已过花甲。郦建国望着白发苍苍的老人们手捧奖牌，像一棵棵久经风雨的老树，默默地挺立在颁奖台上时，感慨不已。他深有感触地说：“这块沉甸甸的奖牌，是对他们一辈子无怨无悔从事电除尘行业的肯定。电除尘委员会成立那年也正好是我开始从事电除尘工作之年，我辈定当薪火相传、继往开来,将‘保护环境　造福人类’的崇高事业向前推进。”

在平时工作中，郦建国对自己和下属都严格要求，以身作则、诲人不倦，通过“传、帮、带”，把几十年工作中积累的专业技能、宝贵经验都倾囊相授给年轻人，为菲达环保培养出一批又一批后备技术骨干。

在他的工作研发团队里，有好多都是他手把手教出来的“徒弟”。谈起既是上司又是“师傅”的郦建国，徒弟们由衷钦佩他对科研工作的认真和投入，同时也感谢他对自己的栽培。有徒弟这么说道，“我常常和别人说我师傅有魔力，他有那种‘微笑的强制力’，讲话又特别有分量，让我们心甘情愿地去学习和研究。”

“郦总脚踏实地、敢于创新，对工作认真负责的态度值得我们尊敬，常常让我在感动之余，受益匪浅，不仅从中获得了许多学习、工作的动力，也帮助我逐步走出困窘的境地，还明确了自己肩负的责任，能更好地投入到这份事业中。”工作研发团队里的杨浩锋如是说。

“搞技术没什么诀窍，肯学、勤干就够了，当然还要跟得上时代。”面对一个又一个新项目，郦建国总是那么自信坦然，执着地在自己钟爱的除尘领域奋斗着。“只要环保行业需要我，菲达需要我，我一定会在‘烟尘治理’这条路上走下去，尽我所能，倾我所有！”

“薪火相传三十载，继往开来续华章；我辈正值壮年时，不待扬鞭自奋蹄！”这是郦建国在电除尘委员会三十周年庆典上获“碧空奖”时的感言，也是他最真实的写照。为了推动环保事业的发展，为了环保技术的进步，为了培养更多环保专业技术人才，为了让我们的天更蓝水更绿，郦建国一直在前行的路上，勤勤恳恳，书写着他平凡而又传奇的故事。

『玄学』大咖

徐仰汇

徐仰汇，1970年出生于陕西省西安市，1992年毕业于清华大学，随后赴日本求学，先后取得横滨国立大学硕士学位和东京工业大学博士学位；2003年进入日本著名日产汽车公司研发中心任NVH工程师。NVH是“Noise, Vibration,Harshness”的缩写，指汽车在行驶过程中驾驶员和乘客感受到的振动和噪声。NVH性能影响因素多，机理复杂，在汽车行业有“玄学”之称，综合反映一个汽车的内在品质。徐仰汇2009年回国，从事中国自主品牌汽车NVH性能开发工作，并于2012年加入广州汽车集团股份有限公司汽车工程研究院，现任广汽研究院首席技术总监兼A产品线总监，全面负责传祺自主品牌乘用车、新能源车等全系列车型的NVH性能开发，以及A产品线车型的开发工作。在传祺自主品牌崛起的历程中，作为整车NVH性能自主研发体系的技术带头人和管理者，徐仰汇带领NVH科研技术团队，结合多年在国际知名汽车企业的研发经验，攻克了大量整车NVH性能开发关键技术，建立和完善了NVH性能仿真分析方法、试验方法等企业标准，并在参与国家、省、市重点科研项目中取得卓越的技术成果；获得中国汽车行业科学技术奖一等奖2项，广东省机械工程学会特等奖1项；先后入选广州市创新创业领军人才、广州市优秀专家、北京市海外高层次人才及北京市特聘专家等；申请发明专利12项，发表学术论文16篇。

广汽传祺，从"中国制造"到"中国质造"

回顾中国汽车品牌成长之路，在传祺诞生之初，很多人第一次听说"传祺"，或许都是来自大名鼎鼎的BBC汽车节目TOP GEAR，当时传祺自主品牌鲜为人知。如今，广汽传祺不仅已经在中国家喻户晓，更是走向了世界，目前已完成在中东、东南亚、东欧、非洲、美洲五大板块14个国家的布局。

从2008年到2018年，是广汽传祺砥砺奋进的十年，也是中国汽车从"中国制造"到"中国质造"转型的十年。十年后的今天，广汽传祺成功打破自主品牌价格天花板，为中国品牌的向上之路提供现实范本，以中高端产品成功切入海外市场，并获得市场认可，成为中国汽车业乃至现代制造业的标杆。短短十年，广汽传祺之所以能够实现跨越式发展，其背后的决定性因素在于广汽传祺一直以"世界级品牌、全球化企业"为愿景，坚持高端定位，以创新为驱动，以品质为基石，走出一条高质量发展的新路径。

十年创业，十年艰辛，在广汽传祺十年砥砺奋进的背后，涌现出了一大批优秀的工程师，默默为中国自主品牌事业的发展奉献着自己的力量。说到传祺车型舒适的驾驶体验和优越的振动噪声性能，不得不提被誉为广汽"玄学"大咖的杰出工程师——徐仰汇。

"回国，是为了实现自己的技术理想"

2003年，徐仰汇从日本东京工业大学毕业后，任职于著名日本日产汽车公司研发中心，参与了骐达（A级轿车）、天籁（C级轿车）、英菲尼迪

（高端轿车）、楼兰（SUV）、SERENA（MPV）等多款车型的NVH性能开发与CAE仿真分析工作。日产汽车公司是日本三大汽车制造商之一，也是世界十大汽车公司之一，包括天籁、楼兰在内的多款车型均以安静、舒适著称。在日产研发中心工作多年的经历中，徐仰汇完成了许多高难度任务，积累了丰富的NVH性能开发及CAE仿真分析经验，在处理系统工程和高难度技术问题上出类拔萃。

2005年，徐仰汇在日产汽车公司研发中心工作时，日产公司曾有意与国内某知名自主品牌车企合作。但经研发中心负责人考察后，对中国汽车自主品牌的评价是“车开起来没有质感，车内杂音多”。这件事对徐仰汇产生了不小的震动，难道中国企业造不出有品质的车吗？

“在国外工作终究会触到‘天花板’，而一个富有本土情怀的平台才能实现自己更高的理想抱负。”徐仰汇说。于是，他毅然选择放弃在日本的优越生活回到中国，一心埋头于中国自主品牌汽车的研发，踏上了中国自主品牌创新的艰苦历程。一次偶然的接触，他被务实的岭南文化和广汽集团对产品、技术的专注所打动。“有位朋友跟我说，‘广汽是个干活的地方’”——如此朴实的一句话，却打动了他的心。

2012年，徐仰汇加入了广汽研究院，主要负责汽车振动噪声性能的开发，立志要让用户在驾驶过程中，体验到振动小、安静舒适的环境。

“汽车NVH，不仅仅是调校出来的”

对于消费者来说，一辆车的噪声、振动是驾驶汽车的第一感知。随着现代生活节奏的不断加快，汽车对消费者来说不再单纯是代步工具，他们更注重享受轻松、和谐的驾乘品质。改善中国自主品牌汽车NVH性能，任重而道远。

“2012年我加入广汽研究院的时候，恰好是其NVH问题比较突出的阶段。”面对记者，徐仰汇丝毫没有掩饰广汽传祺的产品曾经在NVH方面的不足与问题，反而非常坦然地分享这其中的转型与不易。“对于自主品牌汽车而言，NVH技术发展的历史还不长，有些还是在产品开发的最后阶段进行调校。可以说，没有正向开发，就不可能达到优秀的NVH水平”。NVH性能牵涉整车成百上千个零部件，几乎与整车所有的系统相关。对于汽车研发机构来说，NVH性能的好坏就是它综合研发实力的直接体现，其复杂性决定了整车的NVH性能必须是正向开发。

“NVH不仅仅是调校出来的。一个完整的NVH正向开发流程，包括NVH性能设计、仿真分析和测试调校。而一款车型的逆向开发就是‘照葫芦画瓢’，把样车制造出来后再进行NVH调校。这时纵然可以进行局部结构的力学性能改善与模态调整，但不可能大幅度地提升NVH性能。可以说，逆向开发做不出高品质的NVH性能。在日产公司，NVH开发的大量工作都投入在样车出来之前的NVH性能设计和CAE仿真分析中。”徐仰汇说。

因此，徐仰汇来到广汽研究院后，第一件事就是花了近一年的时间全面修订、完善广汽研究院NVH正向开发流程，建立了广汽正向的整车NVH性能开发体系。他主持制定了《整车NVH性能开发控制程序》《整车NVH性能设计控制程序》《NVH性能仿真分析控制程序》《整车NVH测试调校控制程序》等企业体系标准，成为指导广汽自主品牌汽车NVH性能开发的纲领性文件。

“在我加入广汽研究院之前，广汽研究院针对NVH的研发已经建立了

一个小的平台，我来了以后对整个团队进行了进一步的整合、细化。”在徐仰汇第一次踏进广汽研究院时，NVH部只有寥寥十几个人和一个简陋的半消声试验室，软硬件设备非常有限，研发工作开展困难重重。

短短几年间，在徐仰汇的带领下，广汽NVH研发团队逐步建立了整车NVH性能设计、车身NVH、路噪及底盘NVH、风噪、传动系统NVH、异响、声品质等14个细分专业领域，已发展成为拥有一支130多人的研发团队、12个NVH试验室以及带粗糙路面的NVH专用调校跑道，还计划建造一个风洞实验室，致力将NVH性能发展为广汽车型的一大亮点。徐仰汇透露，“声学、振动、环境舱”三合一的整车四立柱异响实验室、NVH专用粗糙路面等多项试验设施在国内均为首创。

目前，广汽研究院NVH研发实力在国内已具备四个“领先”，即领先的NVH正向开发体系、领先的NVH仿真技术、领先的NVH试验技术和设施和领先的NVH研发团队。在广汽NVH团队里，80%以上有硕士学历，且有不少海归毕业生加入。2015年上市的传祺GS4的NVH性能达到同级别车型的较高水平，赢得市场的认可，成为传祺的明星车型；2016年上市的GS8的NVH性能达到同级合资品牌的水平，成为突破自主品牌20万售价天花板的热销车型，其NVH性能为该车的亮点之一；2017年上市的GM8的NVH性能更是超越了同级合资品牌的水平，树立了豪华大型MPV新标杆，其NVH性能得到市场一致好评。

搞“玄学”，不能玩虚的

“责任、协作、实效、创新”是徐仰汇的管理理念。在他眼中，搞“玄学”不能玩虚的，卓越的NVH性能，靠的是工程师们对自主品牌研发事业执着的工匠精神。

“团队最重要的是责任感，我一直强调，NVH团队要勇于担当，以实现传祺车型NVH达到国际一流水平为己任，发现问题要第一时间推动解决。"徐仰汇说。在他的团队中，有一个微信群，被戏称为"24小时技术讨论群"，常常到深夜12点，群里还在热烈讨论着某个难题如何解决，一些突破性的解决思路凌晨出现在群里也早已司空见惯。"潜心研发自主品牌汽车"，是他的责任，也是NVH团队每一位工程师的责任。

"我们不具体设计车身、底盘等系统，我们的工作是对NVH问题提出解决方案，并通过仿真或试验验证其有效性，然后和设计人员进行充分沟通才能使解决方案付诸实施。"在任何企业中，部门之间都是存在一定壁垒的，但广汽干实事的工作作风在很大程度上破除了这些壁垒。徐仰汇以身作则，善于和勇于与相关部门协作，带动形成这群年轻的工程师们良好的合作氛围。

"实效不只是指'高效'，更是不玩虚的。不管是通过仿真方法提出的措施，还是通过试验方法提出的措施，我们都强调要综合考虑成本、重量等因素，要把这些措施实实在在地落实到具体设计中去。"

"过去我们大部分精力都在产品开发上，现在我们越来越把技术创新放在突出位置。以NVH为例，过去我们要做的是降噪，但现在我们关注的是如何把声音做得更加悦耳、动听。"徐仰汇表示，广汽研究院的NVH未来将会向更高领域的"声品质控制"进军。

"在广汽，我最得意的成绩，是带出了这样一支优秀的研发团队。"徐仰汇说，"有了他们，产品的品质无需担心。当初回国的梦想不正是希望和一群志同道合的人潜心研发自主品牌汽车么！"

在徐仰汇看来，对年轻工程师的培养是非常重要的事情。在工作之余，他常常担任校外导师，指导工程硕士的研究。这位散发着儒雅气质的专家，比大学教授还更像大学教授。2017年徐仰汇应邀做客母校清华大学，在本科生"汽车噪声控制"和研究生"Vehicle NVH"课堂上分别用中、英文进行授课，深度解读整车NVH正向开发技术，分享广汽研究院在NVH领域所取得的研发成果，并与清华大学师生就NVH前沿课题研究展开了深入交流。

作为中国汽车工程学会振动噪声分会副主任委员，汽车噪声振动和安全技术国家重点实验室第二届学术委员会委员，徐仰汇曾多次在学会组织的汽车NVH控制技术国际研讨会上做学术报告，为汽车行业的技术发展作出了重要贡献。

“精益求精”，是一种工作习惯

“在日产工作期间，有件事情让我印象非常深刻：为了提升转向管柱模态2Hz，大家投入了大量时间，连续好几周都是在讨论这个细节，当时给我的感觉就是‘服了这帮日本人了’。”徐仰汇回忆起这段经历，仍然觉得感慨万千，日系高端品牌在同级别车型中出类拔萃的NVH性能，与日本文化对细节追求的执着工作态度密不可分。“在日本的学习工作经历，让我养成了精益求精的工作习惯。”徐仰汇笑言。

在广汽研究院，由徐仰汇带领的NVH研发团队，同样保持着“坚持精细化制造”的工匠精神。比如传祺GS8一些细微的异响，消费者轻易感受不出来，但在他看来，这是提升用户舒适体验的关键所在，一律不能放过，必须完全消除。

广汽集团“至精·志广”的核心价值与徐仰汇精益求精的做事风格非常契合。“能为用户提升1%的驾驶舒适性，我们就要付出100%的努力，这样才能做出真正的精品车。”对传祺车型NVH性能的提升，徐仰汇有着自己的执着与追求。

徐仰汇曾说：“因NVH涉及整车所有的零部件，需要跟很多部门进行沟通、协商，‘树敌’很多，但哪怕吵到面红耳赤，到最后都能解决问题。”这正是因为广汽所有人都朝着“一定要打造精品，要高端，不做低端”的目标，才成就了今天的精品传祺。对NVH领域永无止境、精益求精的执着追求，已成为他的工作和思维习惯。

在谈到未来规划上，一向温文尔雅的他却显得“狼性十足”：“十年内，要真正建立一个传祺声音的DNA”。徐仰汇率领的“玄学天团”，正秉持着这一份野心与信心，在静谧性、舒适性上要带给消费者更多的“满足”，在汽车NVH领域希望发出世界级的“中国声音”“传祺声音”。

花自芬芳水自流

焦 洁

焦洁，女，1964年出生，1987年毕业于天津大学精密仪器系光学仪器专业，工学学士，毕业后一直在北京机床研究所及其下属公司从事精密测量仪的研制及测试技术的研究工作，教授级高级工程师，研究室主任。

她在科研一线工作三十多年，参加或主持了多项科研攻关课题，研制出多种测量仪器，取得了实用新型专利和科技进步奖；与时俱进，开拓创新，致力于科研成果向现实生产力的转化工作，促进现有技术拓展应用和产品转型升级。尤其是在数控机床关键功能部件——滚珠丝杠副的精度、性能检测方面独树一帜，主持研制的丝杠行程测量仪系列产品市场占有率90%以上，不仅为企业创造了经济效益，而且，通过测量仪的推广应用，作为重要的检测手段，为提高高档数控机床的关键功能部件质量提供了保障，对促进相关技术产业的发展有着重大的意义，推动了产业技术进步。为此，她获得了“九五”机械工业先进个人、中国机床工具协会滚动功能部件分会先进个人一等奖、第二届“杰出工程师鼓励奖”等荣誉称号，并享受国务院政府特殊津贴。

看似寻常最崎岖，成如容易却艰辛

北京机床研究所，1956年建所，1965年迁址密云水库旁，1999年7月1日由中央直属科研事业单位转制为科技型企业，2003年12月30日正式注册北京机床所精密机电有限公司，并于2014年整体转入中国通用技术集团，成为其下属公司。

北京机床研究所曾经是机床行业的排头兵，在行业发展史上取得过辉煌成绩。但是，在国有企业改革的大环境下，也经历着市场经济浪潮的严重冲击。焦洁在该企业工作了三十多年，个人的命运与企业的命运紧紧相连，是企业改革的亲历者和见证人。回顾过去，她以“花自芬芳水自流”为题目，分享着自己作为一线技术人员的人生观、价值观及奋斗历程。

高山雪莲、空谷幽兰，抑或路边无名小花儿，不管是否有人欣赏，它们都各自美丽绽放，释放自己的精彩，享受自己的空间。水，流向江河大海，哪怕途中再多艰难险阻，都无法挡住它前进的道路。遭遇危难而无法前行时，它以柔、渗、曲之功，达峰回路转之妙。水，因形就势，无处而不自在。

机床制造业原本不像“上天入地”那样的行业声名显赫，她所从事的工作不算是“高大上”，开发的产品也不是企业的主流，属于“小众”行业，要做出成绩来也是不容易的。必须甘于寂寞，苦练内功，凭心灵的充实、丰富、热烈，活出特色和滋味来。

丝杠行程测量仪是光、机、电、气、磁、计算机硬件与软件的综合应用，随着第一代产品的诞生，老一代技术人员的退休，相关人员的调离，这项技术面临失传的可能。焦洁打破专业界限，刻苦钻研技术。寒来暑往，每天都紧张劳作，不敢有丝毫懈怠，仍感时间匆匆，恨不能系长绳于青天，拴住那西飞之落日！恨不能将“明天”预支！十年磨一剑，终于掌握了全面的关键技术。

然而，企业都是以营利为目的的。起初，由于这个产品量小面窄不能带来丰厚的利润，因此不受重视，甚至在机构重组时差点被淘汰。那时，她一想到自己“像养个儿子一样”在这项工作上的付出，就有万般的不甘心啊！她据理力争，才得到了企业领导的支持，有了今天的成果。

感恩珍惜树三观，敬业乐业心自安

焦洁出生在河南的贫困农民家庭，经历了生活的磨难，是党的改革开放政策，让她有机会通过自己的努力考上了大学，用知识改变了命运。“感恩与珍惜”“努力与坚强”一直是她生活的主旋律。

当时的北京机床研究所由于地点偏僻，交通条件不好，同来的大学生纷纷离开了。而她却被这里的青山绿水所吸引，青春的热力，使她不甘庸碌，把这里当做开始寻梦的地方。

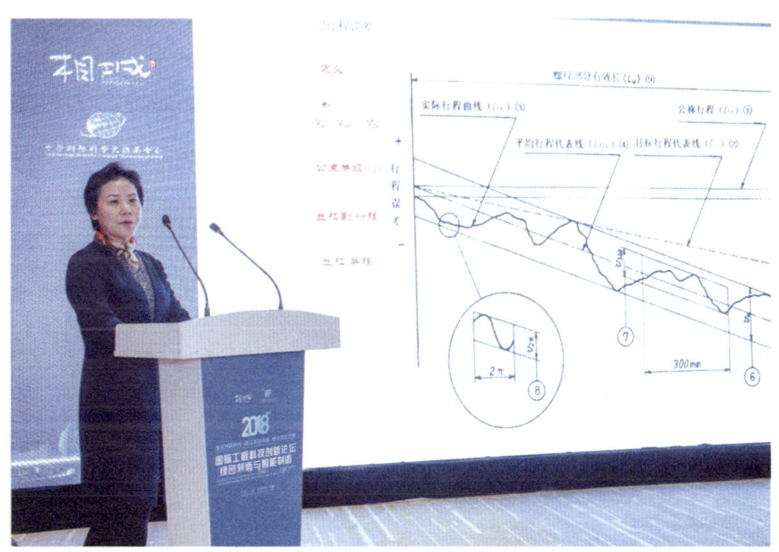

上班伊始，无论为人处世还是做学问，她都刚刚起步。当时的机床所有老一代的技术专家，从这些师傅身上她学到了严谨的工作作风和敬业精神。她同时参加了“三坐标测量机”“双频激光干涉仪”“滚珠丝杠副动态预紧转矩测量仪和行程测量仪”等的研制。为了多学知识，她经常默默加班加点工作，从来不计报酬。

在1994年前后，机床行业处于低迷状态，当时所里形势不好，发工资都成问题，许多年轻人都跳槽了。她几经思想斗争，还是留了下来，潜心钻研技术。测量仪相对于加工设备算是服务性的，而何况丝杠测量仪的应用领域狭窄，市场前景不好。但她认为每一种职业都是可敬的，能有机会从事某种工作，说明与这种工作有缘分，敬业与乐业是人生的不二选择，只有通过自己艰苦不懈的努力，充满激情的创造，去取得工作成绩，才能收获成功的快乐，使自己的人生有意义。

测量专机包含传感器理论和技术、检测计量理论和技术、信号处理理论和技术、误差分析理论和技术、自动控制理论和技术、先进制造技术等，是一个技术含量很高的“一揽子”项目。对相关专业知识、相关的技能要求很高。焦洁在项目执行的过程中：首先，不断更新观念，学习新技术，探讨新方法、新工具，总结新实践、新经验，使得丝杠测量仪产品保持技术领先；

其次，倾听用户心声，“以市场需求为起点，以连续改进为目标”，使得产品满足日益变化的市场要求；第三，做好技术拓展，为转型升级做准备。虽然产品销路很窄，但她认为“路的旁边还是路”，技术是可以拓展的，大家常说“转型升级”，而她深刻体会到，转型升级不是一蹴而就的，要靠点点滴滴积累，水到渠成。

一寸光阴一寸金，一岁年龄一岁心。焦洁把人生的大部分精力都用在了工作上。有人问她累不累，她总是感慨地说，人的一生总是要劳作的，你总不能把头脑和四肢都束起来吧？再累也是一日24小时。在人生的不同阶段，要感恩所有遇见，珍惜一切机缘，做有意义的事情，时间和精力花在哪里，就会在哪里有所收获。

企业是安身立命的依托，市场是衣食父母的源泉。她真心感谢国家、社会、企业，给自己实现梦想的机会和平台。的确，常怀感恩之心，总能让人豁然开朗，生活充满阳光。就像自然界的花儿竞相开放，高山上的水自在流淌，在她的心中自有一方宁静的田园，开出自己生命的花朵，不管是否有人欣赏都依然灿烂。人们总能看到她的乐观豁达，感受到她满满的正能量。干工程技术这一行，难免会感到枯燥乏味，她在业余时间或出差途中经常写点打油诗，歌颂美好的事物，也使自己心情愉悦。她写道：

太平盛世人心暖，
播种自家责任田，
策马扬鞭天地阔，
五谷丰登尽开颜。

科研路上磨难多，信念坚定出成果

在竞争中求生存，在改革中求发展，是新时代的主旋律，也对科研人员提出了严峻的考验。焦洁在长期的工作生活磨炼和不断求新完善自我的过程中，体验着科技人员以知识为资本创造价值的过程，践行着科工贸一体化的技术发展道路，取得了科研成果与经济效益的双丰收。

1. 开展重大专项课题攻关

负责完成了国家重大专项“12米激光滚珠丝杠副行程测量仪的研制与测试技术研究”。这台高精度的测量仪，全长14.5米，床身重量达26吨多，除了技术上的难度外，场地及运输都成问题。经过慎重考虑，她想出了最佳解决方案，就是边找用户边攻关，把仪器直接由中试场地运达用户场地，既解决场地问题、减少运输风险又实现成果转化。专机用户非常有限，经过不懈努力，最终找到了山东用户。接下来的攻关工作全是在外地展开，即在中试场地完成初装，在用户场地完成最终调试。因为超长导轨的精度实现需要在高精度的恒温条件下去完成，需要厂家24小时不间断开空调。为了减少厂家空调耗电费用，同时也为了减少研发小组的差旅费，她带领团队克服困难，连续加班，一鼓作气提前完成了重大专项课题，并通过了行业专家的鉴定。该成果解决了大型超长丝杠（副）的动态测量技术，成功研发了集光、机、电、计算机技术于一体的精密测量仪器，对大型超长滚珠丝杠测量仪的设计、制造及工艺进行了深入研究，在大型整体式花岗岩床身和精密长导轨的制造工艺上实现了突破，在自动卸载支承的设计上取得了创新，形成了4项实用新型专利。该仪器填补了国内外大型滚珠丝杠（副）行程测量仪的空白，其技术水平处于国内领先，部分指标达到国际先进水平，获得中国机械工业科学技术进步二等奖。

参加重大专项“高速、重载、精密滚珠丝杠及直线导轨的研制与产业化”课题。优化设计了高速滚珠丝杠综合试验机，用于测量滚珠丝杠（副）的定位精度、温升、热位移、噪声、速度、加速度等。通过试验，模拟滚珠丝杠（副）在数控机床上的实际应用，分析影响精度、性能、可靠性的因素，消除早期故障，促成其在高档数控机床上的应用。该项目获得了中国机械工业科学技术进步三等奖。

2. 致力于科研成果转化工作

只有把科研成果转换成现实生产力，创造出经济效益才有意义。这需要有品质一流的产品，能经受市场的检验，还要有一流的服务，赢得用户的信任才行。为此，焦洁负责修订了《丝杠测量仪企业标准》，提出并负责起草国家标准——《丝杠动态行程测量仪校准规范》。还做了大量调研与比对工作，与国际知名品牌如日本THK、NSK和中国台湾上银、银泰公司的产品进行测量比对，也与日本三井公司就螺纹磨床及检测问题进行了深入细致的交流，分析国内外测量仪的优缺点，使得北京机床研究所的丝杠测量仪产品不断满足日益变化的市场要求，并保持技术领先。在推广销售优质测量仪的过程中，她为客户讲解行业标准、国际标准，国内外产品差距；利用自己多年来在微机螺纹磨床改造时积累的经验，对影响加工的种种因素进行分析，帮助用户处理加工中存在的问题，提出提高质量的措施；利用自己在丝杠高速试验台上的研究结果，帮助用户分析丝杠在安装使用时遇到的问题。这些从产品的生产、检测到应用提供一条龙服务，通过这些优质的增值服务，赢得了更多的客户，使科研工作有的放矢。

然而，由于测量仪市场狭窄，她常常会焦虑：不知明天的早餐在哪里？但经过努力拼搏最终取得了成绩，又让她体会到：有时候，我们感觉走到了尽头，其实只是心走到了尽头，鼓起勇气昂然向前，或许机遇就在下一秒。心中有了坚定的信念，就有了克服困难的决心和勇气。

3. 促进转型升级、创新发展

对于从事“小众”产品开发的科研人员来说，“危机感”是与生俱来的。必须转变思想，把工作的出发点和落脚点都围绕着市场进行，必须以市场需求和竞争来引领和促进各项工作的改进。只有这样，才能应对市场的风云变幻。为此，她紧紧围绕市场需求，积极主持新技术推广和技术改造，对原有的丝杠行程误差测量仪规格进行拓展，形成了从微型到大型一系列产品，扩大应用领域。她还主持开发了新产品：滚动直线导轨副综合精度测量仪；滚动直线导轨副高速性能测试装置；滚珠丝杠副预紧转矩测量仪；滚珠丝杠摩擦磨损试验台……

老骥伏枥志当先，奋蹄扬威不须鞭

“一晃就老了。”她感慨岁月的无情：志未酬、身心倦、两鬓斑；也珍惜当前的时光，不忍夙愿付东流！正所谓：

老骥伏枥志当先，

奋蹄扬威不须鞭，

今日还回起跑线，

满怀希望向明天。

制造业是兴国之器、强国之基。无论绿色制造还是智能制造，都离不开工作母机，机床是制造业的基础，在国家大力发展制造业的宏伟目标中，高档数控机床作为工作母机，扮演非常重要的角色。滚珠丝杠又是机床非常重要的功能部件，其性能和质量越来越得到国家和行业的高度重视。测量技术的发展是机械制造水平发展的基础和先决条件，仪器校准和量值传递是保证精度的最重要基础。

焦洁作为杰出工程师，要弘扬责任、创新、协同的精神，在自己的本职岗位上，通过项目的实施，培养一支机械电控计算机设计、精密加工装配、试验分析等专业的优良人才队伍，保证了精密制造技术的继承性与可延续性，为产业发展和经济实力提升创造条件，做好测量仪并推广应用，严把产品质量关，提高国产滚珠丝杠质量，为我国制造业的发展贡献力量。

做无私奉献 铸电网辉煌

葛维春

葛维春，工学博士，教授级高级工程师，国家电网公司工程技术专家，新世纪“百千万人才工程”国家级人选，是一名享受国务院政府特殊津贴的科技精英。他作为辽宁电网唯一一位新世纪“百千万人才工程”国家级人选，现兼任辽宁省电机工程学会学术工作委员会主任委员、中国电机工程学会电力系统专业委员会委员、中国电工技术学会能源互联网装备技术专业委员会副主任委员，沈阳工业大学博士生导师、东北电力大学客座教授。

葛维春出生于1961年，1984年7月毕业于东北电力学院发电厂及电力系统专业，本科学历，学士学位；1987年1月，毕业于华北电力大学电力系统及其自动化专业，研究生学历，硕士学位；1992年10月，毕业于华北电力大学电力系统及其自动化专业，博士研究生学历，工学博士学位。他参加工作以来，一直从事电力系统相关工作。参加工作初，他曾在东北电力学院从事两年多电力系统教学和科研工作；1992年至1999年在东北电网从事电网调度工作，其间曾任调度员、专责工程师、副处长、处长等职务；自1999年以来，一直在辽宁省电力有限公司工作（自2013年6月更名为国网辽宁省电力有限公司），曾任调度通信中心总工程师、科技信息部副主任、鞍山供电公司副总经理、科技信息部主任、科技信通部主任等职，现任国网辽宁省电力有限公司科技互联网部主任，负责科技及泛在电力物联网建设等工作。

天道酬勤，苦乐绘就华章

“科研工作看起来枯燥，其实其乐无穷”，葛维春乐在其中。只有沉浸在科技探索研究工作中，才能让他感受最大的快乐！他不希望自己在平庸中度过，更渴望能有机会将所学应用于解决实际问题，始终坚持不断学习，刻苦钻研，紧跟国内外前沿技术，研发成果缤彩呈现。三十余年，他主持或参与国家、国家电网公司等重大科技项目20余项，获省部级及以上科技奖励27项，其中，国家科技进步一等奖1项、二等奖3项，省部级一等奖6项，完成的“电力系统暂态稳定在线评估技术（EEAC）及其应用”获得国家科技进步一等奖，“基于CC-2000支撑平台的EMS高级应用软件”“静止无功补偿器核心技术的研发及应用”和“大规模电力系统暂态稳定定量平价理论与应用”3项成果均获得国家科技进步二等奖；出版《现代电网前沿科技研究与示范工程》《电网电压稳定性与动态无功补偿》《固体电储热及新能源消纳技术》《高度集成智能变电站技术》等11部专著，发表学术论文81篇，获得授权发明专利68项。

勤于思考钻研的他突破了一个又一个技术难题，有了越来越多的收获，他曾荣获辽宁省优秀科技工作者、辽宁杰出科技工作者、辽宁省首届青年科技奖、国家电力公司首届青年科技创新奖、全国电力行业QC小组活动卓越领导者、中国电机工程学会会士、中国电力优秀科技工作者奖等荣誉称号。

精益求精，助力电网发展

葛维春说：“做好一个项目，没有个韧劲是不行的！”他做事精益求精，从不轻言放弃，为辽宁电网乃至国家电网作出了突出贡献。

三十多年来，他一直从事电网调度运行、电网动态无功补偿、清洁能源消纳等关键技术研究，建设完成了多个国内首台、首套科技示范工程。为满足我国电网生产一线的基本技术需求，突破了系列工程技术难题：组织开发我国首套电网实时暂态稳定性分析软件；主持研制出首套国产化EMS高级应用软件系统；组织完成第一套国产化100Mvar SVC和66kV直挂电压等级光控SVC工程建设；主持开发了“弃风规律评估软件”和世界首套可控负荷与多源协调调控系统；组织研制出世界上首台大容量（3.2GWh）电制热固态储热装置、首套利用弃风供暖的分布式相变储热系统和当时最大容量的全钒液流储能系统。

他组织开发我国首套电网实时暂态稳定性分析、EMS高级应用软件系统，填补了我国调度自动化领域的技术空白，几十年来随着电网发展进行升级，保持技术引领。20世纪80年代，我国经济快速发展，但电网网架薄弱，导致安全稳定水平低，迫切需要实时监视、分析电网运行水平的技术。从国外引进的4套调度自动化系统仅有监控软件，没有分析、决策等应用功能，且系统内存小、速度慢，再次开发难度极大。作为工程技术负责人，葛维春主持了国产化调度自动化系统的开发、推广与升级。一是改造引进系统，完成暂态稳定性分析系统开发与应用。基于复杂电力系统简化为双机系统的等值方法，对进口系统进行改造，建设成我国第一套国产化电网暂态稳定性分析系统，首次实现定量、准确的暂态稳定各种极限参数在线快速计算，使我国区域电网的调度运行人员第一次可以根据电网实时运行数据进行暂态稳定性分

析，开创了我国电网调度自动化系统应用在线软件的新局面，对调度运行人员掌握电网安全稳定状态、预防大面积停电意义重大（获1996年国家科技进步一等奖，排名第十）。二是国产化调度自动化系统EMS高级应用软件开发与应用。提出了一体化设计思想，主持完成我国第一套集状态估计、负荷预测、安全约束调度、暂态稳定性分析等12个功能于一体并兼容SCADA软件的调度自动化系统，使区域电网调度运行人员能分析电网典型历史运行方式、掌握当前及未来电网安全、稳定、经济运行状况，在东北电网调度中心验证后，推广应用至大部分省级及以上调度中心，取得显著经济和社会效益（获2003年国家科技进步二等奖，排名第二）。三是完成电力系统电压稳定、暂态稳定定量评价与应用技术开发。组织了大规模电力系统暂态稳定定量评价理论与应用技术研发；提出基于阻抗负荷的电压稳定性判据、综合负荷模型的功率梯度判据，构建了电压稳定性分析技术体系，实现了现代仿真与编程技术在电力系统暂态稳定分析中的应用，开发出的软件集成到了EMS高级应用软件中，提高了EMS实用化水平（获2008年国家科技进步二等奖，排名第五）。四是完成可控负荷与多源协调调控系统的开发与应用。近年来，随着可再生能源并网比例的提高，电池储能、电动汽车充换电站和大规模电制热储热等负荷的相继接入，对调度自动化系统功能提出了新的挑战。主持建立了一系列准确描述弃风过程、电池储能、电动汽车充放电、电制热储热的电网分析模型，开发了“弃风规律评估软件”，研制出世界首套可控负荷与多源协调调控系统，并将其集成到调度自动化平台，在消纳弃风的同时，为弃风找到合适用途，实现了以消纳清洁能源为目标的源–网–荷协调调度，为北方地区弃风消纳起到示范作用（获2018年辽宁省科技进步一等奖，排名第一）。

他主持了变压器低压侧接入的大容量静止无功补偿和直挂66kV动态无功补偿关键技术研究，建成第一套国产化100Mvar静止无功补偿器（SVC）和140Mvar直挂66kV光控SVC工程。“十五”期间，我国电网基础薄弱，无功支撑能力严重不足，快速发展的钢铁企业和电气化铁路产生的冲击负荷对电网稳定和电能质量产生严重影响。为此，葛维春一是开发了通过变压器低压侧接入的大容量静止无功补偿技术。首次提出采用电力电子装备进行无功补偿的技术路线，主持选取了补偿装置落地点，有针对性地制定了并网方案、电压等级及容量等关键技术指标，组织建成第一套国产化100Mvar SVC工程，2004年投运以来一直安全稳定运行，相比调相机维护量大幅降低，调节效果更好，开创了我国输电系统利用国产化电力电子技术进行动态电压调节的新局面（获2006年国家科技进步二等奖，排名第二）。二是开发了直挂66kV动态无功补偿技术。主持完成基于光控晶闸管的直挂66kV母线无功补偿技术攻关，在辽宁电网东鞍山和李石寨两个220kV变电站建成140Mvar和70Mvar光控SVC示范工程，实现了66kV母线快速无功补偿。是国内首次实现66kV直挂电压等级光控SVC的工程应用，对于提高电网送电能力、电压稳定性和用户电压水平起到重要作用。

他攻克“弃风–电网–储能”协调调控关键技术，解决了高比例清洁能源消纳、高效储存与合理利用等难题，推动了多类型储能电站和储热供暖装置工程化应用，实现了规模化弃风消纳。2010年以来，我国风电弃风率一路攀升，严重阻碍新能源产业的持续发展。热电联产机组“以热定电”的运行方式，又加剧了电网弃风。储能技术可应对新能源发电的随机性、波动性，但未能实现系统化工程应用。作为工程技术负责人，针对电网运行的不同需求，主持开发了以消纳弃风为目标的电网与各类储能装置协调运行技术，由此推动了储能技术在清洁供暖、电动汽车等方面的广泛应用，实现了对弃风的规模化消纳。一是开发了以消纳弃风为目标的电网与各类储能装置协调运行技术。针对电网持续性的削峰填谷需求和冬季供暖期弃风加剧问题，建立了以小时为单位的弃风电量分析模型和风电功率预测可信度鲁棒估计模型，提出了风、火、水、储多源协调的系统调控方法，主持完成了弃风规律多维评估、消纳方式优选、“弃风–电网–储能”协调等系列关键技术研究，实现了各类储能装置在电网中的高效利用。二是完成了国产化储能、储热系统在电网中的工程化应用。组织建设了当时国际上功率最大的5MW/10MWh

全钒液流电池储能电站，对电网全年运行周期内的调峰调频和转动惯量提升效果明显（获2017年电子学会科技进步二等奖，排名第一）；主持开发世界上首台大容量（3.2GWh）固态电制热储热装置，首次应用后辽宁电网弃风率即从最高的14.58%下降为最低的0.97%，获2018年中国电力科技进步一等奖（排名第一）；主持建成了世界首套10kV/30MW分布式大容量相变储热供暖系统，实现了弃风电量的动态消纳；主持开发了利用弃风有序充电、必要时放电的电动汽车电池控制系统，实现了储能装置的双向能量吞吐，已应用至千余个汽车充电设备。

此外，作为国家重点研发计划项目负责人，葛维春开展了电力光纤到户关键技术研究，主持国家智能电网工程在辽宁电网的落地工作，研究成果获2017年中国自动化学会科技进步一等奖（排名第二）。

在他的带领下，国网辽宁省电力有限公司整体科技工作走在国家电网公司系统前列，多次被国家电网公司评为科技工作先进单位。目前仍在积极进行“电网调度”与“热网调度”协调运行技术攻关，建设基于清洁能源消纳的省级电网与热网协调调度系统，彻底改变因供暖弃风的被动局面，改善北方冬季雾霾严重难题，在既能消纳清洁能源，又助力清洁供暖的协调统一上作出更大的贡献。

凝心聚力，健全创新机制

葛维春热爱祖国、品行端正、学风严谨、勤于钻研，富有团队创新精神。他十分重视人才的培养和创新平台的搭建。一是重视联合攻关，不断整合优势资源，积极组织与国内知名科研院所签订技术合作框架协议，定期开展技术研讨，准确分析电网技术需求，共同制订攻关计划，邀请系统内外专家开展专题研究，掌握前沿技术。二是加强科技人才队伍建设，依托科技攻关团队与实验室建设，协调各单位精英组建公司级攻关小组，编制《攻关小组管理办法》，定期考核，优胜劣汰，形成科技人才梯次储备，在科研立项、创新环境及资金保障等方面优先支撑攻关小组，统筹开展协同攻关。三是健全科技创新激励机制，通过组织设置国网辽宁省电力有限公司科技进步奖、新技术应用奖、应用理论奖、专利奖、重大科技创新贡献奖和成果转化奖6种奖励类别，对各工作层级和专业领域实现了全覆盖，授奖项目除了常规的科技项目外，还包括职工自主创新成果，奖励的种类也拓展到了授权的专利、技术标准、科技论文及论著等成果，每年奖励金额500余万元。四是在国网公司范围内率先组建了公司科技成果孵化转化中心，为科研成果的推广应用和产业化搭建了平台。

科技创新机制的不断完善，培育出一支专业素质高、实践经验丰富、创新能力强的高水平人才队伍，为各专业培养了一批专业领军人才和优秀专家人才，为国网辽宁省电力有限公司的可持续发展提供了源泉和动力。

无私奉献，淡泊映造人格

葛维春在国网系统科研队伍中赫赫有名，他出色的业绩，十分的谦逊、谦和、淡泊名利的品格，赢得了大家由衷的敬佩，大家都更乐意尊称他为“葛博”。人格是一个人品质、意志和作风的集中体现，“踏踏实实工作，本本分分做人”，是“葛博”人格的真实写照。

“任何一个成果都不是我个人的，而是团队共同努力的结果。”“葛博”总是非常谦虚但又很坚决地强调这一点。诚然，任何一项科研项目都不可能由一个人单独完成，但谁又能忽视他在每一项科研项目中所付出的诸多心血以及作为领头人所发挥的中坚作用呢？

“葛博”办公室的一个柜子里，堆满了大大小小的各种荣誉证书。面对卓然成绩，“葛博”却始终显得平静和低调，远没有提起科研探索项目时的兴奋和激动。那是因为他享受的不是浮名功利，而是不断挑战自我的过程，感受的是科研成果应用到电网实际并促进电网科学发展的奉献喜悦，追求的是踏实本分的有意义的人生。成绩的取得来之不易，有谁知道他花费了多少心血和汗水？经历了多少挫折和坎坷？但“葛博”对此却泰然处之。因为在他看来，每一项探索的过程或者成功，都有着无尽的乐趣。他那种提起科研工作时兴奋的神情已经很生动地诠释了他对科研事业的无限热爱。

潜心开发创新 锻造『大国重器』

韩炳涛

韩炳涛，1959年出生，金属挤压与锻造装备技术国家重点实验室主任，中国重型机械研究院股份公司研究员，历任西安重型机械研究所锻压室副主任、主任，中国重型机械研究院重型锻压装备研究所所长，中国重型机械研究院股份公司副总经理。他长期从事重型锻压设备及工艺的研究设计、技术开发和成果推广应用工作，先后主持完成了20多项重大科研和工程项目的研发设计与成套设备，获国家科技进步一等奖1项，省部级科技进步特等奖1项、一等奖3项、二等奖2项；授权发明专利13项、实用新型专利16项；公开发表科技论文39篇，荣膺新世纪百千万人才工程国家级人选，享受国务院政府特殊津贴，陕西省先进工作者，首批陕西省“三秦学者”特聘专家。

年过六旬的韩炳涛是一位典型的关中汉子，古铜色的脸上有着一双深邃的眼睛，微凸的前额熠熠发光，岁月的熏陶，让他更显睿智和干练。陕西悠久的历史文化，中国重型院深厚的技术积淀，历经长期的努力奋发，成就了其忠诚事业、做大事的秉性。

千里之行，始于足下

20世纪80年代，随着改革开放的深入，科技体制改革初起，科研院所的科技人员纷纷走出围墙，期盼着将科技成果尽快转化为生产力，进行全力推销。当时国内铜挤压设备及工艺技术落后，挤压产品质量无法满足使用要求，急需进行技术升级改造。一个偶然的机会，韩炳涛了解到国外有一种水封挤压的新技术，可以显著改善挤压制品的质量，但是周围的人谁也没有见过。他立即开始了研究，勾画出各种解决方案，多次召集大家进行讨论分析，最终确定了设计方案，并在实验室成功进行了试验，达到了满意的效果。当他满怀信心去浙江嘉善找到一个厂家时，他们却怎么都不相信，认为国内不可能有这样的技术。经过多次交流沟通，并看到了试验样品后，他们才同意签下了这台铜挤压机的质量提升改造合同，经过精心的设计施工，该项目最终获得成功。随后一个又一个的改造项目得以实施。

有了这些成功的改造经验，韩炳涛对铜挤压机及其工艺有了更深入的认识，此时的他，已经不再满足于仅仅进行升级改造的事情了。他的心里早已开始了铜挤压设备及其生产线的研究与开发。经过精心的技术准备，他信心满怀，顺利地签下了上海飞轮20MN铜挤压机和甘肃金川16MN铜挤压机两个大项目。

针对铜挤压机设备技术，韩炳涛

在国内首次推出预应力主机框架结构，挤压筒及挤压横梁采用“X”四点导向，挤压筒自动清扫及内冷等先进结构或装置。这些专有技术处于国内领先地位，与国外先进水平同步。依靠技术优势，在激烈的市场竞争中，先后赢得了8MN、16.3MN、20MN、31.5MN和40MN等多条双动铜挤压机生产线开发设计和成套供货项目，占有了国内大中型铜挤压机的大部分市场。其中，新型20MN双动铜挤压机，获2002年陕西省科技进步二等奖；31.5MN和40MN双动铜挤压机，是当时国内最大的双动铜挤压机。双动铜挤压技术取得重大突破，跻身世界先进行列。

万吨挤压，世界第一

1999年，得知山东丛林集团要上一台100MN油压双动铝挤压机的消息后，韩炳涛为之振奋，立即组织30多人的课题组参与竞标，在与德国、日本、波兰和国内著名厂家的激烈竞争中胜出，赢得世界首台100MN油压双动铝挤压机研制项目。

这是我国独立设计制造并拥有自主知识产权的世界上第一台油泵直接传动万吨双动挤压机。此前，全世界超过50MN的挤压设备不足10台，中国重型院只设计过31.5MN以下的双动挤压机，对万吨双动挤压机而言，几乎没有多少资料和图纸可参考，再加上合同周期短，给课题组造成了极大的压力和困难。韩炳涛信心十足，倾尽全力，带领课题组在4个月时间内完成了万余张图纸的设计。

韩炳涛夜以继日，呕心沥血，精心组织，奋力攻关，研发出了高压大流量进、排液控制三级插装阀专利技术，在提高进液阀开关速度的同时，又有效地控制了排液进程，使挤压机能够快速平稳地加压和卸压；液压支撑固定针专利技术，显著地缩短了主机的长度，提高了穿孔针的精度和无缝管壁厚的均匀度。在设备制造过程中，由于超大件太多，制造难度大，韩炳涛带病坚持到制造厂，组织技术人员深入现场服务，保证了质量，最终使万吨压机设备于2002年5月出厂，并在随后不到两个月的时间内完成了安装调试任务。

新一代油泵直接传动铝挤压机与过去的水压机截然不同。韩炳涛率领团队开展了一系列的创新，采用了最新的比例阀和逻辑插装阀集成液压控制技术和多台工业计算机构成的局域网控制和通信技术，在生产线的每处神经末梢设置了不同的位移、速度、压力、流量、温度等检测仪器，对设备及生产数据进行采集与整理，操作人员在主操作台上实现了生产过程的全程监控，可以对设备参数进行实时修改和重置，生产起来得心应手。

万吨挤压机是集机、电、液最新技术成果于一体的“大国重器”，是高科技的结晶。该设备于2002年7月成功投产，由五位两院院士及有关专家组成的专家委员会对其进行的科技成果鉴定，给予了极高的评价：“该机整机技术水平处于国际前列，其研发的内置液压固定穿孔系统、大流量卸压系统属于国际领先水平。”它的成功在行业引起轰动，标志着我国具有自主知识产权的大型压机装机水平居国际前列，结束了我国航空、船舶、高速列车、地铁列车、城市轻轨列车等所需的大型、薄壁、宽幅、高精度、中空、复杂端面铝合金型材长期依赖进口的局面，使我国具有自主知识产权的大型挤压机的总体设计达到世界先进水平，中国大型挤压机制造技术与开发能力达到了世界前列，填补了中国重型挤压装备及其生产大型超宽中空断面铝型材系列的空白，我国成为世界仅有的几个拥有大型有色金属挤压装备的国家之一。在2005年3月举行的国家科学技术奖励大会上，万吨挤压机生产线项目荣膺国家科学技术进步一等奖，成为我国民族装备工业振兴的典范和骄傲。

在取得了万吨挤压机的巨大成功后，韩炳涛团队并没有满足现状、止步不前，而是不断向更高的目标迈进，开始为辽宁忠旺集团进行125MN油压双动铝挤压机的研制。125MN压机不是吨位和设备尺寸的简单放大，而是伴随着相关理论和技术的又一次突破，2007年投产后，再次刷新世界纪录，使我国铝挤压机装备水平、挤压能力、挤压铝型材规格和质量等稳居国际领先地位。德国、日本等国同行无不为之惊叹，他们的挤压机今后很难进入中国市场了。中国重型院已向市场推广万吨级挤压机20多台套。

自由锻造，不断攀高

自由锻造是一个非常古老的专业领域，韩炳涛团队依靠科技创新，不断为其注入新的活力，让老树开出了新花。

为打破国外市场技术垄断，提高我国大型复杂锻件的生产能力，解决我国核电、水电、大型船舶、石油化工等装备制造业发展亟需的大型复杂锻件的供应问题，自2005年6月开始，韩炳涛担任总设计师，带领团队开始了世界首台165MN自由锻造油压机的研制工作，历经三年，建成了当时世界上锻造能力最大、控制水平最高的自由锻造油压机。实现的主要创新如下：

——首次采用油泵直接传动，代表国际自由锻造液压机发展方向，满足国内大型自由锻造的高精度化、数控化、专业化以及压机与操作机协同联动运行，控制精度提高3 ~ 5倍，反应灵敏，运行平稳，高效节能，操作和维护简单，生产成本低，实现了快速锻造。

——首次采用压套插入式全预应力结构，使压机框架在偏载锻造时压套所承受的弯矩减少近一半，大大提高了整个框架的刚度和使用寿命，减轻了压套重量。这是世界上目前最先进的压机结构形式。

——开发了高压大流量比例控制系统，解决了系统高压和低压大流量进液和排液问题，使压机快速、平稳、准确、无振动地工作。采用比例伺服控制系统，解决了高压大流量压缩油液快速卸压和进排液难题。

——工作缸采用了高低压密封组合、双球座中间杆结构，管道连接采用高颈法兰等，解决了工作缸和液压系统的防泄（渗）漏技术的核心问题。

该大型油压机的建成，有力提升了具有我国自主知识产权的大型锻压设备和大型锻件锻造工艺的制造水平。该项目荣获2009年度上海市科技进步一等奖、中国机械工业科技进步特等奖。165MN自由锻造油压机成功投产后，又研制了我国最大的195MN自由锻造油压机。

但是，没有与之配套的大型锻造操作机，锻造过程中使用笨重的锻造行车，锻件的移动和翻转都非常困难，锻造生产节奏慢，生产效率低下，锻造工艺难以落实，且能源消耗大、锻件成材率低，难以满足日益增长的高精度、高技术含量的大型锻件的控形控性的要求，部分大型、复杂锻件仍然依赖进口。为加速提高我国大型复杂锻件制造能力和制造工艺水平，大型锻造操作机的开发研制势在必行。

大型锻造操作机装备是一种具有六自由度的巨型重载并联型工业机器人，是集机械、液压、电气、计算机和传感器等多领域技术于一体的综合体。由于其工作环境状况差、动作区间大、承受巨大负载且受力被动、多自由度运动性能协调匹配难度高、千吨级移动质量要求动作响应快、定位精度高，结构庞大、制造难度高，市场长期被德国MEER公司和DDS公司所垄断。韩炳涛团队迎难而上，凭借中国重型机械研究院五十余年对锻造操作机持续研究的雄厚技术实力，自2004年开始着手进行大型锻造操作机的开发研究，并在国家科技重大专项的有力支持下，进行了集理论研究、实验研究、科技开发、工程应用为一体的大型锻造操作机自主研发与集成创新，并最终于2014年研制成功并投入运行了世界最大的3 000kN/7 500kN·m超大型锻造操作机，与195MN自由锻造油压机配套使用。并于2018年在中国二重集团得到推广应用，极大地提升了我国大型自由锻造装备和工艺水平的发展，使我国具备了经济、高效、精密制造核电主管道、百万千瓦级火电转子、大型水电轴和舰船用轴等关键锻件的能力，满足了我国核电、火电、水电、大型船舶、冶金、石化、航空航天、国防军工等国家战略产业对大型复杂、高端锻件的需求，增强国防实力，促进国民经济发展，对我国由制造大国向制造强国发展起到促进作用。该大型锻造操作机及其应用项目获得了中国机械工业集团科学技术特等奖、中国机械工业科技进步一等奖。

勇挑重担，开发创新

韩炳涛2000年任中国重型院重型锻压研究所所长，2010年被特聘为首批陕西省“三秦学者”专家，2012年担任中国重型机械研究院股份公司副总经理。随着职务的提升，他身上的担子越来越重，但从没有放松过科研工作。

多年来，凭借超强的创新意识和组织才能，他还先后主持或组织研制出我国第一台油套管高压水压试管机，突破6项关键技术；开发出用于石油深井和油气输送的钢管管端加厚生产线和钢管淬火生产线，达到国际先进水平，以上石油钢管管加工设备已占领国内大部分市场并出口多个国家；连续推出的多台套技术水平国内领先的快锻机组，为我国铁路提速用高强度车轴和特钢锻件的生产提供了保障；研制出了用于生产航天铝制环件和风电风塔法兰的国内首台Φ5m、Φ7m径–轴向数控轧环机等一批国产首台套装备。20多项科研成果获国家和省部级科技奖，引领了我国重型锻压装备的发展进步。

2010年，韩炳涛带领研发团队创新研发了挤压机后部处理全套设备，将我国挤压生产设备及工艺推向国际先进水平；成功投产了当时国内口径最大的Φ200–Φ1 200mm高压水压试管机；建成了当时国内最大的60MN反向双动挤压机、国内第一条以40MN双动挤压机为主的核级锆材生产线和36MN铝基陶瓷粉末复合材料挤压机，打破了国外的技术垄断。作为常务副主任筹备建设的“金属挤压与锻造装备技术国家重点实验室”，于2012年通过了科技部验收。

创新驱动发展，中国重型院依靠技术创新一举成名，成为我国重型锻压专业领域名副其实的领头羊，人才辈出、成果卓著，形成了名声显赫的特别能攻关的创新群体。先后有多项科研成果获国家和省部级科技奖，“中国

重型院创新工程及金属锻压重大装备技术研发平台建设”荣获国家科学技术进步二等奖，“金属挤压与锻造装备技术研发和推广应用项目”获第五届中国工业大奖表彰奖。

韩炳涛三十多年的工程师生涯中，创新的脚步从来没有停止过。一路走来，充满了艰辛和风险，但执着的他凭着智慧和汗水，带领他的团队，锻造出了一台又一台“大国重器”。振兴我国重型装备制造业之路任重道远，现在身为金属挤压与锻造装备技术国家重点实验室主任的他，仍然在为我国重型技术装备水平的进步不懈努力！

褚旭

褚旭自清华大学博士毕业后，先后任职于清华大学、通用电气全球研发中心、中国科学院上海高等研究院和上海联影医疗科技有限公司，现担任上海联影医疗科技有限公司研究院副总裁、上海医学影像及放射治疗工程技术研究中心技术委员会主任和国际医学磁共振协会会员。

褚旭自加入上海高等研究院和上海联影医疗科技有限公司后，专注于磁共振成像系统中的梯度功率放大器、射频功率放大器，X光机和CT系统中的高压发生器技术的研发，已实现近6 000万元的进口替代，为大幅降低国产大型医疗设备的成本做出了重大贡献。褚旭率领团队通过六年的不懈努力，不仅实现了在领域内的技术突破、填补了国内空白，而且在部分技术领域实现了超越，为高端医疗设备核心部件的全面国产化奠定了扎实的基础。褚旭在国际范围内获得10余项专利，2016年获得由上海产学研合作优秀项目奖励委员会颁发的上海产学研合作优秀项目特等奖。

探 索

2006年，褚旭从清华大学电机工程与应用电子技术系毕业。当时他还是一个整天琢磨和钻研磁共振核心技术的助理研究员，对物理原理的执着，反射到生活中，让他更像是一个“怪物”。比方说一台空调，他会在购买前先对它的制冷量、制冷功率的技术参数对比计算一番，再关注产品的安装、维护和保修，任何步骤都不能被忽略。这些在外人眼中一串串再无聊不过的数字，而他却在不停地与之“较量”。他顺势拿起桌沿的手机，“我对进口产品并不那么‘感冒’，可能是出于一种情结，更多是因为国产产品的性价比其实很高”。

褚旭较真。谈起他一直钻研的领域，便更较真。从研究生阶段起，褚旭便从事现代大型医疗影像设备的相关研发工作。读博时，他曾撰写过一篇核磁共振核心技术项目研发报告，却未在毕业前拿到申请资金。至今提起此事，他的眼神都会瞬时暗淡几分。“那时，我们系只有一台网络分析仪，核心部件甚至连基础的元器件基本都依赖进口；懂点磁共振技术的人屈指可数；市场对磁共振还比较陌生，几乎看不到发展的希望。可以说天时、地利、人和，一个条件都不具备，只能在核心技术边缘试探，还异常艰难”，褚旭回忆道。独自踱步思考是褚旭的常态。研发团队的陈基锋说：“褚总能够一眼看清问题的本质以及核心症结，无论是顶层的系统架构或底层的技术细节，他敏锐的洞察力都能够将极其复杂的难题分解细化，逐一击破。褚总一直有着振兴民族工业的‘家国情怀’，这也正是他对于技术研究如此专注的‘内驱力’。”

博士毕业后，他曾先后任职于清华大学、通用电气全球研发中心、中国科学院上海高等研究院。2013年，褚旭加入国内最早一批研发核磁共振的企业之一——上海联影医疗科技有限公司，自主研发之路的故事便从这里开始。

拓 荒

现代大型医疗影像和放疗设备，如X光机、CT、MRI、PET-CT、PET-MR、直线加速器放疗等设备，是临床疾病诊断、治疗和多种学科科学研究的最重要的工具之一，其制造业也是高端医疗装备制造产业的代表行业之一。中国这一领域长期落后，数十年来，中高端设备的技术被以GPS（GE、Siemens和Philips）为代表的跨国公司所垄断。褚旭回忆说："几年前，在我们还没有能力自主研发核心部件时，有一家著名的跨国医疗设备生产商的下属公司与我们合作，他们可以以畸高的价格供应低端产品，但无论价格多少，都不肯将高端产品的核心部件卖给我们，类似这样的'碰壁'经历过太多次。"在核心部件被这些跨国企业垄断的背景下，国产设备厂商实际上沦为"攒机商"，产品无论在成本还是性能上，与GPS相比都完全不具备竞争力。

那几年，国内医疗装备行业在整机国产化进程中已取得了巨大进展，但由于大部分核心部件技术还没有被掌握，中高端产品的核心部件大部分仍需要依赖进口。在这些尚未实现国产化的核心部件中，基于现代电力电子技术的各种类型的精准脉冲功率变换器占据极大比重，如磁共振的梯度功率放大器（GPA）、射频功率放大器（RFPA）等。GPA与RFPA可以分别被称为磁共振系统的"发动机"与"雷达"。GPA的功率能力直接决定成像速度、图像信噪比以及图像对比度；RFPA则解决高场图像的稳定性和均匀性问题，对图像质量的提升起到至关重要的作用。可以说，这两大核心部件的水准直接决定磁共振整机技术水准。然而，由于研发周期久、投入大、风险高，在全球范围内，能实现兆瓦级GPA自主研发的厂家不超过五家，能实现3.0T RFPA自主研发的厂家不超过三家。

GPA是磁共振核心部件中最难啃的"骨头"之一。褚旭说："拿GPA举例吧，一个几十升的小箱子需要输出极大的能量，它可在瞬时"爆发"出支撑起1 600个1.5匹空调的用电量！也只有这样，才能支撑起梯度磁场的高速切换，助力加快成像速度。可以说，GPA从一定程度上决定了磁共振整机系统的技术性能‘天花板’，也决定着联影这一代、下一代磁共振产品的走向。如果我们不能自研，就可能在这一领域被‘卡脖子’。”彼时，国内正是国产医疗设备研发的“荒漠”，即使怀有梦想，同样面临着“拔剑四顾心茫然”的无奈之境，他在那时便暗暗做出一个决定——自主研发核心部件。

圆　梦

哪怕已经看到了彼岸，哪怕听见了观众席上的掌声，哪怕筋疲力尽很想驶入港湾，可当他知道那不是想要的“岸”时，却还是掉头，往“苦海”里去。

GPA是磁共振系统的一个核心部件，但GPA本身也是复杂的机电系统。组成一个GPA的物料多达1 200种，元器件有30 000多个。这类系统级别的核心部件内部各功能模块间还有极强的耦合性——每一个元件，牵一发动全身。他不禁感慨：“曾经，研发团队因为一个开关器件误触发必须增加一块芯片的厚度，几毫米的改动，必须推翻整个结构设计重新来过。从零开始的自主研发是无经验可循、无法也不能‘山寨’的，只有一点点去摸索。缺乏经验，系统又极端复杂，研发的道路就是走一个巨大的迷宫。‘柳暗花明又一村’这样美好的情景偶尔会出现，但大部分时间，走到迷宫的尽头，才发现不是出口，真实感受其实是，‘爱到尽头，覆水难收’。”

褚旭加入上海联影医疗科技有限公司后，在中央研究院担任医疗电气系统实验室主任。六年间，他带领联影研发团队在高端医疗设备核心部件领域长期攻关，成功研发系列核心部件，标志联影磁共振系统核心部件实现100%自主研发，打破跨国公司在该领域三十多年“一统天下”的局面，且在产品性能上整体达到国际先进、部分指标国际领先的水平。在核心技术的自主研发上是没有所谓成功的秘诀和捷径的。“作为完全自研的核心部件产品，其技术方案的探索，10条可能的道路中也许9条会失败，1条成功。在这个过程中，仅做到知其然和知其所以然是不够的，更重要的是要知道那些失败的原因。因此在无经验可参考的情况下，捷径就是耐着性子走完这9次失败，在经验教训中慢慢摸索出系统设计规律，才能以一变应万变。核心领域的探索，就是看清本质摸清规律的过程。另外，我们还有个‘一九定律’——用10%的时间完成90%的工作，再用90%的精力重点攻关剩下的10%，把细节做到极致，最终研发工程师会有一种想把自己名字刻在产品上的冲动。”

褚旭团队的成员都亲切地称呼他为“褚博”。“严谨”是研发团队成员曹彬在接触褚旭时的最初印象。他说：“褚博会事先谋划最好和最坏两种结果的多种解决方案，再去付诸行动。我和整个团队被他严谨行事的‘烙印’改变着。在GPA的研发中，开关器件是GPA的‘关键之匙’，这要求我们从仿真、试验等多个维度和方法对同一数据进行校验，精细测试后再优化，而最优秀的研发工程师要同时兼顾性能、可靠性、成本之间的折中与平衡，这也是我最佩服他的地方。”

褚旭严谨的工作作风，最终获得了回报。3.0T RFPA是国内自主研发的第一个3.0T磁共振的射频功率放大器，也是国产3.0T磁共振中最后一个实现国产化的核心部件。它标志着联影磁共振系统核心部件自主研发的最后一道壁垒已被攻破。联影的uMR7XX系列产品不仅是市场上唯一的国产3T MRI产品，也是中国迄今为止第一个实现MRI核心部件100%国产化的产品。在联影3.0T磁共振系统上进行全面对比的成像测试结果显示，其生成图像质量和信噪比与进口产品无明显差异，而功能性磁共振成像信号大幅优于进口产品。2016年，联影牵头的一体化PET/MR项目就已入选国家科技部首批“十三五”国家重点研发计划“数字诊疗装备研发专项”。由褚旭领导的、联影自主研发的GPA与RFPA等核心部件已搭载于中国的首台PET/MR——联影“时空一体”高清TOF PET/MR以及联影光梭3.0T MR等产品，并已在全国几百家医院投入使用，填补中国在高端医疗设备最尖端领域的空白。

风骨

“褚博是我们团队的‘灵魂人物’。”团队成员们如是说。“褚博十分擅用方法论，在追求技术结果的同时，十分注重过程的‘科学性’。他在追寻‘真相’时，会全面考虑所有的可能性。记得联影自主研发的RFPA第一次成像测试前，正值端午节，整个团队在实验室里紧张地操作着，褚博和团队一起埋着头拧上一颗颗螺丝钉。他总是这样从容不迫，也总是能赋予我们日常工作真正的意义和更高的价值，我们一直是在强烈的‘使命感’下一步一步探索的。”研发团队的朱卉激动地说。

褚旭在联影主要负责技术方向的调研和确定、产品的定义、主导各领域的前期技术预研，确定核心技术和产品方案，领导各产品的工程开发和生产转移过程，主持关键设计的评审，主导或协调重大技术问题的解决。在技术和产品的研发过程中，联影已经集结了一支近50人的研发团队，培养出一批批掌握关键技术又深刻理解高技术向有竞争力的产品转化的核心技术人才。他们从钻研一项技术开始，再负责带领团队研发产品，最终成长为技术或团队的领导者。他们以五年时间便达成跨国企业工作二十多年的资深工程师的技术水准，成为未来前沿技术和产品创新研发的青年人才基础。研发团队的张铁山也是清华大学的博士毕业生。他说：“当我还在清华读书时，看到褚博研发的相关成果便深感震撼。清华的技术传承与浓郁的学术氛围，如今在联影研发团队彰显而出。褚博常对我们说——要时刻抱有危机意识；要尽可能预研技术、学习前沿科学；要以部件发展推动系统优化。而我们研发的部件最终得到系统研发部门的认可，这才是对我们工作的最大肯定。”作为全面且专业的技术“实力派”，褚旭的“安全感”似乎更多地来源于技术，以“技术为本”是他内心坚守的信念，也是他最朴素、最本真的写照。而核心部件自主研发的“降维打击”则是以超越系统研发进度为动力，让低端产品最终能够搭载高端技术。

在采访临近结束时，褚旭说：“不同于读博的年代，今天的中国工业实力已有强大基础，国产医疗设备行业大发展，人才储备逐渐到位，到了该出成果的时候。有联影这样坚定不移走自主研发道路的平台，核心领域的大门自然也就开了。”

人是安全的核心 责任是发展的动力

蔡晶晶

蔡晶晶，北京永信至诚科技股份有限公司董事长、e春秋网络安全平台校长，2018年国家网络安全优秀人才，中国国家信息安全漏洞库特聘专家，工信部网络安全管理局互联网网络安全应急专家组委员，奥运安保互联网应急处置技术支援专家兼任反黑客组组长，国家网络安全实验平台项目专家，北京航空航天大学、西安电子科技大学等七所高校网络空间安全学科兼职教授，武汉市网络安全协会会长。

蔡晶晶长年浸润网络安全攻防一线，从业十八年，是国内资深的互联网安全专家之一，曾多次带领团队承担863计划、核高基、科技部、发改委等国家级重大科研项目。

在众多声名显赫的网络安全专家里，蔡晶晶绝对算得上是一个“另类”。他兼具多个身份，每个都光彩熠熠：作为网络安全专家，他拥有达则兼济天下的胸怀，立志以网络安全教育为事业，让安全使命通过人才来传递和延伸；作为一名企业家，他深谙经营之道，带领永信至诚连续三年业绩大幅增长；作为一名资深的白帽黑客，他书写的传奇为众多年轻人所津津乐道；作为杰出工程师的获奖者，他的80后身份则格外惹人注目。

“网络空间的竞争，归根结底是人才竞争。”蔡晶晶近二十年走过的道路，正是习近平总书记这句重要讲话的积极践行者。在他的带领下，永信至诚秉承“人是安全的核心”的理念，以网络安全人才培养为抓手，鼎力护卫国家安全和用户安全。

第一个十年：认知网络安全事业、坚定个人发展目标

是什么样的经历，成就了今天这样一个网络安全的杰出人才？这其中，既有面对权威时的被质疑，更有看到差距后的深刻自省、奋发有为。

2001年，中美发生南海撞机事件，在网络空间中，中美黑客开展了一场影响深远的网络“大战”。这是一场没有赢家的交战，但蔡晶晶从中切实体会到了中美技术之悬殊，带着不甘人后满腔赤子的热忱，他痛下决心来钻研技术，这一来就是近二十年。

也正是在那一年，尼姆达（nimda）蠕虫病毒在国内大规模爆发，年仅19岁的蔡晶晶作为核心专家参与了应急响应，并受邀在“国家反病毒大会”上做技术报告。这个从福建走出来的年轻人，天生自带对世界的质疑属性，这种思维模式可谓是他选择网络安全领域的源动力。碰到任何问题，蔡晶晶都习惯用一种辩证的、质疑的思维方式来看待并解决。这次的蠕虫事件，他不仅从硬件、技术等基础层面进行分析，同时还关注到了“人”这一核心要素。报告大会上，蔡晶晶提出：尼姆达蠕虫病毒的安全解决方案其实早在六个月前就已经提供，只要打好补丁就可以。之所以造成这么大的影响，只能证明网络管理者未尽到岗位责任，所以归根结底，这个事件不是技术问题，而是人的问题。然而，现场的一位权威专家毫不客气地打断了他的发言。专家认为，我们已经进入21世纪，人应该被机器所取代，安全要靠系统来自动升级、打补丁，管理员不需要再做这些工作。蔡晶晶没能再继续说下去。

这次难忘的经历对于蔡晶晶来说，一定程度上成为影响他日后走上网络安全创业道路的关键因素。提出根本问题所在，但并不被业界认可，让他难堪有之，但更多的是让他继续深入思考、更加坚定决心：要在网络安全领域变成一个坚持真理、践行信仰的权威专家。

也正是在19岁那年，已经成为一名出色"白帽子"黑客的蔡晶晶，发现了微软的一个高危漏洞，这一发现在网络上引起了轰动，不仅微软向他伸出了橄榄枝，我国知名的网络安全公司启明星辰也力邀他加盟。怀着以技术报国的情愫，蔡晶晶选择了启明星辰，正式成为一名网络安全工程师。通过大平台的专业历练，以及自身的探索奋进，蔡晶晶迎来了他的网络安全职业生涯爆发式的成长时期。这段时间的职业经历，为他日后的创业开拓了广阔的视野、积累了宝贵的经验。

2000—2011年的十余年里，中国互联网产业高速发展，信息化浪潮席卷而来，数字经济日渐繁荣。与此同时，病毒、木马、流氓软件的泛滥，网络攻击、数据窃取、黑灰产的肆虐，让网络安全的重要性愈发凸显，从个人、社会到国家，对网络安全的认识和重视程度越来越高。这是我国网络安全产业发展的初级阶段，蔡晶晶作为第一批网络安全从业者，见证了网络安全行业从无到有的历程，伴随着行业的发展而逐渐成长。

这十年里，网络安全问题日渐上升为国家安全层面问题，传统的安全保障工作也扩展到了网络空间领域。国家的若干重大项目，如2008年奥运会、2010年亚运会和上海世博会等，20岁出头的蔡晶晶已是上述项目信息安全保障工作的重要参与者。投身于攻防前线，对抗网络安全威胁，帮助一个又一个企业建立自己的网络安全防线。一线的实践锤炼，将蔡晶晶日后的创业根基不断夯实。

19岁那次被当场叫停的经历，如蝴蝶的翅膀，一旦扇动起来就深刻影响了蔡晶晶的整个人生。攻防一线丰富的实践、深植产业多年的思考，让他洞察了对网络安全产业的精准预见："人是安全的核心"。

面对网络安全威胁的汹涌来袭，蔡晶晶看到，安全人才的短缺是长期以来掣肘行业发展的主要因素。想要筑起坚不可摧的防护堤坝，首先要培养出更多、更专业的安全人才。这种思考直接驱动了国内历史悠久、影响广泛的网络安全攻防团队——网络安全实验室启明星辰ADLab（积极防御实验室）的壮大。随着团队的发展，实验室为国内网络安全领域贡献了一批又一批顶尖的人才。

第二个十年：砥砺前行，开创事业新“春秋”

时间进入新世纪的第二个十年，蔡晶晶的身份发生了转变，他从一个技术专家变成了一个创业者，与北京永信至诚科技股份有限公司共同成长，将“带给世界安全感”作为永信至诚的愿景使命，开始尝试将这些年对行业的思考反哺给社会。

国家和行业对网络安全的重视不断加强，以中央网络安全和信息化领导小组成立为标志，网络安全上升为国家战略，各项举措纷纷出台，网络安全产业迎来了快速发展的春天。习近平总书记强调，发展网络安全“要有高素质的网络安全和信息化人才队伍”。但现实情况是专业人才缺口仍然较大，整体技术水平也存在差距。为解决人才问题，国家正在多管齐下，从政策指导、学科建设、人才培训上加速推进人才培养工作。例如设立“网络空间安全”一级学科、实施一流网络安全学院建设示范项目、开展网络安全人才培养基地试点示范、施行“网络安全万人培训资助计划”、大力表彰优秀网络安全人才和优秀老师……同时，国家鼓励社会和企业联合发力网安人才培养，各种职业培训纵横深入，安全大赛蔚然兴起，构建面向全社会全产业生态环境的各层次各阶段人才培养生态体系，注重实用型、实战型人才培养。

在这种前所未有的大环境下，蔡晶晶正式开启了自己在网络安全领域的“春秋战国”时代。“春秋战国，是一个标志性的时代，是一个群星闪烁的时代，就像诸子百家争鸣、百花齐放一样，我们希望给所有的网络安全人才提供一个展现自己的舞台。春秋之后是战国，我希望通过定制化的在线教育、公平的竞赛、仿真靶场实战，让优秀的网络安全人才源源不断地涌现出来，等到网络空间的战国时代不可避免到来之际，我们就会看到，我国的网民有安全意识，技术队伍具备实战能力，国家拥有整体防护力量。厉兵秣马，胜券在握。”蔡晶晶如是描绘他的事业蓝图。

为此，蔡晶晶创立了春秋系列平台，作为其人才培养理念的承载体系。蔡晶晶敏锐地发现，在网络安全向社会方方面面渗透的今天，实用型人才是整个产业的刚需，规模化和实用性的人才培养体系可以解决人才缺口的实际需求。

而实用型人才培养需要长期的实际训练，蔡晶晶认为，就像培养一个优秀的射手需要十万发子弹，培养一个合格的战斗机飞行员需要几千小时的实际飞行实践，成为一名优秀的程序员得经历十万行代码的历练一样，网络安全也只有在真实场景中“真刀真枪”地训练，才能淬炼出符合现实需求的优秀人才。换句话说，人才的培养应该在实际场景中完成，如教育的场景、金融的场景、能源的场景等。春秋系列平台承载着的正是这样的人才培养使命。

他建立了i春秋这一国内知名的网络安全在线教育平台，聚集了超过60万会员在线学习网络安全，每天有超过4万人在线学习，每年有超2万个在i春秋上学习的人走向各行各业；i春秋仅在2018年就发起了近百场不同类型的网络安全大赛，让网络安全意识的普及和网络安全技能的养成在潜移默化中完成。

随着物联网、云计算、人工智能、区块链等新技术的兴起，越来越多的新生场景涌现出来，而与之相随的各种全新威胁也同期而至。2017年随着《网络安全法》正式颁布，各大行业的网络运营者对网络安全愈加高度重视，亟需有针对本行业特点的“良方”来解决安

全痛点。在这种背景下，针对具体的业务场景来“对症下药”，打造适用的网络安全环境，不仅是机遇，更是挑战。

在蔡晶晶的带领下，秉持实景演练，以练促防的理念，永信至诚开创出了国内独有的“靶场云”系统，研发出了国内领先的e春秋网络靶场平台，可以让不同行业轻松创建自己的定制化场景，逼真还原全场景业务环境，提供网络安全研究、人才培养、实战演练、安全测试、效能分析及态势推演等服务。

蔡晶晶总结了靶场的作用：“我们希望在靶场中，通过模拟真实场景的实战演练，让各种潜在的安全威胁暴露出来，让漏洞在虚拟的环境里呈现出来。我们要让问题发现在演练中，让错发生在靶场中，而不是让错误发生在战场上，发生在用户的业务环境里，发生在安全事故的报道里。”

“练兵若难，进军就易；练兵若易，进军则难。”截至目前，e春秋共举办300余场网络安全竞赛，省部级以上比赛近200场，其中不乏在靶场环境下的演练。靶场好似网络空间的军事演习基地，不断历练网安人才。通过这样的系列“练兵”，永信至诚每年为国家以十万级别的规模持续输出高素质人才，帮助上千家政府、企业、高校解决人才培养中的体系、平台、选拔、评价等问题。

近年来国家战略层面、政策举措层面、行业需求层面对网安人才培养的不断加强和渴求，证明了蔡晶晶的预见和坚持，他亲手开创的i春秋、e春秋平台完全契合了我国网络安全行业的发展大势，符合国家现阶段乃至未来对于网络安全人才的发展需求，为加强各行各业以及国家层面的网络安全保障能力奠定了坚实的人才基础。

未来：用有温度的技术带给世界安全感

2017年，“永恒之蓝”勒索病毒一夜之间横扫世界，包括金融、能源等重要行业在内的机构纷纷中招。令人痛心的是，在病毒爆发前的一个月，微软已经提供了相应补丁，本可平安无事，但病毒依然大范围爆发，肆虐全球。

当年反病毒大会上蔡晶晶的报告情形再次出现，问题依然出在安全管理员没有及时打补丁上。也就是说，整整十几年的时间里，安全行业都没有解决这个基础的看似“小儿科”的问题。蔡晶晶认为，要解决这个的问题，必须要提升四类人的能力。首先，作为普通网民要有安全意识，例如要知道免费的Wi-Fi可能存在安全风险，不同的应用要用不同的密码来加强安全性，手机号如果变更，旧号一定要进行解除银行卡的绑定操作等；其次，作为系统开发者，需要有安全开发生命周期管理能力，清楚安全设计是否安全，代码和开源软件是否存在漏洞，从开始信息化建设时就把安全能力同步其中；再次，作为企业管理者，应该具备安全识别的能力，需要建立完善的安全规范，建设专业的安全专家队伍；最后，作为运营者和服务者，需要遵守网络安全法律义务，遵循各项安全制度的要求。这四类人基本上覆盖了信息系统以及业务场景里的各类安全问题。

“没有网络安全就没有国家安全”，网安从业者肩负着亿万人民乃至整个国家的安全。蔡晶晶认为，网络安全从业者责任重大，不仅要掌握专业的技能，更需要坚守内心的准则，因为“我们拥有一把开启世界网络的钥匙，甚至可以说是掌握着网络空间的核武器。我们身上背负的是国家对我们的信任和我们对国家安全的责任”。

在这份家国情怀的引领下，蔡晶晶带领永信至诚积极承担国家级重保项目的安全防护责任。在党的十九大、全国两会、金砖国家峰会、“一带一路”国际合作高峰论坛、G20杭州峰会、乌镇世界互联网大会、进博会、青岛上合峰会、福建首届数字中国建设峰会、博鳌亚洲论坛、贵阳国际大数据产业博览会及国家网络安全宣传周等项目中，凭借自身扎实的安全服务能力，出色地完成了各项网络安全的保障工作。

同时，蔡晶晶深入践行网络安全教育者的职责，与高校开展产学研合作，将自己多年来对网络安全的思考和实践经验无私贡献出来。他主导编写的《网络空间安全导论》《Web安全防护指南》两本书籍，已被国内多所高校选为专业教学用书，受到高度评价。

初心如磐，使命在肩，从对行业的质疑到坚持探索未来的道路，蔡晶晶始终选择坚守网络安全事业。他相信网络安全的终极使命是人、社会乃至整个时代的安全感。“我希望我的技术在保护用户的时候是温暖的，能够带给人民群众安全感。”这是个充满温暖和力度的愿景，蔡晶晶衷心希望可以联合行业，一起为世界贡献安全感。

“盖有非常之功，必待非常之人”。2018年，蔡晶晶荣获国家网络安全优秀人才奖，这是国家给予网络安全人才的最高荣誉之一；荣获杰出工程师称号，成为网络安全领域首批获此殊荣的专家。这既是对他一直坚持做正确的事情的肯定，也是对他在网络安全事业上赤子之心的认可，更是对他带着温度的家国情怀的表彰。

蔡晶晶感怀，从业多年，现在是网络安全最好的时代。“功以才成，业由才广”，谁拥有最优秀的网络安全人才队伍，谁才能最终占据网络空间的制高点。他眼前的目标，是为社会培养一百万名网络安全人才，破解当下的网安人才瓶颈问题。与国家政策走向合拍，与行业发展需求同步，蔡晶晶所热爱、所为之奋斗的网络安全事业，一直在路上，永不停歇。

行走江河水电情

樊启祥

樊启祥，1963年出生，湖北沔阳（现仙桃）人，中共党员，葛洲坝水电工程学院（现三峡大学）水利水电工程建筑学士、清华大学水工结构工程硕士和管理科学与工程博士研究生学历，教授级高级工程师，曾任三峡集团副总经理，现任华能集团副总经理。他是水利水电工程建设技术与管理专家，三十多年来一直工作在大型水利水电工程建设一线，主持建成了世界规模最大、技术难度最高的三峡双线五级船闸，主持建设金沙江下游4座大型梯级水电站，其中全过程负责建成了装机规模世界第三的溪洛渡和第十一的向家坝水电站，这两个电站蓄水安全运行以来发挥着巨大综合效益；装机规模世界第二的白鹤滩和第七的乌东德水电站已完成筹建工作，主体工程正在全面有序建设。

结缘水电志不改

樊启祥的家乡湖北沔阳位于长江中游的江汉平原，素有鱼米之乡的美称。他的老家仙桃镇紧邻汉江，经常受到汉江洪水的直接影响。20世纪70年代，家里照明主要是煤油灯，初中班级晚自习主要靠汽灯。一边是水患，一边是缺电，通过兴建水利水电工程来根治水患，同时获得清洁的电力能源，是社会发展亟需解决的问题。汉江丹江口水电站的运行使这一情况得到了部分改观。

1980年，他考入位于宜昌的葛洲坝水电工程学院，学习水利水电工程建筑专业。该校旨在为葛洲坝和三峡工程以及中国水电培养工程人才。学院授课老师大多来自工程一线，有深厚的工程背景，黑板上的推理阐述整齐顺畅，理论与案例的结合使课程丰富生动。学校组织的关于水电工程新技术、新进展的专家交流讲座，国外水电工程建设案例等，开阔了学生课堂学习的视野。葛洲坝工程大江截流，他和同学从学院步行翻过镇静山，远眺目睹了大江截流时车水马龙、紧张激动的宏伟场景。地质实习时，同学们乘一叶小船，靠两脚步行，穿越在长江三峡秭归香溪河段兵书宝剑峡及链子崖地区，行走西江石壁，坐看云卷云舒，他耳边回响的是“滚滚长江向东流，流的都是煤和油”的兴叹。

1984年本科毕业后，他被分配到中国三峡工程开发总公司筹建处。当时三峡工程处在重新论证阶段，单位领导安排这一年分来的40多位同学到不同的工程现场进行实习。他和其他7人到陕西汉江安康水电站工地实习锻炼。他分在水电三局二处二队，一个集模板、钢筋、埋件、管路安装、混凝土浇筑等于一体的综合施工队。他虚心向本单位及合作单位的前辈同志学习请教，对每一项工作都认真、扎实、细致地完成，努力当好一名合格的技术员，当好一名学徒。

在工作的头十年里，他先后参加了汉江陕西安康水电站大坝施工、长江三峡工程前期技术论证、红水河广西岩滩水电站碾压混凝土围堰科技攻关与施工监理，以及北京十三陵抽水蓄能电站建设前期规划、上池公路及引水系统施工监理，从一名技术员成长为一名工程师。这十年里，他虚心好学，苦练本领，特别是虚心向老同志老领导学习，注重将书本学习与实践相结合，基本掌握了水利水电工程混凝土施工和地下工程施工的有关专业知识技能，培养了水电工程土建施工监理业务和项目管理的能力。这十年，是他人生中职业生涯中的第一个十年，是他人生中重要的知识积累和能力锻炼的阶段。在面对水电工程建设复杂地质、关键技术和现场管理的挑战中，在直接从事工程施工和监理工作中，加深了对水电工程复杂性、艰巨性、挑战性和创新性的认识。他勤奋好学，认真细致、务实踏实，喜欢钻研，眼见为实，独立思考、综合分析，这种习惯一直伴随着他的职业生涯，为他参与三峡工程建设打下了良好的基础。

三峡工程显身手

1994年，他从十三陵抽水蓄能电站来到三峡工程坝址三斗坪，参加举世瞩目的三峡工程建设。三峡工程的广阔舞台，给他提供了充分施展才华的机会。从1994年到1999年，他负责三峡临时船闸、升船机一期工程等十几个合同项目的建设管理，均出色地完成了任务。三峡临时船闸及上下游航道工程于1998年5月1日按期通航，为三峡大江截流及二期工程顺利施工提供了施工期通航保障。

1999年，他被组织委以重任，加入三峡集团工程建设部航建项目部，逐步负责三峡二期工程中双线五级连续梯级船闸建设。三峡船闸集水工、航运、岩土、金结、机电等专业于一体，是在长江干流上建设的工程规模最

大、世界上通航水头最高、级数最多的内河通航建筑物，建设技术标准高、过闸工艺复杂、安全风险突出，是三峡工程按期蓄水的关键。作为三峡船闸建设项目的负责人，他始终坚持质量、安全“双零”管理目标，按照三峡工程整体进度安排，在时任三峡工程建设部主任彭启友等专家型领导的悉心指导下，经过调查研究和系统分析，按照整体性、阶段性、控制性、协同性原则，通过技术创新与协同管理，采取立体多工序、多工种交叉联合协同作业的工程组织方法，有效解决了三峡船闸高陡边坡稳定、近70m高直立边坡岩体开挖支护安全施工、闸室与地下水工薄壁衬砌结构混凝土温控防裂、800t级大型人字门和45.2m特高水头反弧门高精度安装、闸首与输水阀门井多专业立体协同施工、多线平洞斜井竖井交互复杂地下输水系统开挖混凝土金结协同施工、大型人字门反弧门安装、机电液控制与现地远程控制系统安装、双线五级船闸无水有水联合调试及关键技术和建设项目组织管理等关键技术与管理难题。

历经四年精心建设，三峡船闸于2003年安全优质高效建成，为三峡工程按期蓄水通航发电作出了贡献。三峡船闸投运至今，已经持续有效安全运行了十五年，各项监测指标表明船闸运行安全可靠。他曾在日记里写下这样一段话：“当我们站在六闸首启闭机房，身边沉静的液压泵站被远方无声的键击声唤醒，悦耳的机器声中，现地控制面板上显现出的庞大人字门、反弧门按照船闸流程与工艺要求严格、顺畅地运行。此时此刻，我们感受到一种欢快、激动与自豪，全部的疲劳、困惑、茫然都在每一次的调试进步中得到化解。”

参加三峡工程建设是樊启祥职业生涯的第二个十年。在陆佑楣、彭启友、邓景龙等老一辈水利水电专家和老领导的指导教育下，他如饥似渴地学习、实践，再学习、再实践。通过复杂艰巨工程的历练，他也成长为一名大型工程建设的优秀管理者。

金沙江畔铸辉煌

在完成三峡船闸的建设任务后，樊启祥经组织安排去中央党校学习，并参加了2008年北京奥运“水立方”项目建设管理工作。2003年12月底，他被任命为中国三峡总公司副总经理。从中央党校回到三峡工地，樊启祥接到了开发金沙江下游河段水电的新任务。正如他自己所说：“当自己的工作，尤其是自己所从事的工程跟一条河流联系在一起，跟一个区域的经济社会发展联系在一起，跟一批人的福祉联系在一起的时候，确确实实就感觉到自己的责任很大。”

金沙江下游河段要建设溪洛渡、向家坝、乌东德、白鹤滩4座梯级电站，总装机容量46 460MW，相当于两个三峡电站，是关系国计民生的重大基础设施，乃国之重器。4座水电站均位于川滇两省交界，地处高山峡谷干热河谷地区，地形地质地震地灾和水文泥沙条件复杂，工程规模、技术难度、质量标准、环保水保及建设强度等指标居世界前列，工程建设面临严峻挑战。质量安全重于泰山，不能留下任何工程隐患和缺陷，这是他作为一名水电工程师一直坚持的原则。他深感自己肩上的担子很重、责任很大，为之倾注了无数心血和汗水，并得到了谭靖夷、潘家铮、陆佑楣、张超然、郑守仁、马洪琪等院士

和专家组成的质量专家组全体同志的严格把关和支持帮助。为及时了解掌握工程建设的进展情况，樊启祥大部分时间都在工地，和同事们研究解决工程建设中的各种重大技术和管理问题，协调地方各级党委政府为工程建设提供良好的环境和条件。

他深知要建设好这些巨型工程，从一开始就必须要有一套先进的工程建设管理理念作指导。面对金沙江水电建设的时代背景、环境条件与开发目标，他秉承科学精神，坚持问题导向，深入细致思考，充分总结三峡工程等国内多个大型水电项目工程建设管理的经验，自2004年筹建之始，就提出了“规范、有序、协调、健康”的建设管理理念。其主要思路是从政策、现实、发展三个维度，科学统筹流域系统性、梯级累积性、项目综合性及专业独特性的技术与管理问题；运用“时空发展、专业协同、量度演变、条件转换”方法，优化技术方案和工程组织；建立以建设单位为中心的产学研用协同创新项目管理新模式，主持系统研究和现场试验，及时解决重大技术难题；通过规划引领、标准制定、样板示范、偏差管理、动态调控与持续改进，确保工程全生命期安全。

溪洛渡特高拱坝是三峡集团负责建设的第一座300m级混凝土双曲拱坝。樊启祥常说：“工程建设要有风险意识，一定要随时准备应对变化、应对挑战，并为此做好充分的技术准备和组织准备。”溪洛渡大坝建设遇到的第一个问题，是混凝土材料特性、大坝结构及现场环境条件相互作用下大坝混凝土温控防裂问题，以及河床实际地质条件变化带来的拱坝结构安全问题。他直言当时面临大坝结构安全、混凝土温控防裂和按期优质投产的巨大压力，为此他提出建设数字大坝并创新智能化建设技术来建设好实体大坝，通过技术创新和管理创新，实时获取各方工程数据，分析预测调控，一步一步、可控在控，保证了大坝混凝土没有出现温度裂缝，稳妥可靠地把大坝顺利建起来。

2004年向家坝水电站也开始建设。向家坝大坝虽然是一座高162m的混凝土重力坝，但大坝坝基集软弱破碎岩体、缓倾软弱构造、地下渗流复杂、地下水侵蚀、有毒有害气体等水文地质条件于一体，加上高水头大流量集中泄洪消能的设计特性，以及紧邻集中居民居住区与重化工基地的人文地理环境，工程技术难度属世界前列。在他的主持下，制定了“坝踵齿槽及深孔固结灌浆、锚筋束加固、横缝灌浆，混凝土防渗墙及帷幕灌浆、可调控排水系统、排水孔内反滤”的坝基综合处理方案，采用碾压混凝土与常态混凝土联合筑坝技术按期安全优质建成了向家坝大坝。

“功夫不负苦心人，十年筑成两大坝。”按照国家核准计划，在他的亲自主持建设下，通过全体金沙江建设者的努力，向家坝和溪洛渡水电站分别于2012年与2013年顺利实现了蓄水发电目标。

2010年前后开始筹建的乌东德、白鹤滩水电站，是金沙江下游水电开发的第二个高潮。他组织低热水泥水工混凝土应用基础研究和系统试验，结合溪洛渡300m级大坝生产试验，完成了低热水泥水工混凝土技术在300m级特高拱坝全坝应用的技术论证和管理决策。目前，乌东德和白鹤滩全坝低热水泥混凝土应用取得了混凝土最高温度可控、温度过程可调、温控方案可选的重大成果。目前，两电站主体工程全面有序建设，按计划将分别于2020年、2021年蓄水发电。

从2004年早春进入金沙江，到2018年初离开金沙江奔赴新的工作岗位，他在金沙江度过了十四个春秋，这是他人生职业生涯里最有分量的篇章。从事水电工程建设，需要有大山一样坚毅的品格，也要有大河一样柔软的情怀。在一个个大坝矗立而起的同时，也有水电建设者对家人太多的亏欠。他曾在述职报告中动情地写道：“干水电工程，一辈子跟着江河，跟着大山，锻炼磨砺自己，拥有像山一样坚韧的性格，像江河一样欢快的精神，像蓝天白云一样坦荡的胸怀。每每在黑夜中远望大山下城市里的万家灯火，万般辛劳与孤独都化为甜蜜与满足，心中默默祝愿伟大的祖国繁荣昌盛，祝愿远方的父母妻女健康快乐！”

科技创新不止步

在水利水电工程建设一线多岗位、多专业、多角色的工作经历，尤其是复杂艰巨工程的技术和管理挑战，使樊启祥深刻认识到创新是中国水利水电事业健康发展的关键所在，是引领世界水电产业发展的动力源泉。作为多个世界级水电工程的负责人，他扎根工程一线，遵循规律、尊重科学，求真务实、勇于创新，坚持问题导向和目标导向的统一，注重自主创新和产学研用协同创新，有效解决了大型水电工程建设和长期安全运行的关键技术问题，保证了高坝大库的顺利建成和长期安全运行。从三峡工程到溪洛渡、向家坝，再到乌东德、白鹤滩，他走的是一条技术与管理不断传承与创新的融合之路，并推广到长龙山抽水蓄能电站和“一带一路”巴基斯坦卡洛特水电站，产生了巨大的经济和社会效益，促进了行业技术与管理进步。

面对溪洛渡坝基复杂地质条件以及混凝土变形特性的变化，通过创新混凝土智能通水温控、数字水泥灌浆、大坝结构安全动态调控等技术，开发智能建造管理平台iDam，实现了多源数据融合与产学研用协同工作，保证了溪洛渡300m级高拱坝的成功建设。

水泥灌浆是水电工程基础加固和防渗安全的重要措施，属隐蔽工程。为此，他建立了水泥灌浆工艺过程三区五阶段智能控制模型与六参数联动控制方法，实现了灌浆路径智能寻优及特殊情况智能处理；发明了包括工艺控制、自动配浆、自动压力调整、灌浆参数数字传输等装置的集成式智能灌浆系统，在乌东德、白鹤滩固结灌浆和高压帷幕灌浆中应用，解决了大规模精细化水泥灌浆施工难题，树立了隐蔽工程阳光作业的样板。

面对金沙江水电建设环境复杂、条件多变、资源流动性强、安全因素多的挑战，他注重通信数据技术与工程技术的融合，提出了“全面感知、真实分析、实时控制”的智能化建设技术路线，建立了水电工程智能建造技术体系，对资源投入、业务流程、核心工艺、实物成本、结构安全和工程进度进行智能化的实时动态管理。组织研发了基于移动端、物联网、云平台技术的人员与设备状态、单元工程质量、安全隐患排查治理等管理系统，建立工程绩效数据分析模型，动态优化工程进度与资源配置，提高了应对工程风险的管控能力。

从2004年2月到2018年1月，历经风雨，他始终牢牢扎根在金沙江工程建设与管理一线，勤于实践、业务精湛、淡泊名利、包容创新，为金沙江下游水电开发的顺利推进贡献自己的智慧和力量。作为一名水利水电工程师，一生中能够从事一项重大工程建设已经是非常荣幸了，樊启祥却一下子经历了5个。他说过："我们走过的每一步，心里面最大的安慰和骄傲，就是工程在安全运行，发挥着正常的效益。"他始终没有忘记自己作为一名专业工程师的本分，铭记着一名水电工程师的责任和追求。

水电精神代代传

三峡工程如同一所开放创新的大学，在三峡工程建设中形成的"为我中华、志建三峡"的三峡精神，滋润和哺育着无数三峡儿女。从建设三峡工程到开发金沙江，三峡精神始终跟随，一脉相承，发扬光大。

樊启祥从老一辈水电人的传帮带中感受到了他们对水电事业的向往、对三峡工程的热爱。谈起老同志，他的脸上总是充满着幸福和感激。邓景龙、汪大彬、杨志帆、蒋养成、陈永岳、哈秋聆、张端伟、史振寰、唐希贤、陈福厚等从事工程设计、施工、管理的水电专家，还有陆佑楣、王家柱、彭启友、张超然、郑守仁、马洪琪等老一辈水电专家，他们见证了新中国水电事业从起步发展到改革开放的艰苦卓绝、自力更生、奋发图强的伟大历程，又把他们对三峡工程和中国水电的希望寄托到了年轻一代的水电人身上。通过技术方案论证和工程建设实践的言传身教、课题研究、专题讨论和报告审改，他们把科学严谨、务实求真、创新敬业的工程师精神以及专业知识、工程经验和组织管理能力，毫无保留地教给了改革开放后的这批大学生，并善于给年轻一代工程师提供干事创业的平台和环境，给予工作的精心指导、悉心教育、关心爱护，使得他们成长得更快，走得更稳。使这些年轻人在工程的历练中，坚定了为国家水电事业奋斗的志向，并把从事水电工程建设作为毕生的追求。樊启祥深有感触：“我个人包括很多三峡同志的成长，真正受益于这些老同志。老一辈工程师带给我们好的作风、好的工作方法、好的思维方式。”传承是每一个水电工程师必须承担的社会责任，也是一种使命，展现了工程师群体所具备的独特精神面貌。

水利水电工程历来是团队协作，集体智慧的结晶。樊启祥常说：金沙江水电工程建设之所以取得今天的成绩，关键是有好的精神传承，还有一个好的工程师团队。他跟水电打了三十多年的交道，滚滚江河承载着他热爱的事业，高山峡谷是他为之奋斗一生的舞台。如今的樊启祥十分重视年轻团队建设，耐心做好传帮带工作，培养了一大批年轻优秀技术人才。在年轻人眼中，樊启祥具有一位专业工程师的严谨和敏锐，对自己要求非常严格，对属下员工同样要求如此，特别是在工程技术规则和管理流程上，要求做到一丝不苟，精益求精。“行百里者半九十”是他经常挂在嘴边警示自己和同行的话。从三峡、溪洛渡、向家坝，再到乌东德、白鹤滩及中国水电发展的新舞台，形成了一个具有鲜明时代特点的水利水电工程师群体，在建设一个又一个水电典范工程的同时，推动了国家发展和社会进步。

走遍天涯探宝藏

丁正江

丁正江，矿物学、岩石学、矿床学专业博士，工程技术应用研究员。自1999年参加工作以来，他主要在山东胶东半岛、大西北东西昆仑山、大东北黑吉地区、澳大利亚等野外一线从事地质矿产勘查与科研工作，历任山东省第三地质矿产勘查院技术员、技术负责人、项目负责人、院副总工程师、总工程师、副院长兼地质矿产所所长、山东省有色金属地质研究中心主任，山东省第八地质矿产勘查院副书记兼副院长等职，现任山东省第八地质矿产勘查院院长、日照地质地理信息大数据研究院院长。

丁正江长期扎根野外一线，先后主持承担各类重要地质科研和矿产勘查项目20余项，在胶东中生代动力学演化、金属矿床成矿作用、成矿规律及找矿技术方法集成等方面取得系列新发现及创新性贡献；指导找矿实现重大突破，5年找金超过1 000吨；产学研相结合，培养了一支青年科技创新人才团队，推动行业技术进步、促进科技成果转化贡献突出。他合作发表学术论文50篇，出版专著4部；获省部级科学技术奖一等奖、二等奖各3项，中国地质学会十大地质找矿成果1项、十大科技进展成果1项，获中国青年地质科技奖——金锤奖；入选自然资源部高层次创新型科技人才培养工程杰出青年，“泰山学者特聘专家”团队核心成员，山东省有突出贡献的中青年专家，中国地调局评审专家、山东省储量评审专家，吉林大学、中国地质大学（北京）、中国海洋大学、山东理工大学等校外研究生导师。

初心不变　誓言无声

丁正江1977年出生于安徽亳州，1995年夏从家乡考入长春地质学院。搞地质的人都知道，中国近代有一位大名鼎鼎的地质学家丁文江，江苏泰兴人，曾创办了中国第一个地质机构——中国地质调查所，是中国地质事业的奠基人之一。因此，当18岁的丁正江一踏进地质学院的大门不久，就有同学和他开玩笑：看来你们老丁家和地质工作真是“老鼻子”有缘了。丁正江笑笑：老前辈是地质报国，我们是用科学技术武装头脑，为建设现代化国家尽心出力。似乎无意中，丁正江表露出了自己的决心。一年半后，1997年2月，长春地质学院更名为“长春科技大学”，三年后，又并入“吉林大学”。

1999年的炎炎夏日，大学毕业的丁正江怀揣着他的地质梦，在那个地勘行业不景气的年代，不顾家人的反对，背起行囊，独自踏上奔赴烟台的轮船，从此成了山东地矿系统的一员。他决定放弃更加舒适的工作，选择到烟台的地质队工作，是因为胶东半岛是我国最大的金矿赋存区（占全国黄金储量的四分之一），也是全国最大的黄金产地。他觉得，在这里从事地质勘探工作，最能学己所需，用己所学。

青春应该怎样度过？有的人如烈火，有的人如荧光，丁正江就是一团充满朝气的火焰，默默在工作岗位上发光发热。1999年到2003年期间，他主要在胶东半岛地区开展金矿勘查业务，工作条件非常艰苦，工资待遇也不高。面对这样的情况，有的年轻人自暴自弃，有的选择另谋高就，而他却坚持了下来。他始终坚持学以致用、务实重行，工作上需要什么他就学什么，业务上需要做什么他就做什么，通过对项目全方位跟进和详细分析，不断总结经验教训，提出改进思路。2003年，为了不断提升自己的知识水平和业务能力，他在工作之余，通过自己的努力，考取了吉林大学矿物学、岩石学、矿床学专业硕士研究生。2006年又被保送为吉林大学博士研究生。心无旁骛让他精益求精，去潜心揣摩每一个标本、每一个数据；专心致志让他持之以恒，凭着过人的执着从平凡中脱颖而出。

跋山涉水，父女情深

山可以很高，但是高不过勇于攀登的人；路可以很长，但是长不过不停迈动的脚步。

2003年到2008年，丁正江工作过的地区从祖国的东北跨越到西南。沙尘暴和严寒围困过他，棕熊和毒蛇曾与他擦肩而过，东北的密林里留下了他的汗水，东西昆仑的雪山上留下了他的足迹。他感受过5 800米海拔高原缺氧撕裂般的头疼，体会过50多摄氏度戈壁滩高温缺水嘴唇干裂的滋味，直面过戈壁沙尘暴，误喝过盐碱地咸水，骑过毛驴和牦牛，磨破过穿越崎岖山路脚板上的血泡。参与过的项目，他主动承担路途遥远，取样困难的地区；每天要背负40多斤重的样品，步行20多公里，渴了喝口雪水，饿了啃口馒头。

结婚前一天，丁正江仍奋战在一线。2007年到了妻子预产期才回家。女儿5岁那年的父亲节，幼儿园的老师让每个小朋友说说自己的爸爸，可是他的女儿只低着头，一句话也不说。不是女儿不想说，是爸爸在女儿的心里

印象中实在是太淡了，淡的不如路边的春花、夏天的一场急雨。每年在外跋涉都超过10个月，抚育孩子的任务都留给了妻子，他哪有时间去陪女儿呢。

2014年的暑假，妻子带女儿到胶莱盆地东北缘金矿勘查项目组探亲。临行前丁正江与妻子通过电话，做了一个无奈的约定，由于工作繁忙，很难抽出时间去接她们，母女俩只能按照地址，一路打听着过去。在坑洼不平的路上颠簸，妻子内心霎时涌上一股酸楚。小城西南边缘一个破旧的院落，就是项目组人员的“家”。母女二人一直等到了满天繁星的时候，他才回来。日晒风吹让他的面庞镀了一层铜褐色，下巴上是多日不曾刮的胡须。女儿望着眼前这个与她心目中形象相差甚远的爸爸，眼里掠过一丝陌生而怀疑的光。

相聚的时刻总是美好而短暂，送走了妻女的丁正江，很快又投入自己的工作。多日之后，他整理换洗衣物时无意中发现了女儿留下的写得歪歪扭扭的字条：爸爸，好好吃饭。简单的几个字让他泪湿眼眶。他将对妻女的柔情化做对事业的豪迈激情，一工作起来就什么都忘了，满眼满脑都是矿石了。

从他的身上，让人看到了一种力度，一种立足岗位、真抓实干的力度；让人看到了一种锐气，一种敢闯敢试的锐气；让人看到了一种气魄，一种站立潮头争当排头的气魄。

刻苦钻研，丰富理论

2008年，山东地矿局提出：抓住机遇，奋力拼搏，苦战五年，再找一个矿产资源新山东，完成资源量10万多亿元。瞄准这一目标，已经担任山东省第三地勘院地矿公司副经理的丁正江结合博士科研课题，将工作目标锁定在攻深找盲，开辟第二找矿空间上。

十多年来，他指导带领团队风餐露宿，开展了50多个重要勘查、科研项目，调研了胶东地区80多个典型矿区，收集了超过200份地质报告、上千份地质科研文章专著，修编了胶东地区1∶20万地质图、填制大比例尺地质图件上万平方千米，测得地质剖面10万多米，编录岩心100多万米、坑道20千米，采集各类样品20多万件……丰富的一手资料和详实的科研资料为团队的科研工作提供了可靠的依据。室内综合整理是对科研精神最大的考验，课题组人员结合前人研究成果和自身找矿实践，不断论证推敲，不断推翻各种假设，常常加班到深夜，甚至到雄鸡报晓。在经过一番论证后，终于提出了他们自身觉得相对可信的一套关于胶东地区成矿理论和找矿方法的方案：

提出并精确构建了胶东中生代6个构造演化阶段及6个成矿期、断裂和斑岩2大成矿系统及2大成矿系列组合等新的基础地学和成矿理论认识。首次提出并证实胶东存在160 ~ 155Ma、135 ~ 125Ma、115 ~ 110Ma的3期斑岩型铜钼多金属成矿作用。建立了中高温热液脉型、中低温热液脉型和卡林型等矿床类型的成矿模式，提出了以胶东西部的焦家式金矿、中东部的中低温热液脉型金及多金属矿、盆缘的斑岩型铜钼铅锌多金属矿为主的找矿方向。预测了三山岛成矿带北段、胶莱盆地东北缘拆离断裂系、福山北部粉子山群出露区、牟乳成矿带深部等重要找矿靶区，为该区找矿开阔了思路，拓展了空间。他主持的3项研究成果经院士领衔的专家组鉴定：达到国际先进水平，其中海上成矿理论及找矿技术方法达到国际领先水平。

研发了盲区、中深部、海域等复杂条件找矿方法技术，包括：盲区地质—遥感（航遥）—化探（分散流、次生晕）—重砂—物探（地面高磁、激电扫面、地面重力）+槽探、钻探验证相结合的综合找矿方法，矿区外围及中深部地质—物探（地面高磁、测深剖面、测井、地井激电）+钻探控制相结合找矿方法，海域找矿地质—物探（磁、重）—化探—钻探技术方法组合，首次解决了海上金矿勘查的关键技术难题，填补了海域金矿勘查空白。

通过理论认识与技术实践紧密结合，靠着奋力拼搏和创新，2010—2014年五年间，他主持参与新发现金资源量累计超过1 000吨，实现了找矿重大突破。发现了我国首个海上超大型金矿床、首例钾长花岗岩中羟硅铍石型铍矿床，胶东首例锑金矿、胶东东部首个特大型新类型黄铁矿碳酸盐脉型大型金矿床，探获的矿产资源潜在经济价值2 200亿元……这些成果，不仅较大提高了胶东地区金属矿床研究程度，丰富了胶东地区成矿理论的研究内容，而且对于胶东邻区矿床学研究也有着重要参考价值，推动该区的贵金属和有色金属矿中深部找矿取得更大的突破。

任重道远，海阔天空

风劲潮涌，自当扬帆破浪；任重道远，更需策马扬鞭。今天的荣誉是对昨天的肯定，更是对明天的鞭策。早在一千八百年前，丁正江的“老乡”——著名政治家、军事家、文学家曹操，曾吟出过著名的《观沧海》和《龟虽寿》等诗篇。其中有：“东临碣石，以观沧海。水何澹澹，山岛竦峙……日月之行，若出其中。星汉灿烂，若出其里。”和“老骥伏枥，志在千里；烈士暮年，壮心不已”等名句，表现了志存高远的理想。步入不惑之年的丁正江，在2017年4月22日世界地球日那天，从岛屿竦峙的烟台，来到了海天一色的日照，施展才能的疆域更加辽阔，志在千里的目标更加远大。他表示，今后将继续秉承“科技引领发展、创新成就未来”的理念，坚持“责任、创新、合作、奉献、清廉”的新时代地质调查工作者核心价值观，把科技创新摆在新时代地质事业的突出位置，把人才培养作为新时代地质事业的关键环节，坚定信念，勇于担当，敢于探索，团结拼搏，积极投身到地质找矿、地质服务和科技创新工作中去，用实践诠释地质工作者的历史使命。

万烨

万烨，2007年中南大学冶金科学与工程学院研究生毕业，随即投身到中国恩菲下属的洛阳中硅高科技有限公司（以下简称中硅高科）从事光伏及半导体行业。从车间一名最普通的技术工人，到走上总经理岗位，十多年的职业磨砺，岁月积淀，在新能源发展的道路上，初心从未改变！

硅业报国，做别人没有做到的事情

21世纪初的中国，“光伏”还是新名词。2007年5月，刚刚完成毕业答辩的万烨在中国恩菲北京总部签到培训后，就坐火车、倒长途汽车、转三轮车到达了位于河南洛阳偃师石牛村的中硅高科。这里，中硅高科作为中国恩菲的子公司，承担着一个重大的历史使命——发展中国光伏产业。

这里，有着黄土弥漫的工地；这里，有着夜夜不绝于耳的鸡鸣狗吠；这里，还有着中国第一批默默无闻的光伏人。从大城市的繁华中走来，一下子安静得似乎只剩下思考了。

当时的中硅高科已经取得了一定的成绩：

一是2004年3月，成立刚刚一年，自主研发的国内第一台节能型多晶硅大还原炉装置——12对棒多晶硅还原炉成功投用。

二是2005年10月18日，年产300吨多晶硅生产线顺利生产出第一炉多晶硅。如今说起来似乎轻描淡写，但当时却意义非凡：该生产线成为我国第一条拥有自主知识产权的多晶硅生产线，也是当时国内最大的多晶硅生产线。这第一炉多晶硅经检测，产品纯度达到9 ~ 11N，同时满足太阳能光伏发电及电子信息产业的需求。这炉产品的诞生，标志着我国成功打破了国外长期以来对中国多晶硅生产的技术封锁和市场垄断，摆脱高度依赖进口的困窘局面，实现了多晶硅规模化生产，解决了光伏产业“两头在外”（原料、市场在外）的“一头”问题。

2007年，多晶硅市场已经开始在各地“热闹”起来，很多人似乎觉得只要将多晶硅项目攥在手里就是抱着金光闪闪的“摇钱树”。在各地多晶硅项目不断上马的同时，身处国内第一光环之中的中硅高科却异常冷静。“硅业报国”是第一代多晶硅产业人的追求，正因为这一追求，他们开启了光伏新产业之路；正是因为这一追求，面对未来，他们知道取得的成绩和梦想还有差距。跟随他们的步伐，如何走得更远更高，万烨和一同来到这个小村子的技术人员都在思考。

“人类的美好理想，都不可能唾手可得，都离不开筚路蓝缕、手胼足胝的艰苦奋斗。”作为“第一个吃螃蟹”的中硅高科，也受到了国外的“关注”。2008年，美国华盛顿邮报开始大篇幅地诋毁，一个阳光清洁产业硬是在国人还不能完全理解的时候被披上了高污染、高能耗的外衣。

要做，就做别人做不到的事情。正如习近平总书记所强调的，我国发展到现在这个阶段，不仅从别人那里拿到关键核心技术不可能，就是想拿到一般的高技术也是很难的，西方发达国家有一种教会了徒弟、饿死了师傅的心理，所以立足点要放在自主创新上。国外诋毁的背后，是面对中国产业渐强的心惊胆战和心虚。因此，万烨及其技术团队开始了寻求降耗降本、清洁循环的发展之路，因为只有拥有更加强劲的实力，才能证明谎言只是别有用心的措辞。

2007年，国内仅有12对棒、18对棒小型还原炉，24对棒还原炉刚刚取得突破，还原电耗180 ~ 200kWh/kg，要实现大规模生产还远远不行。万烨借鉴“流场理论”，通过计算机模拟计算，创立了节能还原炉系统设计方法，突破了多晶硅高效沉积的理论难题，确定了多晶硅生长时“直径—电流—电压”变化关系；研究发现了进料配比对多晶硅还原率的影响，确定了高效低耗物料配比。

通过一系列的试验，他和技术团队成功研制了24对棒节能还原炉装置、36对棒及48对棒节能型多晶硅大还原炉系统，实现了还原炉热场、流程均匀，生长出表面平整、直径均匀的优质多晶硅，达到国内领先和国际先进水平，获得洛阳市科技进步一等奖和河南省科技进步一等奖各2项。

面对国内外对于多晶硅项目属于“高污染”的误解，万烨及其技术团队思考如何将副产品转化再利用，实现物料循环。

2009年，万烨主持研究了四氯化硅低温加压氢化工艺条件和催化机理，

研究确定了最佳催化剂体系，成功设计了大型低温加压氢化装置，将副产物就地转化成三氯氢硅原料返回系统。自主设计的氢化系统，一次摩尔转化率达到29%，比当时德国、美国技术的一次转化率高20% ~ 38%，电耗仅0.4 ~ 0.5kWh/kg，仅为当时进口技术的1/5，实现连续稳定运行，达到国际先进水平。借此技术，多晶硅生产成本降低35%，四氯化硅回收率达到99%以上。成果获得第四届中国半导体创新产品和技术奖励、洛阳市科技进步二等奖。

埋头苦干，吃别人吃不了的苦

当一切的科技创新不断显现成效的时候，当产能从300吨到1 000吨再到5 000吨的时候，不期而来的欧债危机、“双反”像一记重锤让多晶硅乃至光伏行业摇摇欲坠，行业90%的停产率，哀鸿一片。2012年9月，中硅高科决定蛰伏停产之时，行业已处于全面“冰冻”期，每一个经历过的人，回想起来都会心生寒意。

在行业的严冬里，中硅高科选择了蛰伏挖潜、技改创新、管理提升之路。万烨全身心投入到一线中，通过技术改造和持续研发，以多晶硅制备技术国家工程实验室为平台，不断降本降耗，提升品质，节省投资，在研发了低温氢化第六代技术和第五代还原炉之后，万烨关注清洁生产工艺的提升，他和团队利用残液中各成分沸点的差别，研究残液闪蒸技术，低沸点的四氯化硅以气态形式从中分离出来，四氯化硅蒸汽经过冷凝后，转变为四氯化硅液体，返回氢化回收利用，固体渣及高沸点的金属氯化物以固态形式排出，中和后压滤得到达标干渣。中国有色金属工业协会组织的“干法处理多晶硅生产残液回收氯的技术与方法”成果鉴定结论为：具有无酸性废物排放，环境友好的优点，达到国际先进水平。

在技术研发过程中，万烨和技术团队还广泛使用Aspen Plus和PRO II流程计算软件确定工艺参数，建立各主工序的工艺流程计算的系统模型，针对多晶硅气相沉积这一特殊工艺过程，使用Polysim模拟三氯氢硅氢还原生长过程，Fluent软件三维仿真计算还原炉中的温度场、流场分布状况，设备设计中使用Aspen EDR换热器计算软件、Ansys设备应力分析软件，通过应用这些信息化手段，突破了氯硅烷分离提纯、多晶硅高效还原、副产物综合利用、尾气干法回收等关键技术，形成了“物料闭路循环、能量综合利用”的先进多晶硅技术体系，并拥有核心自主知识产权。

利用行业低迷期，专注于蛰伏挖潜，万烨和技术团队还改进了高效节能多晶硅还原炉新型进料喷嘴、节能硅芯及大型还原炉工艺、低温加压四氯化硅氢化工艺及装备等，这些成果在后来的生产线中得以完美应用，单炉产量提高10倍，能耗降低了66%，产品替代进口节省外汇13亿美元，间接节省进口技术费用1.2亿美元，减少进口设备300台套，节省外汇9.5亿美元。

习近平总书记指出，成功的背后，永远是艰辛努力。青年要把艰苦环境作为磨炼自己的机遇，把小事当作大事干，一步一个脚印往前走，滴水可以穿石。只要坚韧不拔，百折不挠，成功就一定在前方等你。万烨用实际行动诠释了一个青年技术人员的责任担当、时代担当，吃别人吃不了的苦，方能收获别人拥有不了的快乐，守得住寂寞，方看得见平常人见不到的繁华，黎明前的黑暗，在自我沉淀中挨过去了，天也慢慢亮了。

2013年8月18日，是中硅高科又一次重生的日子，也是技术人员的心血得以用实践见证的日子，9月18日，复产后的第一炉多晶硅完美出炉，成本降低了，市场也逐步回升了。科技的进步，终迎来了寒冬后的暖阳。

科技创新，攀别人不敢攀的高峰

在光伏领域，我们经过短短十多年的发展，已经成为世界光伏大国，在技术上，不断突破，然而在万烨及其团队这些充满创新意识的新一代研究人员心里，有了新的“担忧”。

2013年3月，习近平总书记在全国政协十二届一次会议科协、科技界委员联组讨论时的讲话中提道：“现在，比较正常的技术引进也受到种种限制，过去你弱的时候谁都想卖技术给你，今天你发展了，谁都不愿卖技术给你，因为怕你做大做强。在引进高新技术上不能抱任何幻想，核心技术尤其是国防科技技术是花钱买不来的。人家把核心技术当‘定海神针’‘不二法器’，怎么可能提供给你呢？只有把核心技术掌握在自己手中，才能真正掌握竞争和发展的主动权，才能从根本上保障国家经济安全、国防安全和其他安全。”这段话，让万烨这个技术团队有了更高的目标，更大的方向，就是大力开发电子级高纯多晶硅和电子气体等新产品，迈出了向电子信息和光通讯领域转型升级的坚定步伐，技术创新永无止境，中硅高科要转型发展，就应该响应时代的呼唤，承担时代赋予的责任，继续在新的领域，践行“硅业报国”的情怀。

从2013年开始，中硅高科新领域技术研发储备工作已经开始酝酿，万烨责无旁贷成了技术攻关的领头人，面对集成电路一直以来的贸易高逆差、关键基础材料依赖进口等国情，真是恍若十五年前的光伏产业，自主技术才是破局的根本。

2014年起万烨及其团队开始展开电子级多晶硅、单晶硅及硅复合材料等硅基新材料的研发工作，2016年已着手相关产品的产业化试验和推广工作。

通过不断的技术改造与提升，反复摸索和优化工艺参数，陆续解决了光纤光缆产品用高纯四氯化硅提纯、检测、充装及储存等技术难题，产品的顺利生产与销售，成功打破了国外近二十年的垄断，也为公司转型发展迈出了坚实的第一步。

在集成电路用电子特气研究方面，成功从多晶硅副产物中分离和精制出电子级六氯乙硅烷，该产品作为前驱体广泛应用在12英寸硅片外延工艺上，产品附加值极高，也是国家战略资源芯片的核心关键材料，其制备技术长期被国外少数几个化工公司掌握，目前中硅高科已成为国内唯一的六氯乙硅烷合格供应商。另外，电子级三氯氢硅的研发并投产成功，填补了国内空白，替代进口，实现供应国产化。

芯片虽小，却是“国之重器”,2017年中兴引发的中美芯片大战，国“芯”走到了必须奋起直追的境地，原料缺口极大制约了我国集成电路、电子元器件产业的发展，在芯片用电子级多晶硅方面，中硅高科未雨绸缪，从未放弃对高纯多晶硅材料的研发，开展了电子级多晶硅动态循环梯级分离提纯技术研究，承担了电子级高纯多晶硅项目和区熔用高纯多晶硅项目，目前电子级多晶硅产品质量可达到13N以上，解决电子工业基础领域的关键材料基础薄弱的问题，为高阻区熔硅单晶产业集聚发展提供基础支撑，而这也是万烨及其技术团队不断探索追求更高品质更大规模的方向，因为硅业报国，从来没有忘记，也从来不会止步。

勇攀高峰，不是为了让世界看见，而是为了看见世界，以更广更宽的视野，做更大更强的事业，不辜负时代赋予的使命。十多年扎根一线，万烨参与并完成了5项国家科技支撑计划课题、2项国家863计划课题、2项国家电子信息产业发展基金项目的核心研发骨干。近年作为主要负责人承担河南省科技计划项目、国家工业强基工程和国防科工军品配套科研项目，研发形成了“物料闭路循环、能量综合利用”多晶硅清洁生产原创技术体系，主持制定和修订国家标准7项，获授权专利74项，发表论文和科技报告20多篇，先后获得中国专利金奖和优秀奖各1项、河南省科技进步奖一等奖和二等奖各1项、中冶集团科学技术进步一等奖和二等奖各1项、中国有色金属工业科学技术进步一等奖和二等奖各1项、中国有色金属建设协会部级优秀工程咨询成果一等奖1项、全国半导体标委会材料分技术委员会技术标准一等奖和二等奖各1项、洛阳市科技进步二等奖1项等科技奖励。

“吾心信其可行，则移山填海之难，终有成功之日；吾心信其不可行，则反掌折枝之易，亦无收效之期也。”这句话是万烨激励自己不断向着新高度创新的动力。

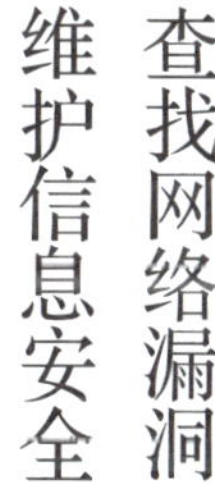

于旸

于旸，1979出生，现任腾讯公司CSIG玄武实验室总监，同时也担任了教育部高等学校信息安全专业教学指导委员会委员、工信部通信科学技术委员会咨询组专家、国家信息安全漏洞库特聘专家等社会职务。他在上大学期间喜欢钻研计算机，2002年安徽医科大学毕业后加入国内信息安全公司绿盟科技从事网络安全工作。2008年北京奥运会期间，他担任公安部奥运会信息网络安全指挥部技术专家，以及国家互联网应急中心奥运信息安全保障小组技术专家，因工作出色，获得了国家互联网应急中心颁发的“奥运信息安全保障支持个人一等奖”。2014年他加入腾讯，创建了玄武实验室，2017年获得了国家信息安全漏洞共享平台（CNVD）授予的“原创漏洞报送突出贡献单位”奖，同年又获得了国家信息安全漏洞库（CNNVD）授予的“年度优秀支撑单位”奖；2018年获得第三届杰出工程师青年奖。

年轻时候的初衷和励志

于旸父母的工作都和科技无关，但他从小就喜欢科技，小时候读的书，一大半是科技类，读的也比较杂，生物、化学、医学、物理、地理、冶金、机械……当时读这些也没什么特别的想法，就是单纯地喜欢。后来有人问他看这些乱七八糟的东西有什么用，他开玩笑说："如果世界末日来临，我起码能把你们带回 19 世纪的工业文明。"考大学填志愿的时候，他对父母说随便报什么理工科的专业都可以，都愿意学。但是不要报文科——倒不是他不喜欢文科，主要是觉得文科的东西可以自己买书读，理科的东西需要实验环境，不容易自学。

后来上了大学，虽然是学医，二年级也开了计算机课。接触计算机后，他发现这东西非常不同，虽然也属于科技领域，但对实验环境的要求非常简单。只要一台计算机，就可以探索各种相关的知识，里面可以学的东西无穷无尽。他如获至宝，就把之前投入在其他方面的业余精力全都转移到了对计算机的学习上。

医科大学的计算机课程很简单，就是教一教文字处理、数据库操作，便于将来写病案、查文献、整理病例。他们计算机课的老师甚至也不太懂计算机。有一次机房的计算机坏了，要重装系统。他看到老师拿出一个小本子，上面写的是重新安装系统的步骤——格式化敲什么命令，安装系统敲什么命令。然后老师就看一眼小本子，敲一条命令。

随着对计算机的了解逐渐加深，他感受到了数字世界的非同寻常，觉得这是一个全新的世界，是一个未来大家都会生活在里面的世界，但又极其混乱，缺乏秩序，如同当年美国的西部荒野。他觉得生活在这个世界里，有必要学一些防身的本领。这个朴素的想法就是他学习信息安全技术的初衷。

当时他身边没有任何人精通计算机，更不用提懂信息安全技术。有个亲戚，会安装 Windows 95，懂一些系统配置，就成了他的入门老师了。但比较幸运的是，当时全市唯一的计算机专业书店和计算机硬件市场都在他们大学附近。他可以经常过去看一看，买几本书。他买书和买计算机硬件主要靠稿费和省下来的生活费。所以有段时间，他每个月只花 90 元吃饭。

当时他们学校机房没有接入互联网，连教育网都没接入。一开始，他不但身边没有可交流的人，而且无法从网络上获取信息，也无法通过互联网进行交流。学习所需的各种软件和技术资料主要来自路边小贩卖的光盘。一无网络，二无老师，自己一个人学习还是比较困难的，但对知识的强烈渴望，能压倒对未知和困难的恐惧。他记得小学毕业那个暑假读《电工原理》，同时自己琢磨万用表的使用方法。一开始完全看不懂，但硬看了一个暑假，就懂一些了，万用表也基本会用了。因为从小就经常这样一个人啃硬骨头，所以学习中虽然走了很多弯路，但能一直坚持走下去。后来家里申请了拨号上网，又打开了一扇新世界的大门。他一边惊讶于互联网上竟然有这么多知

识，一边整个网站整个网站地学习。拨号上网是按时间计费。为了省钱，他把很多安全网站一个个镜像到硬盘上看。

医学院的课业很重。后来去了医院实习，就更忙了。每天差不多6点多就要起床，赶去病房给病人抽血，送去化验室。然后上午跟着科室主任查房，下午写病历……不过好在那时候年轻，身体能扛得住。他常常在医院干到晚上9点，然后回家搞计算机到夜里2点，第二天早上6点再起来赶去医院。就这样，到2001年，他差不多把当时国内的所有安全漏洞信息、安全技术文章都读了一遍，所有安全工具的用法也都学了一遍。

与“金山毒霸”的邂逅和跨界

2001年7月发生了一个重大安全事件——“红色代码”网络蠕虫席卷了全世界。这是一个历史性事件，是传统磁盘病毒时代和网络恶意代码时代的分水岭。于旸模模糊糊意识到了这件事的重要性。为了研究分析蠕虫，他在自己的电脑上架设了一个“蜜罐”。过了一段时间，在9月18日这天，他忽然发现“蜜罐”中出现了一个不同于红色代码的蠕虫，而且网上也没有查到相关消息。于是他连夜对其进行分析，并撰写了一份分析报告，发送给了国内几家安全网站。虽然现在看来那份报告非常稚嫩青涩，但那是国内第一份对蠕虫这种新型安全威胁做出多角度分析的报告。报告被很多网站转载，互联网应急中心也将其收录到了月度报告中。甚至在那之后很长一段时间，各家安全公司对蠕虫类恶意代码的分析报告，都以他那份报告的内容框架作为模板。

金山公司因为向他们提供了那份报告，就送了他一套最新版“金山毒霸”。他拿到后，很快又发现了金山毒霸的一个漏洞。虽然现在看来那个漏洞也不复杂，是一个简单的远程堆栈溢出，但这些成果都给了当时的他很大鼓励。然后也开始有一些搞安全的朋友通过邮件和他联系，讨论技术。由此，他开始和安全社区有了交流。

后来有几家安全企业联系到他，问是否愿意加入他们，从事安全行业的工作。于旸虽然对医学很喜欢，但医学探索有个很大的问题就是对研究条件的要求太高了，也不能随便拿人去做实验。相比较来说，他更愿意去做计算机领域的探索。同时，通过和安全社区的交流，他发现自己的能力似乎已经可以在行业中有一个位置。于是就决定了毕业后从事网络安全工作，而放弃本专业。经过了解和比较后，他觉得绿盟科技提供的安全研究岗位最适合自己，于是就来了北京。

一开始父母对他读了五年临床医学，毕业却去做网络安全当然会有疑虑。不过相对来说父亲更支持他一些。因为父亲是警察，早先很希望他能子承父业。现在听说他去做网络安全，觉得这某种意义上也是在维护公共安全。

加入安全行业后，他和之前的学习探索过程一样，对各种新鲜尝试都来者不拒。虽然本职工作一直是安全技术研究，但其他部门遇到难处理的问题时，会找他们部门支持。可能因为他胆子也比较大，没接触过的东西也敢现学现卖，再加上沟通能力略好一些，所以基本来自外部的各种支持需求，领导都会交给他。使他有机会参与了很多渗透测试、应急响应、售前交流、客户培训、产品设计、招聘宣讲等各类工作。

“平时勤学苦练，遇事认真准备”是基础

虽然做了大量本职之外的事情，但于旸觉得所有这些都很有意思，也能从中学到很多东西。值得骄傲的是，在参加工作后差不多十年的时间里，他做应急响应等各种客户服务无一失手，每次都能顺利帮客户解决问题。出去

做技术交流，反响也都很好。其实秘诀无非就是“平时勤学苦练，遇事认真准备”。

2002年年底，国家信息安全测评中心开始筹划CISP认证，请他们公司帮助设计“恶意代码”这门课。公司领导问他能不能做这件事，他一口答应下来。他下载了大量安全培训类的课件，从中学习设计课件的思路。然后把他对恶意代码的研究由浅入深地梳理出体系，制作成课件，并设计了配套实验。对于把这件事交给他，领导一开始多少还有些担心。因为当时他刚毕业不到半年，也没做过培训工作，但在听了他的试讲之后，就完全放心了。

有一次某证券行业的客户遇到大量办公电脑无法启动的问题。因为这是大客户，所以公司派他过去支持。在去之前，他先分析了可能导致问题的各类原因，准备了各种可能需要用的工具。去了之后，发现客户还请了好几位不同安全公司的工程师。但大家都一筹莫展。他看了现场情况后，用一根串口线连接了他的笔记本电脑和客户无法启动的电脑，用内核调试技术很快找到了问题原因——是客户使用的某款软件和微软新出的升级补丁发生了冲突。之后他帮助客户制作了一张光盘。只要用这张光盘启动一次电脑，就可以把问题修复。这不但让客户对他们公司大加赞赏，在场的几位其他公司的工程师也很佩服。

现在很多年轻人以为他是搞漏洞研究出的名，其实早年在业界的口碑主要是做客户服务攒下的。以至于当时销售们带大客户来公司参观，都会把他的工位当成一个参观景点。就这样，公司对他越来越信任，遇到对外的重大任务总是会第一个想到他。

攻关难题是他非常愿意挑战的动力

2008年北京奥运会期间，于旸代表公司同时担任了公安部奥运会信息网络安全指挥部技术专家，以及国家互联网应急中心奥运信息安全保障小组技术专家。在奥运前不久，他发现当时出现了一种新型域名服务器缓存毒化攻击，并意识到这会对国家安全造成重大威胁。一旦被利用，就可能让网民们在查看新华社、人民日报这样的网站时实际看到的是攻击者提供的恶意信息，可能造成严重的后果。于是他迅速研发出一套检测域名服务器是否易于遭受该攻击的检测工具。结果发现多个省份运营商的域名服务器都存在问题。于是他迅速将该情况通报给相关主管部门，并给出了处置建议。后来他也因此获得了国家互联网应急中心颁发的“奥运信息安全保障支持个人一等奖”。

在绿盟科技工作期间，他做漏洞方面的研究主要是为网络安全产品服务，丰富安全产品的检测能力，没有特别追求每年要挖多少漏洞，或者做出多么厉害的研究成果。公司对此也没有太多要求。在工作的前十年，他投入到漏洞研究上的精力不算很多。2011—2012年，国内漏洞研究的氛围已经起来了。他觉得自己其实也可以在这方面做更多的事，就像当年在大学里一样。

当时微软在漏洞防御上已经研究积累了近十年，推出的一系列安全防御技术组合让漏洞利用变得非常困难。全世界的漏洞研究人员都在思考怎么突破这套防御。他也决定挑战一下这个难题。DEP和ASLR是两种漏洞利用防御技术，可以使系统即使存在漏洞也难以被利用，是微软的重要安全防护措施。EMET是微软的免费安全工具，可以为系统提供更强的DEP和ASLR，以及很多其他防护功能。这些防御技术单独存在时，都可以比较简单地绕过，但结合起来后，就很强大。所以微软甚至一度认为漏洞已经被这些技术终结了。

经过半年多时间的研究，他发现了一种能同时绕过DEP、ASLR甚至EMET的技术。2013年3月8日，于旸在加拿大温哥华举办的CanSecWest大会上介绍了这种技术。当时微软产品安全部门的工作人员就在台下，听了他的演讲后非常吃惊。在他公开这项技术后一个多月，微软就发布了EMET的新版本，并在其中根据他的描述和建议，对这种漏洞利用方法进行了检测防护。但就在新版EMET发布后的第二天，他发现这个版本虽然新设计了很多防护功能，但也引入了另一个新的重大安全问题，甚至反而会使漏洞利用变得比不装EMET更容易。于是他将该问题报告给了微软。这一次更是让微软感到震惊。

于旸的这些研究和发现终于让微软意识到仅靠自身力量是无法解决安全问题的。于是，在两个月后，2013年6月17日，微软再次发布新版EMET，在其中修复了他发现的问题，同时改变了十几年来坚持不为外部安全技术报告付钱的原则，启动了Mitigation Bypass Bounty项目，向全世界征集绕过DEP和ASLR等防御技术的方法，并给出了最高10万美元的奖金，还在官方博客中用于旸当初提出的技术作为例子，来说明什么样的技术才符合10万美元的标准。于是有很多朋友误以为微软已经给他发了这个奖，向他表示祝贺。他跟他们说其实没有，并且不太相信微软真的会给奖金，毕竟他们之前一直坚持不为安全技术报告付钱。但是，在2013年10月8日，微软宣布一位英国安全研究者James Forshaw成为第一个获得10万美元大奖的人。他很惊讶，没想到微软转变了风格。然后他把这件事告诉了妻子："我之前提出的技术促成微软设立了这个奖，但我却错过了成为第一个拿到奖的人。"妻子表示很可惜，于是他对妻子说："你别急，我给你弄一个回来"。然后他就投入了新的研究工作。经过一个多月每天超过14小时的探索，他终于找到了一套全新的技术，可以突破微软现有各种防御措施，于是最终拿到了那个10万美元大奖。直到今天，全世界也只有3位个人和1个团队拿到过这个奖。

消防队员的作用和功效

2014年于旸离开工作了十二年的绿盟科技，加入腾讯，创建了玄武实验室。实验室一方面向腾讯内部重要产品和业务提供安全能力，另一方面也面向社会开展研究，帮助建设安全的互联网生态。创建实验室后，他做的第一件事就是安排同事开发了一套安全技术情报系统。这套系统可以实时收集全世界每天最新出现的安全技术、漏洞、工具、事件等，并根据其重要性进行评分。这样实验室的年轻成员们就能非常方便地学习新技术。在内部运行半年后，他们发现这些内容对安全研究人员帮助很大，于是将其输出的内容翻译整理后对社会公开，形成“每日安全推送”。目前国内大量安全技术研究人员都通过他们这套系统学习新技术。甚至一些在国外从事网络安全工作的华人也表示这是他们每日必读的内容。

以前，他的技术研究工作几乎都是一个人独立完成。创建实验室后，他越来越体会到集体的力量。通过合作，他们完成了很多单凭个人力量难以完成的工作。例如，在漏洞研究方面，他们实验室曾开展过对全世界所有杀毒软件的专项研究，并在接近半数的杀毒软件中都发现了严重安全问题，包括最知名的那些软件。历年来，他们实验室共发现过Adobe、Apple、Google、Microsoft 等厂商产品中的近千个安全漏洞，并将这些漏洞向国家漏洞信息管理部门进行报送。凭着这些贡献，2017年玄武实验室以原创漏洞报送积分第一的成绩，获得了国家信息安全漏洞共享平台（CNVD）授予的“原创漏洞报送突出贡献单位”奖，同时又获得了国家信息安全漏洞库（CNNVD）授予的“年度优秀支撑单位”奖。

在2014年年初“心脏滴血”漏洞爆发时他就开始思考：大量终端软件里也存在很多具有共性的漏洞代码，应该如何发现？他认为这依靠个人研究是无法做到的，需要一套自动化系统。在创建实验室之后，他协调大家研发了一套“阿图因”全球软件空间安全测绘系统。这套系统可以自动收集、分析全世界的电脑、手机软件，发现其中存在的具有共性的漏洞和风险。该系统在2017年入选了第四届世界互联网大会“世界互联网领先科技成果”，并在后来“WinRAR代码执行漏洞”等事件的应急处置中为国家网络安全主管部门提供了有力的技术支持。

在担任实验室管理工作的同时，于旸仍尽量抽出一些时间直接参与到一线技术研究工作中。2015年，他带着一个新同事发现了一种被命名为“BadBarcode”的漏洞。利用该漏洞，通过扫描条码甚至能从远处发射激光束控制连接了条码阅读器的计算机系统。这也是世界上迄今为止唯一可以通过激光发起攻击的漏洞。该漏洞和常见的网络安全漏洞不同，影响的不是某个产品，而是全世界所有厂商在过去二十年间生产的大部分产品。而条码阅读器广泛用于零售、物流、制造、安防等各领域，因此该漏洞危害极大。而且由于该漏洞并不需要通过互联网进行攻击，所以对物理隔离网络也会造成威胁。

由于条码阅读器对移动支付的重要性，于旸团队通过和微信支付合作，持续对我国主要条码阅读器厂商的产品进行安全检测，并在大部分设备中都发现了严重安全问题。这些漏洞一旦被恶意利用，攻击者就可以完全控制使用条码阅读器的系统，实现窃取资金、盗取数据、破坏系统运行等严重后果。通过推动对这些安全问题的修复，大大提高了我国条码阅读器行业的产品安全性，也包括整个移动支付生态的安全性。该发现后来也应邀在中科院公众科学日进行展示，并被“新闻联播”报道。

2016年，于旸在出差的航班上偶然想到一种可能存在的安全问题。后来经过实验，发现问题确实存在，他把这个漏洞命名为“BadTunnel”。该漏洞的影响范围极广，从Windows 95到Windows 10所有版本都受影响。而且利用途径极其多样，可通过网页、邮件、文档、U盘、网络请求等几乎所有方式发起攻击。历史上从未有任何漏洞同时具有如此广泛的影响面和多种多样的攻击方式。利用后果也很严重，可以在受害者毫无察觉的情况下完全控制其网络通信。而且该漏洞和传统的漏洞有很大不同，并不是由某处代码编写不当引起，而是由多个自身并无错误的系统、协议设计协同工作时耦合产生的，是一种此前未发现过的新型安全问题。该发现引起了安全行业的广泛关注，被众多国内外媒体报道。微软公司史无前例地破格为该漏洞的发现给予了5万美元奖励。此前微软仅针对设定的技术挑战悬赏给予奖励，而从未对漏洞发现颁发过奖金。他也因此有幸在美国“黑帽”安全大会、清华大学“国际顶级安全会议和竞赛成果分享会”等会议上就此做了报告。

2017年，于旸带领另外两位同事发现了“应用克隆”威胁模型。这个问题影响大量安卓应用，以及国内市场上几乎所有的安卓手机。基于该威胁模型，用户只要点击恶意短信、邮件等内容中的链接，就可以导致受影响的移动应用账号被控制、通信数据被窃取、资金被盗刷、地理位置被获取等严重后果。该发现刷新了业界对很多相关安全问题的认知。一些以前厂商不重视，认为威胁不大的安全问题，在该模型的视角下重新审视后会发现实际上非常严重,必须进行修复。该发现引起了社会各界的关注，被央视“第一时间”、《光明日报》等广泛报道。通过向网信办、工信部等主管部门的报告，以及向业界进行相关知识普及，推动了各厂商对相关安全问题的重视，大大提高了我国安卓系统生态的安全性。

矛与盾的较量

为实现在大屏占比手机上实现正面指纹验证，2018年年初国内手机厂商逐渐开始引入“屏下指纹”技术。于旸在阅读了相关设计资料后，认为该技术很可能存在缺陷。于是和另一名同事一起进行研究。很快，他们发现该项技术虽然考虑了传统指纹验证技术的各种安全问题，但由于其独特的光学结构，导致引入了一种全新的安全漏洞。利用屏幕上残存的指纹痕迹，就可以让屏下指纹传感器认为手机的主人正在使用指纹验证。利用这种攻击方式，只要借助一张塑料片甚至一张纸，就可迅速解锁手机，甚至还能完成支付操作。他们将这个新问题命名为“残迹重用”漏洞。该漏洞属于屏下指纹技术原始设计的问题，而非某款手机的问题。甚至不同国家和地区的不同厂商开发的屏下指纹芯片和识别算法，都存在同样的问题。因此，该漏洞的影响范围波及当时市面上所有使用该技术的安卓手机。他们向国内几家主流手机厂商报告了该问题，通过更新识别算法修复了已上市手机中的漏洞。还通过厂商将相关解决信息提交给上游芯片厂商，推动了供应链层面的安全修复。现在大家可以比较放心地使用各品牌推出的屏下指纹手机。

在近二十年的网络安全工作中，于旸越来越意识到这份工作的重要性。在获得一个个成就的同时，也越来越意识到安全技术的浩瀚无边。唯有持续学习，不断探索，才可能做好这份工作。他一直用这句话勉励自己："艺无止境，诚惶诚恐。"

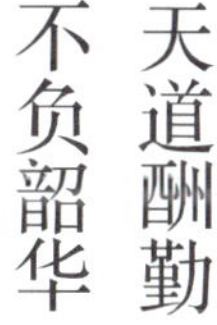

马登永

马登永，中共党员，博士，高工，现任中科上声（苏州）电子公司（简称上声公司）技术总监。

马登永2009年从中国科学院声学研究所博士毕业。他那年负责一个重大国防项目的仿真和实验，从4月份开始一直忙着写该项目的中期检查报告，word版本的报告准备了70多页，同时还要准备PPT答辩材料，一直忙到4月下旬才结束。在4月份最后一个星期，导师询问他博士毕业论文准备得怎么样了，写了多少页了？他说还没有动笔写。当时导师听到他的回答非常惊讶，并问他是否考虑延期半年或者一年毕业，因为5月4日之前所里要求毕业生提交论文由导师进行修改，恐怕时间上已经来不及完成论文。他回答不想延期。觉得自己能在5月4号之前完成论文。

就这样在一个星期的时间里，他几乎是每天用超过16个小时来赶写论文，每天傍晚在写字楼的一层餐馆匆忙地吃一份酸豆角盖饭，然后买一小罐的菠萝啤酒，就回到实验室的座位上开始赶写论文，一直忙到凌晨3点多钟，然后在实验室的长沙发上休息到早晨7点多，又继续开始写论文。就是靠着这样的拼搏精神，他在4月30日之前顺利完成了100多页的毕业论文。在5月底顺利完成了博士的毕业答辩。

也是在这年的7月份，马登永的女儿在老家出生了，他开始忙着在北京参加招聘会，希望能找一个满意的工作，把妻子和女儿接到北京。那时候他的导师杨军研究员刚好被邀请参加了苏州精英创业周活动，了解到相城区的一家汽车电子公司希望建立企业博士后工作站，需要招一名博士后进入工作站从事科研工作。杨老师当时找他商量，询问是否愿意到企业做博士后，可以解决住房问题，同时薪酬也还不错。恰恰是这一机缘，马登永博士毕业后就进入了苏州上声电子公司工作，谁知这一晃就是十年。十多年来，他从最初在

工作站做博士后到后来在研发中心做技术工程师，再到目前在子公司做技术总监，这一路走来，他感慨万千，此时再诵读“非淡泊无以明志，非宁静无以致远”时，这一体会竟是那么的深刻。

在生产制造企业研究数字芯片，注定不是一件容易的事情

那是2009年初秋的一天，早上6点多，马登永和他的导师杨军从苏州站下火车，坐出租车到上声公司，6点40分他们到达目的地。这时公司还没有上班，他们两个人就坐在公司大厅的长椅上，一边聊着课题一边吃着路边买到的早餐，这就是他对上声公司最初的印象。上午9点多，他们跟上声公司的总经理、副总经理开会交流，两位领导都提出来要研究数字扬声器课题，并希望把它作为博士后课题进行研究，杨军教授当时在会上几次强调说：“数字扬声器课题还不够成熟，三五年内不一定会推出产品，这个课题目前尚在实验室研究阶段，并没有进入市场的预期”。两位领导斩钉截铁地说：“我们就要研究数字扬声器，不管有多少困难，我们应该坚持去做。”自这次会议后，马登永接手了数字扬声器课题，也进入了企业工作站，开始了为期两年的博士后研究。

博士后期间，他翻遍了所有关于数字扬声器的论文、商业报道，发现这个课题可以借鉴的东西实在太少了。国外有几位研究这一课题的学者在发表几篇文献后就放弃了。最终只从商业报道中了解到日本的一个研究团队，自2006年开始一直在研究这一课题，并尝试使用其他公司推出的可编程芯片来测试算法。于是他一边跟踪他们的研究进展，一边开始着手研制数字扬声器的演示系统。

为了完成上声公司的博士后课题，杨军教授又从实验室抽调了两位在读博士研究生：蔡野锋和沐永生，让他们配合马登永一起开展数字扬声器的研

发工作。马登永当时负责整个课题的实现方案和演示系统研制，蔡、沐二位博士帮助他实现算法。时至今日，马登永依然清晰记得当年他们勤奋而又积极的身影，一轮又一轮地进行算法开发和系统测试。

在博士期间马登永就一直从事实验室很多项目的软硬件研发工作。从博士后课题一开始，他就着手折腾各种样机系统，从最初第一代系统样机开始一直研制到第八代系统样机，此时他的两年博士后生涯也该结束了，但是数字扬声器课题仍然没有达到商业化的水准。捧着两年下来打造的第八代演示样机，他忐忑不安地跟导师交流。此时他不知道说什么好，总之这一系统信噪比太低，测试下来只有64 dB，离85 dB的商业化产品还差得太远。在博士后答辩现场，他把数字扬声器系统演示给在座的5位专家评委和我现在的公司领导们，专家们一致认为这个课题对于公司来讲，不要过高地期望转化为产品，它只能作为一个探索课题，非常中肯地讲：此课题离商业化还非常遥远。这两年的博士后生涯，马登永付出了太多的努力去研究这个课题，但是做出来的结果却不尽如人意，此时他对于这个课题的前景也非常迷茫，到底当初该不该选择这么一个课题呢?

博士后答辩结束后，马登永扔下这个课题开始为一份未来向往的工作而奔走在招聘和面试的现场，折腾了一个多月也没有找到一份令人满意的工作。这时上声公司总经理周总给他打电话问他能不能到公司来继续研究数字扬声器这个课题。他也不知道要不要答应这个邀请，对于这个课题，他没有信心能把它产业化，对于工作也仍然没有找到满意的。在犹豫不决的状态下，周总邀请他到苏州面谈工作薪酬。从公司开出来的薪酬条件，他能感觉到周总非常真诚地希望他能来上声公司，最后，他同意到上声来工作。于是在2011年8月底，马登永到上声公司报道，被安排在研发中心做技术工程师，继续从事数字扬声器课题的研发。

在2012年，围绕着如何把信噪比从64 dB提高到90 dB，马登永反复思考、反复实验，不断调整算法，从最初的1.4Mhz的切换速率，逐步提高到2.8Mhz、5.6Mhz、6.4Mhz、11.2Mhz,最终在11.2Mhz的切换速率下，他测试了实验系统信噪比，达到了93dB，这一实验结果让他非常满意。于是他把11.2Mhz的数字扬声器系统演示给公司领导们试听，大家听完觉得声音还可以，但是询问这个系统的成本是多少，他说就购买的这块主芯片也要100多块钱。领导们摇摇头说这个东西没有可能卖出去。

在2013年，围绕如何把数字扬声器系统的成本降低这一问题，马登永开始想各种解决办法，最终他觉得只有研制芯片这一条路可走。但是研制一颗芯片的投入少说也要投入几百万元，这对于一个从事生产制造的企业来讲，风险很大。公司从一个扬声器的销售中才能获利几毛钱，而他却提出来要公司拿几百万元现金来开发，当时他感到压力很大，如果做芯片却没有市场，这笔钱就打水漂了。他跟公司周总商量这件事的时候，周总非常支持，并积极投入资金和精力去关注这一方向。

在2013年的10月，上声公司的第一颗芯片设计完成并进入流片环节；在2014年1月马登永拿到了第一批样片，并测试稳定，他们的第一颗芯片成功量产了。围绕着这颗量产的数字芯片，公司应该怎么推广和销售呢？他们当时提出来把芯片用到蓝牙音响、蓝牙耳机、笔记本电脑、智能手机等产品领域。但是当制作了第一批蓝牙音响，核算下来成本还是太高了。由于他们的蓝牙音响产品每个需要用到8颗美国公司的数字功放芯片，而这颗功放芯片的成本很高，造成了公司制造的蓝牙音响价格无法降低。这时公司领导和他商量着是否可以继续投资研发数字功放芯片，于是公司的第二颗芯片进入了研制阶段。

数字功放芯片属于功率器件，研制起来要比数字编解码芯片复杂得多，从2015年开始一直到现在，数字功放芯片的研制已经历经了5代，从最新测试的数据来看，已经基本达到了期望的要求。围绕数字功放芯片，上声公司研制了多款模组和样品，希望能在后续进入市场领域。

只有经历困难的磨砺，才能成长得更为坚强

2017年10月，上声公司的子公司：中科上声（苏州）电子公司成立，马登永进入子公司做技术总监。公司成立的第一年他们围绕主动降噪控制器进行产业化开发，他们购买了一辆通用的车子并进行改装，将自己研制的降噪控制器装配到车上，开着改装的降噪车到各大车厂去展示降噪效果。

马登永说第一个客户是来自北京的一家车厂，该车厂希望他们能在两周之内改装一辆降噪演示车。于是2018年的3月，马登永和沐永生博士两个人（沐博士是降噪算法的核心研究人员）计划好需要带到北京进行为期两周现场试验的所有线材、传感器、主控板、电源、测试仪器、电脑等，把公司改装车的后备箱塞得满满的。他们从苏州出发，驱车一天半赶到北京，安顿住宿后，就和对方车厂工作人员对接，从车厂借到了贴着一身迷彩的谍装车。

马登永他们虽然在自己的改装车上成功实验过算法，但是在车厂提供的谍装车上还是头一次做实验，把车子开到北京六环外的田间地头，开始安装所有的传感器和控制器。待测试和计算完毕，他们正式进入调试阶段，谁知道这第一天调试就遇到大麻烦。从早上10点到晚上10点，一直都没有调试出效果，这几乎击垮了他们的信心。3月北京的野外还是比较寒冷的，更何况中午和晚上都没有吃饭，此时的他们已经是饥肠辘辘、头晕目眩了。在这种几近崩溃的边缘，他们把车子开到大马路的路灯底下，把所有用到的线材、接头、电路板、电源从车上拆下来，借着明亮的灯光，从头到尾，一点一点地测试，一个环节一个环节地排查，看到底是哪个地方出了问题。就这样他们在路灯底下花了将近一个小时，排查出来两个问题，有一根线材是坏的，还有一个三通转接头也是坏的，总算找到了“罪魁祸首”。于是更换坏的线材和三通转接头后，控制系统开始有效果了，此时他们非常开心、激动不已。

从第一天调车的经验教训中，他们总结出做事情一定要按照步骤来，不能忽视任何一个可能出纰漏的环节，制定一套从头到尾的自检步骤，以保

证系统健康可靠地运行。接下来的两周时间，他们每天都是从早上8点多开始，在路边摊买个煎饼吃，就开始调车了。没有午饭也没有晚饭，通常是工作到夜里凌晨一两点钟，再回到宾馆附近找一家尚未打烊的餐馆安抚饥肠辘辘的胃。在这种工作热情的支持下，他们实验了很多工况下的算法性能，保证了算法在各种工况下的普适性。他们的实验车每天消耗一整箱油，对大量的工况进行路试，保证了算法的稳健性。两周后，马登永他们顺利通过了实验车的效果演示，车厂普通工程师、科长、部长、院长、副总裁，所有来听实验效果的人都评价说效果非常明显。后来沐博士风趣地说：这两周时间我们在算法上所做出的推进和创新，远超过了去年一整年的结果。经过2018年春天为期2周的实验车调试和多轮试听评价，他们在车厂赢得了理解和尊重，顺利拿到了定点的项目。

2018年，马登永和他的团队在国内多家车厂调试了十几款车型，将他们的新技术快速展示给了车厂，也赢得了车厂的信赖。

“机会总是眷顾那些有准备的人。”马登永时刻准备着投身到具有挑战的事业中，不断磨炼自己，坚持把自己的人生提升到新的高度。

不忘初心跟党走 牢记使命铸忠诚

尹震宇

尹震宇，1979年出生于辽宁沈阳，中共党员，中国科学院沈阳计算技术研究所有限公司嵌入式技术与工业互联网实验室主任，研究员、博士生导师；兼任全国工业机械电气系统标准化技术委员会（SAC/TC231）副秘书长，IEC/TC44/PT60204-34《数控机床电气设备及系统安全》国际标准工作组、中日联合工作组专家委员兼中方秘书，中国SAC/TC231国际标准专门工作组秘书。

作为一名优秀科技工作者和学术带头人，尹震宇任劳任怨，爱岗敬业，自工作以来一直奋斗在研发一线。人生如屋，精神是柱，理想信念是共产党人的精神支柱，正是因为他始终心怀国家和民族，始终坚定正确的理想和信念，在成长的道路上抵御诱惑，行稳致远，坚定不移地在数控关键技术研究、数控产品研发、相关标准制定等方面潜心钻研，并作出了突出的贡献。

胸有凌云志，无高不可攀

尹震宇生长在东北重工业基地中心城市——沈阳，和大多数独生子女一样，从小就得到祖辈和父母的细心呵护，但家里从不对他娇惯。在祖父母的影响下，尹震宇从小就怀有强烈的爱国主义情怀，并立志要为祖国的繁荣强大做出贡献。正是怀有这种情怀，促使他勤奋好学，学习成绩始终名列前茅。所有教过他的老师都称赞他聪明机智、勤恳努力。正是他从小养成这样的优秀品质，才有今天的成就。

长风破浪会有时　直挂云帆济沧海

在博士毕业后，尹震宇没有选择可以带来丰厚薪酬的企业，而是毅然决然地进入家乡的科研单位。一向治学严谨的他，在这里得到了大展拳脚的机会。十年如一日，尹震宇一直从事工控及数控领域关键技术研究、数控产品研发及相关国际、国家标准制定等工作。多年来，他脚踏实地，兢兢业业，努力开拓工作新局面，获得了领导、同事以及客户的一致认可。

在工作中，他可以到达一种忘我的境界。在调试程序时，他时常忘记吃饭，忘记下班，每每加班到凌晨；在参加撰写项目书时，他也是废寝忘食，浑然忘我；在外出差时，他争分夺秒，以最短的时间办成最多的事。节假日大多数时间他也是在单位度过，同事们都戏称他为“工作狂”。家人对他的工作也给予了很多支持。但长时间的高强度工作也使他落下了胃病和颈椎病。也正是怀揣一颗赤子之心，牢记使命，使得他在风吹雨打中始终不渝、坚定不移，在本职岗位上脚踏实地，一步一个脚印，稳扎稳打。

在工控数控关键技术研究及承担重大、重点项目方面，尹震宇作为课题负责人带领科研团队承担了“高档数控机床与基础制造装备”国家科技重大专项、中国科学院信息化专项、辽宁省科学技术基金项目、沈阳市信息化和工业化融合专项资金等多项课题项目。作为技术骨干参与了多项国家科技重大专项、国家科技支撑计划项目、国家重点基础研究发展计划项目（973）等课题研发工作。通过承担的课题，在具有自主知识产权的数控系统现场总线、开放式数控系统软硬件平台、数控系统功能安全技术、面向数控系统实时操作系统等数控重要研究领域取得了技术突破及成果，支撑了公司多项数控系统新产品的研发，主持开发数控系统现场总线系统，与沈阳机床集团龙门加工中心、精密车削加工中心及高速车削机床实现配套，达到设计指标，并通过国家科技重大专项技术验收。此外，在国内外核心期刊上发表论文10余篇，发明专利9项，培养硕、博士研究生10余名。

在国际标准化方面，尹震宇担任IEC/TC44/PT60204-34《数控机床电气设备及系统安全》国际标准工作组、中日联合工作组专家委员，以及中国SAC/TC231国际标准专门工作组秘书。作为技术答辩负责人多次在IEC/TC44会议上完成标准技术答辩工作，该标准于2016年8月由IEC正式发布，是中国机床行业首部IEC国际标准，该标准直接关系了我国机床产品进出口贸易安全，对扭转我国在机床国际标准化方面的被动局面及提升我国机床产业国际竞争力有着重要意义。

在推动行业技术进步方面，作为全国工业机械电气系统标准化技术委员会副秘书长及安全控制系统分委会秘书长，主持了《机械电气安全 安全相关设备中的通信系统使用指南》国家标准及《工业机械用驱动单元安全控制功能要求》《工业机械用数字控制器安全功能要求》两项地方标准制定。作为主要起草人，围绕开放式数控系统、机器人控制系统的软硬件平台、复杂加工控制、网络化、高速控制总线、机床物联网（传感器网络）等核心关键技术，完成GB/T 18759.1《机械电气设备 开放式数控系统 第1部分：总则》等系列国家标准、GB 28526-2012/ETC62061:2005《机械电气安全 安全相关电气、电子和可编程电子控制系统的功能安全》等国家标准14部、行业标准2部。其中，GB 28526–2012/ETC62061:2005《机械电气安全 安全相关电气、电子和可编程电子控制系统的功能安全》国家强制标准获得2016年度中国机械工业科学技术二等奖。

在高性能数控及自动化控制系统产品开发方面，尹震宇带领研发团队主持开发了具有自主知识产权的NCSF数控现场总线产品，通过辽宁省科技厅科学技术成果鉴定，成果达到国际先进水平，并获辽宁省科技进步三等奖。此外，该产品配套应用于沈阳机床集团AH系列铣镗床，实现批量出口销售，取得了良好的经济效益。他主持开发了中科院仪器设备共享所级管理系统V3.0，该产品于2016年1月至今已实现销售近600万元，有力支撑了国家科技基础条件平台建设需求。

正是因为尹震宇这种刻苦的精神以及过硬的技术能力，他被评为单位先进工作者，并入选了辽宁“百千万人才工程”百千层次人选，获得机械工业标准化工作先进工作者、机床工具行业标准化先进工作者、全国工业机械电气系统标准化技术委员会先进工作者以及中国机械工业科学技术二等奖、辽宁省科学技术三等奖、沈阳市发明专利二等奖等荣誉称号及奖励。

吾生也有涯，而知也无涯

人的一生应当是学习的一生，而专业、实践知识就是青年科技工作者成长的养料，正所谓是在学中干，干中学。“锲而舍之，朽木不折；锲而不舍，金石可镂。”学习最忌“三天打鱼，两天晒网”，持之以恒方能成就人生。尹震宇不但在工作中兢兢业业，在实干的同时，也不忘提升自我。在业余时间，他孜孜不倦地学习，不但专注于专业领域国内外的文献，还涉猎其他领域的书籍。既多读有字之书，也多读无字之书，注重学习人生经验和社会知识，真正使学习工作化、工作学习化，从而达到“学而时习之，不亦说乎”

的境界，让学习成为伴随人生的亮丽风景。

身先士卒，一马当先

尹震宇始终牢记作为一名共产党员，事事都以工作为先，从不放松思想的进步，不仅做到从组织上入党，更做到从思想上入党，坚持以身作则，严于律己，发挥共产党员的先锋模范作用，为年轻同志树立好榜样。面对繁重而复杂的工作任务，他从不放过每一个细节，作风严谨、细致、脚踏实地、埋头苦干。从组织开发、设计到客户现场调试，他从不懈怠，身先士卒，极大调动了部门员工的积极性。

尹震宇一直从事技术研究工作，由于数控技术的日新月异，需要不断地钻研，才能掌握最新的科学技术，更好地为党和人民服务。他经常工作到很晚才离开单位，每天早上又很早来到单位，充分利用工作时间和业余时间，刻苦钻研业务。作为一名多年奋斗在研究一线的技术带头人，时时刻刻都关注着最新技术的发展，并且主动研究新技术。在研究工作中他认真钻研，在技术及产品开发工作中做到以身作则，并经常和其他同志交流，遇到问题虚心请教，将研究成果毫无保留地传授给其他同事。他以过硬的技术，谦和的态度，时刻感染着周围的同事，带动其他员工不断努力地工作，得到领导和同事的赞许和支持。

作为一名有着丰富经验的技术人员，尹震宇不仅自己技术过硬，还不忘“传、帮、带”，他对自己掌握的技术毫无保留,总是不遗余力地指导其他同事。对于年轻员工，总是给予耐心指导，言传身教，将自己的工作经验毫无保留地传授给他们，以便新员工可以尽快适应工作环境，融入工作集体。他不仅在工作上关心新员工，在生活方面也很照顾他们，对外地及离家路途比较远的年轻人，他从工作学习到业余生活等，多方面给予特别关照，仔细过问，努力协助解决困难。

“非淡泊无以明志，非宁静无以致远。”多年来，尹震宇认真谨慎，一步一个脚印地奋斗在科研开发的一线，淡然面对工作中的成功和挫折，一如既往专心致志、脚踏实地，始终不为诱惑所动、名利所累、俗事所扰，时刻牢记使命、不忘初心。对党和人民永远忠诚，在平凡的岗位上谱写不平凡的篇章！

开发创新技术 打磨实用产品

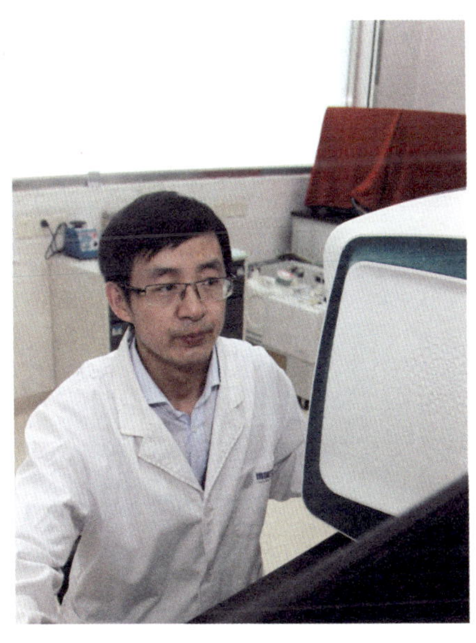

王东

王东，2002年从清华大学研究生毕业后，进入博奥生物工作至今，一直致力于生命健康领域创新技术研发和产品转化工作，现任博奥集团助理总裁兼健康技术研究院院长、教授级高级工程师。他主持开发了基因诊断和中医智能诊疗等方向40余项产品，获39项专利授权、8项软件著作权，制定4项国家标准；现主持科技部重点项目、北京市科委和经信委项目各1项；兼任科技部“主动健康与老龄化科技应对”重点专项专家组专家、中国仪器仪表学会医疗仪器分会秘书长等；获中国专利奖优秀奖（2007），北京市科技新星、国家工程研究中心先进工作者（2012），北京市优秀青年人才（2014），茅以升北京青年科技奖（2016），黄家驷生物医学工程奖（2017）等荣誉。

步入微量液体操作研究领域，从懵懂到蹒跚学步

大三寒假过后，考量了自己的综合成绩、专业喜好和导师人气之后，王东去拜访了从事机器人研发的陈恳教授，并毛遂自荐提前进入实验室帮忙和学习。陈教授是学校从美国普渡大学引进的学者，当时已经是科技部机器人专项的专家、系里的学术中坚。陈教授务实、和蔼，忙碌之中抽空细致了解了王东的意向和情况后，同意他进入实验室学习。就这样，王东从大三的第二个学期进入了陈教授的机器人实验室，和另外两位师兄弟组成了实验室的生物机器人研究小组，研发微阵列点样机器人。何为微阵列点样机器人？就是要把液体分成微小的液滴放在玻璃或者硅材质的片状基底上。液滴小到什么程度？小到nL甚至pL级别，相当于把一瓶500mL的矿泉水分给全中国人之后、每人所分到水的体积大小。之所以这么小，是需要在非常小的面积上放置尽量多的液滴，这些液滴要求体积均匀、位置排布整齐，形成一个液滴阵列，又被叫作微阵列生物芯片。每个液滴里都有一种生物大分子（比如基因或者蛋白质），所以微阵列芯片就是一个生物传感器集合，可以检测生物样本中多种靶标物，这种技术从20世纪90年代被发明出来就马上成为生命科学领域进行高通量分析的强大工具，直到今天仍然被广泛使用。为了提高微阵列芯片的检测通量和数据质量，液滴体积一致性和液滴位置精度是微阵列点样机器人的核心指标。

当时这个方向非常新，听了陈教授的介绍和安排以后，王东很忐忑，因为这似乎和实验室，甚至系里的研究方向都不相干，感觉要一切归零。但也很兴奋，毕竟和生物技术沾上边了，而且还叫“芯片”！陈教授分配给他的是点样头研发任务，就是实现微小液滴分配的技术。听起来就感觉很酷，微型化啊！王东欣然接受任务，自此科研生涯开启了。只是他当初没有想到，

后来在这条道路上一直做了很多年，时至今日，微量液体操控仍然是他兴趣所在之一。

王东花了三年半，只为点出体积均匀的液滴。一路摸爬滚打、死磕方向，本科和硕士毕业论文也都是这个方向。事后回想，他在这项技术的加工工艺上下得工夫还真不少。那时他经常泡在系里的加工厂，跟厂长很熟。厂长姓王，很有水平，经常给他出主意。前两年王东回学校偶遇锻炼身体的王厂长，他还记得王东。看到老爷子身体健康、精神矍铄，王东也很开心。经过在系里工厂和学校工厂的反复摸索，弄清楚了核心工艺技术，然后就是找有这个工艺和相应设备的地方。似乎是王厂长或者另外一位老师推荐，王东在中关村四处打探。后在一个小胡同（地址现在都记不清了，应该是北某条）里找到一个作坊，有老大爷厂长兼任操作工，但加工质量不行，没有办法点出微量液滴。接下来他骑着自行车或者坐公交车访遍北京能做这一工艺的厂家。每找到一个地方先介绍这个新技术和他的需求，如果对方能听明白并且觉得行，就先试加工看效果、然后再改进或者另访他处，跑了将近10家之后终于找对地方。王东现在回想起来，实际上核心是设备和人，他最后找的这个地方拥有全球最好的设备，操作师傅也做过同样精度级别的东西。剩下的工作，就是王东起早贪黑完善设计、测试和改进。当时很忙、基本上是上课、科研和勤工俭学三点一线，没有节假日的概念，后来也取得了比较好的科研效果，基本上确定了后来的工作方向。

在学校科研过程中取得的成果，离不开老师指导，尤其是陈恳教授和程京院士两位导师。其间，王东的个人能力和自信心也得到了很大的提升。陈教授奉行放手原则，给学生很大自主发挥空间，同时又及时给予指导，引荐专家，王东得以向很多大专家求教，其中就包括他们系里摩擦学国家重点实验室的孟永钢教授，通过孟教授推荐，还得到了当时在中科院工作，现任清华大学副校长的薛其坤院士的指教。

程京院士则在博学强识、亲力亲为、严谨细致等方面给他树立了标杆。时至今日，王东仍然以此标准来要求自己。实际上，微阵列点样机器人项目就是陈教授和程院士的合作项目，程院士当时回国不久即从清华生物系、微电子所、化学系、精仪系等单位抽调老师和学生组建了交叉学科中心——清华大学生物芯片研究开发中心（简称芯片中心）。王东清楚记得第一次参加芯片中心组会是在1999年五一假期过后，适逢一位师姐的开题报告，看到有人在摄影，而且这位摄影师还对师姐的报告进行了点评，包括科研思路和PPT制作。王东当时心下窃喜：芯片中心的摄影师居然都这么厉害！后来才知道，这位摄影师就是芯片中心的创始主任程京院士。窃喜之后，是噩梦般的组会了，因为王东那会儿还在上本科，本专业的研究刚刚开始尝试，而组会上生物、材料、化学等专业的师兄师姐也都作了报告，他们的PPT经常还是英文版，王东真是难以适从。不过坚持下来，他慢慢也能听懂一些了。这种交叉学科的培养模式对于学生的帮助是非常大的，尤其是在开拓学术视野和形成合作意识方面。

“山高水长有时尽，唯我师恩日月长。”王东感谢老师们的指引，让他进入一个造福世人健康的领域，并在日后略有建树。

扎根博奥 投身生命科学仪器产品开发

当初王东是打算硕士毕业后出国深造的，毕业前夕，他还在等待国外学校的申请结果。而2000年，依托芯片中心基础的博奥生物暨生物芯片北京国家工程中心已经成立了。他向程院士请求暂时加入博奥生物，一边工作一边等待国外学校的offer。而这一次暂时的加入，就成了他持续到如今的坚持。

他当时做的方向主要是产业界，在学术界做得很少，所以他申请了自己很感兴趣的微流控领域，申请过程颇费周折。在拿到奖学金offer的时候已经工作快满一年了，有了一些阶段成果，这样他就面临两难抉择。最后，王东选择了留下和坚守，在一个大团队里努力奋斗和协作，并逐步成长为团队里的骨干和仪器方向的带头人。在程院士的领导下和同事们一起开发了一项项原创技术，这些技术大部分已经转化成了一个个生命科学设备和医疗仪器，并培养了一批又一批人才。如今，很多人已经成为博奥或者行业内的中坚力量。

王东说，幸运的是，他加入博奥后延续了研究生阶段的工作，将芯片中心的微阵列芯片点样技术上的研究成果转化为产品，同时也开发新的点样技术。在企业里面，他们的重心是把创新技术转化为有市场竞争力的产品，得到市场回报，这和高校里首先关注技术领先、发表高水平文章不同。在企业，产品的性能指标、产品可靠性、价格和易用性都必须具有竞争力，才能获得市场竞争资格。当时，国内外进行微阵列生物芯片配套设备研发的高校和企业很多，博奥最后能杀出一条血路获得业界认可，很大的一个原因在于仪器和微阵列芯片都做。对于仪器而言，博奥既是开发者又是大客户；所有的产品在推出时已经经过内部的反复打磨；另外一个原因在于当时主要是一批创新性中小企业在竞争，博奥坚持自主开发、配套解决的思路脱颖而出，博奥生物是全球唯一一家能够提供微阵列芯片全套配套设备的单位，涵盖样品制备（基因提取和纯化、基因质量检测）、反应控制和结果检测的基因检测整个流程。王东从头参与了整个过程，并在2008年开始主持设备研发工作，经历了基因检测各个环节独立设备开发、设备系列化开发和集成化开发各个阶段，即将推出的产品已经实现了核酸的全集成检测。

随着市场的发展和博奥的技术基础拓展，仪器方向也从微阵列芯片配套设备延伸到了IVD领域的重要设备，如全自动免疫化学发光仪和流式细胞仪。近五年来，王东和团队也开始进入大健康领域的设备开发，包括中医诊疗手段的工程化和智能化、人体机能增强设备等方向。十几年来，扎根应用的原创技术开发，使仪器开发已经成为博奥的名片之一。

不管是生物芯片配套设备，还是IVD常规检测设备，抑或是大健康领域，王东他们之前积累的技术平台和经验教训非常受用，让他们的产品推出速度和竞争力一直占据着优势。因此，一直以来，王东都要求自己和团队成员持续关注新技术、新工艺、新材料、新器件。他每次去展会，必看的区域就是热点领域，所做设备领域的最新设备以及元器件展区，并收获良多，他们多个产品的成本大幅降低就源于这些坚持。

王东始终认为，对于产品的开发，创新人才的凝聚、培养和激励是一个企业保持和扩大竞争力的核心。而持久的恒心和好奇心，是产业界创新人才所需要具备的基本素质。

开发健康器械服务建设健康中国战略，再次起航

在中国人口老龄化速度加快和伴生的慢性病管理的庞大压力下，建设健康中国已成为国家战略，健康管理成为政府、产业界和个人关注的重心。人们对自身健康状态的检测、监测频次增多，穿戴式、便携式也成为新的产品形式，用户由专业人员变为老百姓自己使用，这对产品提出了新的要求。

对王东而言，这都是全新领域，从认知到实践皆如此。他之前熟悉的IVD和高端生命科学仪器领域，所关注的重点在于原创技术带来更好的应用效果，能解决现有产品解决不了的问题，或者成本能有显著降低。而新的方

向，他们不仅要考量原有的考量点，但同样重要甚至更重要的是用户体验，人机接口不友好的话，根本用不起来，尤其是面对全人群的产品。另外就是产品必须可靠耐用、价格实惠。这类产品技术门槛往往不高，但关键是如何来实现技术领先并保持优势。

在刚开始进入这个领域时，王东经常在这些方面反复问自己，现在启动新项目也会最先考虑这些问题。为了解决用户体验问题，他们在做开发的时候，通常会先去调研目标人群的需求。在有了概念机的时候，就立刻请目标人群体验。总之，用户体验和反馈贯穿整个产品研发过程。

高端生命科学仪器和IVD器械是典型的种类多、单品数量小，而健康器械基本上都是量大面广，必须要考虑量产工艺能将成本降低到目标水平。在这个方面，永远没有尽头，需要不断地了解新技术、新材料和新工艺。国家在鼓励和保护创新，对健康器械方向的发展是非常利好的举措。更重要的是提高产品的技术含量和技术门槛。

王东深刻体会到：“天行健，君子以自强不息。”宇宙不停运转，工程师的角色是创造新的工具。健康领域大有可为，前景广阔，他将永远不断地前进，为健康事业多作一些贡献。

让祖国的天更蓝、水更清

王宝冬

王宝冬，博士，现任国家能源集团北京低碳清洁能源研究院环保领域技术总监，副主任，长期从事煤基能源转化工程中污染物治理的研发工作。作为国家能源集团环保领域的技术带头人、国家青年千人计划专家，先后主持10多项国家科技部、国际合作及工业研发项目，发表论文90多篇，发明专利110多项，软件著作权2项，制定行业标准3项；主要成果在燃煤电厂及非电行业实现了工业化应用，为我国煤炭清洁利用提供了有利技术保障；曾获省部级科技一等奖4项、国家青年千人计划、中国煤炭青年科学技术奖、侯德榜化工科技青年奖、牛顿基金中英创新领军人才、中关村高端领军人才、国家能源集团科技创新先进个人等奖励。

投身化工，致力环保

王宝冬1978年出生于煤都辽宁抚顺。当时亚洲最大的露天煤矿——抚顺西露天煤矿就在他家附近。他亲身经历了黑黑的“乌金”给抚顺带来了财富与辉煌，到煤炭资源濒临枯竭的过程。在此期间煤炭带来的环境污染，对王宝冬后来从事的能源环保工作具有潜移默化的影响。因为父亲从事化工领域工作，从小就在化工厂长大的王宝冬，一直希望成为一名环保领域的化学工程师。

海外留学，关注全球气候变化

2003年王宝冬从大连理工大学化学工程专业毕业后，获得博士全额奖学金，远赴英国伦敦大学化工系深造，随后进入美国阿克伦大学开展博士后科研工作。在这里的学习与生活为他日后的科研工作奠定了基础。2008年，作为核心技术人员，王宝冬加入具有150多年历史的英国斗山·巴布科克能源公司，针对温室气体排放导致全球气候变化的问题，从事燃煤电厂二氧化碳捕集技术开发。在此期间，他主持设计了世界第一台全流程燃煤电厂污染物控制测试平台，该装置一次试车成功，连续稳定运行超过1 000小时。同时，与加拿大HTC公司合作开发了溶剂法二氧化碳捕集技术，包括RS系列高效复合型配方溶液和TKO过程能量优化工艺两项核心技术，能耗比传统工艺降低25%，解决了低浓度二氧化碳捕集能耗高的难题，该技术位于世界领先地位。作为核心技术人员，参与设计世界最大美国Basin Electric电厂二氧化碳捕集项目，为此获得2010年“巴布科克研发科技奖”。

燃煤电厂二氧化碳排放是温室气体的最主要排放源，约占全球二氧化碳排放总量的一半。燃煤电厂烟道气大规模低成本二氧化碳捕集技术的成功实施，可以有效降低温室气体排放，改善全球气候变化问题。

报效祖国，勇挑重担

雾霾是我国近年来面临最为严重的空气污染问题，而我国的能源结构决定未来二十年一次能源以煤为主是无法改变的，如何使煤炭变得更加清洁，成为国家亟需解决的技术难题。2011年年初，王宝冬毅然放弃国外优越的生活和科研条件，怀着报效祖国的一腔热血，选择了回国。强烈的事业心和紧迫的使命感使王宝冬下定决心，要解决我国燃煤电厂氮氧化物和粉煤灰等排放导致的大气污染问题。在国家科技部863计划重点项目、中组部青年千人科研启动基金以及神华集团科技创新项目等支持下，王宝冬勇担重任，先后主持研发了脱硝催化剂再生、废催化剂回收技术和新型低温脱硝催化剂等项目。为完成这一光荣而艰巨的任务，他翻阅了大量文献资料，到电厂进行调研，亲自设计搭建试验平台，编制上百页实验方案。进行长周期连续实验期间，经常与同事住在办公室。经过近七年的不懈努力，解决了脱硝催化剂活性和机械强度协同提高的技术难题，首次提出了“烟气脱硝催化剂中毒元素靶向去除-活性成分补充梯度分布控制”理论，在脱硝催化剂及其关键载体、失活催化剂再生及脱硝工艺等核心技术方面完成多项发明，形成“关键载体—脱硝催化剂—再生技术—脱硝工艺”技术创新产业链。脱硝催化剂再生在国内市场占有率第一（约占30%），经技术授权多家企业，分别在黑龙江、山东、内蒙古、新疆建设4座催化剂再生厂

（2座在建），实现产能8万立方米/年，已在神华、华电、大唐及国神等近100家电站及工业锅炉应用，并已进军“一带一路”沿线海外市场。该技术打破了国外技术垄断，并更适合我国电厂运行情况，经中国煤炭工业协会鉴定，达到了“国际先进水平”。他获得2016年中国职业安全健康协会科学技术一等奖、2017年中国煤炭工业协会技术一等奖及2017年国资委央企创新创意大赛一等奖。北京电视台为此进行了“催化剂的再生之路”专题报道。我国是世界上最大的煤炭消费国，燃煤排放的氮氧化物是PM2.5等大气污染的主要原因，该技术的成功应用，解决了我国电厂失效脱硝催化剂（危废）排放量大、环境污染严重、有价金属流失的难题，为我国煤炭清洁利用提供了有利技术保障。

煤炭燃烧固体废弃物粉煤灰造成环境污染，然而粉煤灰中含有大量铝、硅等多种有价资源，是一种非常宝贵的新资源，具有潜在工业应用价值，是我国新型铝土矿替代资源，可以有效解决我国铝土矿资源短缺问题。作为国家科技部863计划“万吨级粉煤灰提取氧化铝示范”课题负责人，王宝冬负责总体技术开发，团队管理，组织和协调合作单位。针对内蒙古地区高铝粉煤灰的特性，开发出预脱硅碱石灰烧结法粉煤灰提取氧化铝的新工艺，生产出包括电解级氧化铝、白炭黑、超白玻璃、地聚物建材和二氧化碳吸附剂五种产品，形成以燃煤热电联产粉煤灰制取氧化铝、硅基产品及地聚物建材系列的百万吨级全套工艺包。该工艺具有高效率、低能耗、无二次污染等优点。该项目被国家科技部列为“十二五”规划资源环境领域重大科研项目。

经过中国环境协会和中国煤炭工业协会联合鉴定为国际领先水平，为我国粉煤灰利用开辟了新途径，降低了煤灰对环境的危害，也使神华集团在较短时间内，将粉煤灰提铝技术提升为国际领先水平。

责任、创新、协同的工程师精神

“团队能走多远，能爬多高，与项目负责人的特质，以及他所带来的这种凝聚力密不可分”，团队成员如此评价王宝冬，“王老师技术强，是位很有责任感，有担当的领导，有他在现场，我们会很镇定，就是什么事他都可以扛下来的那种感觉，他其实对整个团队而言，有一种安心丸的作用，彼此非常信任”。

“团队的每个成员都是一颗珍珠，我希望自己是一根绳，串起这些珍珠，把我们整个团队给团结起来，各自发挥各自的特长，这样的话才构成一整个完美的珍珠项链。”王宝冬这样定义自己和团队。王宝冬团队从刚回国3人成长到现在40余人，这只年轻队伍已经成为我国煤炭环保领域研发的主力军，其研发成果不仅在国家能源集团内部（占全国总装机15.8%）成功应用，也得到多家民营企业的认可，以技术许可方式实施。目前，王宝冬正探索新的科研创新机制，计划建立以核心团队持股的混合所有制公司，进一步提高科研人员的积极性，加快成果转化。

不同于理论研究，工业研发需要协作，需要不同专业背景的工程师密切合作，环保领域更是如此。污染物经常从气体到液相再到固相转移，所以要想彻底解决污染，需要海陆空全方位考虑，从目前的末端治理到将来的过程治理。王宝冬和他的团队希望能够通过努力，让祖国的天更蓝，水更清。

行远必自迩
登高必自卑

包汉生

包汉生，1979年出生于山东省临沂市蒙阴县，2002年毕业于燕山大学腐蚀与防护专业，2003年开始从事耐热钢及合金的研究工作，2005年5月燕山大学材料物理与化学专业硕士研究生毕业，2009年5月钢铁研究总院材料学专业博士研究生毕业，从博士毕业至今一直在钢铁研究总院特钢研究所从事耐热钢及合金的研究工作。

2018年，包汉生获得第三届“杰出工程师青年奖”。

蒙山脚下受熏陶，幼小心灵铸宏志

包汉生出生在沂蒙山革命老区的蒙山脚下，尽管未曾经历过那个充满苦难而又激情燃烧的岁月，但他自小便爱听、爱看拯救人民出水火的革命故事。周围大人们所讲述的也常涉及革命年代的人、事、物。生活在周围的一些老爷爷、老奶奶，很可能就是当年叱咤风云的卫国英雄。尽管他们脸上已刻满皱纹，略显老态龙钟，与一般老人别无二样，可一旦被问起当年经历的革命往事，立马会打起精神、滔滔不绝地讲上半天。他们时而悲悯、时而仇恨、时而为战友的牺牲和亲人的不幸遭遇而掩面垂泣、时而又为革命的胜利喜不自禁、手舞足蹈。每当听到这些，总能将包汉生幼小的心灵带进那个苦难而又不凡的岁月。他依然清晰地记得，爷爷、奶奶们每讲完一段革命故事，总是用充满慈祥、希望和羡慕的眼神端详着自己，并意味深长地附上一句“一定要用心读书”。随着岁月的流逝、年龄的增长，他慢慢开始懂得那埋藏在老人皱纹里的故事，也深深理解了那眼神里的慈祥和希望代表着什么。

这便是包汉生儿时受到的人文教育。环境使他理解了英雄的平凡，并在他心灵中种下了“我为人人，人人为我”的质朴情怀。包汉生说，毫无疑问，我也是一个再平凡不过的普通人，可每当回忆起当年听过的故事，想起那一双双慈祥、期望的眼神，总能使我打起精神，鼓起干劲，做点力所能及、有益于社会的事情。

燕大求学秦皇岛，凭海凌风意气发

包汉生1998年考上燕山大学这事在当时着实令家人及亲朋好友们高兴

了一阵子。当大家的兴奋和好奇渐渐褪去，那张来自燕大的录取通知书已平添了许多皱褶。启程前的一件小事让他至今记忆犹新。在去大学报到前的某一天，年轻的班主任老师把班里所有考上大学的同学召集到一起（在当年这并非易事），同去爬了一次蒙山。班主任给他们讲了“蒙山”得名的由来、蒙山的神话传说、古圣先贤游历蒙山的故事以及革命年代发生在蒙山的可歌可泣的英雄事迹。与亲人不同，班主任没有婆婆妈妈，更没有给他们提什么殷切希望。后来得知，老师几十年来一直坚持着当年的惯例，每年向学弟学妹们讲述着蒙山不变的故事……

启程的日子到了，背负着父母的嘱咐、亲朋好友们的希望和班主任老师不明言说的期待，包汉生辗转来到了位于秦皇岛的燕山大学。尽管家乡距离大海并不远，但第一次看到大海还是在秦皇岛。课余或周末，总喜欢与几个同学结伴到海边玩。那时的大学生流行长长的中分发型，在海边吹风便算是“意气风发”了。他们时而在沙滩上狂奔，时而在浅水中游戏，时而倒行，端详自己的脚印。又有时，他们会敬畏地看着大海发起汹涌波涛，讨论海浪背后的推手。面对大海和远方的苍穹，很容易让人想起德国著名哲学家康德说的一句话，有两种东西，我对它们的思考越是深沉和持久，它们在我心灵中唤起的惊奇和敬畏就会日新月异，不断增长，这就是我头上的星空和心中的道德律。

后来，无数次来到海边，“头上的星空和心中的道德律”这句话总不由自主地映入包汉生的脑海，让他浮想联翩，同时为他带来一种无比的平静和一种深沉的力量。头上的星空和心中的道德律究竟有一种什么样的联系？难道它仅仅是哲学的思考吗？好像并不完全如此。带着一系列的疑问和思考，2002年包汉生大学毕业了。随之而来的是硕士研究生的生活，继续探究“星空与道德律”。

钢研总院当学徒，耳濡目染养正气

因燕大与钢铁研究总院联合培养的缘故，包汉生离开了母校，离开了谆谆教导的老师，离开了供他们游戏和令他深思的大海。随即来到了仰慕已久的首都北京，来到了陌生的钢铁研究总院，开启了他的钢铁研究之旅。包汉生的导师姓程，身材高大，略显清瘦，和蔼可亲，操浓重的南方口音，找他办事的人均对他很尊敬，称他为程总。

程老师对他总是谆谆教诲，不厌其烦。专业方面，大到钢锭表面的宏观缺陷，小到组织中微小的夹杂物、偏析等均在教授内容之列。打比方，举例子，用尽办法让他快速投入钢铁研究的状态。当然，程老师对学生的要求也异常严格，经常说："我们搞（研究）钢的，要像孙悟空一样钻到铁扇公主的肚子里，你们要能钻到钢里面，去了解钢里面各处的情况，这样才能开发出好材料"。程老师可不是光说不练，他总是身体力行，亲力亲为。只要不出差，晚间他办公室的灯总是亮到很晚才会熄灭，研究微观组织图片，批改学生提交的报告等。老师的家距离办公室非常近，可为了节省时间总是骑着他80年代买的老式自行车，把家和办公室快速连接起来，迅速地进行着角色转换。

研究生阶段，出于好奇，包汉生向往着去钢厂亲眼目睹现场。可是真的跟程老师去了才发现是件累人的苦差事。通常头天晚上出发，第二天早上赶到工厂，一般厂里刚上班，立马开始汇报、研讨课题进展情况，即便在午间餐桌上也还会讨论课题方面的问题。有时，下午到现场看一下，晚间又要往北京赶。在出差期间，因为急需处理的内容较多，在火车站或火车上办公对程老师而言稀松平常。时间久了，发现其他的同行专家也处于同样状态。他们忘我地工作，干的是关乎国家前途命运的重大课题，关乎国防安全的军工课题，责任重大来不得半点马虎和懈怠。前辈们忘我、细致、精益求精的工作态度和精神，感动着包汉生，也感染着包汉生。他说，现在想来，前辈们真可谓《易经》里讲的"君子终日乾乾"了。他们遵循着亘古不变定律和精神，更是遵循着“天行健，君子以自强不息”“地势坤，君子以厚德载物”的传统文化精髓。正是他们在工作中所呈现出的状态，一次次刷新和纠正着包汉生的认知，让包汉生反复审视人生，逐渐修正自己的志向。正可谓“蓬生麻中，不扶而直”！

千里之行足下始，专心研制耐热钢

我们国家耐热钢的研究起步比较晚，用于超超临界燃煤发电机组的关键材料诸如T/P91、T/P92、TP347H/TP347HFG、S30432、S31042等钢的研发则更晚。2002年，我国经济进入一个飞速发展的阶段，用电量迅猛增长，电力生产不能满足经济发展的需要。在大形势下，国家审时度势，迅速启动了系列重大研发项目，以确保超超临界电站用关键材料的国产化，钢铁研究总院作为攻关的牵头单位，领衔耐热钢的国产化工作。众所周知，耐热钢研发周期长，试验工作量大，承担起这一艰巨的研发任务确非易事。

自2003年起，包汉生有幸搭上这些关键钢种国产化研制的快速列车。硕士、博士研究生期间，他的主要精力投入在T122钢的研究上，同时参与了其他关键钢种的国产化过程。尽管他在钢T122上下了不少工夫，但终因该钢种成分设计上存在的致命缺陷，被各国淘汰。而开展T122的研究工作并非一无是处，它完善了国内学术界和生产单位对耐热钢研究规律的认知，也证实了国外的钢种也不是什么都好，它们也存在很大的改造空间。

S31042钢研发过程中的一个情节，至今让包汉生记忆犹新。2010年11月，S31042钢管产品鉴定会如期在宝钢举行。第二天就传来消息，国外供货商把该钢管的价格由35万元/吨降至17万元/吨。尽管参与关键钢铁材料国产化已有七八年的时间，但这次供货方如此降价，还是实实在在地把他“撞”了一下。国外供货方如此降价的背后，包含了多少国内冶金材料工作者的艰辛啊。这既体现了科研攻关的重要意义，也真正彰显了具备自主可控产品的重要性。

在关键钢种的国产化过程中，他们很多时候停留在火车上，奔波在去机场的路上，和家人过着“相濡以沫，不如相忘于江湖”的生活。但回头来看，这些国产化的艰辛付出是值得的，由于超超临界燃煤机组关键材料的国产化，打破了外国企业对相关产品的垄断，为国内超超临界燃煤电站的如期建设赢得了宝贵的时间，也促使进口钢管大幅度降价，节约大量资金。

作为关键耐热钢品种国产化的全程参与者，包汉生深深地感到一步一步走过来真不容易，实现我国关键耐热钢的“从无到有”的整个过程彰显着“千里之行始于足下”的真理性。在这个过程中，他深刻体会到科学论证、脚踏实地的重要性，也让他时时以“君子以言有物而行有恒”这句话勉励自己。

任重道远须努力，不忘初心向前行

随着超超临界燃煤电站的热效率达到了48%左右，奥氏体耐热钢和铁素体耐热钢也基本达到了其使用温度极限。世界各先进国家继续提高燃煤电站热效率的决心没有减小，保护环境节能减排的行动未见停步。欧盟早在1998年启动了AD700项目；美国于2001年启动了760℃/35MPa的先进超超临界（A-USC）电站技术研发计划；日本在欧美技术的压力下于2008年成立了A-USC技术开发委员会，目标是使燃煤电站的热效率达到60%左右。经过多年的研发，这些国家在先进700℃超超临界发电技术上也相继取得了大量成果。

清醒认识到我国“富煤、缺油、少气”的一次性能源结构状况，包汉生认为不能也没有理由在先进700℃超超临界燃煤电站技术方面再处于落后地位，不能跟在别人后面“邯郸学步”了。我国必须在欧、美、日等地区和国家研发的先进耐热材料尚未成熟之际，迎头赶上，建立自主知识产权的材料体系。在2009年年末，超超临界燃煤锅炉关键钢种的国产化工作接近尾声之际，钢铁研究总院的研发团队，又踏上了700℃ A-USC电站用耐热合金材料研发的新征程。

经过近十年的发展，我国燃煤发电技术中的耐热钢及合金的技术水平，可以说基本与欧美日等发达地区和国家站到了同一平台上，竞争又回到了同一起跑线。在新的号角吹响之际，包汉生和团队也经常自省，怎么才能走得更远？怎么才能具备引领世界耐热钢及合金技术发展的能力和水平？

包汉生深知，我国耐热钢国产化的历程比较短，积累还远远不够，冶金生产中还有些关键的、棘手的问题亟需解决，还是要把基础扎牢，把各钢种研究透彻，才能像《中庸》里讲的那样“能尽物之性，则可以赞天地之化育”。如果他们耐热钢及合金团队能“尽耐热钢及合金之性”，又何愁不能在该领域引领世界发展呢？

机遇与挑战同在。耐热钢及合金的发展，也强调在发展中解决问题，在创新中创造机会。这些话，说起来容易落实起来难，这便要求从事耐热钢及合金研究的工作者，不仅要切实认清自己的职责所在，还要不忘初心，更要“苟日新，日日新，又日新”，为创新“君子无所不用其极”。

最后包汉生感慨道，还是用本篇标题做结束语吧，“行远必自迩，登高必自卑”。

甘胜华，2009年9月北京化工大学高分子化学与物理专业博士毕业，入职一家以专门从事聚酯技术开发及工程设计的国有控股企业——中国纺织科学研究院上海聚友化工有限公司，从最基层的研发实验岗位做起，兢兢业业，恪尽职守，先后担任研发部副经理、经理、总经理助理、副总经理等职务。他十年研发磨炼，练就一身硬功夫，在聚酯事业上，正一步一步接近心中那个最初的梦想。

像追求恋人一样追逐顶尖梦想

甘胜华在寒窗苦读时，就常有一个念头映入脑海：凡成大事者都追逐着一个共同的梦想，立足于社会潮流、投身于国家需要，为民族的振兴和国家的发展出谋划策、鞠躬尽瘁。他自进入研发岗位，就以这个理想为奋斗目标，从没有以打工者的心态去工作。由于公司刚成立没几年，在业界算是比较年轻的，因此，更多时候是以主人翁的姿态去投身工作，常常与公司创始人一起吃苦、奋斗。为了心底深处坚持的伟大的梦想，他们披星戴月，风餐露宿，数年如一日，拼搏在生产现场第一线上，废寝忘食、呕心沥血地搞科研、画图纸、做工程、抓生产。十年间，一直致力于高分子化工工艺和反应器开发。甘胜华及其团队对公司首创的“低温短流程聚酯成套技术与装备”不断进行发展与丰富，形成的“涤纶及涤棉废旧纺织品再生利用关键技术”“聚酯酯化废水中有机物回收技术”“废瓶片液相增粘直纺涤纶工业丝技术”等均为国内首创。

同行的认可，市场的占领，慢慢谱写了聚友化工欣欣向荣、突飞猛进的新篇章，打开了今天这样一个可以与美国杜邦、瑞士伊文达等国际知名品牌共逐天下的新局面。

十年间，不知挥洒下多少血汗、泪水和艰辛，那份孤独、那种寂寞，那种成功的喜悦和丰收的慰藉只有自己慢慢去品味，去回忆。今天，甘胜华及其团队正用实际行动诠释着自己的梦想，作为一个有梦想，有追求，想干一番大事业的青年来说，最重要、最根本的就是：敢于有梦想，要有顶尖的梦想，要坚持梦想，要敢于追逐顶尖的梦想，要像追求恋人一样追逐顶尖梦想，这样才能成就卓越未来，才能无愧于自己，无愧于社会。

乘风破浪克难题，坚定信念迎挑战

2009年后，聚酯产能的不断扩张，市场竞争日趋激烈，利润微薄，没有新产品的企业和技术毫无竞争优势，整个行业沉浸在寒冬之中。

甘胜华及其技术团队开始了寻求降耗降本、清洁循环的发展之路。承担了863计划项目“涤纶及涤棉废旧纺织品再生利用关键技术研究”，他作为负责人，组织团队先后开发了废聚酯瓶片液相增粘回收直纺工业丝成套技术、废聚酯纺织品回收再利用成套技术、废涤棉混纺织物回收再利用成套技术以及进行废聚酯纤维回收再利用工程化研究等废聚酯制品回收再利用高值化领域的研究并实现工程化，确定了以废纺织品、废涤纶丝、废瓶片、泡泡料为再生原料，采用醇解再聚合工艺路线（化学法），生产再生聚酯切片、短纤或长丝，形成了具有自主知识产权的废聚酯高值化再生循环利用技术，其高值化、无害化、再循环回收利用废聚酯的优势，为存量巨大的废纺织品及其他废聚酯资源循环再生提供了最佳解决途径。

这一技术的开发成功，终于让国内再生聚酯行业看到了又一个新的增长点。公司先后签约山东阳信、浙江富源等企业，成功实施废旧资源的回收再利用技术，比使用原生聚酯成本降低1 200 ～ 2 000元/吨。

保持定力，沿着正确的道路砥砺前行

为贯彻和落实国家节能减排，发展循环经济的战略方针，甘胜华及所领导的技术团队在中国纺织工业协会科技指导性项目支持下，于2009—2016年对年产18万吨至200万吨聚酯装置废水中回收乙醛和乙二醇的技术展开了艰难的开发工作。

当时，业内聚酯废水中的乙醛和乙二醇都是直接白白烧掉了，作为化工中重要的原料，烧掉十分可惜，同时又会污染环境。“垃圾是放错了地方的资源。”如果能把这些宝贵的资源通过技术手段回收，重新循环再利用，那么对生产企业来说应该是一个很大的降耗成就。在这样一个背景下，技术团队在研究了聚酯工业废水中有机物的组成及含量的基础上，首次将反应、精馏技术应用于聚酯废水中乙醛的回收。通过采用特殊设计的精馏塔塔顶回收和采出技术、塔底蒸汽加热方式、杂质过滤和侧线采出的去除方式以及优选的分离工艺，保证了回收乙醛的高纯度和整个工艺的经济性。

废水中乙醛回收既是对精馏技术的一种考验，又是对研发攻关的挑战。废水中复杂多变的有机成分、各种工艺条件以及设备选型等诸多影响因素，随时都有可能对产品的质量控制产生很大的负面影响。为了尽快克服这个难题，公司专门成立了以甘胜华为组长的乙醛回收攻关小组进行全面攻坚。他带领工艺、研发、市场、设备等多部门专业技术人员不知有多少个日日夜夜奋斗在生产第一线。经过在生产一线几个月的跟踪调试与试验，终于形成了具有自主知识产权的酯化废水中乙醛提取的成套工艺和装备。至今回想起来那段奋不顾身的“光辉岁月”，工艺中的每个参数、现场中每个扣人心弦的数据以及现场人员任劳任怨的工作精神、研发中的每次试验成功与失败，无不深深烙在甘胜华的脑海中。

利用该技术建成的酯化废水中提取乙醛的连续化工艺装置，运行稳定、可靠，回收的乙醛质量优良，大幅度降低了酯化废水COD值和污水处理成本，对聚酯装置的节能减排具有积极意义。这项突破性的创新技术已申请专利7项，经行业组织的权威专家鉴定，认为该项技术达到国际领先水平，列入2015年度化纤行业十大节能减排技术推广目录；荣获2016年度“纺织之光”中国纺织工业联合会科技进步一等奖。

截止到2018年年底，这项技术已推广至6家企业累计1 200万吨/年的聚酯装置上，建成11条生产线，并实现了工业化运行，达到了运行稳定，投资成本少，运行成本低，回收周期短，所

得产品质量优良的良好效果。回收的乙醛纯度达99%以上，乙二醇浓度达87%以上，可供聚酯装置作为原料使用，降低了生产成本，极大地降低了废水COD排放（<1 500mg/L）和处理成本。每年回收乙醛约30 000吨，乙二醇约12 000吨，新增收入3亿元，实现利润1.6亿元，减排CO_2约7.7万吨，为促进化纤行业低碳减排、清洁生产作出了重要贡献。

披荆斩棘，争做时代先锋

十年磨一剑。

甘胜华参与并完成了1项国家863计划课题；1项国家“十二五”科技支撑计划，2项科研院所专项；负责了多个项目的可行性研究论证，对项目进行了充分的分析和市场调研。在项目技术成果开发过程中提供了重要的技术基础，解决项目的相关技术疑难问题；参与制定总体研究方案和关键设备的研究和设计，参与装置的工艺调试，并解决项目在试运行过程中的技术难点。他发表10多篇科技论文，并有多篇论文获得中国纺织工程学会、北京纺织工程学会、恒逸基金优秀论文奖，多次应邀在行业协会组织的国际国内行业会议中发言和做大会报告。作为主要发明人之一，申请了20项国内外专利，12项已获得授权；相关技术成果先后获得省部级科技进步一等奖3项，三等奖1项，个人荣获香港桑麻奖二等奖1项，2016年被中国化纤协会评为“全国化纤行业科技创新人物”，2017年荣获化纤协会“优秀工程师”奖。

“道固远，笃行可至；事虽巨，坚为必成。”甘胜华也以此为心中的信念，不断前行，用一生执着追逐梦想，凭忠诚实干无愧初心。

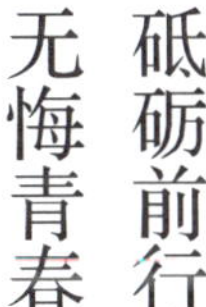

刘永江

刘永江，中共党员，高级工程师，2003年毕业于华中科技大学控制科学与控制工程学院，工学硕士。他毕业后即投身到广州数控设备有限公司（以下简称广州数控），持续从事伺服驱动研发工作。十多年的职业洗礼，让当时尚有疑虑的年轻人已无悔青春，奋力前行。

立志前行的公司，个人成长的好平台

广州数控成立于1991年，由一个街坊小厂艰难起步，经历转制发展、跨越腾飞，时至今日已被誉为中国南方数控产业基地。公司专心致力于机床数控系统产业发展的研究与实践；打造百年企业，铸就金字品牌；倡导“勤奋努力的创业精神，勇于探索的创新精神，做深、做细、追求卓越的敬业精神，团结、互助、勤学、进取的员工精神，奉献诚信的团队精神”；精工细作、精益求精，做让用户满意的精品与服务。努力将广州数控建设成为高品质的数控产品生产基地，数控技术的研究基地，数控技术应用服务的辐射基地——中国南方的数控产业基地。诚然，这是一个发展民族工业，让青年工程师砥砺前行的好平台。

20世纪90年代广州数控起步时，依靠简易数控系统为主打产品配套机床，电机驱动器已是非常成熟的产品了，自主知识产权的伺服驱动器在国内还没有面世。21世纪初，公司进入发展阶段时，开始研发自主伺服电机和控制器，此时国内机床市场上配套的电气传动设备基本是德国、日本的伺服产品的天下。经过公司研发、销售团队几年的努力，终于抢得一大块“蛋糕”，让公司从数控市场吸取养分的同时，也让市面上的伺服电机和控制器销售价格近乎腰斩，让机床行业的生产成本明显下降，也为民族工业争了一口气。到了2010年前后，广州数控到了跨越腾飞阶段，公司产品越来越多，已不再限于数控机床的配套设备生产，顺应时代的发展，又增加机器人、注塑机等设备的生产。伺服驱动器

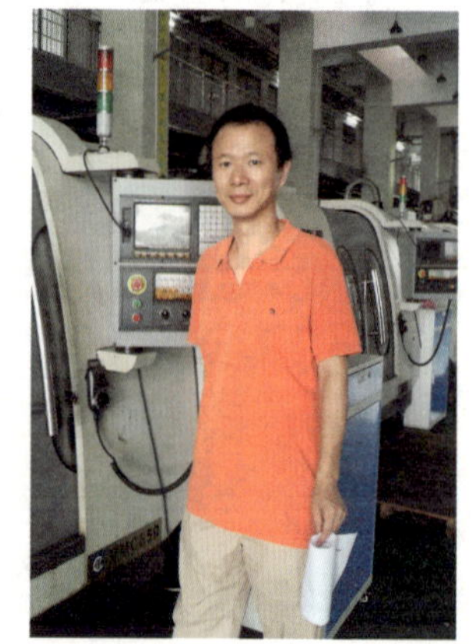

和电机作为关键性的传动机构，在哪个产品中都少不了，而且是非常关键的部件。

由于产品市场比较广阔，用户需求还会随时变化，刘永江的团队必须倾听用户心声，以市场需求为产品设计起点，以不断改进为开发手段，最终设计出成熟的产品以满足日益变化的市场需求。

伺服驱动器作为一个工业产品，涉及了电磁转换、电力电子应用、信号处理、自动控制、热传导以及机械力学等理论和技术，是多门学科交叉的应用型工程项目。要设计一个可靠的高性能驱动器，这些专业知识和相关的技能一样都不能少。刘永江和团队成员在项目设计的过程中，不断学习新技术和工具的用法，探讨新的设计方法和产品测试措施，攻克难关，总结经验，分工合作使得伺服驱动器的性能和功能不断提升。

伺服驱动产品的成熟不可能一蹴而就，任何一款产品，都得反复测试，精心打磨，面世之后才有一番光彩。

研发人员的日常如同徒步登山，每天一段路，或千步，或万步；偶有崎岖蜿蜒处有时让人颇费精力，大多数时候却还是平平实实地走；可是到了山巅回望起点的时候，不由惊叹：“我走到了这么高的地方啊”！其实你还是平凡的你，只是巍峨静默的大山在托着你。工业产品的研发工作就如同登山般平实无华，偶尔有个坡需要爬一下；可是经年累月之后，在某个午后回首往事时，不禁喟叹：“我做了这么多精彩的事呀”！可做的事情还是那么平实，甚至有点枯燥，只是时代和社会的需求这座大山让它出彩了。刘永江和新来的同事聊天时常常会提到公司给他们的研发平台便是那通往大山之巅的路，只要他们每天迈出几步，精彩自会在前处。

幼时勤勉，终身受益

湖北黄冈，地处鄂东的革命老区，经济不发达，但是人民都很勤劳，很注重教育。刘永江出生于黄冈县城的一个普通职工家庭，父亲是县纸板厂职工，凭着勤勉的工作升任厂长。和众多家庭一样，父母从不娇惯刘永江和他的弟弟，从小教导孩子们勤学、勤思、不惧辛苦。

刘永江读中学时住校，生活条件比较艰苦。有一年冬天，他脚上生了冻疮，溃烂得厉害，脚踝上的皮肤都烂没了，能见到骨头。但是他没因此请过一次假，只是课余时间去看医生，换药。有时晚上实在疼得厉害了，睡意也没有，便会在床上回顾白天学的知识。天色微亮，便穿衣起床，去到教室学习。幼时的经历使他养成了良好习惯和品质，让他在日后的学习和工作之路上认准目标、坚持不懈，遇到困难处变不惊，从容应对。

1992年他考入四川大学电气工程系，毕业后入职武汉钢铁公司炼铁厂，从事高炉专家系统的维护和改进。工作期间他接触的都是西门子等欧美公司的电气产品，深感自身知识的不足。在父母的鼓励和公司领导、同事的关心下，他于2000年考入华中科技大学控制科学与控制工程系，从事电力电子方面的学习和研究。

平平常常路，踏踏实实走

2003年6月9日，“非典”肆虐后，校园的大门刚解禁，久在校园的刘永江赶来广州数控报到，其时正值公司刚过起步阶段，进入转制发展时期。公司还在广州罗冲围的几间平房里，研发部门才成立，记得当时逢下雨天，门前的柏油路上满是泥泞，外观怎么看都不高大上，但是研发部门的十来个人却是朝气蓬勃，大家相处得很融洽，平时的交流探讨都围绕着数控加工，很有工作激情。

当时公司有一款伺服产品在生产，只是没掌握核心技术。公司为了积累技术、后期能自主创新，选择了一条自主研发的道路，将核心技术掌握在手上，但是开始会花费更多时间、精力。入职未久，刘永江即承担了新型伺服驱动器DA98b的研发工作，当时面临许多紧迫困难：产品功能相对简单导致竞争力偏弱，而且品种单一阻碍了市场开拓。刘永江一边负责驱动器的更新换代性能的提高，一边招兵买马组织团队。企业要生存，同行齐竞争；他们面临着开发设备不齐整，测试设备也不能配套的问题。好在大家齐心协力，苦中作乐，公司领导也非常支持。刘永江带着研发团队一天当做两天用，白天一边找销售和维护人员总结问题，一起讨论解决方案和测试方案，一边联系设备厂家购置材料，搭建测试平台；晚上继续加班，完成具体设计方案。六七人组成的团队经过一年多的努力，产品功能丰富了，功率类型增加了3种，在市场上推出了多种功率的伺服驱动器，在销售团队的助力下，当年销售几万套。同时还搭建了初具规模的实验室，组建了一支小而高效的研发、测试团队；制定了一套开发流程和测试流程；为后期的产品研发、生产工作打下了良好的基础。

随着驱动器产量增加，产品设计阶段存在的缺陷也暴露得越来越多，拜访机床厂就成了日常工作的一部分，解决了问题，机床厂工程师的一句“可以了”“达到要求了”，足以让他陶醉几天，心中便觉得这就是人生的成就了。随着时间的推移，他们研制的DA98、GS系列伺服产品问题渐渐少了，产品也成型了。

前行路上，苦乐并存

在2008年前后，伺服产品用户多了，相应的要求也多、也高了，前期的产品已不能满足同行的需要。在和机床厂同行交流的过程中，也深深体会到自动化工业同行们对高速高精国产伺服产品的期待。

与此同时，国家对制造行业也日渐重视，广州数控陆续承接了几项国家“高档数控机床与基础制造装备”科技重大专项课题：高速高精伺服装置的研究开发和产业化、标准型数控系统的产业化及专用型齿轮机床数控系统的研究开发、五千台面向机床自动化生产的机器人开发及产业化。在这些国家专项课题中，刘永江和团队实际承担了伺服驱动产品的研发子课题工作和产业化工作。

伺服产品的升级刻不容缓。软件的算法需要改进完善，他们与浙江大学、上海交通大学、西安交通大学、哈尔滨工业大学多家大学联合研究；硬件部分也不可缺少，位置检测器件的精度和稳定性提高，对于产品性能提高的作用直接快速，测试国内外多家产品，采用海德汉光栅、长春禹衡光栅、巴鲁夫磁栅、发格光栅等多家位置反馈单元；和重庆理工联合开发时栅作为测量工具。任务急，时间紧，刘永江和同事又一次加班加点，斗志昂扬地全身心投入工作。孩子功课没时间辅导，家人生病没时间照顾，都是爱人默默地维持着家里的运转，没有怨言，积极支持他对工作的付出。刘永江面对爱人和孩子只有歉疚，爱人却宽慰说："没多大事。"家人都明白伺服产品的研发工作没做好，对国家和社会没有贡献，家人的付出就会付诸流水；做好了，家人也能享受付出的快乐！

随着新产品的不停推出，刘永江和团队的足迹又一次遍布祖国各地，在辽宁和西门子同台"打擂"，比试伺服主轴的控制性能，胜出；在山东和西门子、伦茨比试直驱机床加工效率、加工精度，不相上下；在云南、陕西的冷冬中调试高速高精机床，加工效果得到客户认可。还有，江苏、浙江、四川等地都留下他们的身影，祖国壮美河山大多虽未身临其境去观赏，可在飞机上、火车上匆匆浏览，未尝不是一乐。而每一次的推广成功给了他们更大的乐趣。

刘永江近期主要精力放在直线电机驱动研发上，加快了加工速度，原来机床加工速度只有5m/min,现在可以提高到8 ~ 9m/min，国内领先。被应用于高速高精车床、钻攻中心、磨床。现已尝试投入市场，金属加工（例如螺纹退尾、快速启停、快速运行等方面）比传统旋转电机机床的加工效率提高了1 ~ 2倍，获得机床厂家极大的认可。该项目为直线驱动机床的高速高精性能提高、工程化应用方面作出了大量贡献。

艰苦的工作中有很多快乐，也有不少遗憾。有件事让他们感受尤甚。公司需要gsklink工业以太网在数控机床上的实现，整体功能很快完成调试。

结果在产品试制应用过程中，频频出现问题，数据传输错误。但该做的测试都做了，物理层数据测试、链路层、应用层代码数据测试分析；大量的模拟环境实验（高温老化、湿度试验、接触放电、空气发电等）花了半年多的时间，实验数据始终表明以太网通信正常。甚至过年期间都和同事到公司加班，分析测试。大家都以为该用的办法都用尽了，快要崩溃的时候，在再一次的高温测试中，偶然把测试的环境温度峰值再加高5℃，仅仅过了半个小时，通信数据出现错误，再加高测试温度，数据错误更频繁。发现问题之后两三天内，数据错误问题得到彻底解决。疲惫之余的团队成员心情是五味杂陈。大家是既感叹知识和经验的不足，自信的力量也越挫越强。

前路还崎岖，我辈须努力

从事了十几年的伺服驱动研发工作，伺服产品卖出几十万套，为公司和社会创造了几十亿元的效益。刘永江和同事把无数的芯片、功率器件、测量元件组合成了一款又一款的伺服驱动器，伺服产品的性能和功能有了很大提升，有些应用领域的产品和欧美伺服产品可以尝试掰掰手腕，似乎“窗户纸”被捅破了。可是要完全替换它们，还需要时日。现有的成绩还远不值得骄傲，刘永江还需面对更多的难题，不急不躁，坚持不懈地继续前进。为了中华民族智能制造事业，还需付出更多的努力，争取获得更大的成绩。

他们的口号是：

热爱祖国、一心为民的坚定信念，

淡泊名利、奉献事业的崇高品德，

不畏艰难、求真务实的科研作风，

胸怀全局、协作攻关的团队意识，

与时俱进、不断开拓的创新精神，

智能制造领域的耕耘者，打响“中国创造”的品牌。

投身低压电器 创新高端产品

朱金保

朱金保，2008年北京理工大学硕士研究生毕业，高级工程师，毕业后进入北京人民电器厂有限公司（以下简称京人），从事低压电器工作。

2008年至今，经过十多年的职业磨砺，他从一名普普通通的基层技术员，走到了今天副总工程师的岗位。在低压电器的道路上，不断前行，希冀能引领行业发展。

谈起朱金保的职业成长之路，首先要提到我国低压电器发展的历程。我国低压电器发展基本分为五代。1960—1978年，是我国低压电器产业的形成阶段。在模仿苏联同类产品的基础上，我国设计、开发出了第一代低压电器产品。1978—1990年，通过更新换代和引进英、美、日等国的先进技术，制造了第二代低压电器产品。这一阶段的产品性能接近国外20世纪五六十年代的水平。1990—2005年，通过跟踪国外新技术、新产品，我国低压电器行业的前辈们开发试制了第三代智能化低压电器产品。这一阶段产品的总体技术性能接近或达到了国外20世纪80年代末的水平。2005年开始，我国低压电器行业启动了可通信第四代产品的研发。近几年，各大公司又相继开启第五代低压电器产品的研发。

朱金保刚入职京人时，正值我国低压电器行业蓬勃研发第四代产品的时期，某些型号的产品开发已接近小批试制阶段。当时，他负责的第一款产品GM8-800壳架的塑料外壳式断路器，便是这种刚进入试制阶段的产品。这是他第一次接触由上百个零部件构成的一款产品，竟一时不知所措。在开发工程师前辈的悉心指导下，朱金保逐渐对产品的组成、功能原理、测试及试验验证，有了一定的了解。根据当时零部件的具体情况，他制定了一套试制验证方案。其间，完善了产品对应的规格，补充了缺少的零部件。经过3个多月的工作，他和一起参加试制工作的同事们克服了试制中出现的种种问题，最终顺利通过了小批试制。通过这次试制，朱金保心里对什么是第四代塑壳断路器有了一个完整的认识。也正是通过这项工作，他对开发工程师前辈的设计能力是由衷地钦佩：“什么时候我能开发出自己的型号”？另外，这次工作锻炼加强了他的工程制图能力和试验的基本功。

有了第一次的成功经验，朱金保很幸运地被借调到GM8系列产品的认证工作中，到上海试验站驻守，这一待就是一个月。其间，他全程参与了对GM8系列产品的试验认证，并与试验站的试验负责人、操作工人打成一片，不亦乐乎！一个月后回到公司，一个同事见到他开玩笑地说："朱工，在上海待了一个月，人变聪明了！之前是又黑又密的头发，现在能看见头皮发亮了"。他把这个当作成长的代价，但这一个月的经历，让他对GM8系列产品有了更好的认识。

2009年是值得朱金保纪念的一年。他开始主导设计GM5FB系列塑壳式直流断路器。2010年，GM5FB系列产品完成产品认证，并于2011年正式投产。GM5FB系列断路器为额定工作电压DC125V、DC250V，额定工作电流63A ~ 800A的两极直流断路器，应用于电力工程直流系统中蓄电池出口或直流配电系统中，具有短路短延时及过载长延时的保护功能，GM5FB系列断路器短路短延时功能由具有限流能力的热磁式延时脱扣器实现。GM5FB系列断路器为低压电器第四代中SMCCB的典型代表产品。

GM5FB系列断路器基于京人GM8系列热磁式塑壳断路器设计，主要对灭弧系统、短路短延时脱扣器进行了全新设计。为了更加适应直流的分断要求，将灭弧系统改为串联双断点结构。另外，对短延时脱扣器进行了重大的结构改进，采用磁启动器控制主通路的通断，辅以旁路进行限流，进而执行短延时分断的方式。GM5FB系列断路器的设计充分考虑了保护特性动作的可靠性，采用冗余设计等原则，并采用了核电程序中的热老化等严酷的方式进行了验证并通过。

通过国网信息通信有限公司的2010年9月的查新报告得知，"所检国内外相关文献中未见报道"，此热磁原理实现短路短延时保护功能类型的断路器技术上属领先水平。GM5FB系列断路器于

2010年4月12日取得3C证书，完成设计验证。在陕西省渭南市供电公司运行超过一年无故障，完成设计确认。

2010—2011年，朱金保担任了GM5系列塑壳断路器项目的设计主管，主导设计了GM5系列塑壳直流断路器。GM5系列断路器主要应用于电力工程直流配电系统、其额定工作电压DC250V，额定工作电流16A ~ 800A，其保护功能为过载保护和短路保护。

GM5系列断路器基于京人GM8系列热磁式交流塑壳断路器设计，主要对灭弧系统、机构进行了重新设计。灭弧系统仍采用栅片式灭弧室，对栅片的结构及排布方式进行了优化，同时关联更改了相应的支撑件等部分；机构方面，重新设计了机构的开距，由之前的两步开距改为一步开距，也是为了适应直流分断的需要，提高正常合分闸时的可靠性。

2012—2013年，作为系列的项目设计主管，朱金保主导设计了GM5 P系列光伏直流断路器开发：该系列直流断路器主要应用于光伏发电系统等直流场合。主要对灭弧系统、极连接方式、机构进行了重新设计。接线方式主要考虑到应用到光伏系统时的实用性，最先在业内提出了预置串联接线结构。由于GM5系列光伏断路器的市场反应非常好，据销售统计，同领域市场占有率超过70%。

GM5 P系列光伏直流断路器产品提出及应用的预置串联接线结构，被各兄弟厂家纷纷效仿，第一次在直流塑壳断路器结构上起到了引领作用。

2013—2014年，朱金保作为系列的项目设计主管，开始了光伏二代GM5-250PT系列塑壳断路器的研制。GM5-250PT系列产品特点有：（1）应用电弧快速移动和拉长技术，实现真正两极DC1000V的直流断路器；（2）宽度大幅减小，约为原一代产品的64%；（3）进一步降低内阻，相比原一代产品减小功耗约40%；（4）优化接线端子结构，适应国标DT、OT接线端子。

在设计机构时，改变了手柄与杠杆的固定方式，消除了因手柄与大盖间隙变化，再扣时手柄翘起导致无法再扣的问题；调整了机构的开距，使之适应单断点DC500V的分断基本条件；重新匹配终压力，设计终压力弹簧；电气间隙及爬电距离满足UL489标准；为了满足同时安装辅报及分励附件，重新设计了辅报及分励，压缩了辅报、分励的体积；朱金保团队使用了更加现代的外观设计，并增加了蚀纹效果，使产品的外观更加出众。

2014年10月，利于电弧快速移动和拉长的断路器申请了专利。该专利主要限定了：（1）静触头电触点与动触头电触点的接触面与基座底平面的夹角为锐角且位于第一象限；（2）栅片灭弧室，其底部和顶部各设置一片引弧栅片，灭弧室底部引弧栅片低于静触头电触点，灭弧室顶部引弧栅片高于动触头打开时的动触头电触点最大位置。这样的结构可使引弧开距大于物理开距，进一步提高了灭弧能力。

2014—2015年，朱金保作为系列的项目设计主管，带领团队开始研制光伏二代GM5-250PT/DC1500V塑壳断路器。这一系列的产品特点有：（1）应用电弧快速移动和拉长技术，实现真正三断点DC1500V的直流断路器；（2）应用双层极联技术，在降低回路内阻的基础上，提高了各断点间绝缘性能，保证了分断的可靠性，同时与GM5-250PT产品具有相同的接线位置，提高产品系列化水平；（3）优化接线端子结构，适应国标DT、OT接线端子。

设计该产品时，提高了电气间隙及爬电距离的要求，接线端子处相间电气间隙大于40，爬电距离大于80；在预置接线方面，采用了双层极联技术，有效降低了回路内阻并提高了断点间的绝缘性能。2015年2月，这种双层极联结构的断路器申请了专利。该专利主要限定了：其中一个静触头由触头部和极联部组成，该静触头固定安装在基座上，触头部处于基座的上侧，极联部处于基座的下侧，从而实现双层结构。这样的结构可以：（1）减小接触电阻，可自由选择最有利于导电回路的极联点；（2）极联部与弧区隔离，实现即使在短路条件下也能确保设计的极联功能，不会发生因飞弧喷溅导致的异常回路情况；（3）提高了绝缘水平，使断路器的外形尺寸更小。

光伏二代GM5-250PT及GM5-250PT/DC1500V塑壳直流断路器新颖的

壳架结构设计及优异的性能指标，引领了行业直流塑壳断路器的新浪潮。

2015—2016年，朱金保作为系列的项目设计主管，带领团队开始了GM7-320交流塑壳断路器的研制。该产品特点有：应用大转角机构的专利技术，实现AC 1000V，Ics=20kA的分断能力，该指标为当时行业领域中最高值。

设计该产品时，充分借鉴了直流分断灭弧的经验，通过知识的正向迁移实现了提高分断指标；创新地采用了大转角机构，实现同体积下的大开距。2016年11月，他们申报了专利断路器，该专利主要限定了实现大转角连杆的比例关系，实现同体积下的大开距，从而实现提高断路器的分断能力的目的。

2015—2016年，朱金保作为系列的项目设计主管，带领团队开始了对GM5-250PV塑壳直流断路器的研制。该产品特点有：充分考虑工业化批量生产的过程流程，设计了可互换及后安装的脱扣器，提高生产灵活性，节省改装、库存等成本；增加了热可调保护功能，设计了新颖的可调牵引杆，用于改变脱扣器的执行端的动作空程，使得包括其的断路器具有热可调功能，从而可以应用于多种电路系统中。为了适应安装方式的多样性，设计了不需要增加安装高度的板后接线方式，板后接线装置是分散式结构，安装灵活方便，体积小，节省空间，材料成本低。2016年4月，脱扣器空程调节装置申请了专利。

2017年，朱金保加入“京人智能制造项目”，负责技术创新体系的构建。结合公司的实际情况，他带领团队重新梳理编制并发布了技术创新管理流程——设计和开发控制程序，强化里程碑的管理，辅之下级流程80余项，辅之下级表单70余种。他们把自顶向下设计、DFX、快速验证等融入流程，缩短了产品开发周期；引入PLM管理软件，把产品设计、工艺设计、BOM、项目管理、流程管理纳入其中；规范了设计输出，贯通了设计与工艺，在闭环的环境下实现设计、工艺数据的传递及交互，使输出生产的数据通过接口直接传递。针对低压电器的特点，朱金保构建了快速验证研发仿真能力及团队建设，实现了动态特性仿真，如确定、优化线圈匝数与弹簧参数，优化脱扣器结构与性能，仿真优化操作机构动态特性；电、磁、热仿真，如优化触头系统与导电部件结构，提高电动斥力与吹弧磁场，提高短耐性能，提高电动、热稳定性等。

十多年来，朱金保扎根一线，带领研发团队研制出几十款低压电器产品。这其中，有的系列产品引领了低压直流塑壳断路器行业的发展，也获得中国机械工业联合会颁发的优质塑壳断路器称号。他十多年基于一线工作，发表论文6篇，授权专利30余项，并于2012年获得“大兴区优秀青年人才”称号。这一切，既是个人成长的需求，也是对能够引领行业产品更新迭代的自豪感、责任感。对于未来，朱金保表示，他将不改初心，继续扎根一线科研，为低压电器行业和中国制造业，贡献自己的一份力量。

朱凌

朱凌，留美博士，中共党员，教授级正高级工程师，现任浙江吉利汽车研究总院领克品牌院副院长。入选杭州市政府特聘专家，安徽省政府特聘专家，安徽省百人计划引进人才，杭州市全球引才521计划，宁波市领军和拔尖人才第一层次培养人选，台州市500精英计划。浙江工业大学和合肥工业大学兼职教授。2004年浙江大学硕士毕业后，获全额奖学金赴美国内布拉斯加林肯大学攻读博士。博士毕业后留美工作。之后回国投身自主品牌汽车事业，承担多项企业及政府项目，作为主要成员领导并参与了领克品牌汽车的创建和研发。

荣光与梦想

2018是中国汽车的“领克之年”。3月26日，领克02在荷兰的阿姆斯特丹全球首秀；4月27日亮相北京车展，上市后仅3个月即跃升为细分市场冠军；7月27日，领克01 PHEV北京上市，供不应求；10月19日，领克03正式在日本富士国际赛道（Fuji Speedway）上市，开创了中国汽车在海外上市的先河。同时宣布领克03将正式参加WTCR世界房车赛，在世界的赛场上展示中国速度。同年度，在J.D.Power IQS排名中，领克力压众多合资品牌名列第三，创下中国汽车品牌新高度。作为一个新品牌，领克的表现引起全球媒体关注，上市的第一年便取得逾12万辆的销量，各大海外媒体争相报道领克汽车。领克也被誉为全球发展最快的汽车品牌。从1958年中国第一辆轿车诞生开始，到2018年领克汽车的全面上市，60年一甲子的轮回，领克第一次使得中国汽车站在世界舞台中心。央视“大国重器”“焦点访谈”等节目相继播出了领克品牌的全球化故事。而朱凌，作为领克产品的主要研发负责人，除了激动、欣喜，更多的是为能有机会实现自己心底的汽车梦感到荣耀和自豪！

不忘初心，筑梦中国汽车

从小就喜欢汽车的朱凌，在报考大学志愿的时候，却阴差阳错地错过汽车专业。原因就是干了一辈子汽车工作的母亲觉得汽车行业太苦，坚决不愿意让孩子入这行。可是埋在朱凌心底的汽车梦始终没有被磨灭，最终在去美国留学的时候，还是选择了汽车领域攻读博士。在美国的一切都很顺利，硕

士、博士、体面的工作、工作签证、绿卡申请，朱凌一步不差地在沿着一个留学精英的步伐前进，令旁人羡慕的“美国梦”似乎唾手可得。然而在美国留学工作的这些年，让朱凌更加清晰地认识到：自己的汽车梦不在美国，而是在中国。能够代表中国汽车参与世界舞台的竞技，是朱凌心中最大的愿望。哪怕彼时的自主品牌汽车处于市场的最低端，还是低端产品的代名词。

2011年，当某自主品牌因准备开发出口北美的产品而联系到朱凌时，他毅然放弃了绿卡排序，辞去工作回到国内担任该项目的总监。回到国内后，朱凌不计报酬、满怀激情地投入该项目中。在技术资料缺乏、试验设施缺乏、供应商资源匮乏的情况下，他带领一支年轻的团队从零开始，一点一滴地翻译资料、组织学习、设计验证方案、寻找合作资源。用了不到行业专家预估费用的五分之一，即完成了小批量样车，并将车辆运到美国完成了所有的验证。当朱凌的团队开着自己设计的车队在美国高速公路上驰骋，并引起当地车友关注的时候，那份满足感和自豪感充斥在整个团队里每个年轻工程师的心里。

然而遗憾的是，种种原因使这个项目被迫中断。这也使朱凌认识到，想要真正走向世界舞台，仅有热情和单一技术突破点是远远不够的，更需要完成的现代化体系的支撑。随着中国汽车工业蓬勃发展，朱凌邂逅了吉利这个让他能够尽情施展的舞台。彼时，正值2014年，整个自主品牌处于市场的最低谷，市场份额连续12个月下跌。舆论对于自主品牌汽车发展的前景一片担忧。然而，朱凌却如当年毅然回国一样，毫不犹豫地加入吉利团队。因为他坚信世界汽车产业的未来一定在中国，而市场意识敏锐、尊重市场发展规律的吉利则具备成为真正的国际一线汽车品牌的潜力。

九层之台，起于累土。初入吉利的朱凌，凭借对国际技术发展趋势和吉利现实情况的了解，从专业部门入手来补短板。而其中的关键就是虚拟开发技术，朱凌将仿真分析业务由“阳春白雪”的辅助设计部门，改造为直接面向项目的覆盖产品开发全流程的虚拟开发业务模块。在此期间，他带领团队为吉利搭建了完整的整车虚拟性能开发体系、建立了吉利空气动力学性能开发、整车能量流分析和虚拟现实开发和应用能力。短短两年时间就把吉利虚拟仿真技术团队，跨越式地提升到国内行业标杆位置。并在很多新技术方面超越欧美同行，走出了自己的特色。虚拟仿真技术能力的建立，使得产品的正向开发真正有了可以依托的手段，同时为公司每年节省数千万研发支出。他还为吉利培养了一批年轻优秀的先进技术人才，为吉利3.0时代精品车型开发奠定坚实基础。与此同时，由他牵头的建设虚拟现实试验室项目已成功列入浙江省重点研发计划，建成后将成为国内汽车行业首个运用大型CAVE系统和拥有虚拟驾驶的仿真平台。

2016年领克品牌横空出世。这是中国汽车第一次全新正向自主地开发一个新平台、新架构和新品牌，承载着吉利汽车乃至中国汽车走向国际化的梦想。朱凌被再次推向国际化市场的前沿，担任领克品牌平台总监。当时的领克还尚未揭开神秘面纱，只有少数人知道它是吉利与沃尔沃联姻的结果，是吉利控股集团在吉利与沃尔沃两大品牌之间的重要战略布局。可想而知，这无疑是一个艰巨无比而又激动人心的使命。比起第一次冲击国际市场的项目而言，这一次，朱凌要做的不再是一款整车或是一个产品，而是一个新品牌，一个全新的、最有希望冲出国门走向世界的全球品牌。朱凌就此踏上了打造属于中国自己的世界汽车品牌之路，他心底的汽车梦也就此启航！

砺剑塞北，不负韶华

张家口新生产基地是吉利控股集团斥巨资为领克新品牌打造的世界一流智能工厂，也是领克02及领克03这两大车型的生产基地。朱凌带领研发团队从江南移师塞北，日夜奋战，克服新基地建设、新设备调试、新生产团队磨合等重重困难，实现了三缸机搭载在领克品牌车型上的顺利首发量产，开创了国内三缸机和DCT黄金组合与应用的新局面。同时，为了更好地顺应市场需求，他结合领克品牌定位及中国市场特点，对原有设计进行改进优化，一丝不苟地提升产品品质。一年多来，他们日夜兼程，凛冽北风和零下几十度的冰冻，没有人叫苦叫累。在张家口这个自古兵家必争之地，虽无硝烟弥漫和战马嘶鸣，但是朱凌和他的团队知道，他们在这里正在经历一个可以改变中国汽车史的重要历史事件。在这里，从领克开始，中国的自主品牌可以第一次正面对垒主流合资品牌。2018年，领克如若一战而成，自此之后，中国品牌的汽车将正式由战略防御转入战略反攻。为了鼓励兄弟们坚持不懈、奋力拼搏，他曾给驻张家口

的研发团队写过这样的一封信："兄弟们，作为吉利汽车研究院第一批集体出省作战的团队，我们'抛家舍业，饱受别离之苦'，如果仅仅只是为了一份工作，碌碌无为的人生俯拾皆是，我们又何必这样承受对家人的愧疚？生为男儿，谁不曾心怀'仗剑行天涯'的梦想？谁又不曾向往'封狼居胥、勒石燕然'的荣耀？然而残酷的是，在时代的大潮面前，个人的力量渺小而微不足道。'冯唐易老，李广难封'，多少人因为没有合适的时机和平台，只能碌碌一生。作为第一批领克人，我们有幸地赶上了这个时代，有幸地成为百年汽车产业中一个全新品牌的创建者，有幸地成为改变中国自主品牌历史进程的参与者，'时势造英雄'，决定人生高度的窗口期就那么几年，错过了，百倍的付出也追不回，抱憾终身。所有的付出都需要用最后的胜利来正名！而所有的胜利只能是咬牙去拼出来！惟有'努力到无能为力'，才能让自己无悔，让岁月无憾！"这封信字里行间，满是朱凌如火的激情和坚定的信念。在他看来，"生而全球"的领克如此接近地成为一个真正的全球品牌。而能够亲身参与创造第一个真正意义上源自中国的全球汽车品牌，这才是他和团队在吉利工作的意义所在。这样的机遇对于所有中国汽车工程师来说，怕是空前绝后，更是无上荣耀。

领一往无前之使命，克继往开来之艰难

斗转星移，百年的汽车工业到今天，随着中国崛起、消费升级和跨界新技术的导入，又进入了一个重新划分格局和改写版图的时代。纵观世界汽车发展史，能撑起一个品牌的，不是靠几款流星般的网红车，而是经得起时间考验的可以持续发展的经典车型。自主品牌风风火火造车二十几年，各种车型不下几百款，可是真正能够成为经典的却寥寥无几。如今，历史把机遇和使命交到了朱凌和他的团队手里，投入重金开发的CMA平台和领克01、02、03初战告捷，然而巩固战役的成果却还有很长的路要走，还有很长困

难等在前方。领克不能只是一时热闹，匆匆而过。而是要成为一代经典车系，不断地迭代完善和发展下去。“千里之行，始于足下。”领克成功的道路只有一条，那就是稳扎稳打，戒骄戒躁，一步步扎扎实实地按照自己的节奏走下去。

这就是第三届杰出工程师青年奖获得者朱凌和领克的故事。凡是过往，皆为序章，领克决不会停止前进的步伐，朱凌也将带领领克研发团队，为了共同的汽车梦而砥砺前行。相信一切都已踏上正轨，领克汽车有朝一日必将成为中国汽车工业的标签。

研发高纯金属靶材 为我国集成电路发展奠定基石

何金江

何金江，1979年出生，教授级高级工程师、硕士生导师。他从2006年博士毕业后就加入有研亿金新材料公司（以下简称有研亿金），一直从事电子信息用金属电子材料研究与产业化技术工作，十余年来，作为主要带头人，在高纯金属制备、高性能溅射靶材开发等方面具备扎实的理论基础和突出的技术创新能力，主持和参与国家02科技重大专项、国家863计划、国家科技支撑计划、国防军工和北京市重大科技项目等研究课题20多项，率领公司科研团队先后突破了多项高超/超高纯金属靶材研制与产业化生产关键技术。

他在国内外学术期刊和会议上发表论文30余篇，申请专利90余项，已授权专利28项（其中发明专利28项）；主导和参与制定国家/行业标准12项，2项美国ASTM标准，3项获技术标准优秀奖；获得省部级奖4项，其中一等奖2项；2015年入选北京市科技新星计划。他个人先后荣获2013年全国有色金属标准化技术委员会“标准化先进工作者”、第二十二届北京市“优秀青年工程师”、第七批北京市“优秀青年人才”等称号。2015年，由于在高性能溅射靶材开发等方面突出的创新能力，荣获第十八届中国科协“求是杰出青年成果转化奖”。

背景，形势逼人

目前，我国集成电路产业规模居世界前列，已经形成了芯片设计、制造、封装测试及支撑配套业共同发展的较为完善的产业链格局。自2008年以来相继启动的“核心电子器件、高端通用芯片及基础软件产品”“极大规模集成电路制造装备及成套工艺”等国家科技重大专项的实施，奠定了集成电路产业的技术基础，同时也使我国在关键装备、材料产业领域实现突破。2014年是我国集成电路产业发展具有里程碑意义的一年。国务院发布了《国家集成电路产业发展推进纲要》，并设立国家集成电路产业投资基金，扶持力度空前。在可预见的未来，集成电路产业必将成为支撑信息产业的核心力量和推动两化深度融合的重要基础。

然而，必须认清的现实是，到目前为止，与国际龙头企业相比，我国集成电路制造业在先进工艺方面的差距至少有1 ~ 2代，设备制造被美国、日本、欧盟几家企业垄断，材料供应被美国、日本等掌握着控制权。这些集成电路巨头纷纷加速资源整合、重组步伐，不断扩大产能，强化产业链核心环节控制力和上下游整合能力，急欲拉大与竞争对手的差距。

2013年，我国集成电路产业实现销售收入2 508亿元，进口额高达2 313亿美元，首次超过石油成为我国第一大进口商品。2018年，我国集成电路产业销售收入超过6 000亿元，集成电路芯片的进口额首次突破3 000亿美元。在产业可观增长的背后，却是集成电路产品的巨大逆差和对进口产品的严重依赖。集成电路产业是我国信息技术的核心产业，是关系国民经济和社会发展全局的基础性、先导性和战略性产业，尤其是中美贸易冲突下，如果我们不能快速发展集成电路产业，将非常容易受制于人。在这样的大背景下，我国集成电路产业受到了前所未有的重视。那么，集成电路技术的挑战在哪里?

材料，重中之重

工艺、装备和材料是集成电路制造的三大组成部分。我国集成电路技术主要是引进国外相对落后的工艺，相关关键装备和材料最初也都是全套引入。客观地说，国内公司开发的产品相对低端，在基础器件的原理和工艺开发等方面缺乏积累，较少原创性东西，目前集成电路制造中的关键技术创新主要都是来源于美国，而这些技术都和新材料的应用密不可分。

目前我国在集成电路材料方面的制约主要体现在：（1）高端芯片/器件开发的滞后。国外领先的集成电路企业有很强的新材料开发、工艺原理开发团队，能够整合相关资源，共同推进、引领行业发展。而国内集成电路企业缺乏对于新材料的探索，无法深入进行基础性、革命性创新，目前主要做跟进研发；再者国内大部分科研院所和高校进行的研发通常难以与实际工艺接轨，离日益复杂的工艺条件相差较远，整体力量相对薄弱，且难以持续进行探索研究。因此，产业发展相对低端。（2）生产制造成本的增加。通过估算，材料成本在集成电路芯片成本中占30% ~ 50%。进口材料价格比较贵，企业的成本压力很大，同时由于采购周期长增加了原材料库存成本，还可能

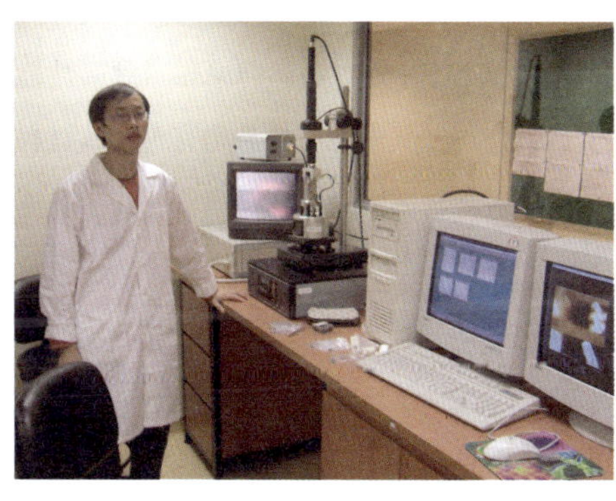

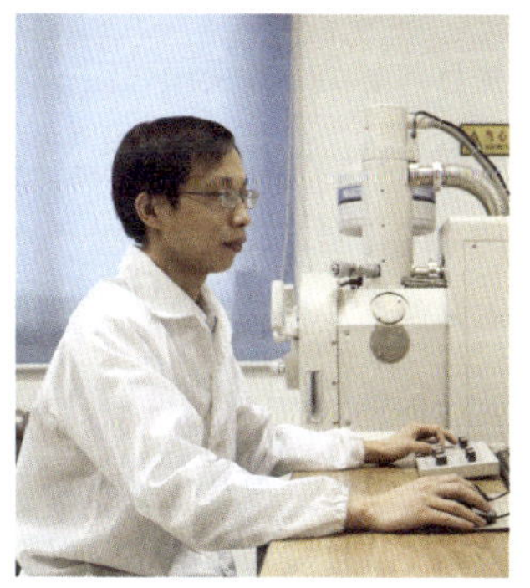

造成产品的生产制造时间延后，供货能力、规模化生产能力不足。

担当，勇于挑战

材料创新在集成电路博弈中占有基础性地位，材料创新的关键点又在哪里？答案之一是高纯金属溅射靶材。高纯金属溅射靶材作为集成电路用材料的重要组成部分，已渗透到电子信息科技的各个领域，是芯片制造和封装中物理气相沉积（PVD）工艺所需关键支撑材料，应用于电子薄膜的制备。

目前国内在高纯金属溅射靶材这一领域拥有主导权的是有研亿金新材料公司。它由原北京有色金属研究总院稀贵金属材料研究所转制成立，现在是上市公司有研新材料股份有限公司（以下简称有研新材）全资控股子公司。自2005年，有研亿金开始进行集成电路高纯金属靶材的研究，是国内规模最大、材料种类最齐全、综合实力最强的高端电子信息用高纯金属材料研发制造基地，也是全球第三家、中国唯一一家具备从高纯/超高纯原材料到溅射靶材、蒸发膜材垂直一体化研发、生产能力的产业化平台。

现任有研新材战略投资部部长、原有研亿金副总工程师何金江就是在这样的平台成长出来的杰出青年工程师代表。作为我国高端电子信息用金属材料领域的领跑者，何金江带领的技术团队承担了国家和北京市多项科技项目的研究，在材料物理、化学冶金和加工制备领域具有非常坚实的技术基础，是目前继美、日公司之后，第三家能够实现从高纯/超高纯原材料到高性能靶材垂直一体化研制、生产的电子材料公司。我国电子信息用有色金属材料的高纯化制备及规模化生产、高性能溅射靶材的成功开发及国产化应用，离不开何金江和他所在的技术团队。

集成电路所用有色金属材料包括铝、铜、钛、钽、镍及贵金属等。这些金属及其合金因其在电学、磁学、热学、光学、化学等方面的特性，被广泛应用于高性能功能薄膜的制备。化学纯度是影响薄膜材料性能的关键，随着单位面积集成器件数的急剧增长，薄膜材料的纯度因素影响越来越大，如纳米互连工艺中铜及其合金纯度要求最高，达到6N以上。而能否制备高纯金属原材料成为靶材生产制造的基础。同时，高纯金属产业的发展，对于高纯金属规模化制备工艺的成熟度、经济性和可靠性等方面提出了非常高的要求。

美国和日本公司在高纯材料的纯化方面居于世界领先地位，能够提纯制备出各种高纯金属材料。我国在20世纪较早时期就能够在实验室实现部分金属试剂级别的纯化制备，但是极少能够实现批量生产。有研亿金是世界第三家能够掌握多种高纯金属提纯并实现量产的公司。

自2005年以来，何金江所在的有研亿金团队通过开展湿法及熔盐电解精炼、溶剂萃取、离子交换等除杂过程中杂质元素迁移规律的研究，采取控制杂质元素含量、提高工艺稳定性及产品质量的措施，实现高纯金属材料的国产化，保证材料的电子级纯度。其中超高纯铜纯度>6N，钛纯度>4N5，镍纯度>4N5，钴纯度>5N，银、金、铂、钌等贵金属纯度达到5N的水平；同时，他们开展了大尺寸高纯金属铸锭成型技术研究，采用真空感应熔炼、电子束熔炼等技术制备出大直径的低缺陷高纯金属原材料，用于高纯金属靶材的制备。

为了提高薄膜材料的综合性能，他们致力于开发微观组织均匀可控、高强度、高稳定性和长寿命的高效能高纯溅射靶材，材料的强塑性变形技术、高强度焊接和靶材结构的优化设计等成为重要的研发方向。他们开发出集大尺寸高纯锭坯成型+微观组织精细调控+高可靠性连接+精密成型加工+高纯材料分析检测等在内的全套自主知识产权的高性能靶材制备技术。

创新，志在超越

目前，何金江与他的团队研制的集成电路靶材涵盖4 ~ 12英寸线主流溅射机台所用产品，掌握不同晶体结构高纯金属的变形加工及再结晶行为特征，制定高纯金属靶材微观组织控制方法，采用多步可控的热机械处理工艺，实现高纯金属靶材晶粒细化、取向可控；同时全面掌握各种复合连接技术，并设计制备出高利用率的长寿命铝、铜、银等靶材，提高靶材的性价比。目前已建有高纯铝、钛、铜、钴、NiV、WTi和贵金属等多条靶材生产线，产品性能达到国外同类水平，在国内所有半导体企业均有应用，多项产品完全替代进口，特别是封装靶材领域，占领国内绝对领先的市场份额。

何金江还积极带领团队与国内外先进的设备制造商与集成电路制造企业合作，进行靶材新品开发应用方面的联合研发，从靶材设计、制备到薄膜性能测试评价，通过不断优化，研制出高性能的靶材，真正实现从溅射设备到配套靶材的全面国产化，同时为我国PVD领域的技术进步作出贡献。目前有研亿金的超高纯铜、镍、钴及各种贵金属材料均实现产业化，铝、钛、铜、钴等十余种材料的靶材也均实现了产业化。

在多年研究基础上，有研亿金根据靶材产品的生产经验和使用要求制定的多项国家/行业高纯金属及靶材系列标准，规范了该类产品的生产、流通和质量，提升了行业发展水平，为我国高端金属材料的发展做出贡献。公司建立的北京市高纯金属溅射靶材技术工程技术研究中心服务于集成电路行业，有效提升高纯金属提纯及先进制备、加工与成型新技术的应用开发和集成创新能力，加快靶材产业新技术开发和产业化步伐，实现电子核心基础产业配套材料的批量稳定供应，保障电子信息产业链的安全发展。

有研亿金产品涵盖铜、钛、钴、铝、镍、金、银、铂、钌及合金等电子信息行业用全系列高纯金属材料，累计创造经济效益超过30亿元。通过自主创新研发的集成电路用高端靶材产品先后4次获得“中国半导体创新产品和技术奖”，获得国际新材料博览会金奖2项，获得北京市自主创新产品及新产品、新技术认定10余项，并荣获省部级科学技术奖多项，是我国半导体材料领域技术创新领先企业。公司是中芯国际、台积电、联电、长电科技等知名半导体企业的重要供应商，并与国内先进的半导体设备制造商北方微电子建立了战略合作关系，联合开发以实现我国高端溅射设备和材料完全国产化。

高纯有色金属材料因其优良的理化性能，广泛用于集成电路制造工艺中，成为保证集成电路器件性能和发展集成电路技术必不可少的材料。随着技术的不断进步和升级，对高端金属材料的需求量将越来越大。特别是近年来，5G移动通信、大数据、人工智能等新的信息技术在蓬勃发展，推动物联网、自动驾驶、智慧城市等新的业态和应用快速兴起，使我国成为全世界集成电路产业增长速度最快、市场需求最为旺盛的国家。随着我国集成电路工艺技术的提升，相关材料的需求将快速提升，同时新型器件及制造技术的开发更离不开具有优异特殊性能的新型材料，这将为新材料企业的自主创新和超越发展提供了宽广的舞台。

着眼于未来，有研新材将高端电子材料作为公司的核心发展战略，何金江与有研亿金及相关团队正致力于新一代信息技术用新材料的研发，掌握核心技术，开发高性能产品，满足先进半导体技术的应用需求，推动我国集成电路产业的腾飞。

信念照亮人生
创新开拓天地
奋斗成就梦想

吴浩

吴浩，2008年毕业于中国建筑材料科学研究总院材料学专业，获工学博士学位，现为中国建筑材料科学研究总院教授级高级工程师，主要从事高性能混凝土与耐久性、混凝土外加剂及特种混凝土技术等方面的科研工作。2008年以来作为负责人承担和参与了国家重点研发计划、国家科技支撑计划、国家973计划、国家863计划、国家自然基金重点项目等国家及省部级项目10余项；共获得行业发明一等奖1项、行业科学技术一等奖2项、行业科技进步二等奖1项；发表论文近30篇，已获授权国家发明专利近20项；主编标准1项，参与撰写著作3部。他的技术研究成果先后在核电站、高原机场、海洋工程、煤矿深井建设等国家重大基础设施建设中得到成功应用，引领了混凝土领域的原始创新、集成创新及引进消化吸收再创新。

砼世界，寻梦想，信念照亮人生

2011年7月7日晚，西班牙马德里卡斯蒂罗城堡，大会主席Angel Palomo宣布："第十四届ICCC将于2015年在北京举办"！全球水泥基材料科学技术领域历史最悠久、学术水平最高、参加国家和人数最多的国际学术盛会，被喻为国际水泥学术界的"奥林匹克"，终于移师中国，中国在水泥基材料领域的理论研究水平得到了国际上的广泛认可。

在前辈们的提携与帮助下，揣着对"砼世界"的向往，2005年，还是毛头小子的吴浩，迈着跌跌撞撞的脚步，撞开了中国建筑材料科学研究总院的大门，一脚踏入了混凝土的世界，从此开始了"砼世界"的漫漫之路。

从一般技术人员，到研究骨干，再到国家重点项目的课题负责人，一步一个脚印；从工程师，到高级工程师，再到教授级高级工程师，一步一个台阶。正是怀着对水泥基材料科学与技术探索与创新的信念，吴浩在"大院"文化的熏陶下，在大师精神的指引下，经过十余年科研生活的历练，取得了丰硕的成果。

1. 服役环境下混凝土耐久性及寿命预测的理论与技术研究

由于耐久性不足导致混凝土破坏的主要因素中，氯盐侵蚀的影响首当其冲。这是因为一旦氯盐侵入到混凝土内部，在合适的条件下会与起到骨架作用的钢筋发生化学反应，从而引起破坏性膨胀，严重的时候会导致混凝土服役性能的劣化甚至丧失。虽然这也是国内外研究的重点与热点，但研究氯盐在混凝土内部传输的时候总是忘记或忽略了外加荷载对其特性的影响，这就导致研究成果只是停留在试验室层面，缺乏对实际工程的有效指导。

吴浩以973计划项目为基础，在"水泥优化复合和体积稳定性"科学思想的指导下，以分形理论为依据，借助气体渗透评价手段，系统研究了侵蚀介质在低钙水泥体系中的传输机制以及与微结构间的交互影响，找出了荷载条件下介质传输的规律及关键影响因素，建立了基于氯盐渗透的混凝土服役寿命评价分形模型，并对国内某重点桥梁工程使用年限进行了准确评价。

2. 高性能混凝土的体积稳定性控制技术

体积稳定性，顾名思义就是在外界条件的作用下保持体积不变的能力，具体到混凝土，指的就是在环境因素、化学因素等变化的条件下混凝土抵抗开裂的能力。如果由于原材料劣质、施工工艺不科学或配合比设计不足而导致裂缝的出现，那么混凝土就会失去维持耐久性的第一道屏障，成为外界腐蚀性介质侵入混凝土的快速通道，加剧性能的劣化，最终导致工程的服役性能破坏。

吴浩以国家自然科学基金重点项目的研究为基础，针对高强高性能混凝土体积稳定性差的特点，研究原材料对混凝土体积变化和早期裂缝形成的影响机理，并从外加剂的角度提出了裂缝控制技术及其理论，对指导工程混凝土配比设计和施工具有重要意义，研究成果也获得了中国硅酸盐学会的认可，并以此成果为基础，申请并主持了《砂浆、混凝土减缩剂》建材行业标准的制定，规范了该产品在生产上的技术要求，为其在工程中的规模化应用提供了技术支撑，填补了减缩剂产品标准在国际上的空白。

3. 高韧性、超致密混凝土材料的研发

多孔、多相、非均质，是混凝土材料的特点，脆性大是其弱点。为了弥补弱点必须从根本上改变混凝土的各相组成特点：利用超细材料的物理效应实现最紧密堆积与填充，利用其化学效应实现水化产物时空均匀分布，引入高力学性能的增强相从根本上改变高抗压、低抗拉的强度缺陷，这是实现混凝土高韧性和超致密的一剂良药，也是最可行的技术路线。

吴浩通过“低成本高韧性碳纤维增强水泥基材料的制备”“高整体容器用混凝土关键技术研究”“混凝土高整体容器的配方研究”等项目的研究，在混凝土关键增强纤维材料的制备、尺度效应匹配、协同改性、机理研究及成果转化方面取得了具有国际先进水平的创新成果。高整体容器的配制技术打破了国际上的技术封锁，研究成果被国家标准《低、中水平放射性废物高整体容器——混凝土容器》所采用，并成功制作出了满足核废料300年储存要求的混凝土高整体容器。围绕纤维增强高韧性混凝土开发的系列新材料和新技术在核电及市政工程中得到了广泛应用，实现经济效益约2 000万元。

善思考，勤钻研，创新开拓天地

古人云：“学而不思则罔，思而不学则殆”。同事们常常开玩笑说，吴浩的大脑就像一个快速转动的“马达”，有时候又像诸葛亮的“锦囊”，脑子里总有很多关于科研的新思路和新想法。同时，他还是一位热情与执着的行动者。对于混凝土科研工作，他有着广阔的视野、充沛的精力和过人的勤奋。正是由于他善思考、勤钻研，他总能在科研工作中一步步开拓新的领域，研发新的技术。以核工业和海洋工程高性能混凝土为例，吴浩在这两个领域成绩斐然。

能源短缺是全球面临的严峻考验。积极开发核能、推进核电工程建设是我国能源建设重要政策。在经历了日本福岛核事故的沉重打击后，全球对待核废料的处置也更加谨慎。“十二五”期间，我国每年都有3 ~ 5个核电站新开工建设。每个100万千瓦的核电机组每年将产生75 m^3废料，到2020年我国将拥有近200个核电机组，届时每年有1.5万m^3的低中水平放射性废料生成。如此大量的核废料，一旦处置不好将会造成极其严重的后果。我国核电工业亟需具有优异力学及耐久性能，安全可靠的核废料处置容器。

建设领域中，传统的混凝土技术仅限于土木工程，其技术难度与核反应原料处理的“高大上”一比，完全是云泥之别。可是，就在两种看似无法相比的技术面前，中国建筑材料科学研究总院接到了中国核电工程抛出的橄榄枝，这对高性能混凝土技术提出了前所未有的挑战。该项目启动前，核废料处置的国外制作技术尚属保密，国内技术处于空白状态。接到行业跨度和技术难度如此大的任务，在没有任何依据可参考的情况下，吴浩充分发挥了他善思考、勤钻研的特质，最终攻克难关。为了寻求一个完美的混凝土配合比，每个工作日和节假日的晚上，他都泡在办公室里。他查阅大量国内外相关资料，多次与设计单位沟通，多次深入核废料容器生产和处置场，通过大量的缜密试验，认真对比材料与产品性能数据，找到了核废料处理容器与高性能混凝土完美的结合点，创新性地提出了核废料高整体容器的设计理念，并且该容器的性能指标不仅达到了设计单位提出的核废料处置容器抗老化、抗地震、抗操作事故、抗跌落的要求，而且还满足完全阻绝放射性核素外泄和优异的力学性能，渗透性超低，耐用年限达300年的严苛要求。在他的不懈努力下，高性能混凝土就像一道坚实的“遁甲”，严密地屏蔽了核废料处置泄漏造成的危险，节约土地资源，保护了人民生命安全。

在成功研制低中水平放射性核废料高整体容器后，吴浩又紧密跟踪海洋工程建设的共性问题，努力解决我国海洋工程目前所用的结构材料尚不能完全满足超致密、高耐蚀、高吸能、高耐候的要求。面对海洋工程环境的特殊性，他的“智慧小宇宙”再一次爆发了。他积极参与“十三五”项目预测，提出并形成了海洋工程用结构材料的制造、应用、评价及监测成套技术的重要研究方向，将重心集中在乏燃料干式贮存技术上面。

求真知，做真人，奋斗成就梦想

现年39岁的吴浩，在科学探索的这条路上，还是一位非常年轻的科研工作者；但他对于科研和人生的思考总能给后辈同事启发。吴浩经常说，“求真知，做真人，奋斗成就梦想”。求，即探究，真知则是指知识与道理、技能与方法及事物的本质规律。做真人，则是要做崇德尚礼、富有爱心的人；做身心健康、人格健全的人；做勤学善思、勇于探索的人；做自立自强、热爱生活的人。正如习近平主席所说，天上不会掉馅饼，努力奋斗才能梦想成真。

静水流深，任何成就的获得，都离不开环境的培养和自身的修炼。一路走来，他不忘初心，用信念照亮了人生，创新开拓了科研天地，奋斗成就了梦想，也美好了生活。

如今的他，往日平和沉静、宽厚随性，但只要谈到专业研究领域，便浑身散发出跟往年一样不变的激情与光芒。孩子眼里，他是了不起的父亲；同事心中，他更是优秀的榜样。现在的他，不仅在科研工作上更加精益求精，而且也精心引领着混凝土科学与技术研究所的青年骨干们，在新的研究领域不断地探索前行。

用吴浩自己的话说，便是：以梦为马，行者无疆。

创新实干 奉献石化

吴德飞

吴德飞，博士，现为中国石化炼油事业部副主任，长期工作在石化工程设计建设和管理第一线。他参加高效环保芳烃成套技术攻关，解决了自主吸附分离塔内构件关键技术难题，该项目显著提升了我国芳烃生产技术水平和国际竞争能力，使我国成为世界上第三个掌握该项技术的国家，取得了特别重大的技术突破；参加开发的新一代催化汽油吸附脱硫技术达到国际领先水平，在国内已推广建成35套装置，加工了全国超过50%、每年约4 500万吨的催化裂化汽油，提供了一步到位的超深度脱硫解决方案，为我国汽油质量快速、低成本升级作出了卓越贡献。吴德飞在工作中严格要求自己，善于创新，踏实工作，以身作则，奉献石化。

2016年1月8日，"高效环保芳烃成套技术开发及应用"项目获得国家科技进步特等奖。这是几代石化人经过四十余年孜孜以求、不懈努力取得的重大科技成果，使我国成为世界上第三个掌握该成套技术的国家，具有里程碑意义。这项辉煌的成绩凝聚着石化人的智慧与汗水，吴德飞就是其中的优秀代表之一。在人民大会堂庄严的国歌声中，吴德飞激动得热泪盈眶。是他在技术攻关中带领团队解决了吸附分离塔内构件技术难题，积极践行中国创造，为芳烃成套技术的开发、形成完整自主知识产权提供了一项关键的技术支撑。

熟悉吴德飞的人都说，这是他多年来矢志创新的一项重要成绩，在他身上看到了石化人追求创新、实干突破的精神；看到了一名共产党员服务国家战略、热爱石化、奉献石化的高尚情怀。

锐意创新，攻克芳烃分离工程难题

芳烃是化学工业的重要根基，广泛用于三大合成材料以及医药、国防、农药、建材等领域。对二甲苯是用量最大的芳烃品种之一，与人们的生活息息相关。20世纪70年代，以对二甲苯为原料生产的“的确良”和“涤卡”，给人民的生活带来了光鲜和靓丽。如今，约65%的纺织原料、80%的饮料包装瓶都来源于对二甲苯。近十五年来，我国对二甲苯消费量年均增长率高达20%。2017年我国消费对二甲苯超过2 400万吨，生产的化学纤维相当于替代约2.6亿亩土地产出的棉花，为守住18亿亩耕地红线做出了重要贡献。

长期以来，我国对二甲苯自给严重不足，对外依存度超过50%，主要从韩国、日本、美国及新加坡等国进口。长期自给不足的一个重要原因是生产技术依赖进口，技术费用昂贵，产业发展受制于人。打破国外技术垄断，开发自主芳烃成套技术是几代化学化工人的梦想！

芳烃成套技术是一个国家化学工业发展水平的标志性技术之一，系统集成度高，开发难度大，之前仅两家外国著名公司掌握，技术壁垒非常高。2009年中国石化成立了芳烃成套技术攻关组。其中如何开发满足模拟移动床特殊工艺要求的吸附分离塔内构件技术成为攻关组面临的一项重大难题。两家国外公司长期垄断该技术，在我国申请了多项专利技术保护并且指定特定制造厂生产，以实现技术封锁。如何打破垄断、突破专利壁垒，开发具有自主知识产权的吸附分离塔内构件技术成为必须攻克的难关。

吴德飞带领的团队需要在直径8米的吸附剂床层间利用不足20厘米的高度实现不同工艺物料在整个横截面上的均匀混合分配、注入和抽出的特殊功能，内构件上下表面格栅结构的缝隙误差控制要求±0.05毫米，近百万根栅条间距需精密控制。对于海南芳烃联合装置，吸附塔内构件对价值逾3亿元的吸附剂性能和寿命有直接影响，难度和压力极大。

吴德飞顶住压力，直面挑战，制定了初步设计方案、热态模拟和冷模试验结合优化方案、工业应用的技术研发路线，特别是发挥热态模拟对设计方案的定量评价作用，掌握了满足模拟移动床苛刻工艺要求特殊吸附分离塔内构件的设计方法和工艺性能控制规律，创新开发出具有迷宫结构的吸附塔格栅和斜面中心管的复杂管系内件技术。凭借扎实深入的研究、详实可靠的数据，通过了中国石化芳烃成套技术攻关组的评议。2013年12月，采用我国自主技术建成的首套装置——海南炼化60万吨/年芳烃联合装置一次开车成功。自主吸附分离塔内构件技术得到成功应用，各项指标优于国外技术，达到了国际领先水平，已经成功经过五年的长周期运行考验。这项关键技术共获得4项专利授权、1项专有技术，形成了完整的自主知识产权，是“高效环保芳烃成套技术开发及应用”项目的关键创新点之一。随后，自主吸附分离塔内构件技术在齐鲁石化、洛阳石化、海南2号芳烃等多个芳烃项目中得到推广应用。

自2012年至2014年，“高效环保芳烃成套技术开发及应用”项目累计实现新增销售收入139.5亿元、新增利税近14亿元，经济效益显著。我国是纺织大国，本项目对于解决粮棉争地矛盾，保障纺织原料供应、产业链完整及经济结构安全至关重要。仅海南炼化年产60万吨对二甲苯生产的合成纤维，就相当于海南全省有效耕地产出的棉花。

技术突破，打造汽油质量升级利器

随着我国环保要求的日益提高，车用汽油的硫含量由原来的不大于1 000ppm迅速降低为不大于10ppm，用近十年时间完成发达国家三十多年的汽油质量升级过程。我国炼厂工艺装置构成决定了催化裂化汽油占汽油总量的近70%，其硫含量占汽油池中总硫含量的90%以上。因此，经济合理地降低催化裂化汽油的硫含量和生产高辛烷值汽油组分成为实现汽油质量升级必须解决的重大问题。

吴德飞是新一代催化汽油吸附脱硫技术的主要开发和推广应用人员之一，为我国汽油质量升级关键技术的开发及应用作出了重要贡献。他采用计算流体力学方法创新开发了反应器降尘器技术，解决了原技术影响装置可靠性的主要问题，开发的新一代催化汽油吸附脱硫技术可靠性显著提高，运行周期大幅延长，脱硫效率更高，辛烷值损失更低，吸附剂消耗更少，节能降耗效果更加突出。他开发系列规模工艺包并推广应用，是10余套装置工程设计的工艺负责人，带领团队探索和实践标准化设计，经过仔细的工艺计算与优化，最大限度进行装置的标准化设计，在近20套装置的设计和工程实施中应用，大幅提高了设计工作效率和质量，吸附脱硫装置成为中国石化标准化设计的样板。

经过持续的创新开发，新一代催化汽油吸附脱硫技术各项技术指标实现了全面超越，达到国际领先水平。与最先进的国内外同类技术相比，辛烷值损失和氢耗优势明显，能耗仅为对比技术的1/3左右，各项技术指标遥遥领先。目前国内投产运行装置达到35套，总加工能力达4 500万吨/年。催化汽油吸附脱硫技术在国内技术市场的占有率超过50%，已成为我国汽油质量升级的主要技术措施，解决了我国汽油质量升级的重大问题，社会和环境效益显著。

实干奉献，累累硕果为党旗增辉

吴德飞工作在石化工程设计建设和管理第一线，时刻牢记在经济和科技领域为党工作，严格要求自己。他踏实工作，以身作则，奉献石化，以实际行动叫响“向我看齐”，树立起员工身边的榜样，发挥了突出的先锋模范作用。

吴德飞始终坚持技术创新，勇攀科技高峰，服务国家战略和产业发展，取得了累累硕果。在高效环保芳烃成套技术和汽油质量升级关键技术等项目的开发及应用中贡献突出，获得国家科学技术进步特等奖1项、中国石化科技进步特等奖和一等奖各1项、优秀标准设计一等奖1项、管理现代化创新成果一等奖1项；获得国务院国资委“中央企业优秀共产党员”称号；获得中国石化“突出贡献专家”“闵恩泽青年科技人才奖”等荣誉称号；获授权专利30余项。他团队精神强，指导了近十位研究生开展技术开发和设计工作，是中国石化优秀技术创新团队的主要成员。

每当有人说起他的成绩，吴德飞总说这是一名共产党员应该做的，是石化事业为我们提供了精彩广阔的舞台，是改革开放让一名农家孩子有了攀登科技高峰、大放人生异彩的机会，只有矢志创新、努力实干，不断用新的成绩为石化人的中国梦添砖加瓦才能无愧于这个伟大的时代。

执着开拓 中国美颜之路的先行者

张伟

张伟，毕业于武汉科技大学计算机科学与技术专业，现任美图公司首席技术官（CTO）、美颜产品事业群和MTlab负责人，主要负责美图整体的研发管理和技术战略。2008年他以实习生身份加入美图，从零开始书写了美图秀秀的第一版代码，并先后组建了影像技术部、MTlab团队。在2013年，实现了美颜相机第一代美颜算法，并迅速取得行业第一，领导美图影像技术走在世界前列。而后带领MTlab团队先后实现了美图手机美颜方案、绘画机器人、AI测肤等多种人工智能功能。在2018年，承接“美与社交”战略，负责带领美颜产品事业群落地“美”的战略，带领团队从零到一开启了App订阅收费模式等新商业模式，现海外产品BeautyPlus、AirBrush已实现了用户营收双增长，均已盈利。截至2018年12月底，AirBrush同期营收增长5倍，BeautyPlus营收同比增升165%。他曾入选福建省海纳百川特支人才计划（福建省企业经营高级管理人才）、厦门市拔尖人才计划，是400项发明专利、3项实用新型、上百项软件著作权的主要发明人。

从零到一，开创美颜技术新时代

张伟，作为典型的“80后”技术型人才，除了具备优秀的专业技术技能外，还擅于洞察用户趋势，始终坚持创新，对于当前互联网技术领域的发展有着独立、深刻的理解，特别是在如何将美学与技术结合从而让用户变美上，更有着自己的专业见解。他也多次参与世界级的技术交流，曾多次应谷歌、索尼、富士通等国际公司邀请，参与讨论国际移动互联网行业现状及未来发展趋势。

目前，以张伟为核心组建的美图研发团队，已成为当前影像行业技术实力一流的精英团队，其个人在影像技术专业领域上的实力也达到了国内领先水平。不仅为美图技术实力的快速发展奠定了坚实的技术基础，也为厦门市经济建设和社会发展做出了突出贡献。经过多年的工作实践与积累，张伟帮助美图公司在技术升级中解决诸多重大疑难问题，先后带领技术团队成功开发出了美图秀秀、BeautyCam美颜相机、美拍等多款知名软件产品。

张伟作为公司CTO，分管公司整体的研发管理和技术战略，坚持“让更多人变美”的发展理念，近年来以“AI驱动”和“数据驱动”布局AI技术应用和研发团队建设，陆续开发出手绘自拍、在线试妆、AI测肤、光效相机等功能产品，取得了用户的广泛认可。同时，他拥有广阔的国际视野，致力于让中国自主研发的产品登上世界的舞台。随着公司国际化战略的推进，张伟所在团队研发的产品已在全球39个国家获得推广，海外用户总数超过5亿，在巴西、印度、印度尼西亚、日本、马来西亚、菲律宾、韩国、泰国、美国、越南及中国台湾这11个国家与地区各拥有超过1 000万用户。

2008年，张伟成为美图秀秀的创始团队成员，负责美图秀秀的算法设计。美图秀秀简单便捷的算法，颠覆了传统的图像处理软件冗杂、繁复的算法设计，大大降低了图像处理的操作门槛，为广大非专业用户提供更为便捷的图像处理服务。帮助中国用户从复杂的PS时代正式进入便捷操作的修图时代，PC版的美图秀秀迅速风靡中国市场。而后智能手机的到来，美图秀秀手机版也快速上线并成为用户的装机必备应用。十年后的今天，美图秀秀仍然是海内外用户首选的图片编辑类软件。美图秀秀的成功，也奠定了美图公司的美颜技术在业内独一无二的地位。

继美图秀秀的成功后，张伟及其带领的影像技术团队，再次研发出另一款热门产品——BeautyCam美颜相机，再次开启中国自拍美颜新时代，自此美颜自拍成为年轻人的潮流。“美颜相机”一词也逐渐成为一个品类，各类美颜APP陆续推出。近十年来，美图公司在简易图片编辑、美颜自拍上都是当仁不让的探路者。张伟以及其带领的美图影像技术团队坚持在图片编辑技术、美颜自拍技术上探索与创新，真正实现了美颜技术的从零到一，是美颜技术领域名副其实的先行者，开启了中国美颜技术的新时代。

2010年，基于对人工智能前景的预判和对研发与创新的重视，张伟发起成立了美图核心研发部门——美图影像实验室MTlab，致力于计算机视觉、深度学习、计算机图形学等人工智能（AI）相关领域的研发，以核心技术创新推动公司业务发展，继续深挖美颜新技术，走在美颜技术领域的前列。目前，美图作为全球最大的图像入口之一，旗下产品日均产生超过2亿张图像/视频。基于此海量数据，张伟及其团队通过采用最先进的深度学习技术，结合海量的图像数据基础，自主研发出MTface人脸技术、MT3Dtech3D技术、MTrestoration图像增强技术、MTsegmentation图像分割技术、MTbeauty极智美颜技术、MTmakeup美妆技术等领先的影像技术。其中图像语义分割方面，成果在头发分割和皮肤分割的准确率分别高达98%和97.5%，远超传统方法低于80%的准确率；通过引入人脸和躯干的相对位置和形状信息，解决人像分割算法容易将衣服部分误认为是非人像部分的技术难题，准确率达到97%以上；人脸分析方面，成果人脸检测算法在国际权威人脸检测评测平台FDDB上精度更是高达91.7%。

MTlab这些技术已成功应用于美图秀秀、BeautyCam美颜相机、美拍和美图手机等20多款软硬件产品，服务全球超过15亿的用户。同时，多次获得“国家创新基金”“厦门市科技计划”和“现代服务业试点项目”等政府政策支持，降低了影像技术应用于生活中的技术门槛，推动信息内容的深度加工，形成优质内容的高度聚合，更新了中国用户对“美颜”的定义，丰富公众社会交往的形式，为用户提供新型的视觉化社交服务。

2018年，美图影像实验室MTlab更是在国际赛事中崭露头角，先后在ISIC及ECCV两大国际顶会上摘得桂冠。在ISIC Challenge 2018大赛上，MTlab的参赛团队在皮肤癌病灶分割task1中获得第一名成绩。这是MTlab首次参加ISIC Challenge，病灶分割赛题同时还有腾讯优图、联想研究院、新加坡国立大学、威尔康奈尔医学院、南洋理工大学等知名科研院所和企业参加。据了解，MTlab从2017年开始AI测肤方面的探索，并于当年12月正式发布AI测肤技术，用户通过一张手机自拍照就可以全面了解自己的皮肤状况。为AI测肤技术提供支持的，不仅是海量医疗级的图像数据，还有由专业皮肤医生对数据的持续标记，以确保AI测肤的准确度不断提升，可以

迅速找到皮肤上出现问题的位置，并识别出问题的类型：是痘印、黄褐斑，还是黑色素痣。目前，在肤质、肤龄、肤色、黑头、黑眼圈、痘痘这六个领域，AI识别的准确率已经高达95%。基于深度学习，美图AI智能测肤甚至还能预测用户在未来的皮肤趋势。

值得一提的是，继斩获ISIC Challenge 2018皮肤癌病灶分割任务的冠军之后，美图影像实验室MTlab又在ECCV 2018图像增强技术比赛（Perceptual Image Enhancement on Smartphones，Track B）中再次夺冠。MTlab团队Mt. Phoenix提交的算法在主观质量、客观质量、计算速度、内存占用等方面的指标几乎都是第一，综合分数大幅领先其他参赛团队。图像增强技术作为MTlab核心技术之一，目前已成功应用在美图多款软硬件产品中，包括BeautyCam美颜相机超清人像功能、美图手机超级夜景及夜景相机模式。

坚持创新，全面落地“美”的战略

美图公司于2018年8月公布了“美和社交”全新战略，表示未来十年将在继续探索“美”的同时，重点发力“社交”领域。张伟全面负责“美”这条战略，适时带领团队进行改革，重新进行产品定位，全方面迎合公司战略，其负责的产品线在新的定位及战略调整下获得了显著提升。他带领的MTlab和影像技术事业部，更是在影像效果、产品功能上不断推出亮点技术为其支撑，为美图公司旗下各手机应用提供了核心竞争力。

以美图公司首款图片处理软件美图秀秀为例，2018年7月以来，美图秀秀稳居韩国App Store免费应用总榜榜首长达21天，连续9天蝉联安卓应用总榜冠军，超越YouTube、Instagram、Snapchat等海外巨头型应用，成为最受韩国年轻人欢迎的影像类App；分别在日本、泰国、埃及、沙特阿拉伯、蒙古App Store总榜登顶；同步攀升至泰国及沙特阿拉伯安卓应用商店榜首位置；并连连霸占日本App Store热搜位置。出色的人像美容体验，好玩有趣的美化图片效果，强大的美图黑科技等是美图秀秀一直以来受海外用户喜爱的原因。而美图秀秀在2017年年底推出的绘画机器人则是美图秀秀连续海外多国登顶的重要推手。

绘画机器人是美图秀秀在2017年11月上线的全球首款将人工智能用于绘画的产品，其使用的AI绘画，核心是基于美图影像实验室（MTlab）自主研发搭建的生成网络Draw Net，通过深度学习技术对大量图像数据进行精准分析与学习，不断增强机器人的绘画能力。用户只需上传一张照片，绘画机器人就可以为用户画出不同风格的插画像。绘画机器人一经上线，就成为爆款功能，掀起全球漫画风热潮。今年夏天，绘画机器人新推“summer效果”，主打清凉甜美的夏日风格绘画，深受国内外用户喜爱。

2018年12月，美图秀秀推出基于AI技术的动漫化身功能，正式加入势头再起的“虚拟形象”复兴浪潮。美图秀秀动漫化身功能可智能识别照片中人物的个性化特征，自动为用户生成动漫化身形象，并让动漫化身形象实时模仿真实世界人物表情神态以及动作。基于美图公司长期以来积累的人脸识别及图像处理技术，动漫化身功能将为用户提供更精准的虚拟化身形象。与常规虚拟形象玩法相比，美图秀秀动漫化身功能所生成的虚拟形象在画风及互动玩法方面更添“萌”趣，更符合年轻群体的审美。

动漫化身功能综合运用了多项美图影像实验室MTlab的尖端技术，包括人脸检测、人脸关键点、人像分割、AR现实增强等多项人工智能技术。依靠人脸检测技术检测并定位图像中的人脸，通过对人脸118个关键点的定位，动漫化身功能在各类复杂情况下都对人脸进行实时、稳定、准确的分析。人像分割技术通过分析轮廓、遮挡关系、颜色、纹理、形状等把图像划分成若干互不交叠的区域，可以根据实际应用场景，对人体、皮肤、头发、五官等区域进行精确分割。再加上发型识别、服饰识别及配饰识别等技术的辅助，动漫化身功能可以区分6种肤色，10种脸型，20种配饰，上百种发型，上千种五官类型，上万种衣服颜色及头发颜色，真正让生成的卡通形象更加匹配真实人像的特征属性，得到高辨识度的卡通形象。

不仅仅是美图秀秀，BeautyCam美颜相机也在张伟的指导与扶持下持续研发新功能。2018年9月，BeautyCam美颜相机推出全新超清人像功能。该功能集合AI变美、AI降噪、AI图像增强、AI强化学习等技术，针对暗光、模糊、假白等低像素照片，可一键还原照片最佳环境光，恢复照片质感，实现新一代美颜革命。超清人像功能突破了硬件设备的局限，真正实现了像素级别的画质提升、美学增强、超清美颜，势必革新美颜领域玩法，引领新一代美颜革命。BeautyCam美颜相机超清人像功能集合了美图影像实验室MTlab自主研发的AI变美、AI降噪、AI图像增强、AI强化学习等技术，在沿用美图秀秀绘画机器人Andy DrawNet的基础上，结合了大量对抗式生成网络的前沿技术，开创了全新的BeautyGAN（Beauty Generative Adversarial Networks）。

除了在软件产品上成果颇丰外，张伟及其团队也在硬件领域不断深耕。美图手机也承载了许多MTlab的研究成果。据了解，美图手机采用了先进的人脸数据模型，能够根据不同人脸、不同年龄、不同性别定制出不同的美颜方案，并先后推出了夜景相机、逆光模式等功能，通过对光源和图像质量进行智能分析，提供更为出色的降噪效果和美颜效果，保留更多图像细节。

发力海外，开启全新商业模式

2018年年末，美图公司海外市场传来捷报，产品线亮点频现，品牌优势不断扩大。美图旗下三款主打海外市场的产品，AirBrush、BeautyPlus、美图秀秀海外版分别在营收和用户增长两项核心指标方面，取得了质的飞跃。其中，AirBrush营收同比增长超过500%，实现盈利；BeautyPlus的收入主要来自广告，第三季度较第二季度增长了172%，也已实现盈利；美图秀秀海外版今年先后在日本、韩国、泰国、埃及、蒙古、沙特阿拉伯六个市场的应用商店荣登第一。美图公司“以技术出海为核心、结合多种灵活商业化模式、为全球用户提供本地化产品体验”的国际化战略正在取得成效。

AirBrush是美图公司于2015年8月在全球上线的一款App，主打北美、拉美和欧洲，上线之初是一款走自然风格的修图类产品，辅助欧美用户的自拍得到更多的社交关注。截至2018年12月底，AirBrush月活将突破800万，较2017年同比增长20%。苹果官方后台数据显示，AirBrush付费用户已超过10%，月复购率超过80%。从2018年第三季度起，AirBrush开始采取订阅模式，使收入较2017年同比增长500%以上，同期实现盈利。

另外一款国民软件，美颜相机的海外版本BeautyPlus，在激励亚洲海外用户修图方式升级的同时，助力国际大品牌与用户以创新方式互动营销。2018年11月与日本知名IP三丽鸥合作，推出三丽鸥卡通人物定制AR滤镜，包括Hello Kitty、Melody、布丁狗等6款角色；与其他知名品牌合作定制AR滤镜，包括：香水品牌DKNY、印度Amazon Prime、印度尼西亚护肤品品牌Ponds等。目前，BeautyPlus正牵头整合所有美图海外商业化产品，以Meitu Ads作为品牌来推广，为潜在客户提供广告合作洽谈的官方渠道的同时，为销售团队带来更多销售线索，并为程序化广告团队带来更多渠道对接和外部流量的合作机会。

为维持各国用户活跃度，BeautyPlus不断推出适应各本土市场的美颜功能和滤镜。比如，在仍然存在人口红利的印度市场，推出了Diwali光明节烟火滤镜。BeautyPlus还与谷歌等全球巨头在技术、商业化和创新方面进行深度合作。2018年，BeautyPlus参与谷歌在各国市场的路演，并通过谷歌技术打通渠道、推动产品商业化，提升投入产出比，在谷歌程序化广告的营收提升150%。

谈及在海外市场取得的成绩，张伟表示：“美图将致力于把美图影像实验室（MTlab）的一系列核心技术带到海外，在全球范围内推出如‘美颜功能千人千面’‘超清人像’、AI智能测肤等新一代智能美颜功能，激励海外用户修图方式升级。美图会在国际化方面持续发力，综合海外产品在全球各市场的知名度、用户量、市场进入门槛、成长空间以及变现潜力等多方面的考虑”。

在海外布局上，张伟和团队不仅将关注产品本身，对于海外合作也十分重视。早在2016年，美图便与Google开始展开深入合作。2018年9月，作为Google的优质合作伙伴，美图公司亮相2018 Google开发者大会，与行业优秀人才共同探索AR领域新蓝海。美图影像实验室MTlab近年来不断深耕AR技术，通过AR技术的引入使美图系App的交互变得更加有趣和人性化，同时也能够让图像的处理变得更加的多元、更具视觉效果，借由AR实现从虚拟变美到现实世界变美。美图于2018年正式启动与Google的ARcore合作项目，未来或将与Google在更多领域建立深度的技术合作。

据悉，张伟及其团队目前也在探索开发影像技术与IP形象、动漫游戏、书画艺术、设计的有效结合，希望通过增加图像所蕴含的信息，为用户的图像社交生活带来全新的创意；在电商领域，通过高精度的人脸点检测、AR技术的开发使完美贴合的在线试妆、饰品佩戴成为可能，为电商业务提供了新的发展方向，加速产业升级。而在社交、智能硬件等领域，以人工智能为基础的美颜技术不仅有助于提升社交产品、智能硬件产品附加值，优化用户的使用体验，还能拓宽商业模式、盈利模式，为相关产业带来直观的经济效益。

一颗火热的事业心

张佩

张佩，从事技术工作二十余年，怀揣一颗火热执着的事业心，张佩始终默默耕耘、砥砺前行，在最美好的青春岁月，用汗水与智慧收获了累累硕果。他主持和参加完成企业技术创新项目80余项，其中，获国家科学技术二等奖1项，中国钢铁工业协会、中国金属学会冶金科学技术二等奖2项、三等奖1项，山东省科学技术三等奖2项，省冶金科技进步一等奖12项；申请国家专利61项，其中已授权发明专利22项、实用新型专利8项。

雏鹰展翅

1996年，从东北大学钢铁冶金专业毕业后，身为“钢三代”的张佩义无反顾地来到了莱芜钢铁集团，在原莱钢特钢厂第一炼钢车间从事炉前炼钢工作。从干净整洁的教室到嘈杂忙碌的生产现场，张佩没有感到一丝失落，反而激起了他攻坚克难、干一番事业的热情。

当时，车间里的20吨电炉是在1965年建设的小电炉基础上，经过几十年不断改造建成的，装备落后，环境较差，加上使用的是老三段式的炼钢生产工艺，工人劳动强度很大。尤其是往电炉内添加合金时，需要工人们手拿铁锨，一锨一锨地加。放下钢笔、拿起铁锨，由于缺少锻炼，张佩干起活来很是吃力，不到一天工夫，手上就磨出了血泡，执着的他咬着牙坚持。一只手实在疼得受不了，他就用一只手拿锨把，用一条胳膊端锨柄，直到把活儿漂漂亮亮地干完。

自从双脚踏进生产现场的那一天起，张佩的心就无时无刻不系在了工作上，并不断地取得进步。2002年，工作仅六年的张佩就被委以重任，担任连铸车间主任。而上任伊始的他，就面临着一项艰巨的任务：山东省第一台合金钢连铸机的安装、投产并实现全连铸任务。

从模铸到连铸，从无到有，这是莱钢特钢发展历史上的重要里程碑，也是张佩事业中的一次巨大挑战和飞跃。由于当时没有现成的经验可借鉴，从投产到全连铸，每一步都只能摸索着推进。

“人只有置身在压力之中，才能迸发出无穷的力量。”张佩以此激励自己。他以满腔的热情投入到工作中。为了早日实现全连铸，他带领车间人员深入现场一遍又一遍调试，寻找最佳的方案，经常是别人都下班了，他还在现场研究琢磨。回到家，顾不上休息，又开始伏案工作。就这样连续

加班加点，不分昼夜，不分节假日，一边学习，一边实践，对每一个参数进行优化，对每一个环节进行攻关改进。

通过坚持不懈的努力，全连铸生产最终得以顺利实现，而且通过新的生产工艺，车间热顶锻合格率由最初的不足50%上升到了99%；单浇次连拉炉数达到100炉以上；铸坯合格率稳定达到99%以上。

百炼成钢

2006年，随着淘汰落后产能工作的逐步深入，莱钢特钢老区电炉关停，张佩调入转炉系统工作。从电炉炼钢到转炉炼钢，张佩开始面对又一次挑战。

一切从头开始，张佩夜以继日地学习研究。找来《炼钢原理》《炼钢500问》等书籍挑灯夜战，恶补理论知识；踏踏实实地“沉”到现场，到实践中反复研究运用。刻苦钻研、不断上进的精神，使他在全新的工作领域很快得心应手。

然而，就在张佩对美好未来满怀期待时，2008年金融危机全面爆发，企业陷入了举步维艰的困境。这让对事业和工作无限热爱的张佩感到了肩上沉甸甸的责任。“严峻形势下，哪怕是一点技术创新都可能转变为企业冲出困境的竞争力。作为技术管理人员，在企业困难的时候，我们必须要顶上去。”

“企业的生命在市场、市场的生命在产品、产品的生命在创新。”当时，炼钢厂品种钢种类已有上千种之多，但大都是大路货，想要有所突破，必须依靠创新，张佩认定了向高端品种进军这条路。

2004年，莱钢为调整产品结构，适应市场需求，从奥钢联引进一台近终形异型坯连铸机。该连铸机是莱钢第一台，也是国内最大规格、腹板最薄的异型坯连铸机。因生产质量控制难度极大，原始设计时只能把该连铸机定义成生产普碳结构用钢。2015年，莱钢与济南钢铁合并的山东钢铁拿下举世瞩目的亚马尔项目订单。因该钢种既要求保证-40℃低温冲击性能，又对表面质量有着严苛的要求。对炼钢工序来说，在异型坯连铸机上生产这一“顶级”产品无疑是巨大挑战。

为攻克这一难关，张佩和团队人员整天待在现场，对异型坯生产工艺等进行全过程跟踪分析研究。为观察铸坯冷却情况，他们常常冒着几百度的高温，在二冷室里一站就是几个小时。为做好一个小细节，他和同事们不厌其烦、不分昼夜反复研讨。为确定最佳实验方案，在现场一待就是好几天。经过不计其数的研讨、修改、实验，最终，他们成功“驯服”异型坯连铸机，解决了包晶钢连铸坯质量问题，为成功交付亚马尔订单，拓宽公司H型钢品种结构作出了积极贡献。国外专家到现场考察，得知他们的成绩，连连称赞：“中国人的智慧令世界震惊”。

张佩在事业上不仅有干劲、拼劲，还有一股不屈不挠、迎难而上的韧劲和钻劲。2014年，张佩接到了生产超低碳钢的研发生产任务，该钢种是高级别的深冲钢，需要打破传统工艺，实现转炉—RH精炼炉—连铸的短流程模式生产，生产难度大，工艺控制要求高。困难，对于弱者来说是万丈深渊，对于强者却是难逢的机遇。意志坚定的张佩和同事们夜以继日地潜心研究、精心设计，忘记了吃饭、忘记了休息，常常研究到夜里12点才拖着疲惫的身躯回家。多少个日日夜夜，他不是在生产现场研究，就是在灯下苦苦思索，专心致志，心无旁骛。

有道是“天道酬勤”，张佩和同事们成功完成了长寿转炉碳氧积精准控

制、转炉终点炉渣稠化、无氧化连铸全保护浇注等一系列核心技术的研发，使钢水处于全程全保护不裸露的浇注状态，实现了超低碳钢碳含量的稳定控制，主要经济技术指标达到国内先进水平。

奋斗者的足下，成功之路在延展。张佩先后获得山东省有突出贡献的中青年专家、富民兴鲁劳动奖章、技术创新突出贡献奖、省管企业敬业爱岗道德模范、山钢十杰青年、莱钢劳模等荣誉称号。

开拓先锋

“‘精益’应该是新时代劳模的闪亮新特质。”近几年，山钢莱芜分公司大刀阔斧地推进改革，特别是随着莱芜分公司“精益管理”的持续深入推进，张佩的观念也有了新的飞跃。

过去大家总认为，只要我们生产了，就会产生效益，其实不然，精益思想认为企业产品的价值只能由最终用户来确定，价值也只有满足用户需求才有存在的意义。

为此，张佩带领大家提出了以用户需求为中心，以“长效质量管理体系”为核心，以过程精准操作和质量跟踪识别为手段的工艺控制思路，并通过建立质量识别判定系统，实现了对主要“参数群”的全程、动态、精准控制，为稳定质量提供了数字化支撑，较好地实现了精益质量管控的新突破。而且，在他们的共同努力下，工艺流程逐渐得到最大程度地优化，转炉终点稳定性控制、超低碳钢短流程批量化生产工艺应用等创新课题得以攻克，较好地解决了海洋平台用钢腹板裂纹、含铌钢边部裂纹、耐磨钢表面质量等问题。

为最大程度地降本增效，他潜心学习精益管理思维，建立“成本零浪费”管控体系，以价值流为主要方法，系统辨识生产过程、工艺流程中的缺陷和浪费，推进过程优化。为找到影响能耗降低的关键点，他带领大家以能耗桥诊断、问题树分析等为主要方法，系统分析能耗现状与理论极限值的差异，将复杂问题脉络化、结构化，找到问题的根本解决办法，促进了吨钢成本的有效降低。

2017年，张佩又一次站在了新起点上，被调入莱芜分公司技术中心，专门从事技术研发工作。目前他正在开展H13热作模具钢镁处理工艺攻关，这在国内尚属首例，镁处理工艺的成功应用将会提高钢水纯净度，降低全氧含量，改善碳化物形貌和钢的性能，提升产品质量。

春去秋来二十余载，张佩就是凭着满腔的热情执着地追求着自己的人生价值，而且无论工作岗位、工作领域如何变化，张佩心中始终燃着一团火，准备开拓更加辉煌的明天。

志当存高远 路从脚下行

张雄军

张雄军，湖南邵阳人，中共党员，教授级高级工程师，洛阳理工大学材料学院兼职教授，宁波市领军和拔尖人才培养工程第一层次培养人员。

张雄军1999年毕业于中国人民解放军国防科技大学，2003年就读于北京航空航天大学，获复合材料工程硕士。他曾获得2009年中国硅酸盐学会青年科技奖、2016年度中国复合材料杰出青年工程师奖；发表专业学术论文15篇，获发明专利24项，实用新型专利17项。他主持的课题、项目基本得到了工程化的应用，研发的高性能复合材料杆塔被电网誉为“抗击灾害”的利器，通过了国家多个权威机构认证，已在全国推广应用；复合绝缘横担大大节约了输电线路走廊宽度，降低了雷害、鸟害等输电影响因素，提升输电质量，年需求量产值达数亿元；超、特高压复合绝缘支柱解决了目前特高压输电设备用大直径、大承载复合绝缘支柱存在的重大安全隐患，并将陆续替换前期存在设计问题的产品，有力支撑了电力行业及其相关产业的技术发展和结构优化升级，以该产品为内绝缘的特高压复合绝缘支柱的鉴定评价是国际领先，具有显著的经济和社会效益。

无惧逆境砥砺身心，主动学习把握机遇

时代在进步，知识体系在更新，我们若想跟上时代的发展步伐，唯一的途径是不断学习，加强自身的业务水平，让自己的知识储备能满足工作岗位的需要，在时机到来的时候，才能把握机遇，游刃有余。这是他对学习的态度，也是一直坚持的秘诀。这个信念，支撑了他在初入职场的百无聊赖中选择了图书馆，在2007年经历人生大挫折时通过工程硕士论文答辩，在其后的多次职场转折起伏时能淡定面对。

1999年张雄军大学毕业的时候，正逢亚洲金融危机蔓延，国民经济增速放慢，市场需求不旺，经济结构矛盾突出。机关事业单位人员分流，高失业率和社会保障功能薄弱之间的矛盾突出，国有企业三年改革脱困的目标压力越来越大，下岗、分流等在社会上比比皆是。在这种社会大环境下，他来到了当时条件相对艰苦的京西北小镇延庆康庄。当时的康庄绝非现在的“军都千峰秀，官厅一抹蓝”“云淡雄关近，草绿古城新”的北京夏都，而是交通闭塞、风沙常起的北京风口。这个我国玻璃钢复合材料的发祥地，当时也面临着较大的困难，作为第一批改制的国有科研院所之一，何去何从？是继续在这里工作生活，还是尽早脱离这个环境，追寻新的天空，每个人都有自己的问题和想法。

初到康庄，被分配到树脂车间。树脂是复合材料的基础原材料之一，张雄军虽然是复合材料专业毕业的学生，但一切还是相当于需要从头开始。他把这里作为人生的新起点，放下名校毕业生的包袱，不受其他技术人员辞职的影响，在相对困难的条件下坚持下来。在老一代军工师傅的言传身教、悉心指导下，从最基本的树脂合成学起，记录好每一个数据，观察每一个细节，严格认真的工作作风为以后打下了良好的基础；在RTM项目组积极参

与我国第一条RTM汽车件中试线的建设，前辈、师傅们在科研技术方面的严谨扎实、一丝不苟，项目管理中的逆境求生、不卑不亢，对他后续从事科研生产、技术管理，大有裨益。

实习结束后，张雄军被分配到民品车间技术部。由于当时的社会环境，技术人员尤其是新参加工作的技术人员，并不受重视。因此，大多数前后进厂的同事选择了辞职或者调离，或者通过各种关系进入管理岗位，有些甚至放弃了当初的雄心壮志，开始了按部就班的职场生活。他在这种环境下并没有随波逐流，而是利用倒班的机会，扎进公司的图书室、资料室，在资料架前流连忘返，对新技术如饥似渴，翻阅前人的资料经验，检索最新的技术发展，不断学习，丰富自己的知识结构。

这些也促成了他在一个偶然的机会面前，准确地把握它，翻开了人生的科研篇章。2000年11月，一个平常的上午，张雄军如同往常一样，准备去图书室学习，路过技术部经理面前时却被叫住了，“你知道浸塑么？”这个普通名词对于毕业论文是金属基方向的他来说本应有点陌生，但半年的阅览室学习实时发挥了作用。从此，在入厂一年半以后，他正式开始了相关专业工作，作为项目负责人进行“玻璃钢表面涂装技术研究”的项目研制工作。浸塑对于当时的树脂基复合材料来说是一个新课题，并非他接受时想象的那样简单。他通过大量的试验、反复，经历了多次失败、彷徨后，对总体方案、工艺设计等提出了一系列的创造性观点，研究解决了当时严重影响复合材料推广应用的自然老化原因及其防护方法，并在以高速公路防眩板为代表的复合材料产品的工业化处理中得到了有力证实，大大提高了复合材料防眩板的表面性能，同时作为基础表面处理工艺得到大批量推广应用。

对于复合材料来说，设计是龙头，材料是基础，制造是关键，应用是目标，维护是保障。一个优异的复合材料产品，不仅仅是各种高品质材料的堆砌，更是一个设计的完美艺术组合，是各种工艺、结构、材料、设备、成本、审美等的综合体现。“读工科的学生，也要懂得欣赏美，才能创造美。”复合材料产品，不但要精通高分子、机械设计、结构设计等基础专业，还需

要根据产品的应用环境，对航空航天、海洋、能源、交通等各行业有深入扎实的了解，才能融会贯通，进而有创造性。但是现实设计过程中，设计人员的思想还是受到来自各方的不同程度的抑制，产品只是反映了按计划生产、按计划销售的企业的意志和战略，这种意志和战略在发挥正面作用时，复合材料的原材料和工艺、结构等就会达到整体的和谐，并且也能很好地满足应用的要求，成为一个功能合理、性能充分体现的产品，但是实际并不经常如此。设计是让人认识到事物本质的工作，能否认识到这一点，会对设计产生完全不同的理解。只有不断学习和充实自己，才有可能与产品应用、社会发展同步前进。

因此，张雄军在公司负责众多科研项目研究、产品研发及管理任务繁重，在妻子病重、孩子年幼都需要照顾的情况下，挤出时间进行专业及管理学习，也取得了相应的成果。

勇于承担责任，做“苦差事”

张雄军在上大学前，做过家教，打过工，甚至在砖厂搬过砖。从小接受的教育就是，无论做哪种事情，不能怕苦怕累，一定要做好、做精。无论做什么样的工作，他都会认认真真去做，决不偷懒。有些很多人认为的“讨厌的工作”，认为的“苦差事”，他都主动去做，因而得到同事的尊敬、上级的认可、客户的感激。这样，那些看似偶然的“幸运”也就自然而然地来到他的身边。

初入公司时，民品事业部的环境不好，员工的收入不高，岗位荣誉感也不强，这是一个苦差事，但他认为既然来做这件事情，就一定要做到最好。在这里，他根据自己对复合材料工艺的理解，积极要求参加生产的三班倒，和工人师傅打成一片，向他们学习书本上学不到的东西，学习如何思考，学习设计产品、设计工艺流程时所必须考虑的方方面面，思考如何用新的方式来提高工作效率，设计了多工位产品快速启模工装，研究了模压产品表面质量和工艺参数之间的关系，为后续研究打下了基础。

在做军品项目研制技术人员的时候，公司有些积压未完成的项目，很多人不愿接受，认为没有津贴，费脑筋，事情繁琐，还经常容易出错。事实上，这类工作往往比那些看起来回报多的工作，更能激发人的潜在的能力，并从中体会到无穷的乐趣，克服困难，达到他人无法达到的境界，获得丰厚的回报。从2000年至2009年不到十年的时间里，他先后主持承担了“整体缠绕复合材料无人机机身制造技术研究”“低成本高强玻璃纤维及其复合材料性能研究”“抗核电磁脉冲材料及复合防热结构工程化技术研究”等近20项“863计划”“九五”“十五”“十一五”重点科研项目的研究工作。

2011年，公司决定组建电力复合材料事业部，这是一个前途未卜的工作，一方面因为当时环境困难，资源缺乏，另一方面是很难知道会做成怎样。张雄军经过考虑，毅然承担了这个责任。他当时是公司研发中心主任，在承担科研项目的同时，也进行项目管理。对这些事情，有一定的经验，在行业内有一定的影响和地位。组建事业部、模拟公司、股份制公司，这跟做项目是完全不同的两种事情。做项目研究，只要研究的产品性能、质量符合设计要求即可，客户是锁定的，基本只是和设计、用户沟通。但做销售需要很多知识储备，尤其是跟客户沟通的技巧，因为公司不但要研制出优异性能的产品，更需要使产品的性能被用户认可，需要引导顾客。没有老师，更多的是靠自己去学习、理解、领悟。并且，他认为既然做了，就要做出成绩来。在事业部成立后，所有的以前见过没见过的，经历过未经历过的，甚至闻所未闻的事情，都一股脑摆在了他面前，需要处理。在经过第一年研发期短暂的亏损后，事业部在第三年实现产值翻一番，终于扭亏为盈。

复合材料杆塔分别获得2012年、2013年国网输变电工程设计竞赛第一名；10 ~ 220kV树脂基复合材料输电杆塔2013年获得科学技术部、环境保护部、商务部及国家质量监督检验检疫总局联合颁发的国家重点新产品证书并在各地推广应用；10kV配网用轻质高强聚氨酯复合材料电杆入选中国电力企业联合会评选的《配电网建设改造创新成果及应用案例汇编》。220kV复合材料门型杆塔被评为第十九届“中国复材展–JEC”优秀创新产品。这些产品有力促进了电力行业及其相关产业的技术发展和结构优化升级，具有显著的经济和社会效益。

2015年，根据市场的发展及生产的需要，公司决定成立电力复合材料公司。他以大局为重，不计个人得失，不讲条件，配合管理，在积极进行生产线的设计、搬迁及生产恢复工作的同时，大力研制开发新产品新技术。电力复合材料公司获得2016年中国建材新兴产业优秀项目库入库企业；2017年12月，注册资金5 000万元，年产2 000吨电力复合材料的股份制公司在山东成立运营。2018年设计的我国第一套500kV复合材料可踩踏横担，应用于冬奥会供电线路。

于细微、常见处，发现问题

结合科技型企业的实际，张雄军认为：在问题出现之后不找借口，积极解决是不够的；更多时候，积极发现问题比解决问题更为重要，这一点对技术人员来说尤为重要。很多时候，大家工作稳定，新的难题很少，面对一成不变的工作流程，很少去想还有没有可以改进的地方，但是，任何工作流程都不是完美、无可挑剔的，只是我们缺少了发现问题的意识。他说，作为一名工程师，如果缺乏发现问题的意识，就会墨守成规，只能重复前人的工作。“提出一个问题往往比解决一个问题更重要，因为解决一个问题也许只是数学上的或实验上的技能而已。而提出一个新的问题、新的可能性，从新的角度看旧的问题，却需要有创造性的想象力，而且标志着科学的真正进步。”我们不但要找到解决问题的方法，更要利用自己的知识发现问题和认识问题，加入了自己“创造性的想象力”，一起来做发现问题、解决问题的好“猎手”。

公司某项产品，连续生产了十多年，由于工艺复杂，各种影响因素很多，通过多年来公司技术人员的努力，制定了详细的工艺方案，从结构尺寸、原材料、人员分工到出现何种问题如何解决等，都有了详细的记录和方案，也经过了大批量生产的考验。但是，这中间存在着产品质量合格率不高的问题，多年来一直没有得到良好的解决。他担任该产品的主任工程师后，沿用以前的方式进行生产，不会有任何风险，但是他并没有因为这是多年的定型产品而放弃发现问题。经过大量、细致的工艺试验研究，对产品的设备、工艺文件等进行了严谨细致的改进，不但解决了困扰生产多年的产品质量瑕疵问题，大幅提升了产品合格率，使产品质量一次检验合格率大幅度提升到80%以上，大大降低了质量成本，而且单件产品在原材料也节约了10%以上。

特高压绝缘设备中，绝缘支柱是关键部件之一，一直采用的拉挤和缠绕工艺，这是业界认可并大力推广的结构、工艺形式。但是，随着电压等级的提升，这一结构在长期承载疲劳及特高压电场作用下存在重大的技术安全隐患。作为初进入电力领域的公司，对业界约定俗成并有长期运行经验的产品，提出质疑是需要有相当的勇气和担当的。经过大量的计算分析及实验，2014年他开始在电力专业会议上提出这种结构存在的问题，从小组发言到专题演讲，承受种种质疑非议。最终事实证明了他提出的问题的正确性（前期运行的产品在2016年开始陆续发生数次设备事故，直接经济损失数千万元）。在以上基础上，他研制发明了新型的支柱绝缘子芯体并应用于复合绝缘支柱绝缘子，解决了特高压输电设备用大直径、大承载复合绝缘支柱存在的重大安全隐患。该技术采用编织结构预制体技术，一体化成型支柱芯体，完全消除了支柱绝缘芯棒内部的界面，提高了支柱绝缘子的电气和机械性能；通过在线监控和决策支持系统来避免最终检测发现缺陷，采用自动铺层检测技术，通过传感器的即时反馈，在决策系统的支持下优化浸渍和固化工艺，降低了缺陷出现的几率。该技术已经应用于平波电抗器支柱、母线支柱、开关支柱及其他支柱绝缘子的芯棒产品，技术指标远超国内外同类产品，目前已在锡盟－泰州线泰州站、上海庙－临沂线、滇西北－广东线新松站、张北－柔直工程、张南－昌平等各电压等级支柱复合绝缘子应用。

一步一个脚印，踏踏实实做事

在张雄军刚到公司实习的时候，公司的党委书记送给了新员工四个字：“天道酬勤”。这四个字一直指导着他的成长，指导着他的做人做事，天道酬勤，积少成多，踏踏实实，一步一个脚印往前走。

张雄军认为，成功其实是没有捷径可走的。要一点一点去学习，一点一点去做。认为无论做什么工作一定要沉下心别浮躁，不怕吃亏，要做就要把事情做好，只要沉得下心来，都会学到很多东西，快速成长的。

他认为最重要的不是做什么，而是怎样去做。因为刚开始你根本做不了判断。做一个项目成功与否完全取决于对这个项目的态度和投入，而不取决于项目本身。他有一个信条：一件事情，要么我不做，要么我就做好，做的有创意！因为如果不认真做，既浪费公司的时间，同时也浪费自己的时间。但如果认真做了，就会发现从这个项目得到的收获远远超过项目本身。只有努力过的人，才有资格享有内心深处的波澜不惊。

“科研没有止境，只有无尽的探索。”“坚持，唯有坚持，才能收获梦想。”2019年，在原有公司逐步走上正轨以后，张雄军选择了自主发展的道路，开始了新的征程，加入浙江华茂航天科技股份有限公司。他建立了一个由设计、工艺、数值优化等专业技术人员组成的国内先进的结构功能一体化研制团队，从原材料配方设计到材料采购，到工艺试验、式样的制作，他都积极主动地去做，并且想办法把它做好。

在具体工作中，科研人员常常会产生自我怀疑，自己正在做的这些东西到底有什么用？特别是暂时看不到成果的时候，为什么要去干？别人理不理解，支不支持，特别是希望得到来自家人的理解和支持。他坚持几年、十几年做着一件事情，很难。如果没有这个团队，这个研究没法延续下去。但既然找到了一个目标，就要坚持下去，要耐得住寂寞和考验。

他做科研很自豪的一件事就是，每一个科研成果，每一个数据都是自己亲自做、亲自看或者亲自监督得来的。在这个过程中掌握科研方法，了解科研过程，在研究中发现问题和困难，在困难中解决问题。

土壤『解毒人』

李书鹏

李书鹏，教授级高级工程师，现为北京建工环境修复股份有限公司技术带头人，污染场地安全修复技术国家工程实验室主任。在土壤修复领域，他先后主持参与了十多项国家、省部级科研项目和政府间国际科技合作项目，开发了土壤淋洗工艺、常温解吸修复工艺、土壤原位深层搅拌工艺、热强化修复等系列技术，为国家推进“净土保卫战”提供了强大技术支撑，填补了数十项行业技术空白，使我国土壤修复工程技术水平实现了从无到强的跨越。

2007年年底，在污水处理领域征战了八年多的李书鹏转战到了土壤修复领域，在业内被公认为国内最早一批从事土壤修复的专业工程师。他带领团队在设备研发、药剂研制以及大型复杂污染场地修复等方面探索出了土壤修复的“中国方案”。

与“土”结缘，投身行业开拓

21世纪初，土壤污染成为中国城市发展不得不面对和解决的问题。石油、冶金、有机化工等产业快速发展的同时也对土壤环境造成了不同程度的污染，其危害会长时间地影响人民的居住和食品安全。

20世纪90年代，普通人对环境工程专业还没有太多认识，很多人认为毕业后是对口环卫工作的。1995年，高中毕业在即的李书鹏认定环境工程是治理污染、创建美好生活环境的重要专业，因此将环境工程作为自己高考的第一志愿填报。入学之后，李书鹏才发现除了他，该专业的其他29名同学都是其他专业名额已满被调剂过来的。

毕业后，他来到北京建工集团，最初接触的是水务和市政工程。2007年，北京建工集团布局发展环境修复产业，成立了国内第一家土壤修复专业公司——北京建工环境修复有限责任公司。有从事环保领域的工作经验，又有专业背景的李书鹏正式开始自己的土壤修复之路，成为土壤“解毒”工程技术领域的开拓人。

当时国内土壤修复行业还是一片空白，关于土壤修复的资料很少。李书鹏通过网络等渠道从国外的专业平台收集、购买文献进行学习研究。“那时想学点土壤修复知识太难了，书都是托朋友到美国、荷兰等土壤修复产业发达的国家购买的，一本书就要1 000多元。”李书鹏笑着说。

无论是专著还是专业文献，理论的积累对李书鹏而言远远不够，只有“与毒为伍”才能练就化解土壤污染的真功夫。

刚入行不久的一个冬天，北京某化工厂项目现场，李书鹏和同事以及几位外国专家在寒风中加班进行技术攻关。当时这个化工厂刚刚拆除完成，李书鹏脚下踩着的是几十年化工生产“跑冒滴漏”积累下来的重化工污染土地。当时对土壤修复实操还属于半个“小白”的李书鹏带领团队在现场开展了大量的工程试验。为实现土壤采样、药剂注射和地下水监测建井等工作一体化施工，根据国外经验购买了一台当时国际上最先进的钻探取样设备。为了尽快上手操作以获得试验数据，“我们当时把该装备国内销售代表处的技术人员给挖了过来，现场教学，我们一边学一边推进修复技术中试研究，很快拿到了需要的试验数据。”李书鹏说。

技术攻关项目的试验工作前后花费了400多万元，将试验区域地下污染物的组分、污染的空间分布、水文地质状况等全部搞清楚了。最终李书鹏和团队采用原位修复思路，引进了当时国际上最先进的生物化学还原修复药剂，解决了污染问题。“但是当看到进口药剂价格时我们就懵了，每吨6万元，如此高的价格是修复技术附加值的体现，也是我们这个行业在国内发展的空间。”李书鹏说。

从设备到药剂，购买显然是最简单的方法，但绝不是最佳选择。从这时起，布局研发具有北京建工修复自主知识产权的土壤修复设备、专用药剂和工艺体系的思路在李书鹏和团队成员头脑中逐渐形成。

技术先导，构建“解毒”能力

土壤污染的危害性会因土质差异、污染物组分和浓度、污染历史和环境变化等不同条件产生多种变化，所以客观上不存在可以套用的“通用方案”。通过从不同渠道收集资料和专业书籍，再进行分析总结、归纳提炼，如今李书鹏的电脑里保存着各种类型污染物、各种修复工艺的专业资料。

环境修复产业化道路上的每一步成长都需要从业者积极的创新意识和责任意识来支撑，而作为修复产业的“剑锋”，修复技术领域更需要有开阔的国际视野和锐意创新精神。

十年前，国内土壤修复刚刚起步，李书鹏就敏锐意识到可以通过开展国际合作来快速提升国内技术水平。作为国际合作的“先遣队”，李书鹏带领团队率先布局修复药剂市场，相继完成了合资药剂公司的组建和药剂生产线本地化建设。在此期间，他抓住同国外厂商合作交流的契机，积极开展重金属修复药剂的引进和自主研发工作。经过一年多的努力，公司成功中标原武汉染料厂生产场地重金属复合物污染土壤修复治理工程。该项目为国家发改委在全国启动的第一个重金属污染土壤治理与修复试点示范工程，为我国重金属污染土壤的治理提供了一个新思路和优秀示范案例。通过不懈的努力，修复公司的业务逐步扩展到修复材料和药剂的制造和销售，同时公司在地下水修复、重金属污染土壤修复等领域内的技术影响力不断提升。

有过前期的国际合作经验，李书鹏意识到在环境领域的国际合作战略部署对于“修复设备引进”将是绝好的机遇。他主动请缨，开始着手组建公司的设备管理部。在引进国外设备的基础上，指导组织设备部对部分专业设备进行消化吸收，并不断尝试对其进行国产化改进，进而实现产品系列化。这个过程中，成功引进土壤钻探设备和快速检测设备，也因此培养了一支专业设备研发和管理团队，为后来的自主技术装备研发打下了坚实基础。

土壤修复与传统的化工等行业相比，土壤的异质性和污染场地个体之间的差异可以说是其最大特点。“同一种污染物即便在类似的水文地质条件下，也会因浓度、修复标准、修复工期的变化而导致处理方案的迥然不同，更不要说是不同国家的土地了。”李书鹏说。因此，核心技术决不能靠“拿来主义”。中国的土壤修复也经历了引进、消化吸收和再创新的过程。李书鹏记得一种进口的大直径土壤搅拌设备在中国就出现了水土不服的状况，而进口设备的零件磨损后国内没有供货，需要到国外采购，耗时长、价格高，影响了当时项目的实施。针对这种情况，他带领团队开始了专业设备国产化研制工作。“国外的许多设备从原理到模式都没问题，我们要做的就是结合中国特点，加以完善和升级。”李书鹏说。

比如针对国内工业污染场地土壤中建筑垃圾含量高、土壤修复后资源化利用途径有限的问题，李书鹏作为子课题负责人参与了国家863计划科研项目“污染土壤快速淋洗装备研制”和“化工园区重大环境事故场地污染快速处理技术与装备”课题研究。在此基础上，以提升土壤淋洗设备的本土适应性和作业效率为目标而不断进行设备设计改进。针对石油、焦化、农药类场地普遍存在半挥发性有机物这一特点，结合常见场地土质情况，基于增溶剂洗脱和浓缩减量原理，开展了土壤淋洗装置的研究，将科研课题研究成果成功地应用到工程实践中，研发了国际先进水平的40吨/小时的土壤淋洗装备。该土壤淋洗装备通过高效解泥、螺旋擦洗、密度分离、精细筛分、多级旋流等多个工艺单元组合，将土壤根据颗粒粒径大小，进行逐级分离。细微颗粒可作为水泥生产原料，中粗颗粒处理后可作为建筑材料，土壤资源得到了有效利用。土壤淋洗技术在辽宁某大型污染场地成功完成污染土壤修复工程，随后又在西宁、广州、青岛等地得到推广应用，设备在实践中也得到了不断的改进升级。土壤淋洗技术被北京市发改委、经信委、科委、财政局等联合评定为2017年度首台（套）重大技术装备示范项目，成为登上国家博物馆“复兴之路”大型展览的“国之重器”。

海纳百川，创新“中国方案”

结合国情进行自主研发的尝试让李书鹏找到了技术创新的路径，于是他带领团队大力开展产学研用合作，陆续把沉睡在实验室的技术发明运用到工程中，逐步建立起我国自己的土壤修复技术体系。

李书鹏带领团队创造性开展学科横向融合，将建筑基础施工领域内的“高压旋喷技术”和“土壤浅层搅拌技术”工法引入污染场地修复中，将新工法与环境修复领域的化学氧化、还原技术相耦合形成了新工艺，扩大了原位修复技术的适用场地条件，填补了该方向国内的行业空白。针对土壤的非均质性和各向异性的特点，在国内首次采用了“土壤深层搅拌+热空气注入技术”，对污染深度大、土壤粘性高的挥发性有机污染场地具有很好的适用性。该系列技术和工艺的研发落地解决了修复介质与污染物充分接触的难题，推动了我国土壤原位修复技术的发展。

作为国家863计划项目子课题“有机氯农药类污染场地土壤修复技术设备研发与示范”的负责人，李书鹏针对DDT、六六六等有机氯农药污染土壤，率先研发了生物化学还原耦合微生物氧化修复技术，并在有机氯污染土壤修复工程中得到了成功的应用。该技术以原位、原地实施为主，可节省大量土方运输费用，也避免了传统的水泥窑协同处置有机氯农药污染土壤带来的二噁英排放和温室气体排放问题，以及安全填埋处理对宝贵土地资源的占用。该技术还可应用于有机氯农药污染农田的修复，对于保护我国有限的耕地资源具有重要的意义。生物化学还原耦合微生物氧化技术修复有机氯污染土壤，是我国绿色、可持续修复技术应用的典范。

李书鹏是“常温解吸修复技术及工艺”的开发者。该技术针对挥发性有机物（VOC）污染土壤，具有安全、高效、经济等明显优势，为北京、武汉、南通等地共150多万方VOC污染土壤成功“解毒”，累计为国家节省修复费用达数亿元。在解决世界性难题——土壤重金属污染治理方面，李书鹏研发了一系列六价铬修复组合技术，并形成了相关专利体系。目前该系列技术在山东、湖南、青海、重庆、云南等地多个铬污染场地修复中得到成功应用，累积修复污染土约12万方，修复效果显著，为当地环境的改善和人民生活质量的提高做出了巨大贡献。

对于中国土壤修复的未来，李书鹏认为应该实施精细策划、聚焦精准修复，以多种工艺集成应用取代单一技术思路。广州某钢铁冶炼遗留污染场地修复项目便是李书鹏和团队围绕整个钢铁厂复杂污染场地开展修复设计和工程实施管理的典型案例。该项目将破碎预处理、土壤淋洗、土壤干化、异位热脱附和重金属稳定化等多项修复工艺进行耦合设计，通过两年时间让一个被多种有机物和重金属污染的污染土地重新焕发了生机。

作为行业工程技术先行者，李书鹏自发承担起行业的科普及推动发展工作。他作为主要负责人打造了国内首个环境修复科普展厅，该展厅成为行业内首个土壤与地下水污染防治知识的科普平台；组织翻译了《土壤及地下水修复工程设计》，作为该领域第一本工程设计类图书，有力地支撑了修复行业的发展；参与编写的环保科普丛书《土壤污染防治知识问答》等，以通俗易懂的语言向社会积极推广环境修复知识，传递重视土壤环境健康的理念，以实际行动为我国生态文明建设贡献力量。

不忘初心
不负我梦

李双双

李双双，清华大学医学院生物医学工程系硕士，现任深圳迈瑞生物医疗电子股份有限公司（以下简称迈瑞医疗）技术经理。在迈瑞医疗工作期间，她与研发团队一起，先后致力于医用超声新一代基础成像、血流与多普勒成像、弹性成像等前沿技术的研究与产品开发，相关项目先后获得深圳市技术发明一等奖、中国专利优秀奖、广东省科学技术一等奖、国家技术发明二等奖等奖项。多年来李双双作为主要发明人之一，先后申请了国内外40余项发明专利，其中10余项发明已获得授权，也伴随着迈瑞医疗的超声技术从第一款数字彩超DC6推出后逐渐走向国产医用超声设备领域的最高水平。尤其是在高端超声弹性彩超的研发中，她作为主要技术负责人之一，带领研发团队持续攻坚，从无到有，产生数十项创新发明，为国产超声进军高端市场打造了一柄利剑。

2008年，当李双双从公司手中接下超声弹性成像技术的研究任务时，她还只是个初出茅庐的毕业生。十年后，国内外上百家医院已经用上了迈瑞医疗的超声弹性成像产品，正在临床中对乳腺癌、甲状腺癌、肝硬化、宫颈病变等疾病的辅助诊断提供着重要参考。2018年1月8日，迈瑞医疗与中国科学院深圳先进技术研究院共同研发完成的“超声剪切波弹性成像关键技术及应用”项目荣获国家技术发明二等奖。

从应变弹性成像技术的研究到剪切波弹性成像技术的研究，从技术预研到开发设计，从产品实现到临床试验，自主研发之路上充满了汗水和泪水，但是也收获满满。迈瑞医疗的弹性成像技术，也广泛获得国内外临床专家的好评。基于迈瑞医疗的弹性彩超，2016

年以上海交通大学附属瑞金医院为首的国内17家知名三甲医院，开展了业内唯一的双模态弹性多中心研究，最终输出了首套适用于中国人群的乳腺及甲状腺弹性诊断标准。基于迈瑞医疗的弹性彩超，2018年以中国人民解放军总医院和中山大学附属第三医院牵头的国内29家知名三甲医院，共同发起了具有前瞻性的弹性成像评估肝纤维化程度及预后多中心研究。这些必将有力推动我国医疗技术的进步。

特别的毕业选择

2008年，从清华大学医学院生物医学工程系毕业前，李双双作为高校学生代表，应邀在“全国民营企业招聘周”活动启动仪式上发言。这一切，源于她选择了一家民营企业“深圳迈瑞医疗”作为了自己职业生涯的起点。当年，对于大多数清华大学的毕业生来说，出国留学、进入知名外企、加入国企才算是公认的高大上的选择。而作为一个没有多少社会经验的小女生，李双双做出到民营企业就业的选择，显得格外的特别。

“立大志、入主流，上大舞台，成大事业，是清华学子择业的主旋律。我认为，在新形势下，应当把重事业，图发展，做贡献作为自己的择业指南。哪里有事业，哪里有发展，哪里能做贡献，就选择到哪里去。民营企业的发展同样离不开优秀的人才，民营企业同样是我们青年学生施展才干、建功立业的大舞台。”当年的讲话虽不乏稚气但是也充满了激情，同时也道出了民营企业对人才的求贤若渴以及对自主研发创新的壮志决心。

后来，更多的名校毕业生来到深圳这座城市，加入了迈瑞医疗，并陆续成为各领域的技术骨干。在李双双的研发团队里，几乎都是年轻的面孔。正是这些充满梦想、努力奋斗的年轻人，推动了民族医疗技术进步的滚滚车轮，也推动着深圳这座城市，逐渐成为耀眼的新星。

也许，对于李双双来说，正是由于当初的这个特别的选择，才能以年轻人的身份接下大任务，才有了施展抱负的大舞台，才有了如今的诸多成就。

孤独的漫长坚守

技术研发是非常枯燥而寂寞的过程，十年的漫长研究，并不是每一个科研人员都有耐心坚持到最后的。尤其是在前期预研阶段，众多的实验，海量的数据分析，孤独的冥想，大多数的时候都得靠自己一个人完成，身体上的辛劳还在其次，精神上的困惑才是最磨人的。遇到难以攻克的技术难点时，李双双夜间经常难以入眠，压力可想而知。正是由于做研究的辛苦，李双双所在的超声系统研究部，早些年女员工只有1 ~ 2名。得益于迈瑞医疗一直坚持自主研发，超声产品的内核、板卡、算法、界面等均可以被任性地实验改装，而且迈瑞的软件、硬件工程师都是业内顶尖的人才，所以为弹性的技术攻关之路提供了种种便利。

在产品开发阶段，研发团队的成员逐渐增加起来，各个技术关键点都要以产品化的思路重新设计实现。由于技术难度太大，总是陆续有同事找到李双双讨论，希望能降低一些指标，以便更轻松地完成工作任务。李双双总是坚持："设计细节方案可以一起讨论想办法改进，但是最终指标决不能降。"通过数十次的讨论、分析、重新设计，才形成了最终的方案。

方案确定后，由于新进员工众多，项目进度又紧张，成员之间的协作配合也曾一度出现问题。作为团队的领头人，李双双除了要解决技术问题，还要解决任务分配、团队合作问题，不断鼓舞团队力争完美，最困难的时候差点就坚持不下去了。"只要你有信心，我们就有信心"，在领导的坚决信任下，李双双总算是坚持到成功那一刻。迈瑞医疗也最终成功发布了我国唯一的自主研发高端二维剪切波弹性彩超，走出了国产超声的关键一步。

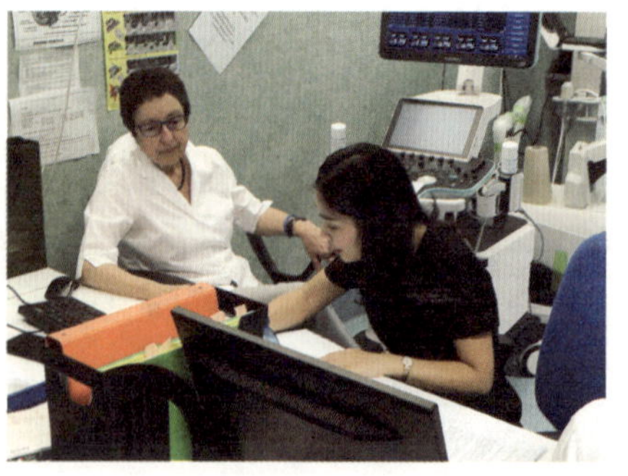

谦逊的临床沟通

医疗技术的研发不仅仅是为了寻求技术的突破，更重要的是为了改善和解决临床中的实际问题。肝脏和乳腺疾病是危害数以亿计国民健康的重大公共卫生问题，肝硬化和乳腺癌具有高致死率，早期诊断是提高治愈率和改善预后的关键。医学超声成像是肝脏和乳腺重大疾病早期影像筛查的重要方法，但传统B超成像存在肝硬化检测敏感性差和乳腺癌检测特异性差的瓶颈问题。超声剪切波弹性成像实现对人体组织生物力学参数的无创定量测量，是超声影像技术的重大革新，能为肝硬化和乳腺癌等重大疾病的临床早期诊断提供关键依据，对创制高端医疗设备和提高我国疾病防治水平具有重大意义。

但是，在进口设备长期垄断中国市场的现状下，国内的医生对使用国产设备仍然心存许多顾虑。当李双双带着设备来到某知名医院时，恰逢医生正在使用一台进口机器，医生对比之后发现两台机器的表现有些不同，就对她说“为啥你们的结果不一样呢？请回去改成一样了再拿过来使用吧”。李双双没有气馁，她知道，在大多数医生的心目中，国产超声设备能做成与进口设备一样，那就已经算是相当优秀了。但是她对自己的产品有信心，这一次，我们不是要做“一样”，我们要做的是“超越”。她带来了仿人体组织的模体，现场对国产设备和进口设备进行测试，由医生自行操作。测试结果让医生大吃一惊，因为国产设备的性能要更好，而且好很多。李双双对医生说：“仿组织模体的测试仅仅是第一步，也不能代表临床结果也一定好，我们需要更多的临床数据的验证。”此时，医生的信心已经大大增强，非常有兴趣地认真完成了一段时间的临床对比试验。最后，医学统计分析结果也有力证明了迈瑞设备超越进口的优异性能。试验期间，医生还根据自己的使用感受，提出了许多有价值的改进建议。李双双回到深圳后，马上召集研发团队讨论，2周之后，更新的版本送到了医生的手中进行新的评估。对临床反馈的及时响应又一次带给了医生新的体验。因为，以往医生也经常给进口设备的厂家提建议，但是很多都不了了之，即便是更新也都是半年或者一年后了。

沟通时的信心来自对本身技术实力的自信，沟通时的谦逊来自技术上永攀高峰的敬畏与决心。医疗科技以解决临床中的实际问题为目标，科技的创新思路也正是来自于临床中解决问题的需求。“临床医生是我们的用户，更是我们的老师！”李双双常说。以谦逊学习的心态与临床医生交流沟通和提供服务，是迈瑞产品不断成长进步的关键之一。甚至可以说，迈瑞设备成功得到市场的认可，一半是源于迈瑞工程师的汗水，另一半是源于国内外临床专家的指导。

不倦的创新团队

团队是柄双刃剑，用好了1+1>2，用得不好那就是1+N<1。研发工程师们大多是有能力、能吃苦的年轻人，但是长期的研发过程容易丢失生活的热情，过于精细的分工也容易限制眼界。但是团队里面只有一个人创新是不够的，掀起头脑风暴才能集众人之长。为了调动团队的所有人积极创新，李双双通过各种办法将创新的种子播种在大家心中。比如把临床中的疾病诊断过程介绍给大家，把临床中病人的痛苦、医生的疑难介绍给大家，把各个细节设计的目的介绍给大家，把医生对设备功能的评价介绍给大家，最终大家都能把产品当成自己精心哺育的孩子一样看待，各自积极地去揣摩新的设计，尝试新的方案，产品也一步一步走向完美。创新是一种思维习惯，一旦养成了，不论做哪一个项目，做哪一种产品，做哪一种研究，都能带来意想不到的收获和成长。

凭借对科研研发创新持续稳定的高投入，迈瑞医疗已经形成了在科研上的良性循环。迈瑞医疗建立了基于全球资源配置的研发创新平台，在全世界设有八大研发中心，共有1 700余名研发工程师。波士顿咨询公司在其发布的《2016全球挑战者报告》称，“我们发现了一批深具潜力而未被广泛认知

的公司。我们预期它们会大幅度地改变行业格局并有力地影响全球市场。在我们评选的全球100家企业中，来自中国的迈瑞是唯一入选的医疗技术行业品牌”。

十年的时光，可以让一位初出茅庐的大学毕业生磨炼成一名优秀的研发人员；十年不懈的科研创新，也可以让一家崭露头角的企业成长为一棵参天大树。“不忘初心，不负我梦”，这就是第三届杰出工程师青年奖获得者李双双的心声。健康梦，中国梦，祝愿所有医疗行业正在坚持科技创新的工程师和企业，成为守护人类健康的核心力量。

不断超越 不忘初心

杨光华

杨光华，1979年出生于安徽省池州市，2006年毕业于西班牙纳瓦拉国立大学皇家医学院基因治疗专业，获得博士学位，2007年在上海创建了上海比昂生物医药科技有限公司。现为国家“千人计划”特聘专家，欧洲科学、艺术与人文学院院士，上海比昂生物医药科技有限公司董事长兼总裁，教授级高级工程师，上海海洋大学特聘教授、博士生导师。

杨光华于2002年从上海水产大学（现上海海洋大学）生物技术专业毕业后，因为看好基因治疗的未来，申请到了西班牙纳瓦拉国立大学皇家医学院的全额奖学金，远赴海外攻读生物化学（基因治疗）专业的硕博士学位，并一头扎进了当时即使在国际上也属于最前沿的科学研究领域。

如果说在国外求学初期，杨光华的“中国梦”还有些懵懂的话，2003年国内“非典”疫情的爆发，让他坚定了学成归国、报效祖国的信念。面对肆虐祖国的“非典”，传统药物可以说一筹莫展。从那刻起，“学成后一定要回国制造属于中国自己的救命药”这一想法始终萦绕在他的脑海里。于是他全身心投入到课题研究中，仅用四年半时间就拿到了硕士和博士学位，要知道一般人想要最终获得博士学位至少需要六至七年的时间。他在国外留学期间，也接触到了世界一流的基因治疗技术，使自己的科研能力得到了极大提升，掌握并突破了基因类载体的产业化生产的关键技术。

2006年，杨光华在获得博士学位后，不顾导师的挽留，以及为他所准备的条件优越的实验室，论文答辩完成后的第二天，就踏上了归国的路程。

回国后，杨光华进入了一家重点高校研究所工作，不过他很快发现，自己不但拿着1 200元的临时工资进行科研工作，基本的实验材料还需要自费采购，为了凌晨去医院获得试验必需的人体器官，还必须自费开车往返，学校一概不提供任何支持和报销。由于学校不提供住房，按照当时工资收入无法在当地租房，生存成了最大的现实困难。无奈之下，杨光华不得不打算放弃留校搞科研和教书育人的梦想。此时，很多猎头找到他并许以外资生物医药公司的优厚待遇，但是对于杨光华而言，为外资公司打工与他的报国梦格格不入，若图待遇优厚他根本不用回国发展。于是，实现报国梦只剩下一条路——创业！

2007年3月，杨光华在克服了种种困难后，终于在张江高科技园区药谷中心成立了一家生物科技公司，也就是现在的上海比昂生物医药科技有限公司。公司名称“比昂”来源于杨光华在上海海洋大学读书期间最喜欢的Beyond乐队。Beyond，象征着不断超越的创新与进取精神。公司名称本身就承载了一种创业精神和企业的核心价值观：“任何时候都要以创新取胜，不忘初心。”

创业初期，杨光华过起了实验室——客户两头跑、吃住在公司、每天只睡四五个小时的“总裁式”生活。即使付出了很多努力，2008年公司还是遭遇了一场危机。一位公司高管因不看好公司前景而离职，并创办了与之相竞争的企业，同时还带走了一批骨干员工。公司因此面临失去大量老客户、资金紧张等多重困难和挑战。

为此，杨光华痛定思痛，决定选择技术升级来解决这一系列问题。基因治疗是世界顶尖的新技术难题，为了加快公司研发进度，追赶世界基因治疗相关领域的发展脚步，杨光华于2008年再次奔赴海外，前往法国国家科学院做博士后研究，并在法国国家卫生研究院干细胞研究所担任助理研究员。

2009年，杨光华的技术团队在国际上率先完成了基因治疗技术攻关，并突破了生产环节中的关键技术，开始研发和生产艾滋病基因治疗药物等。同年，他在参加由国家教育部和科技部共同举办的第四届“春晖杯”中国留学人员创新创业大赛中一举获得一等奖。“春晖杯”应该是海归创业者的第一步，而杨光华却已经先迈出了第二步，在遇到困难和疑惑后，反过来又回到第一步中寻找最佳的答案和解决办法，从而为今后更好地腾飞奠定了基础。

在法国的三年里，杨光华常常跨时差工作，往往是刚结束了研究所的课题研究工作和会议，又接着在办公室通过远程电话、视频会议处理和安排上海公司的工作。经过三年的“卧薪尝胆”，杨光华终于启动了比昂的新一轮技术升级，也为比昂注入了崭新的业务。

杨光华坦言，2008年到2010年是他创业后最艰难的低谷，呕心沥血往往却看不到任何成效。但是面对困境，杨光华只想过如何转型，从未想过放弃！

2011年年底，在国家“千人计划”答辩结束后，杨光华再次回国，继续圆他的“中国梦”。2012年，杨光华受聘为第七批“国家千人计划专家”，

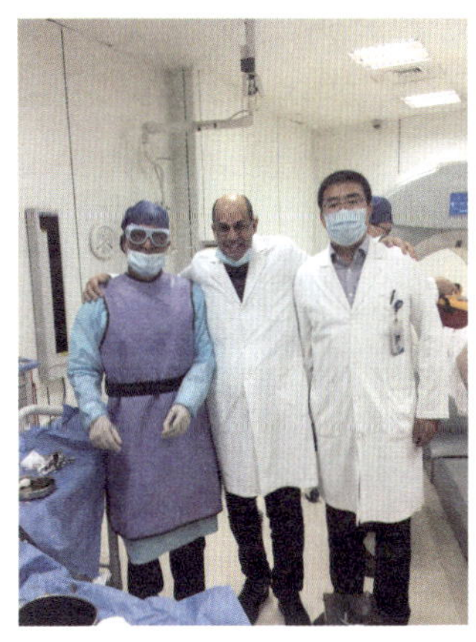

成为当时我国生物医药领域最年轻的千人计划专家入选者。2013年又获选上海市浦东新区“十佳杰出青年”和上海市“十大杰出青年”提名奖。

然而，杨光华在荣誉面前并未就此放慢在研发和应用领域的脚步，反而深感自己身上所肩负的社会责任和历史使命，不断地进行自我突破和挑战。杨光华在历经一年多的艰苦谈判后，于2015年终于和欧洲最大的癌症中心——法国Institute Gustave Roussy（简称IGR）癌症中心签署了合作协议。此次签约代表中国的细胞治疗领域获得了国际上的认可，同时也是国际医疗领域合作模式的一个里程碑事件。同年，比昂公司在生物医药板块获得了1.8亿元的融资，以此进行全产业布局，并出资由同济大学附属东方医院牵头的“上海张江国家自主创新示范区干细胞转化医学产业基地项目”的建设，依托东方医院的实验研究和临床平台，为推动干细胞科研成果的临床转化创造条件。

2016 年，在第五届中国创新创业大赛生物医药行业总决赛上，由杨光华带领的技术团队所研发的“用于CAR–T的临床级可诱导慢病毒载体大规模生产技术的开发”，从众多企业的项目中脱颖而出，一举获得大赛冠军，成为赢得“春晖杯”创业大赛后的第二张“高分卷”。

2017年，由于在基因治疗方面所作出的杰出贡献，杨光华当选为欧洲科学、艺术与人文学院（European Academy of Arts Sciences and Humanities）院士。同年6月，杨光华作为“中国企业代表”随李克强总理出访德国，并出席了“中德论坛——共塑创新”活动，向德国展现了中国生物科技企业自主创新的风采。

2018年1月，杨光华被母校上海海洋大学聘请为特聘教授、博士生导师，并与上海海洋大学国际海洋生物科学研究中心等研究单位共同合作完成了对CAR–T安全性的研究工作，相关研究成果在国际重要期刊*Molecular Sciences*上发表。

杨光华联合两位法国科学家通过十年潜心研究，研发成功了运用硝基咪唑附着在纳米材料上，与铼188耦合后，精准杀死肿瘤细胞的“纳米枪”。

全球首例“纳米枪”治疗肺癌临床试验于2018年5月25日在同济大学附属东方医院完成，医护人员通过穿刺方式，将中法两国科学家发明的“纳米枪”核心复合物注射到患者肿瘤内部，使患者的病灶肿瘤有望在一个月内逐渐缩小直至凋亡。如果该技术能走出临床，未来将在上海建设肿瘤治疗专科医院，帮助更多晚期肿瘤患者提高生存率和生活质量。

正如杨光华在第五届中国创新创业大赛上发表的获奖感言中所描述的那样，“超越自我，追求卓越，科技创新，成就大业”。他也始终在践行着自己的“中国梦”，不断超越，不忘初心！

以工程体系对抗安全威胁

肖新光

肖新光，安天科技集团创始人、董事长兼首席技术架构师，主要研发方向为反病毒引擎、大规模样本分析体系、高级威胁检测与分析等。他主持和参与了多项国家863、242等科研课题计划，获得4项省部级科技进步奖，55项发明专利授权，其中一项专利获得中国优秀发明专利奖，是全国首批网络安全优秀人才奖十名获奖者之一。其社会兼职包括中国网络空间安全协会常务副理事长、中国计算机学会计算机安全专业委员会常务委员、全国信息安全标准化技术委员会（SAC/TC260）委员、中国人民解放军全军网络安全专业组专家，国防科技大学等多所高校兼职教授。

肖新光于1974年出生于吉林长春，正赶上国家“计算机从娃娃抓起”的浪潮，让其有机会在小学课堂接触到计算机。1993年，怀着献身国防安全的理想，他考入哈尔滨工业大学航天学院自动控制专业学习，在经历了一些个人挫折和思考后，他重新寻找更能发挥自身所长、实现“技术报国”的领域，因此开始自学反病毒等信息安全技术。2000年，他辞去了母校软件公司副总经理的工作，带领团队创立了安天实验室，以网络安全为终身事业，走上了以工程体系对抗安全威胁的道路，开启了一段集体英雄主义的创业之旅。

引擎、下一代引擎

反病毒引擎是一组依赖可扩展的数据定义集合来完成计算机病毒检测和清除的程序模块的统称。而其所依赖的可扩展的数据定义集合，就是病毒库。两者互相依赖，相辅相成。

2002年，在安天反病毒引擎的第一份产品文档的扉页上，肖新光写下了这样的话：两年前，他们开启了创业的征程，对于一个起步时只有六七人，三台半电脑的小团队来说，他们选择了一条最难的路，对标全球著名安全厂商卡巴斯基，研发世界第一流的反病毒引擎。

安天早期的工程师们问肖新光研发反病毒引擎最核心的经验是什么，肖新光说，首先是“归一化”，其次是“取舍”。归一化，就是要把新的不可识别或检测的数据对象，转化为引擎可以识别与检测的数据对象，在原有方法完全不可处理时，则再添加新的检测分支。那么什么是“取舍”呢？2000年，肖新光积累的最初的病毒样本库中有三万种病毒样本，这在当时是珍贵的资源，但安天能参与引擎开发和病毒分析的，实际只有四人。当时，感染性被视为恶意代码的最核心属性，从样本统计角度来看，感染式病毒占据恶意代码变种数的大部分，而反病毒的极大的人力工作则是编写感染式病毒的清除模块或脚本。这远超出团队的人力。但肖新光认为未来主要的恶意代码类型必然是不具备感染性的特洛伊木马，“因为攻击者恶意意图和逻辑越来越复杂，是不可能永远受宿主文件约束的”。他决定先放弃分析处理所有DOS感染样本，暂时不处理少量的Windows平台的感染式样本，在时机成熟时再解决宏病毒样本。既然特洛伊木马不具备感染宿主的能力，只要在系统环境层面进行“逆处理”——内存、注册表和其他执行入口摘除文件关联就够了，可以设计一套通用的系统恢复脚本来解决。这

一思路让引擎的开发得以快速起步。反病毒引擎的开发工作永远要面临各种取舍，适应不同的体系结构、不同的系统资源，在检测深度、检测速度、系统资源占用间达成一种平衡。

平衡和取舍是工作技巧，但直面问题、解决问题的勇气才是工程师的灵魂。2002年，各种扫描、邮件蠕虫正在互联网猖獗肆虐，安天要进行的技术攻关是，要在骨干网层面建立起全量恶意代码的实时检测能力。而其中最大的障碍是，以libnis为代表的开源协议栈，还原速度极慢，只能达到70MB左右，而任务要求达到接近千兆限速。同时，文件反病毒引擎的工作速度也非常缓慢。

“既然主流的五大协议目前都是明文的，我们能不能不还原，直接在包上匹配。”肖新光的设想引起了队友们的争议，因为一旦不进行流还原，则大家所熟悉的文件格式识别、寻找可执行程序入口点、计算偏移特征等套路将难以适用。针对同一种恶意代码，不只是需要两套完全不同的特征提取机制，简直就是重新开发了一个引擎！面对大量加壳的样本，全静态的硬特征能保证特征质量么？特征码压在两个数据包，边界怎么办？难道我们不能期待计算力增长，等待协议栈能力的提升么？最后大家的结论是——不能等，因为蠕虫病毒不会等我们条件成熟时再传播。

肖新光感谢他的队友们，他们愿意去执行他的决策，哪怕是过于超前，甚至异想天开。记得开始研发的时间是2002年9月18日，就在防空警报响彻全城的时候，安天的攻关战也开始了。同时，他也开始从安天作为企业的角度考虑，由于某个国际厂商注册了一个基于代理文件还原+反病毒引擎在网络检测病毒的“雨伞”专利，并以此作为专利的大棒打压新兴厂商，如果不用一种新的工作机制绕过，那么安天在网络病毒检测的方向就会落入国际竞品预设的专利陷阱。

3个月后，挂载了两万两千条规则，高速包引擎的原型系统在中国教育科研网黑龙江主节点上线了。经过内存测试，引擎的匹配速度达到了2.2 Gbps，完全不会成为系统的瓶颈。看着一个个蠕虫、病毒木马的告警在日志中准确地出现，安天人兴奋不已。

但问题很快来了。随着病毒规则数继续膨胀，安天人发现，引擎的匹配速度开始急剧下降，优化的AC-BM算法实现开始不听话了。BM算法不是规则数量非线性的么？验证之后，原因找到了，由于部分特征在最短特征对齐长度的双字节内容，会恰好命中网络中的高频内容，因此导致频繁进匹配入口。肖新光说：“算法是死的，但特征是活的呀！我们搞一个特征工程运营机制，让特征在可选取区域进行滑动，把最短特征对齐的双字节规避开高频内容不就完了么？”这是安天第一次开始提出特征工程运营的想法。

2006年，安天参研的系统通过了以何德全院士为组长的专家组鉴定，对安天所研发的引擎成果，鉴定意见中给予了如下评价：“首次提出……基于特征码优化的高性能网络恶意代码检测引擎，实际测试表明，在规则集规模16万条的情况下，检测速度超过1Gbps”。经过不断发展完善，系统终于全面上线了。

实现高速网病毒检测，只是安天人的梦想之一。在肖新光心中，反病毒引擎是一种普适的安全中间件，而所有的IT环节都应该带有安全机制。2004年，他就规划了安天要做细粒度的可嵌入的反病毒引擎的技术路线，他设想引擎要建立起精准到规则的场景动作定义和知识支撑体系。他同时认为由于未来一定要适配不同的体系结构、操作系统和场景环境，所以必须立足于高可移植性设计，所有X86汇编模块都会成为包袱，必须通过纯C/C++实现，来兼顾效率和移植性。历经多年积累，安天引擎全面支持X86、MIPS

（含cavium）、ARM、PowerPC等体系架构，兼容所有主流操作系统，并从单纯的威胁检测引擎发展为可以针对端点场景、网络设备场景、网络安全设备场景、智能终端场景IoT的全能力安全中间件。目前，中国前十名的网络安全厂商中，有一半以上使用安天的引擎；前十名国产手机厂商，均为安天引擎的合作伙伴。

反病毒引擎的核心指标是检出率。肖新光坦诚地说，卡巴斯基、赛门铁克、迈克菲等国际知名反病毒厂商都是20世纪80年代后期开始研发反病毒引擎的，这个历史积累并不能短时间内超越。安天在基础引擎检出率上接近卡巴斯基用了16年左右的时间。但安天在移动引擎上，2014年实现了弯道超车。这是2010年安天在果断“砸锅卖铁保移动检测”的战略下，正确选择年轻主将，建立武汉研发中心，在安天基础引擎和样本积累的基础上，重新规划和实现了移动引擎的结果。

2010年后，在与高级威胁对抗的过程中，肖新光逐渐认识到“反病毒产品在威胁对抗中的根本软肋，是其是一种易于获得的安全资源”。其能力易于被测试，因此存在被绕过而导致单点失效的必然性。2015年，他提出了研发下一代威胁检测引擎的设想，安全引擎不仅要能精准识别所有已知威胁，而且要立足于没有可信的格式与流量的基调，识别所有可识别格式，并对所有重点格式都要进行深度预处理和向量提取。将传统反病毒引擎从载荷鉴定器，提升为融合威胁判定、深度静态威胁分析、威胁情报承载的下一代引擎，让引擎从一个独立检测环节，转化为一个为态势感知功能复合信息的环节。

从自动化分析流水线到大规模事件分析体系

2000年前后，很多反病毒公司的工作模式依然是手工分析特征库，依然在用一个本地工具管理规则、输出病毒库。肖新光觉得这个模式是无法适应未来恶意代码样本数量的快速膨胀的，人是最有能动性的要素，也是最稀缺的资源，必须立足于自动化处理、解决大部分事情。他是汽车工人的子弟，从小他就喜欢去工厂里看整车生产的过程。“流水线”这三个字深深印在他的脑海之中。

基于“流水线”的思路，2004年，安天已经实现了全量样本的自动化分拣，并尝试把决策树等机制引入后端分析判定中。肖新光把分析流水线划分为预处理、静态分析、动态分析、联合判定等自动化环节，产生新家族命名、感染式处理，提出了三总线的工作机制（分析对象总线、控制总线、数据总线）。并提出用一个XML格式的文件，把病毒分析中产生的动静态提取向量、衍生文件、数据包等串接起来，安天人将这种格式称为AVML。安天CERT工程师们研发了一个包括十六进制查看编辑器、反汇编调试器、数据包分析器的集成化样本分析环境，通过这个客户端，可以在流水线上申请或分配样本任务包，完成从代码分析到网络行为分析的各种手工分析动作。面对这个今天看起来依然很有专业感的分析工具，肖新光自我反思说，那时我们太自负了，调试、协议分析等都没有必要自己开发，而应该在开源和商业工具上面做插件，这无谓地耗费了当时本来就不足的研发人力。

这个流水线体系经过多个大规模的迭代，代号从最早的VXPLAT，到后来的T，到2010年这个代号为T的系统已经消耗了安天60%的研发人力。肖新光认为这个第一代系统是失败的，这个系统最大的失误就是其是单任务队列处理机制，而非批处理机制。这是当时设计上的严重失误。肖新光反思说：“集企业负责人和技术负责人角色于一身的领导者，一定要绝对谨慎。”

安天第一代流水线的很多遗留问题，直到2013年安天移动安全团队所设计的安天第二代病毒分析流水线完成时才解决。今天，安天的自动化分析体系通过数千个计算节点进行包括样本文件在内的多种数据的综合分析，每日最高可以分析百万量级新增文件，将文件拆解成各种向量和标识，这套运行了近二十年，经历多次重构，打了无数补丁的系统，是安天“赛博超脑”的核心工程单元。

安天以自身的分析流水线为蓝本，为相关主管部门建设了自身的大规模样本分析体系。成为维护国家网络安全，进行溯源分析的重要基础支撑设施。

从蠕虫应急到高级威胁对抗

安天的“赛博超脑”由“捕获体系”“自动化分析体系”“威胁情报体系”等多个模块组成，其中捕获体系是在安天创业伊始肖新光规划设想的，这个体系被称为ArrectNet。

2001年7月，安天刚刚搭建的蜜罐在红色代码II蠕虫爆发响应中，就发挥了作用。一天早上，一台蜜罐节点上发现了1 000多次80端口的扫描。安天人紧急发动，到论坛上发布预警、分析样本并发布分析报告、发布专杀处置工具、为主管部门提供普查工具，今天对所有能力型安全企业而言已经套路化的这些动作，那时则反映着超前的创造力。肖新光带领团队完成这次响应工作的过程也贯穿了他对恶意代码的认知，利用高端溢出，无文件载体，蠕虫主体只在内存中存在。到2010年，安天协助国家和地方主管部门，先后针对口令蠕虫、震荡波、冲击波、魔波等几十次重大病毒疫情进行了深度分析、应急响应，并制成了部分重大威胁的追踪溯源。

就在2004年5月，安天的诱饵邮箱系统捕获到了一个伪装成震荡波专杀工具的邮件病毒。在之前的追踪溯源工作中，肖新光提出了一个假想——“编码心理学”。肖新光发现这个邮件病毒和震荡波病毒的入口点代码竟然是高度一致的（后来验证发现是同一种地下壳），基于这个假设，安天应急小组快速进行了关联验证，作出了震荡波蠕虫和邮件蠕虫网络天空病毒作者相同的判断，并根据内置的DNS服务器信息，得出了病毒作者在德国的结论。这个结论被上报给有关部门。5月6日，病毒作者在德国被捕，安天的判断得到了证实。

在安天应急响应和威胁溯源工作的档案上，有过多次的“直觉”时刻。

安天人曾提出了一个假设，假定在当初进行这些工作，安天已经拥有了如今的大数据分析体系和能力，那么“机器”能否替代这种直觉判断？最终结论是，成熟工程师的经验判断多数场景下是不可被替代的。2018年，肖新光在第二届世界智能大会上，作了题为“被替代与不可替代——网络安全中的人、机分工思考”的报告，以时空穿梭的模式复盘了这些“直觉”时刻。

改变安天分析工作重心的事件，是2010年的震网事件，伊朗的铀浓缩设施遭到病毒攻击，大量离心机损坏，离心机转速被干扰。此前，安天的应急分析工作视角一直是围绕快速传播、影响面大、社会影响力大的威胁，而震网事件在曝光前，攻击高度定向、潜伏期长，攻击手法之高超，恶意代码工程体系之复杂，都超出了安天人的想象。这不是寻常的网络攻击，这就是一场网络空间的作战行动。这种被称为APT（高级持续性威胁）的攻击不断浮出水面。肖新光决心带领安天团队进行主战场的调整，应对更严峻的威胁挑战。

安天的第一个模拟分析环境，围绕着一台二手的PLC搭建起来，经过两个月的分析，安天在2010年9月27日发布了震网分析报告，后又取得了验证震网USB摆渡传播机制，提出震网、毒曲病毒同源的设想并验证等成果，包括对火焰病毒进行了马拉松式的模块分析。

APT攻击黑云压城，但依托现有工程体系能否发现APT攻击威胁，主管部门和安天团队都陷入了思考。2012年，肖新光提出了一个将国际安全厂商公布的APT分析报告作为信息线索输出，结合历史数据分析来入手的思路。2013年，某厂商发布了一份某国发动网络攻击的分析报告，但从报告中能看到的HASH、C2等信息入手，无法找到对我方攻击的事件。而此时安天的样本分析体系则发挥了作用，通过同源分析，将已知的数百个HASH扩线到3 000多个样本，排除误报后，找到了该国入侵我国有关机构的相关过程和证据。

在这个过程中，安天产品能力不断增强。2015年安天的探海威胁监测系统在客户中发现一个可疑的加密跨境外通信。安天快速发现这是一个采用商用攻击平台的具有政府背景的攻击组织，并将这个攻击组织称为APT-TOCS（借助CS平台攻击的APT组织），肖新光在分析报告中补充了这样的话：“我们需要提醒各方关注的是，鉴于网络攻击技术所存在的极低的复制成本的特点，当前已经存在严峻的网络军备扩散风险。”

攻击关键信息基础设施的成本日趋降低，为了进一步研究相关威胁，安天搭建了电力系统沙盘等分析环境，而就在这个环境搭建完成时，发生了乌克兰国家电网遭遇攻击停电事件，安天历经三个月时间，与有关专家并肩作战，与国内高校和电力企业深度合作，形成了长篇分析报告，被相关主管部门称为国内外最好的分析成果。

2010年起，安天相继捕获、发现、分析、曝光了多起带有国家或地区政府背景的安全威胁，深入分析威胁行为体的能力体系、作业风格。不仅提升了自身的产品和技术能力，也为国家主管部门提供了技术参考。

在深度分析的基础上，肖新光提出了“客观的敌情想定是做好网络安全工作的前提”的观点，并指出我们最基础的敌情想定是“敌已在内”。

开启的新征程

2016年，习近平总书记在黑龙江省考察工作时到安天科技视察，在听取汇报后对安天人说，“你们也是国家队，虽然你们是民营企业”。

不忘嘱托，履行网络安全国家队使命，安天开启了第三次创业。仅仅依靠反病毒引擎上游技术授权模式已经无法支撑企业规模发展，也无法更好地对接战略客户的需求，安天决定发挥在端点、流量、高级威胁检测、大数据分析等方面的综合优势，向一个平台化的能力厂商成长，希望面对战略客户承担起赋能防御体系的主责。

肖新光感受到了空前的压力和挑战，安天（包括以反恶意代码为基础能力的安全企业）过去较长时间的运行模式（恶意代码捕获、自动化+人工分析、反病毒引擎升级）是一个厂商的自我能力闭环，而没有有效解决让客户侧的网空防御人员处于控制闭环之上的问题。而走向前台则意味着要达成进一步在客户场景下，围绕用户侧的网空防御人员进行态势感知和积极防御能力的建设，真正地实现安全厂商与客户的闭环，赋能客户、实现与攻击者的闭环。在业内专家的支持下，安天翻译引进了滑动标尺安全模型，并在此基础上完善出了叠加演进模型。提出了高信息价值、高防护等级、高威胁对抗的“三高”防御场景，并投入重兵研发可以有效管理情景态势、支撑响应决策的战术型态势感知平台。

这是一个艰难的新征程，一切任重道远。

践行爱国奋斗奉献精神 打造物联网创新产业链

陈勇

陈勇，第二批国家“万人计划”科技创业领军人才，享受国务院特殊津贴专家、国家创新人才推进计划人才。江苏省有突出贡献中青年专家、省双创计划、省333工程和省六大人才高峰人才，首批南京市科技顶尖专家、首批江宁区科技顶尖专家、南京市科技创业家、江苏省科技企业家。南京市十大科技之星、江苏省产业教授。全国科技创业领军人才联盟副理事长、专家委员会主任。江苏省智慧渔业产业技术创新联盟理事长、中国自动识别技术协会智慧应用产业联盟主席、国家千人计划江宁基地专家联合会副理事长，江苏省人才创新创业促进会江宁分会电子信息专委会主任。科技部和江宁开发区、南京航空航天大学、南京邮电大学等多个高校创新创业导师。首届江苏省科协创新创业大赛一等奖获得者。龙渊众创空间创始人，目前管理南京、亳州等9个众创空间，面积3.2万平方米，在孵项目150多个。

北大爱国情怀，烙印新时代创业精神

2000年，23岁的陈勇从北京大学经济学院毕业，就职于建设银行大连分行。凭借扎实的专业功底和优秀的适应能力，工作仅一个月，他就从普通职员升任了信贷、期货结算经理。然而就在事业一帆风顺的时候，陈勇却出人意料地主动提出了辞职。领导挽留他时，问他为什么要辞职，他说：不甘心待在银行这种稍显固化的环境中，渴望学习更多的东西，找到自己的价值所在。就这样，他毅然拒绝了领导的挽留，抛弃了别人眼中的“金饭碗”。

2002年春，为了寻找更多的机遇，更好地提升自己，陈勇义无反顾地离开了大连，来到了中国经济金融中心——上海。面对一个完全陌生的城市，陈勇很快凭借自己的能力和努力，入职上海交通大学，从事科研管理和外联宣传公共事务的工作。在上海交大，陈勇主动提高自己，每天除了熬夜加班工作，在学校还接触到不少科研项目和各级政府部门领导。日积月累的影响熏陶，让自主创业的想法逐渐在陈勇脑中萌发并壮大。为了自主创业的理想能顺利实现，陈勇一方面积极接触各个创业项目和团队，拓宽自己的视野和人脉，一方面默默积累知识和能力，为自己充电。

2004年，陈勇在短期复习准备后，顺利考取了上海交通大学的公共管理硕士，录取成绩排在前2%。这次继续深造提升自己，为他后来实现自主创业的理想，迈出了坚实而有力的一步。

陈勇说，从银行到大学的工作经历，是他人生的重要阶段，他是在积累中蓄势待发。2009年，陈勇正式从上海交大辞职开始创业，成立了上海意渊公司。公司初创时，只能开发一些MP4等消费电子产品，这些产品对比市场上的已有产品其实没有多少优势，再加上投入市场较晚，消费者对公司的产品认知不足，导致了公司缺少核心竞争力。这，成了困扰陈勇的最大难题。

就在创业有些迷茫的时期，陈勇看到了国产龙芯CPU的发展前景。长期以来，全世界CPU芯片被Intel、AMD 两家跨国公司垄断，SoC系统芯片被采用ARM CPU核的三星等公司垄断。龙芯是中科院计算所研发的中国最顶尖的通用CPU，其技术水平在国际上名列前三甲。龙芯经过十年的技术积累，正面临产业化的突破契机。作为一名热血的爱国青年，陈勇一直关注着国内高新技术的发展，他希望自己能够做一些事情，能够在这方面出一份力。

机缘巧合，陈勇认识了龙芯的总设计师胡伟武老师。龙芯经过十多年的积累，正面临一个飞跃的契机。陈勇和合作伙伴主动提出，想要协助胡老师和龙芯做一些事情。胡老师也非常高兴，给予了陈勇非常大的指导和帮助。这段学习、了解龙芯的经历，也为有着强烈爱国主义情结的陈勇后来投身国产龙芯产业化事业，打下了坚实基础。

创业的路上总是困难重重，陈勇也不例外。在创业之前，陈勇觉得自己团队已有一定的技术基础和合作伙伴，而龙芯SoC芯片及其应用产品也已开发完成，这样的项目应该会有很多投资者的青睐。再加上他和他的合伙人都是北京大学经济、金融、管理等专业出身，很多同学、师长也都是做投资行业的，找几百万元的投资轻而易举。

然而，现实却给他泼了一头的冷水。他联系了10多位投资人，有的甚至就是他的朋友和同学。但是大部分投资人都表示不愿意做天使投资，更愿意投资已经规模庞大的项目，哪怕给大项目的投资估值是几十倍，也不愿意给初创项目一两倍的估值。资本市场是冷酷的，投资从来就是锦上添花，不会雪中送炭。就这样，陈勇努力了半年多，创业资金依然没有多少进展。经历了这几次挫折，陈勇意识到：想要实现自己的理想，最终还是要靠自己。他决定破釜沉舟，咬牙卖掉了自己在上海的房子，加上他的合伙人用自己的房子做了抵押，筹集了初始资金开始创业。

释放创新精神，开创芯片物联网新天地

“作为一名当代中国知识分子与新时期的创业者，应该始终不忘报国之志，把个人的发展与中华民族伟大复兴的中国梦相联系。”2010年9月，陈勇怀着做大做强中国芯、让中国突破自主芯片瓶颈、龙腾于渊的美好愿望，为自己的公司取名龙渊。而龙渊的另一层意思是龙渊宝剑，宝剑锋从磨砺出。陈勇在南京成立的南京龙渊微电子科技有限公司，致力于基于国产龙芯和自主协议的物联网系统核心技术研发和战略新兴产业产品的产业化。

由于和龙芯中科的长期技术合作，龙渊公司拥有了龙芯SoC芯片的产业化授权。但国产芯片要和国外芯片竞争，除了要注重技术的高度和产品的性价比，更要在产业链、生态圈方面进行全方位的竞争。龙芯在消费电子领域没有太多优势，更需要找准市场定位。

2009年，物联网概念在中国受到重视，这个“万事万物互联互通”的数十万亿级新兴蓝海市场，给了陈勇一个契机。陈勇决定将龙芯的应用瞄准在物联网产业上。龙渊公司刚刚创立，陈勇丝毫不敢放松，即使他当时患上了重感冒，也全然不顾自己几乎说不出话的嗓子和发软无力的身体，不仅每天带病坚持工作，还时常在休息日加班。最长时间的一次加班，他和团队连续熬了3个通宵。

陈勇注意到当时的物联网产业常用的无线通信协议是TI公司开发的Zigbee协议，但其本身就是近距离无线通信协议，在户外、远距离情况下，作用大打折扣。陈勇决定倾注两年时间来集中突破，自主研发远距离低功耗的物联网通信协议（C-MAC）及无线模块。2013年，国内在物联网领域的

研究虽然也有相关技术可以借鉴，但远远达不到国际先进水准，这让陈勇和他的团队在一开始就举步维艰。要在两年内开发一个全新的通信协议，时间紧，任务重，工作量可想而知。陈勇和他的技术团队拼命工作，没有节假日，白天干不完，晚上继续干；实验室里干不完，回家继续干。他自己更是以身作则，在研发关键时期，甚至连续半个月都超负荷工作，平均每天睡眠不超过3小时。功夫不负有心人，陈勇和他的技术团队终于在2013年顺利研发出第一代自主物联网通信协议（C-MAC）及无线模块，实现了四大创新：远距离通信，不加外部功放，功率50毫瓦时，通信距离2 ~ 5公里，功率100毫瓦时，最远可超20公里，国内第一；高可靠、抗干扰：433/780M双频自适应切换，240-920M可调；超低功耗：低功耗模式<0.5uA；穿透性强：可以轻松实现将整栋楼和地下室全覆盖。该通信协议和无线模块陆续获得国家重点新产品和江苏省、市重点新产品称号，填补了远距离无线协议和模块的空白，并且成本低廉，可大量替代进口。

2015年，陈勇又作为技术攻关的领头人，分别带领两个团队，攻克了多项难关，成功研发了多功能高集成的通用传感器节点和工信部NITE指定教研实训系统。其中：多功能高集成的通用传感器节点包括节点基板、处理器、无线通信模块、传感器模块等部分；基于长距离通信协议的智能接入网关，采用3252（龙芯1C）芯片和C-MAC模块，性价比更高，更加适用于运营商、行业大客户低成本的大规模推广。公司与工信部软件和集成电路促进

中心联合推出的国家信息技术紧缺人才培养工程（NITE）指定教研实训系统，更使得公司与南京邮电大学、南京航空航天大学、河海大学等二十余所高校达成产学研合作，共建实验室和实习基地。陈勇也代表公司，向部分学校捐赠了龙芯芯片和设备。他说："希望让学生们一开始就可以学习国产技术，亲自动手去开发和实践，并且逐步习惯于应用我们的国产技术。等到一批又一批学生毕业后，他们在日常的研发中尽可能地用国产技术去做，把高技术成果转化为生产力。这样的话，我相信我们很快就可以实现中国伟大的科技复兴梦。"

2016年6月，响应国家"大众创业，万众创新"的号召，也为了帮助和自己一样想创业但是面临各种困难的创业者，陈勇在江苏省科协、江苏省高新技术创业服务中心、省委组织部人才处和江苏省双创人才促进会等部门的指导下，成立了南京龙渊众创空间股份有限公司，与高校、科技园区等合作共建，拓展两类9个众创空间，孵化创新创业项目近200个，孵化场地面积3.2万平方米。龙渊众创服务5个对象：政府部门、高校院所、企业、金融机构、创新创业者；解决5个问题：政策、资金、人才、技术、市场五要素需求，成为一个致力于基于国产技术的物联网产业链生态圈构建的专业型众创空间。

南京龙渊众创空间股份有限公司成立后，陈勇并没有因为众创空间的成立分心，放松自己对科研的要求，他和团队再接再厉，在龙芯SoC芯片和C-MAC模块的基础上，又陆续研发了基于龙芯和自主协议的物联网平台系统、基于国产技术的智慧农业系统、面向智能制造的工业大数据安全存储及应用系统、面向数控装备的设备效能监控系统等十余项成果。这些成果不仅大大丰富了公司的产品种类，也填补了国内市场的空白。

陈勇平时不仅专心于研发工作，也一直关心着科技的更新与发展，在工业大数据应用的概念刚刚被提出来之后，他便认识到了其重要性。"大数据是智能制造的重要来源，每个工业企业，其实都该成为一个与大数据打交道的软件企业。"中国工程院院士孙家广的话让陈勇深以为然。他认为工业大数据应用将带来工业企业创新和变革的新时代，通过互联网、移动物联网等带来的低成本感知、高速移动连接、分布式计算和高级分析，信息技术和全球工业系统正在深入融合，给全球工业带来深刻的变革，给创新企业的研发、生产、运营、营销和管理方式带来挑战。2018年年初，陈勇代表龙渊公司主动牵头，联合了13名两院院士、9个国家级创新平台、65家单位的382名教授、博士、高工，共同筹建南京市第一家制造业创新中心——南京市工业大数据制造业创新中心，先后完成了3个南京市十大物联网示范工程（设施农业、水产工业化生态养殖、智能制造）的建设，参与数控装备互联互通互操作8项标准制定。

该创新中心，响应工信部《国家制造业创新中心建设领域总体布局》的第18项（工业大数据）要求，重点突破工业数据采集、存贮、查询、分析、展现的大数据平台技术、工业数据精益分析方法、工具和系统、工业大数据在制造全生命周期的应用技术等。创新中心现确定了七个研究方向，在已有1.3万台制造设备和8 000家制造企业上云的大数据基础上，旨在未来5年内达到四个目标：

1. 参与单位相关资源和成果在平台上共享，构建面向全国的、集成10万家企业制造数据的共享、交换、集成平台，数据涉及集成电路、光缆电力、高端制造等10个以上重点行业领域。

2. 制定各类国家、行业和技术标准100项，形成各类知识产权300项和成果100项，实现技术扩散和转化转让收入3.4亿元。

3. 地方政府和基金共同投资，在南京、常州等地推动区级市级联动。第一年完成10万个设备数据采集和应用，5年内完成10万家工业企业和100万个设备上云；培育1万个工业App，供不同企业按需定制和使用。

4. 在江苏省大数据联盟的基础上，组建工业大数据研发和应用联盟，将100家行业龙头企业和10万家中小企业纳入其中，推动整个制造业产业链和生态圈的发展。

加快人才培养，打造智能农业产业链

“爱国、奋斗、奉献精神是科技创新的源泉。”陈勇说，中国是农业大国，高产增收，农业信息化、智能化是大势所趋。2018年7月，习近平总书记对实施乡村振兴战略作出重要指示，强调把实施乡村振兴战略摆在优先位置，让乡村振兴成为全党全社会的共同行动。中央一号文件提出：搭建乡村振兴的“四梁八柱”，开发适合“三农”特点的信息技术、产品应用和服务；依托“互联网+”发展各种专业化社会服务，促进农业生产管理更加精准高效，使亿万小农户与瞬息万变的大市场更好对接，对推动农业提质增效、拓宽农民新型就业和增收渠道意义重大。

习总书记的指示，让陈勇和他的技术团队将近期的研究和应用方向放在了智慧农业上。为了解决智慧农业上存在的问题，陈勇提出了五个创新解决方案：自主协议统一标准，多功能模块化传感器节点、软硬件一体化产品和全套解决方案；自主研发成本可控，可带9个功能探头，节省成本80%，仅1万元/套；远程升级维护，率先形成多个标准，通过省市农业主管部门和行业协会支持，“自上而下”地推广；软件模块化，标准流程管理、专家系统和信息发布等八大功能；全生命周期的生产环节四大领域真实溯源和流通环节四大延伸。

乡村振兴战略如何落到实处，陈勇认为除了通过加强农业科技研发解决“智慧农业”痛点之外，还应该有更系统的规划和设计。他经过一年多的研发、实践和思考，提出了龙渊智慧农业的六大目标和任务：（1）完善智慧农业四大领域四大延伸八项功能，（2）参与现代农业产业园区与农业全产业链建设，（3）建设区域性智慧农业大数据平台（1+2+N），（4）建设乡村振兴+互联网的数字门牌及供需对接平台，（5）建设农产品全生命周期溯源及企业诚信等级评价平台，（6）建设江苏省智慧渔业产业技术创新战略联盟和现代农业产业研究院。

例如，针对省市县各级的农业产业，他提出应该建设“1+2+N”省市级智慧农业大数据平台，即1个中心：具有VR/AR展示效果的触摸式智能遥控指挥决策管理中心；2个平台：基于云计算的智能农业大数据平台和农业物联网智能监控与管理平台；N个数据应用系统：以“4+1”现代农业产业为核心，建设大数据4D分析决策系统、大数据存储与交互共享系统、物联网监控管理系统、“4+1”特色产业监测系统、农业移动执法管理系统、农技专家服务系统、农产品质量安全追溯系统、种业大数据信息系统、品牌农产品电商平台等多个应用系统，涵盖现代农业生产、服务、管理、商务一体化应用全过程。

目前，龙渊已经是第二批国家万人计划人才企业、江苏省双创计划和南京市科技顶尖专家企业、科技创业家企业，致力于国产技术的产业化及物联网、云计算应用，已获国家高新技术企业、江苏省重点软件企业等21项资质。公司拥有专利109项，软件著作权182项；龙芯SoC芯片两款、物联网应用产品31项。获30多项人才计划和40多项科技计划支持，以及科技进步奖36项、工信部“中国芯”及年度物联网解决方案奖16项。公司拥有国家级博士后总站和省级博士后创新实践基地、省级软件技术中心、2个省级研究生工作站、3个市专家服务基地、工业大数据制造业创新中心、工程技术研究中心、企业技术中心。公司先后引进和培养了26名江苏省六大人才高峰高层次人才和江苏省333人才工程高层次人才，近期重点从事农业物联网和工业物联网大数据产品研发和推广。

对于龙渊公司的未来，陈勇有着自己的目标：首先，三至五年内在南京形成一个龙芯SoC芯片和物联网应用的产业聚集，目前这个目标已基本实现；其次，再用三至五年的时间，龙渊公司成功上市；最后，让全世界都了解龙芯的价值，支持中国的民族芯产业。

收获中期待未来，作为一个年轻企业，龙渊公司正处在创业初期，陈勇为公司发展倾注了自己所有的心血。他认为，“爱国、奋斗、奉献”精神的时代内涵，就应该是无私奉献、勇于担当、开拓创新。民族的就是世界的，奋斗在民族科技产业的道路上，是陈勇坚定执著的信念。正如陈勇在参加南京市第一届“创赢未来”创新创业大赛时，即兴创作的藏头兼回文诗：

创业金陵王气来，
赢取天下三分未。
未许壮志轻输赢，
来去青史大众创。

网络安全的守护者

陈雪斌

陈雪斌，1984年出生于江苏省苏州市，2009年毕业于南京大学计算机软件工程专业，工学硕士，毕业后一直从事网络安全产品开发和前沿攻防技术的研究工作，现任职于三六零科技有限公司，高级总监。

陈雪斌是国内最高产的桌面软件安全漏洞研究者之一。参加工作以来，他和团队累计发现并上报给微软、谷歌、苹果、VMware、Adobe等厂商超过300个高危漏洞（其中本人独立发现超过140个），提前避免了上百亿元的潜在的经济、技术损失，获得这些厂商数百次的公开致谢；多次参加国际顶级安全赛事并斩获多个奖项。2015年成功攻破微软IE浏览器，是该赛事历史上中国安全研究团队第一次成功攻破该目标，打破了欧美参赛选手在该方向的垄断地位，证明了中国安全研究团队在浏览器安全漏洞研究技术上达到了国际一流的水平。在2017年的Pwn2Own赛事中，从由美国、德国、中国的网络安全专家组成的11支队伍中脱颖而出，获得全球总冠军，荣获“世界破解大师”的称号，向全世界证明了中国团队在网络安全领域的技术水平已经达到了世界一流的水平，受到国内外多家媒体报道。他和团队多次响应重大网络安全事件和漏洞攻击事件，提供防护和应急方案。例如2017的“WannaCry”蠕虫勒索事件，他和团队第一时间分析清楚了漏洞相关原理，第一时间向全国范围内的政府机构、企业、个人用户提供了检测、清理和免疫防护方案。该蠕虫在全球范围内造成了数十亿美元的经济损失，而他和团队的应急响应工作，也在避免蠕虫造成更大的损失方面起到了非常积极的作用；获得多项安全防御技术相关美国专利，并实际应用于安全产品中，提高了产品的防护和检测能力。

他所从事的网络安全工作可以总结为两个方向：“守”和“攻”。“守”就是在各类黑客、网络安全威胁中，守护用户的系统安全：包括研发新一代的安全产品，响应重大安全事件；所谓的“攻”，并不是指实际地去进行攻击行为，而是指对系统、网络的漏洞进行前瞻性、防御性的研究，抢在黑客、不法分子之前发现系统和网络的高危漏洞，对其进行封堵修复，消除安全隐患。“攻”与“守”相辅相成、互相促进，缺一不可。

攻：台上一分钟，台下十年功

2017年3月，加拿大温哥华，某酒店地下一层的一个会议室中，十几张中国面孔，以及几十张来自世界各地的面孔，都屏住呼吸，紧张地盯着墙上大屏幕中的投影，整个会议室异常地安静。“我当时能明显地听见自己扑通扑通的心跳声”，后来陈雪斌在回忆当时的场景时说。

如果不是网络安全相关从业人员，可能不知道，此时这里正在进行的是国际知名安全大赛“Pwn2Own”第三天的赛程。这项比赛开始于2007年，是全世界最著名、奖金最丰厚的黑客大赛。由美国五角大楼网络安全服务商、ZDI（Zero Day Initiative）主办，谷歌、微软、苹果、Adobe等互联网和软件巨头都对比赛提供支持，通过攻击挑战来完善自身产品。参赛者需要在规定的时间内，通过使用未知的安全漏洞来破解相关厂商的系统和软件。比赛中使用的所有未知漏洞的细节，都会在第一时间通知相关厂商并进行修补，来提高系统的安全性。可以说这项赛事很好地体现了“以攻促防，攻防一体”这一理念。这一年是Pwn2Own赛事的十周年，主办方史无前例地给出了超过100万美金的总奖金额度，吸引了来自中国、美国、德国等国家的11支参赛队伍。

这是陈雪斌团队参加的最后一个项目，也是最关键的一个。当前他们在积分榜上排名第二，如果挑战成功，他们将在积分榜上升到第一，锁定总冠军；如果失败，则会与冠军失之交臂。而比赛的最终排名还是其次，更重要的是这次挑战意义重大。他们选择的是挑战难度最大的“连环破解项目”，需要突破微软浏览器、安全沙盒和虚拟机执行环境这三重难关：打个比方，就好比将一件关键物品锁进保险箱，然后放入门窗全部锁死的密室，最后在门口围上一圈安保人员，而挑战者的目标是取走这件物品而不被发现。这是赛事历史上难度最高的一项挑战，为了这次挑战，他和团队成员已经三天没有合眼了，他们挤在一张办公桌前反复调试、改进程序，有时只是为了提高0.1%的成功率。

这些年来，他和团队成员每天都在研究系统的安全漏洞，以及如何发现、修补这些漏洞。安全研究是一项需要积累的工作，不可能一蹴而就。比如在黑客大赛上，观众看到这些参赛选手上台，敲打键盘—执行程序—攻破系统，整个过程可能用不到10秒，看起来异常轻松。但其实这些选手的工夫主要都是花在平时的积累上面。比赛中的目标系统和软件都是各大著名厂商经过多年开发和维护的成熟系统，首先要在这些系统中找到大量的未知安全漏洞。每找一个安全漏洞都要耗费大量的时间和精力，然后从中筛选出质量最好、能够用于比赛的漏洞。而这些漏洞可能在你发现的所有漏洞中占比不到十分之一。然后编写对应的演示程序，反复调试，提高成功率，又需要大量的工作。大部分工作都在台下做完了，最后上场比赛，其实就是相当于交出一份答卷。和之前的付出相比，最后这72小时的冲刺反而可以说是比较轻松了。

陈雪斌表示："网络安全这项工作，要想做到行业顶尖，需要很强的自律和意志力。每天与各种系统打交道，眼前只有屏幕和代码，有时候会觉得枯燥，甚至痛苦，你需要耐得住寂寞，吃得了苦。有个一万小时定律，我觉得很适合我们安全研究者以及各行各业从事研发工作的工程师们。"一万小时定律是作家格拉德威尔在《异类》一书中指出的定律。"人们眼中的天才之所以卓越非凡，并非天资超人一等，而是付出了持续不断的努力。一万小时的锤炼是任何

人从平凡变成世界级大师的必要条件。”他将此称为“一万小时定律”。

回到比赛现场，随着屏幕上成功执行的程序弹出，掌声响起。心情激动的陈雪斌忍不住举起双臂，做出了一个胜利的手势。后来团队成员回忆起来，说他当时笑得像个三岁的孩子。

守：因兴趣结缘，为责任坚守

陈雪斌与网络安全技术结缘，来自于读大学时的一场“意外”。当时刚刚进入软件工程专业学习，在计算机安全方面还是“小白”的他，正好碰上了两个历史上最著名的计算机病毒“冲击波”和“震荡波”的大爆发。这两个病毒都是利用了微软操作系统的未知安全漏洞，能够在局域网中自动传播，当时学院80%以上的计算机都受到了感染，被感染的计算机无法正常工作，只能反复重启，只能通过安装微软的安全补丁更新才能解决问题。这

两次事件给他带来了极大的冲击：看似“不起眼”的软件漏洞，其本质也只是程序设计上的错误，却能够在极短的时间内对整个互联网系统造成极大的破坏。他开始对这些系统和软件漏洞产生了兴趣：它们的成因是什么？它们是如何被发现的？它们是如何被利用来造成破坏的？如何修补这些漏洞？一个个问题接踵而来。

当时学院也没有相关的专业课程，于是他决定自己去学习研究相关的知识。他能找到的资料非常少，主要是网络上国内外一些前辈的分享，以及图书馆里面仅有的几本相关书籍。分析像“冲击波”“震荡波”这样的漏洞攻击程序，要学习的知识有很多：汇编语言、逆向调试、操作系统原理、程序设计等，对于一个刚踏入校园不久的学生来说，难度很大，学习曲线异常陡峭。刚开始的时候，他常常捧着一本书半天，也理解不了几页，或者对着满屏幕的代码两眼一抹黑。他就先从一些简单的小练习程序开始，简单的做熟练了，就再加大一点难度，后来时间长了，慢慢就能够比较顺利地学下去了。最开始的时候是最痛苦的，曾经无数次想放弃，但是掌握和攻克一个个技术点所带来的喜悦让他坚持了下来。到2006年，“熊猫烧香”病毒在全国爆发，该病毒会感染磁盘所有exe文件，每个被感染的exe文件都有典型的图标——熊猫举着三根香的模样，场面颇为震撼。当时的陈雪斌已经有能力分析清楚这个病毒的原理和整个感染过程了，也帮助同学们处理了一些被感染的机器，在这个过程中看到这个病毒造成了普通用户许多重要资料的丢失和损失，他心里也暗中下了一个决心：毕业后要成为一名网络安全工程师，希望能靠自己的技术去对抗这些漏洞、病毒和木马，保护普通用户的系统和上网安全。

2009年从学校毕业后，他如愿以偿加入了著名的国际安全公司趋势科技（TrendMicro）中国研发中心的核心安全部门，从事安全产品的研发。“要想检测这些恶意程序，必须先对其原理有清晰的认识。”工作中他坚持第一时间对各种新的漏洞、攻击技术进行追踪和深入分析，并且将分析的经验和结果运用于产品之中。工作过程中提出的多项创新检测技术获得了美国专利，大大提高了产品的检出率。2014年，他加入三六零科技有限公司，继续坚持理念，在安全技术上持续深入研究，且培养了一支成员各怀绝技的团队。团队成员给微软、谷歌、苹果等厂商上报了大量安全漏洞，并在修复过程中给予支持，做到了防患于未然，保护了相关系统和软件用户的安全。他总结道："我们就像一群隐形的保镖，普通用户在上网、使用各种系统软件时，感受不到我们的工作，最多只能在每个月厂商发布补丁时，能看到描述中有对我们团队上报的漏洞做出的致谢信息，然而这其中的每一个漏洞，一旦被别有用心的人掌握和利用，都有可能变成下一个'冲击波''震荡波'。"

正是得益于十年如一日的积累，当2017年"WannaCry"蠕虫勒索病毒在全球爆发并在短短数十个小时内感染国内大量系统时，他已经不再是当年在"冲击波""震荡波"面前慌乱而又无能为力的学生了，他和团队能够从容地拿起手中的武器——调试器、检测工具、程序开发工具，阻挡在病毒前面，将其彻底解剖、分析，找到最佳解决方案，运用到千千万万的用户系统中，守护着他们的安全。

开放协作，加强交流

在工作中，陈雪斌坚持将一些技术分析、心得写成文章，发表在论坛、博客上。他坚信开放、协作、分享是促进技术进步的非常重要的手段。想起当年在学校刚接触网络技术时，寻找资料非常困难。他说："现在坚持写一些文章，也是希望能够给刚刚入行的朋友提供一些参考资料；通过写一些总结性的文章，也能够巩固深化自己对相关知识的理解，可谓一举两得。比起十多年前，现在网络安全技术相关的资料文章已经越来越多了，所以这方面的技术在这几年也进步很快。如果在这个领域大家都能充满分享精神，那么相关技术的进步一定会非常快。"

除了将自己的一些心得发表在网络上，他也多次应邀前往欧洲、日本、韩国、新加坡、加拿大等地参加安全会议并发表自己的研究成果。参加这些会议，在分享自己研究成果的同时，听取别人的分享内容，大家一起讨论，通过思想的碰撞，往往能够擦出不一样的火花。对于常年从事单调研发工作的工程师来讲，也是个锻炼自己表达能力，了解业界发展方向，结识志同道合朋友的好机会。

不忘初心，坚守底线

“网络安全技术是一把双刃剑。”

在普通人看来，网络安全技术往往是带有一些神秘感的。事实上，技术本身并无好坏，有的人掌握技术后，选择用它来谋取个人利益。比如“熊猫烧香”“WannaCry”病毒的作者；而有些人则选择用手中的技术去驱赶这些网络世界中的黑暗，让普通用户的网络环境变得更好。作为一名安全研究人员，他时刻提醒自己和团队成员：底线非常重要，“干我们这一行，有时候会遇到一些诱惑，比如说你发现一个漏洞，价值千万元，那你是选择上报给厂商，保护用户安全，还是把它留下来给自己谋利呢？这种时候，有明确的底线和信念异常重要，想想自己当年入行的原因，想想肩上的责任。”2018年，他在市值超过600亿元的区块链软件中发现可以控制整个交易的“史诗级”漏洞时，能够毫不犹豫地在第一时间将漏洞上报给厂商，完成了修复。

随着大数据、人工智能、IOT等互联网技术和普通用户生活的结合越来越紧密，其中的安全问题也变得越来越重要。千千万万像陈雪斌这样的网络安全工程师身上的担子不会减轻，只会越来越重。在获得杰出工程师青年奖之后，对于未来的工作展望，他表示：希望在自己的本职岗位上，能够坚持创新协作，继续在基础技术研究方向上深入钻研、积累，培养更多网络安全人才，以保护用户系统安全为己任，为建设网络安全强国作出自己的一份贡献。

压力容器的『大国工匠』

范志超

范志超，1974年出生，中共党员，教授级高级工程师、研究员，现任合肥通用机械研究院有限公司副总经理，国家压力容器与管道安全工程技术研究中心副主任，兼任美国ASME锅炉与压力容器规范VIII卷委员会中国国际工作组秘书长，中国机械工程学会理事、中国机械工程学会压力容器分会总干事，安徽省机械工程学会副理事长，山东大学博士生导师，浙江工业大学硕士生导师。他曾获国家科技进步一等奖1项(排名第四)、二等奖2项(排名第二和第六)，省部级一等奖8项、二等奖7项。发表论文140余篇(SCI/EI收录80余篇)，获授权发明专利39项；为国家“万人计划”科技创新领军人才、国家“百千万人才工程”人选和“有突出贡献中青年专家”、安徽省学术技术带头人，享受国务院政府特殊津贴，曾获全国优秀科技工作者、安徽省青年科技奖、中国机械工程学会青年科技成就奖、中国机械工业集团有限公司劳动模范，2016年荣获安徽省优秀共产党员。

自幼勤奋好学，励志为石化做贡献

嫩江县，隶属黑龙江省黑河市，距我国油城大庆市仅370公里。1974年6月，范志超出生于黑龙江省九三农垦局红五月农场八连的一个普通职工家庭，父母均为农场职工。范志超的父母对孩子管教严格，从不娇惯，家风优良，而他本人也从小勤奋好学，一直是同龄人中的学业佼佼者。

由于紧邻我国油城大庆市，从童年时期开始，王进喜的铁人精神深深地影响了范志超。“为祖国分忧、为民族争气”的爱国主义精神；为“早日把中国石油落后的帽子甩到太平洋里去”“宁肯少活二十年，拼命也要拿下大油田”的忘我拼搏精神；干事业“有条件要上，没有条件创造条件也要上”的艰苦奋斗精神；“要为油田负责一辈子”“干工作要经得起子孙万代检查”，对工作精益求精，为革命“练一身硬功夫、真本事”的科学求实精神；不计名利，不计报酬，埋头苦干的“老黄牛”精神等一直伴随着范志超的成长，也使范志超从小树立了为祖国石油工业奋斗的理想信念。

工作学习同步，筑牢坚实理论功底

1992年，范志超考入了我国石油人才的摇篮——中国石油大学(华东)，就读于化工机械专业。大学本科毕业以后，他去了生产一线——大庆林源炼油厂。作为一名技术员，对典型炼油装置有了初步的了解，同时对于炼油装置中一些典型设备出现的失效深感困惑。为此，1997年，他考取了大庆石油学院，攻读化工过程机械专业，进一步加强理论学习。硕士研究生毕业后赴大连西太平洋石油化工有限公司重油车间工作，作为一名技术员，进一步积累了一线工作经验，了解了部分典型石化设备存在的典型问题。2001年，为了进一步提升理论水平，他考取了我国著名学府浙江大学，在化工机械专业攻读博士研究生，读博期间，师从蒋家羚教授，开展了压力容器常用钢16MnR疲劳行为及寿命评估相关技术研究，2004年以优异的成绩获得博士学位。范志超具有生产一线的工作经验，在求学过程中，始终做到理论联系实际，形成了扎实的理论功底和突出的创新能力，养成了严谨的学风，为他后来承担国家重大科技项目奠定了重要基础。

坚守初心使命，潜心钻研成果丰硕

2004年博士毕业后，范志超在合肥通用机械研究院博士后工作站开展科研工作。作为一名基层科研工作者，传承老一辈科研工作者艰苦奋斗的精神，秉承“不断提升自主创新能力，立足于在关键时刻解决国家层面上的关键技术难题”的初心，一直坚守在科研一线,兢兢业业、任劳任怨，潜心研究，在平凡的工作岗位上做出了突出的成绩，2007年破格晋升为研究员。

近年来，依托国家压力容器与管道安全工程技术研究中心创新团队，范志超在国家重点领域创新团队核心成员陈学东院士的带领下，围绕我国重大承压设备设计制造与安全保障共性技术需求，通过国家863计划、973计划、国际合作等20多项课题支持，在极端条件下重要压力容器的设计制造与维护、重型压力容器轻量化设计制造、高温承压设备结构完整性评价等方面取得创新，解决了大型低温乙烯球罐、LNG储罐等装备国产化设计制造，重型压力容器轻量化设计制造，以及腐蚀与高温环境长周期安全保障等技术难题，成果多次在重大事故原因分

析、灾后应急抢险等工作中发挥重要作用，为我国重大工程建设亟需的重要装备国产化设计制造、能源工业装置的长周期安全运行做出了突出贡献。

1. 极端条件下重要压力容器设计、制造与维护

压力容器是具有爆炸危险的承压类特种设备，广泛用于石化、化工、燃气、电力等能源工业领域，21世纪以来呈现出高温、高压、深冷、复杂腐蚀等极端服役环境和超大直径、超大厚度、超大容积等极端尺度的新趋势。不仅引起压力容器传统设计边界的延伸，而且导致压力容器失效模式、失效机理和设计准则的改变。传统压力容器设计制造维护技术与标准不能适应这一极端条件的需求，造成大量国家重大工程建设亟需的重要压力容器不得不依赖进口。该项目攻克了极端条件下压力容器“拓边界、修准则、控风险”的技术瓶颈，揭示了极端条件压力容器的失效模式和机理，拓展了我国压力容器设计边界，建立和完善了极端条件压力容器设计技术方法和准则，建立了基于全寿命周期风险控制的设计制造与维护共性技术方法，实现了50万吨/年醋酸工程特种材料设备、煤化工和炼油装置缠绕管式换热器、化工装置环氧乙烷反应器等国家重大工程建设亟需的重要压力容器首台/套国产化研制。项目成果在全国石油化工、煤化工、燃气、化肥、军工等领域成功应用，打破了发达国家技术垄断，保障了国家重大工程建设顺利进行，为我国大型工业装置和国防军工重要压力容器长周期安全保障发挥了重要作用，成果获2014年度国家科技进步一等奖，入选2011年《中国科学技术发展报告》和2014年中国机械工业十大科技进展。

范志超作为第四完成人，参与该项目的研究，通宵达旦攻关，敢啃“硬骨头”，对于极端条件压力容器失效模式与机理识别、极端条件压力容器寿命预测技术的提出，基于风险与寿命的设计制造技术方法的建立做出了贡献。

2. 重型压力容器轻量化设计制造关键技术及工程应用

近年来为提高效率、降低成本，能源工业装置压力容器不断向重型化方向发展，最大壁厚达数百毫米、重量超千吨。压力容器重型化不仅导致材料消耗巨大(我国每年耗钢数千万吨)、加工制造困难(甚至超出现有设计制造

能力)，而且可能产生新的失效模式和机理(存在重大安全事故隐患)。因此，如何在确保本质安全的前提下实现重型压力容器的轻量化，已成为突破现有技术瓶颈、实现节材节能的迫切需求。该项目面向国家重大工程建设需求，突破“调强度、创设计、控制造”技术瓶颈，攻克了材料许用强度系数调整对重型容器失效模式与损伤机理的影响、传热流动和强度刚度协同设计、应变强化工艺控制等核心技术，开发了一整套重型容器轻量化设计制造技术体系(含技术方法、应用软件、国家标准等)，在保证寿命可靠性的前提下，研制出大型加钒钢加氢反应器、超大型丁辛醇换热器、奥氏体不锈钢深冷容器等典型轻量化重大装备。该成果获2017年度国家科技进步二等奖。研制的轻量化产品的国内市场占有率达85%以上，并出口澳大利亚等20多个国家。技术成果为协调解决压力容器安全性与经济性相矛盾的突出问题、确保轻量化产品长周期安全服役提供了有效途径；成果被GB150–2011《压力容器》国家基础技术标准采纳，推动了我国压力容器绿色制造技术进步，提高了我国重型压力容器产品的国际竞争力。

范志超作为第二完成人，与项目研究团队一道攻坚克难，对于高温临氢和低温深冷等苛刻环境材料性能试验装置的研制，轻量化后的失效模式与损伤机理的识别，基于失效模式的轻量化设计制造方法的建立等做出了突出贡献。

3. 高温过程装备结构完整性技术及应用

项目提出了全寿命周期预防预警和失效控制的技术路线，基于高温结构完整性原理的突破，实现了高温蠕变设计、安全评价和损伤监控预警三个关键技术创新。研究成果应用于中石化、中石油等下属40余家企业的高温反应器、换热器、高温管线等数百台/套装置的安全评价和损伤监测，为高温设备长周期安全运行提供了重要技术支持，为推动我国高温设备的设计制造和使用管理技术进步发挥了重要支撑作用。成果获2013年度国家科技进步二等奖。

范志超作为第六完成人，与研究团队一道开展产学研用联合攻关，建立了疲劳蠕变损伤相互转换关系的断裂特征图，揭示了疲劳蠕变交互作用损伤机理，提出了免于蠕变失效分析判定条件，为在役压力容器安全性评价、新建压力容器高可靠性设计制造提供了重要理论基础。

4. 危化品存储压力容器火灾后的合于使用评价技术

近年来我国石化等过程工业火灾事故呈上升趋势，往往造成严重设备损伤、重大人员伤亡、经济损失或严重的环境污染。火灾发生后除需对事故原因进行分析，还需快速有效地对暴露在火灾下的危化品存储压力容器进行合于使用评价，以便确定它们是否适宜继续服役，这对于减少企业损失、及时恢复生产、确保火灾后服役安全具有重要意义。由于我国前期技术储备不足，尚无火灾过烧后压力容器的完整性评价方法，灾后评估借助美国API 579 等标准又会存在材料数据缺乏，国内工艺状况、材料体系、制造质量等与国外存在差异等困难，因此迫切需要研究掌握符合我国国情的火灾过烧后危化品存储压力容器的完整性评价技术。范志超同志带领研究团队，通过火烧热模拟实验，研究了热暴露温度、持续时间和冷却速度等对压力容器典型材料显微组织和力学性能的影响规律，积累了大量基础试验数据，形成了火灾条件下危化品存储压力容器典型材料基础性能数据库；攻克了火灾过烧后材质损伤的试验再现技术，根据金相组织和力学性能随受火条件的变化规律，提出了一种基于硬度和金相组织的火灾后压力容器快速检测评价方法；综合分析了美国API 579标准存在的不足，建立了一种简便的、适合我国国情的火灾过烧后压力容器安全评定技术方法，编制形成“火灾后危化品存储压力容器合于使用评定”分析软件，成果被国家标准GB/T 35013–2018《承压设备合于使用评价》采纳。提出的基于硬度和金相临界值的损伤状况快速筛选评价方法、基于损伤热模拟技术的安全评定技术方法，达到国际领先水平。成果在大庆石化、广州石化、河南新乡、腾龙芳烃等石油化工企业应用，对火灾事故装置设备和管线进行了快速检测，对火灾造成的损伤情况进行了科学、客观的评估，为企业降低火灾事故损失、尽快恢复生产、确保装置运行安全发挥了重要作用，对于促进我国危化品存储压力容器防灾减灾技术进步具有重要意义。

科学无止境，创新无止境，范志超将国家需求作为自己的科研动力，目前正针对典型氢能储运装备，开展氢能储运装备性能检测及质量评价技术研究，研究揭示材料、环境、应力、制造多因素耦合条件下失效机理与服役性能蜕化规律，研制氢能储运装备性能检测监测装置，建立产品质量测试与评价、服役安全性能检测监测与诊断技术方法，为推动我国氢燃料电池汽车产业技术发展贡献新的力量。

保障网络安全 助推数字经济

范渊

范渊，杭州安恒信息技术股份有限公司董事长兼总裁，毕业于美国加州州立大学，获得计算机科学硕士学位，是首位在全球顶级信息安全大会Black Hat Conference（黑帽子大会）上进行演讲的中国人，国家“千人计划”特聘专家、2017年国家百千万人才工程人选、国家信息安全标准化委员会委员、中国计算机学会计算机安全专委会常委、浙江省政协常委。

机会缘起

1993 年，范渊考入南京邮电大学计算机系，成为南邮的一名学生。彼时，互联网的概念刚刚兴起，国内许多人对互联网还没有太多了解，而范渊在学校里接触到了许多新兴概念和技术。因此可以说，他和互联网的缘分，在考入南邮时就已经开始。在南邮的四年大学生涯，为他后来的发展奠定了坚实的基础。

1997年大学毕业后，范渊被分配到浙江电信数据局工作。某天范渊突然收到了一封来自猎头公司的邮件，邀请他去美国硅谷参加工作。当时的他是Java认证工程师，因此收到这类邮件也并不意外。范渊当时的想法很简单，想出去看看，看看传说中的美国硅谷，了解一下它究竟有什么独特魅力，最重要的是希望能够学习当地的先进技术，把它们带回国内。

怀着这样的想法，范渊辞掉了国内的工作，来到了美国硅谷，从事网络安全领域相关的工作和研究。后来在美国加州州立大学攻读硕士，期间研究的课题是WEB安全主题，关于设计怎样攻防，怎样精准发现问题、渗透，以及怎样进行更智能的防护。

2005年，范渊在美国拉斯维加斯参加了全球顶级信息安全大会，也就是黑帽子大会，这次大会很大程度上改变了他的人生。

黑帽子大会是网络安全领域的顶级盛会。在这之前，参加的大部分都是外国人，参加黑帽子大会并作演讲的中国人更是凤毛麟角。而范渊却连续参加了2005年、2006年两届黑帽子大会，并发表了“关于互联网异常入侵检测”的主题演讲，成为第一位在黑帽子大会上进行演讲的中国人，引起了很大的轰动。

会议结束后，许多人表示希望购买他的成果。在当时的美国，互联网领域本身就有一套成熟的机制，很少购买别人尤其是别国技术人员未经正式测试的成果。他当时就意识到，这个技术成果有一定的创新性和前沿性，包括防范技术、发现技术、检测技术等，都将有很大的市场需求。

那时的中国，经济发展进入了快车道，人民的生活水平也得到了提高，互联网的浪潮席卷了中国很多城市。然而，在互联网兴起的过程之中，技术的更新迭代，也使得网络安全的风险越来越高。网络安全领域存在巨大的市场需求。那时在美国已经出现了很多起数据失窃事件，不少企业损失惨重。对于在互联网行业比美国慢了半拍的中国来说，其安全意识及技术更为薄弱，相关的法律环境也有待完善。一时间，互联网发展所带来的强烈的危机感和责任感笼罩着他们。

范渊当时就想，如果能把所学技术带回中国，一方面能够填补国内网络安全市场空缺，另一方面也可以实现自己产业报国的理想。2007年，他没有犹豫，放弃了美国一家知名安全公司的高管职位，带着妻子和孩子回到了杭州。他与在IT领域从事软件开发的同学、朋友一起，组建了一支10人左右的创业团队，成立了杭州安恒信息技术有限公司，开始了创业之路。

当时，企业和普通网民对网络安全的概念还停留在PC端的杀毒软件阶段，安全市场仅仅有一个雏形。虽然国内已有一批创业者在消费端的安全市场站住了脚跟，但是民营创业公司想要挺进政企市场，尤其是大型活动网络安全保障市场，几乎是天方夜谭。

遭遇“经济危机”

回国第二年即2008年，安恒信息获得了“小试牛刀”的机会，即参与北京奥运会的网络安保工作，这对这个初创公司来说是件非常幸运的事。

2008年可以说是奥运会史上真正开始网络安保的第一年，互联网被赋予了如网络售票等多项服务功能，在此之前它的作用仅局限于信息发布，所以在网络安保方面其复杂性是远超往届的。如何与相关组织协同联动，如何应对洪水般的网络攻击等，很多问题他们都是第一次遇到，而且没有经验可以借鉴。

做预案、分析、研判忙得不可开交，北京奥运会开幕前7个月他就带领团队进驻了北京奥运大厦。在当时，加班加点、通宵熬夜是“家常便饭”。在对于奥运官网、购票网站等的排查、安保过程中他们发现了许多被黑客攻击后留下的后门或拒绝服务等攻击。

在北京奥运会开幕式前夕的某天晚上，安恒信息的第一款产品——WEB应用弱点扫描器突然扫描出奥运会官网的系统高危漏洞。从漏洞危害上看，黑客一旦得逞，服务器就会被控制，奥运网络的售票系统、开幕式的进程、比赛的各项安排等都会落入黑客的掌控之中，后果不堪设想。奥运会组委会得知后，紧急通知范渊。他立刻带领整个团队赶赴现场，经过一轮又一轮的监测与修复，最后总算有惊无险。

除了经验上的缺乏，在当时，网络安保其实还是新鲜事物，场地、经费、人员也非常紧张。安恒信息就是在这样艰苦的条件下完成的北京奥运会网络安保工作，范渊的团队被奥组委授予“奥运信息安全保障杰出贡献奖”。这份荣誉，对范渊和他的整个团队而言，真的是莫大的鼓舞。从原创性的发明到产品，再到服务社会的国家级应用，一路走来，这段经历也让范渊和团队成员对于国家使命感、责任感有了更深的体会，并且更加笃定地在网络安全保障这一领域继续走下去。

由于奥运会网络安保几乎是公益性的，又受金融危机的影响，因此，在之后较长的一段时间里，安恒信息陷入了资金紧张的旋涡。

2009年是安恒信息最艰难的一年，公司筹集的资金所剩无几，公司账面上的资金还不到100万元，仅够维持1个月左右的运营。自创业起至2009年，范渊和合作伙伴先后投入了几百万元的资金，但盈收还是比较低的，入不敷出。那年是创业后第一次真正感觉到压力之大，他们需要考虑的不仅仅是产品的研发，还需要花很多精力让客户体会到网络安全的价值，考虑市场推进的问题。

为了延续企业生存，按时发放员工工资，当时范渊向几家国有银行申请贷款，但都因为小微企业没有任何抵押物而被拒之门外。可范渊不想那么快放弃，于是打起了房子的主意。他想卖掉自己在杭州唯一的一套房子，据他计算，这样可以让公司延长10个月的生存期。

山重水复疑无路，柳暗花明又一村。很快，经朋友介绍，范渊联系上了浙江省内的某家商业银行，他们同意先到公司做考察。后来，那家商业银行支行的老总得知范渊愿意拿自己的房子做抵押时，马上就同意贷款。因为他接触过很多技术型创业者，一旦涉及用个人房产抵押换取创业资金的时候，99% 的人会打退堂鼓。因此，当他第一次听到一个企业老板愿意拿个人房产做抵押时，他决定相信范渊有很大的决心和必胜的信念。

随着改革开放的不断深入，使得之前许多远赴重洋的学子看到了祖国巨大的发展潜能与日益增长的实力，纷纷选择回国，形成了“海归回国创业”的热潮。各地政府也纷纷给予人才一定的创业政策，而杭州政府对于范渊这一类回国创业的海归的支持，也让他倍受感动。

不久之后，杭州高新区（滨江）组织部人才办听说了安恒信息的窘境，主动帮他们和投资方牵线搭桥，使安恒信息获得了宝贵的创投资金。此外，他们还提供杭州中财大厦一整层三年的免费使用权，帮助范渊渡过了难关，让他能够带领团队潜心投入产品的研发与运营中。

技术创新是生命力

刚回国的时候，范渊就坚信，他面对的是一片技术创新的蓝海。实际上，这十多年来，“技术创新是企业安身立命之本”这一理念从未改变。范渊一直认为，一家企业要获得长久的发展，必须有自己的核心技术。因此，直到现在，安恒信息每一年都会将销售收入的近50%用于研发，这个比例远高于行业内的其他企业。大量的研发投入也使安恒信息每一两年就会推出一款完全自主创新的产品。

从2008年推出的第一款产品WEB应用弱点扫描器，到近年来非常热门的大数据态势感知技术，安恒信息在中国的网络安全领域独树一帜。截至目前，安恒信息已经拥有了发明专利授权40余项，员工数1 400余名，其中技术研发人员占比近70%。

功夫不负有心人。凭借创新技术和专业能力，2012年安恒信息参与中国移动集团漏洞扫描产品的采购竞标，当时最大的竞争对手是 IBM（国际商业机器公司）。在前几年，外企的优势十分明显，相当长的一段时间内运营商和金融行业基本都使用国外安全产品。IBM 当时也是势在必得。

其实面对IBM这样强劲的对手，范渊也没有必胜的信心。他表示，自己当时就想拼一拼、试一试，哪怕失败了，也没有遗憾。

后来，他带领团队夜以继日，经过半年多误报率和漏报率等主要指标的测试，获得了最终的胜利。据范渊所知，这是网络安全领域第一次在中国移动集团内全面替换安全产品线。而这对安恒信息来说，也是一个里程碑。

如果说参与北京奥运会网络安保的时候是小试牛刀，那么八年后参与G20杭州峰会的网络安保，就真正是全面的考验了。安保范围，超出了范渊原来的想象，除了互联网信息系统，还有 G20 官网、注册中心、城市的水电煤等相关重要基础设施、所有的工业控制系统以及会场、酒店、会议系统甚至灯光秀，都在网络安保的范围之内。

作为本次大会网络安保及应急支撑工作的主要技术支撑单位，安恒信息累计投入了309位技术骨干参与到G20杭州峰会的网络安保任务中。这基本上相当于一家中小型安全公司的人员规模。从接到G20杭州峰会网络安保任务的那一天起，安恒信息的全体员工就进入了紧张的临战状态；进入 9月份后，驻场的一线值守人员和公司的技术支持人员基本上将家搬到了办公地点，工作时间不分白天黑夜和节假日，可以说是“5+2”外加“白加黑”。

G20杭州峰会前夕，对于杭州的灯光秀，大家可能都在微信朋友圈或者电视上一饱眼福。但大家很少注意到的是，钱江新城的这场灯光秀是由三十几栋大楼及七十万盏LED灯组成的，保障安全成为重中之重。为了确保在峰会期间安全、稳定地运行，安恒信息团队的专家们进行了两次深入的安全检测。因为对于灯光秀的安全测试他们没有相关经验，只能从了解原理出发，一步步探索。最终，他们发现了主控和节点之间的严重安全漏洞，该漏洞可被黑客利用进行远程控制。他们及时修复了该漏洞，确保了城市灯光秀在峰会期间的顺利进行。

类似的案例还有很多，仅仅在峰会中的核心信息系统里，他们共发现了438个高危以上漏洞，拦截了3 300万次来自41个国家和地区的攻击。

2016年4月召开的全国网络安全和信息化工作座谈会上，习近平总书记指出“推进网络强国建设，推动我国网信事业发展，让互联网更好造福国家和人民”。范渊在座谈会现场亲耳听到这句话的时候，便暗暗下定决心：必须严守网络安全国门，让用户放心地拥抱新兴经济、云计算、大数据和物联网，让网络安全造福百姓。

数字经济时代网络安全的角色转变

数字经济与网络安全有高度的融合与依赖性。数字经济时代的来临让范渊意识到数据安全问题会成为数字经济发展和转型的重要问题。安恒密盾成为“钉钉”成千上万个应用中使用量的第一名，这更加验证了他的想法。它是安恒信息为阿里巴巴集团旗下的“钉钉”量身打造的产品，结合安恒信息专业的网络安全经验，采用国密标准，自主研发实现独立第三方安全加密模块。该产品的安全标签也加速让中小企业更放心地拥抱移动互联网。安恒信息在协助杭州大数据局做相关顶层设计和数据治理的过程中，伴随着整个数据大脑、数据的运行，其中最突出的话题也是数据安全和隐私保护。2018年4月，安恒信息成功发布了中国“第一个内生安全”产品，即出厂前内嵌安全的摄像头。过去摄像头作为物联网最典型的设备，都是“被动挨打”的亚终端，而该产品不仅成为安全感知的前沿，也在改变整个防护体系。目前杭州的一个核心区域已经全面部署了该产品，并取得了非常好的效果。

上述成绩的取得，意味着网络安全在物联网生态下的新形态已悄然改变，这就是行业常说的“融合”，是数字经济时代下，产品间、产业间的创新融合。

2018年6月14日，浙江省发布工业互联网战略，提出将在中国率先推进建立“1+N”工业互联网平台体系和行业联盟，打造具备国际竞争力的产业联盟体系。范渊参与组建浙江省工业互联网产业联盟，并出任联盟理事长。在联盟成员中，既有工业企业，又有新兴技术单位，还有安恒信息这样的网络安全公司。范渊相信联盟的成立会为工业互联网的推广提供技术支撑，为共创优质产品和样板工程助力。

回首近十年，网络安全领域也发生了多重变化。网络安全监管从当初的文件化、工具化，发展为体系化，再到如今的以大数据资源为中心，决策系统新体系已逐步形成。该系统真正实现了各类数据的打通，即集合舆情、态势感知、分析研判为一体，这也是未来的发展趋势。

2018年，随着安恒信息发布了全球网络空间的快速测绘，真正具备了对全球所有资产的认定能力、发现能力、掌控能力，他们称其为“全球网络空间安全雷达”。它可以快速掌握网络空间的地图，在勒索病毒爆发时，也可以快速感知其趋势和变化，并能够为他们的决策、判断提供非常好的依据。因此，从能力的提升来讲，此时安恒信息把很多未知逐步变成了已知。

为了推动网络安全领域的健康发展，为业内提供更多的理论参考，范渊也将这些年该领域的点滴变化记录在册。其实，早在2014年，范渊就主笔编写了第一版《智慧城市和信息安全》，到2018年已经出了第三版。如果说第一版还有很多内容属于理念、框架，那么到第三版时，许多产业数字化和安全的融合、新技术和安全的融合，以及顶层规划都开始成型。

如果说互联网是以连接和共享成就了第一代，那么信任的连接、数据和安全的赋能，实际上会成为数字经济时代的一个巨大的驱动和标签。

范渊表示，若放在从前，安全、性能、业务是不可能达到三足鼎立的。但在新数字经济时代，随着安全技术和数字经济的综合发展，曾经不可能的“三足”会变成真正的新的融合和可能，而且安全也会真正成为驱动的一轮，推动数字经济快速发展。

“安于责任，恒于创新”这八个字伴随着安恒信息一路走来，而安恒信息也始终肩负着各种责任，其中有社会责任，也有企业责任。范渊表示，技术突破的本身其实就是一种国家安全的责任，在这些责任的面前，范渊带领他的团队一直坚持不断地突破创新。他表示，不论是以何种形态创新，安恒信息最终的使命和目的都不会改变，那就是为了保障网络安全，助力安全中国。

不忘初心 砥砺前行 为有色金属工业振兴贡献全部力量

姜业欣

姜业欣，1974年出生，中共党员，高级工程师，现任中色奥博特铜铝业有限公司副总经理。他于1998年参加工作，多年来一直致力于铜及铜合金材料制备加工技术研究和应用技术研究工作，在平凡的岗位上，恪尽职守，刻苦钻研，先后主持建设6万吨/年高精度铜合金板带、10万吨/年高精度内螺纹空调制冷铜管、5 000吨/年高性能压延铜箔等重大项目；主持实施国家、省重大科技项目10余项；荣获中国有色金属工业科技进步一等奖2项、二等奖1项，山东省科技进步奖1项；拥有授权专利20项，发表论文13篇；荣获“山东省企业技术创新带头人”“中国有色金属工业优秀科技管理工作者”等荣誉称号。

中色奥博特铜铝业有限公司始建于2001年，隶属于中国有色矿业集团有限公司，坐落于山东省临清市，是我国唯一同时拥有高精度内螺纹空调制冷铜管和高精度铜合金板、带、箔生产线的著名铜加工企业，是“中国铜管材十强企业”“中国铜板带材十强企业”“山东省创新型企业”“国家技术创新示范企业”。公司生产的高精密内螺纹铜管、引线框架铜带、射频电缆铜带、电子接插件专用铜带、高精度压延铜箔是空调制冷、电力电子、信息通信、航空航天、海洋工程、轨道交通等领域的重要基础材料。

回首2005年，那时的中色奥博特铜铝业公司还是有色金属行业中名不见经传的新兵，面对着公司产品落后、工艺落后、装备落后的现状，面对着国内外一个个强大的竞争对手，面对着激烈残酷的市场竞争，一道道难题摆在了企业面前。企业领导班子夜以继日地反复研究，得出的结论是：只有创新才能让企业生存、发展、强大。公司当机立断，成立了企业的第一个研发平台——企业技术中心。姜业欣就是这个中心的第一任执行主任。

姜业欣自1998年大学毕业后入职临清市热电厂，从最基层的车间工人干起，历任技术员、生产部主任、副总工程师，2005年8月就任中色奥博特铜铝业公司总经理助理兼铜板带公司经理。受命于“危难之际”，姜业欣带领着公司当时几个屈指可数的技术人员开始了漫漫的攻关之路。科技创新谈何容易，他们遇到了前所未有的挑战，在巨大的困难面前，他们不仅没有被困难吓倒，反而激发了昂扬的斗志。他们十五年如一日，坚守在科研和生产的第一线，摸爬滚打，昼夜奋战。一分辛劳一分收获，苦心人天不负，2005年，他们自主研发的“高精度内螺纹铜管短流程生产技术”通过专家鉴定达到世界领先水平，成果快速转化，中色奥博特的“奥”牌铜管荣获“中国名牌产品”。

2006—2011年间，他们的技术团队不断发展壮大，并同多家高校和科研院所建立了长效的产学研机制，科技创新硕果累累，公司的企业技术中心被认定为“国家级企业技术中心”，在此基础上，先后建立了“山东省高性能铜合金工程技术研究中心”“山东省铜合金新材料重点实验室”“博士后科研工作站”“院士工作站”等一系列高水平的研发平台，培育了“高强高弹电子接插件专用铜合金”“第二代引线框架铜合金”“造币专用铜合金”“高性能压延铜箔”“高效换热细径薄壁高齿空调换热铜管”等多种具有世界先进水平的产品，得到了格力、美的、海尔、富士康、华为、中兴、韩国三星等知名企业的赞誉和信任。一个个创新开花结果、一座座厂房拔地而起，从2006年开始，姜业欣带领他的团队相继建设了6万吨/年高精度铜合金板带、10万吨/年高精度内螺纹空调制冷铜管、5 000吨/年高性能压延铜箔等重大项目，主持实施国家、省重大科技项目10余项，中色奥博特铜铝业有限公司已经成为中国有色金属行业一颗璀璨的明珠。

姜业欣积极组织公司科技研发项目，近年来先后参与了2016年国家重点研发计划项目1项（高性能高精度铜及铜合金板带材制造技术），主持了2017年国家重点研发计划子课题1项（型复合涂层/易反偏析合金快速凝固成形制备技术中子课题5——易反偏析铜合金喷射沉积及超高强高耐蚀带材），山东省自主创新重大专项项目2项（铜基电子接插件材料和高性能铜材复合材料深加工技术研究开发及产业化），山东省重点研发计划项目1项（高性能铜基合金制造技术）等一批省部级以上重点科技项目，研发项目“Φ5mm细径高齿内螺纹铜管研究开发与产业化”和“高耐蚀铝黄铜关键技术研究开发与产业化”荣获中国有色金属工业协会科技进步一等奖，“高精度紫铜薄软带研究开发与产业化”荣获中国有色金属工业协会

科技进步二等奖，“高精度压延铜箔生产新技术”获得集团公司科技进步一等奖，“高弹耐蚀稀土铝黄铜带材研究”荣获山东省科技进步三等奖。尤其是“Φ5mm细径高齿内螺纹铜管研究开发与产业化”和“高精度压延铜箔生产新技术”极大地推动了内螺纹铜管行业和铜箔行业的技术进步。在主持开展研发工作的同时，他积极申请专利对核心技术进行保护，近年来申请专利32项，获得授权专利20项。参与2项行业标准的制定，发表论文13篇，其中《高导射频电缆带生产工艺研究》等4篇论文荣获中国有色金属工业优秀论文奖。

他参与的Φ5mm细径高齿内螺纹铜管研究开发与产业化研究项目的完成，实现了5 000吨Φ5mm细径高齿内螺纹铜管的产业化生产，应用于格力、美的、志高等空调企业，取得了显著的经济和社会效益。参与的高精度紫铜薄软带研究开发与产业化项目的完成，满足了我国同轴射频电缆、干式变压器、印制线路板等通信、电力、电子信息行业对高精度紫铜薄软带产品的需求，产品最薄达0.05mm，最宽达650mm，维氏硬度达50Hv，电导率99%IACS，延伸率≥35%。该项目成果是对高精度紫铜薄软带关键技术进行了自主开发。系统研究了半连续铸造氧含量控制，提高了材料的导电性能；研究了轧制、热处理、边部精整加工技术，获得了良好的力学性能和加工精度，在高性能紫铜薄软带方面取得了重要突破。其主要技术特点和创新点如下：（1）项目首次系统集成了氮气保护、CO底吹、添加稀土元素等技术，有效降低了氧含量；通过优化结晶器二次冷却水喷淋角度，显著改善了铸态组织，解决了非真空熔炼半连续铸造生产高导紫铜及无氧铜的技术难题。（2）项目首次开发了十六区分段冷却控制技术和轧辊冷却控制系统，获得了道次加工率、轧制力、轧制速度、张力等工艺参数的最佳匹配，实现了宽幅超薄紫铜带的工业化生产。（3）项目研发了采用辊底式连续退火炉进行成卷退火的新工艺，优选出成品卷的最佳张力，解决了成品退火层间粘结的技术难题。（4）研制了在线七辊边部精整装置，实现了带材边部精度高、生产效率高的目标。该项目形成了高精度紫铜薄软带年产能力10 000吨的生产线，截止到2014年7月，高精度紫铜薄软带系列产品累计销售13 480吨，实现销售收入10.11亿元，实现利税9 073万元。项目的完成，满足了我国同轴射频电缆、干式变压器、印制线路板等通信、电力、电子信息行业对高精度紫铜薄软带产品的需求。产品已在国内多家企业使用，具有显著的经济社会效益。该成果经中国有色金属工业协会评价，认为整体技术达到国际先进水平，荣获中国有色金属工业协会科技进步二等奖。在该项目的研发过程中，姜业欣负责产品轧制工艺流程的设计与开发，深入研究摸索了道次加工率的分配与轧制力、轧制速度、张力设定、辊形精度、冷却润滑的关系，调整优化轧机除油系统，降低了带材表面残油量。特别是在轧制工艺试验与数据分析中做了大量的工作，针对改善板型精度方面做出了突出贡献。

通过该项目，公司自主研发了高齿内螺纹铜母管水平连铸工艺，三辊行星轧制、三联串拉和高速盘拉，以及高齿内螺纹铜管高速旋压成型工艺，高齿内螺纹铜管复绕退火技术，成功开发了细径高齿内螺纹铜管，实现了内螺纹铜管行业的重要技术突破。其主要技术特点和创新点如下：（1）研发了细径高齿内螺纹母管水平连铸工艺，通过在保温炉对合金体采用特殊的覆盖技术，以及采用专用复合式结晶器，并在水平连铸结晶器出口进行氮气底吹，成功制备出氧含量小于10ppm的管材坯料；（2）通过解决模具与芯头设计及加工技术，以及对工装设备改造、对高速旋压成形技术和三联串拉道次加工率的优化、超长高齿内螺纹铜管复绕和退火技术的创新，成功制造出两种Φ5mm高齿高精度内螺纹铜管；（3）本项目生产的Φ5mm细径高齿高精度内螺纹铜管内表面积$0.667m^2/kg$，内表面固体杂质$<18mg/m^2$，油分$<15mg/m^2$，60°冲锥扩口40%不裂，米克重34 ± 1.5g/m，比传统的Φ7mm内螺纹铜管米克重降低40%。项目的完成，实现了5 000吨Φ5mm细径高齿内螺纹铜管的产业化生产，应用于格力、美的、志高等空调企业，取得了显著的经济和社会效益。该项目为热交换铜管应用企业在产品减重、质量提升、技术升级上提供了基础保障，解决了我国空调制冷、舰船、热交换器、太阳能热管、

暖通等行业对于热交换效率的迫切需求，在铜合金管材领域有重要意义。该成果经中国有色金属工业协会评价，认为整体技术达到国际先进水平，荣获中国有色金属工业协会科技进步一等奖。在“Φ5mm细径高齿内螺纹铜管研究开发与产业化”研发过程中，姜业欣多次组织国内外专家就项目可行性及实施方案进行研究、探讨，总体审核本项目技术方案，工作量占本人总工作量的58%。在项目建设方面，始终坚持高水平、高起点，不断引进国际先进设备，为该技术成果的成功推广应用，奠定了基础，并以此为契机，迅速形成了年产5 000吨的产业化生产规模，取得了显著的经济效益和社会效益。

取得了这些可喜的成绩，姜业欣和他的团队并没有因为满足而停滞不前。他们觉得：作为中央企业员工，他们肩上担的不仅仅是一个企业的命运，还有国家和民族工业的振兴大任。不忘初心、牢记使命是共产党人毕生的追求。作为新时代的科研工作者，姜业欣和他的团队已确立了新的规划，新的目标、新的理想。“一张蓝图绘到底、咬定青山不放松。”展望未来，他们将倍加努力工作，为实现中国铜合金材料领跑世界贡献毕生的力量。

勇挑重任
催化聚烯烃材料的新生代

曹育才

曹育才，1975年出生，理学博士，教授级高级工程师，上海化工研究院有限公司副总工程师、聚烯烃催化技术与高性能材料国家重点实验室副主任，上海市优秀技术带头人、青年科技启明星，获省部级奖励或荣誉10项，累计申请发明专利33项，其中国外专利7项，获得国外发明专利授权2项，国内发明专利授权13项，发表各类论文40多篇。

聚烯烃材料与人们的生活和社会经济发展密切相关。十多年来，曹育才瞄准聚烯烃材料高性能化，默默耕耘，建立了聚烯烃茂金属单体催化剂产品及其工程化系统，并向国际、国内推动广泛的工业应用，在填补产品空白的同时，创造出显著的经济与社会效益，为我国有关聚烯烃材料“卡脖子”问题提供了自主解决方案。同时，在“国家、行业、上海”三个层面推动建成以“聚烯烃催化”为特色的重点实验室，并建立聚焦“聚烯烃合成技术及过程控制”的专业技术服务平台，为我国聚烯烃材料工业的发展构建了完善的创新服务体系，尽全力支持国内千亿元级规模的聚烯烃材料产业的发展。

他选择了聚烯烃材料体系中难度最大的“金属有机催化技术”作为主攻方向。小到分子水平的基团操控，大到单线规模数十万吨/年反应系统的平稳运行，都与他的工作密切相关。这一工作犹如瀚海行舟，有时风平浪静，扬帆破浪，有时波涛汹涌，险象环生。但他没有退缩，大胆地提出“全流程/短流程通贯式系统研发”新理念，指导工作实践。在国内率先建立的茂金属单体催化剂产品系统，涵盖关键催化剂配体、催化剂配合物、全氟芳基硼酸盐助催化剂三大系列，成为我国自主茂金属催化剂体系的“三剑客”，为我国茂金属聚烯烃催化剂体系的独立构建提供了保障，对我国新生代高性能聚烯烃材料的发展产生了深远的影响。

他主持开发的微量钯催化芳族基团转化技术，实现氯原子引导的芳基交叉偶联合成多样化取代茚的工业化，奠定了在我国产品化制造迄今为止最复杂的工业化茂金属聚烯烃催化剂的底层架构。以此为基础发展的金属有机催化烯烃聚合与齐聚新技术，突破了茂金属聚丙烯、四聚法1–辛烯、茂金属聚α–烯烃的制备难题，为我国高端聚烯烃材料产品的技术进步作出积极贡献。他成功开发的茂金属聚α–烯烃系列产品中，首创具有特高粘度指数的低粘度品种，有望将我国顶级润滑油的基础油甩开“外援”，披上国字号

"战袍"。

大厦的高耸，有赖坚实的基础。我国已经成为聚烯烃生产和消费的头号大国，但非强国。高性能聚烯烃材料短缺和通用聚烯烃材料过剩的结构性矛盾非常突出，在不断侵蚀着我国聚烯烃工业大厦的基石。曹育才在危机中寻找突破，不畏艰难，毅然选择攻关聚烯烃催化剂中最大难点，潜心研究，取得可喜成绩，为我国高性能聚烯烃材料的发展赢得转机。用他自己的话说，"凭兴趣做事，激情澎湃"。在同事和朋友的眼中，他深深爱上了他所选择的事业，且已远远超出了兴趣的范畴，因为他深深地爱着自己的国家，以实际行动为国分忧，尽匹夫之责。

情定上化院

在上海，有一个历史悠久的科研院所——上海化工研究院，简称"上化院"。该院早年隶属于化工部，曾经为我国粮食问题的解决、化学工业的发

展立下汗马功劳，是我国化学工业的发源地之一。上化院曾经历过坎坷的苦难辉煌，1999年在国家体制改革的大背景下，转制成企业，隶属于上海市国资委。

曹育才成长的重要节点与上化院相交，也与改革发展的大时代背景相交。2002年，他博士毕业即投身到上化院，是该院最早引进的博士之一，时年不满27周岁，正值韶华。他硕士和博士分别学的是工程和化学。和大多数人一样，他选择化工事业，选择上化院，经过了慎重的抉择。当时在他面前有两条路，一条是出国继续深造，有可能转行；另一条是找一份合适的工作。他毅然选择了上化院这一具有丰富历史底蕴的舞台。他说服自己的理由很简单，学校是象牙塔，是培养人的地方，培养的人才，需要到大潮中去闯一闯。尽管他习惯学校，留恋学校，但是离开学校接触外面的世界也是必然。上化院正好处在学校和产业的交叉点或者桥梁纽带上，就像交叉学科的发展，必然大有机会。后来的发展也证明，他当时的考虑是对的，他用“短流程”和“学科系统”的思路找到了合适自己的人生舞台。

作为大山里成长起来的孩子，他能吃苦耐劳，外表温润，行事刚毅，抉择果断。从某种意义上来说，他是幸运的，时代的大背景需要一批有理想、有担当、有作为的年轻人来冲锋陷阵。

当时上化院正在集中攻克我国气相法聚乙烯催化剂国产化的难题，他欣然接受分配下来的工作任务。工作初期他承担了烯烃和烯烃制造原料的净化催化剂开发、国产化超高分子量聚乙烯催化剂的研发等任务。以后他又获得上化院支持出国深造，回国后领衔创建有机催化团队，朝聚烯烃催化剂的塔尖领域迈进。之后成功推动建成上化院在“国家、行业、上海”三个层面的重点实验室。现在他又马不停蹄地推动上化院茂金属聚烯烃催化剂产品与国际产业对接。他以实际行动不断丰富上化院“国内一流和国际知名”的内涵，不断践行新时代的新思想、新要求。上化院给了他机会，他回报了精彩。

与微量“毒素”的较量

也许大家都了解，我们的生活中离不开聚烯烃材料，年人均消费数十公斤。但很少有人了解，聚烯烃材料的制造，绝大部分需要催化剂作用才能完成。小小的催化剂颗粒，十分娇气，它若怠慢，就可以让数十万吨产能的大装置突然“趴下”。聚烯烃催化剂工作所需要的“洁净”环境是聚烯烃工业装置稳定运行的必要条件，大家都不敢掉以轻心。

2002年，他所接受的第一项工作就是有效脱除烯烃裂解原料中的微量“毒素”——砷。这种含量极低的“毒素”，仅有数十、数百ppb，若随着工艺流程传递到下游烯烃中，恰恰成了聚烯烃催化剂的最危险毒物。这项与微量“毒素”战斗的工作充满不确定性，因为摸清战斗对象的情况都变得非常困难。他刚开始接到这个任务的时候也是一筹莫展，如何准确分析样品中的砷含量成为一个十分棘手的问题。同一个样品，不同的人做、不同的时间做、不同的批次做都会得出显著不同的结果。交叉污染、器壁吸附、试剂稳定性等，一个个看似简单，实则不可控的因素经常捣乱。他带领研究团队沉着应对，逐级排除干扰，用特定条件清除分析残留，按照规律和标准处理试剂，终于掌握了准确测量微量砷的方法。

接下来的难题是如何有效脱除砷。液态裂解原料中砷的形态如何？性状如何？可能产生强烈吸附的对象何在？是否有别的物种来干扰这种吸附？他所面临的又是一连串的问题。但这些没有把他难倒，提出“开门迎客”的思路，通过吸附剂孔道结构的设计，丰富细孔道，拓宽大孔道，增加液态石油烃的扩散，把“毒素”分子都悉数请进来。利用高效、高选择性吸附组分的作用，十分“友好”地把“毒素”分子留在吸附剂的孔道内。利用这一概念模型，他完成了吸附剂的制备，并得到了非常好的实验效果。2003年12月，该脱砷技术在我国南方某石油化工企业的现场，完成了模拟工业化应用的侧线试验。在与微量“毒素”砷的较量中，他首战告捷。

通过这次任务，他加深了对研究开发工作的理解，印证了“细微之处见功夫”的道理，也进一步加强了他承担具有更高挑战性的研究开发工作的信心。后来，他主持开发了超高分子量聚乙烯催化剂，在比较短的时间内就推向工业应用。正是由于这次与“毒素”较量的经验给了他很大信心。

害怕空气和水的人

入职不到两年，上化院支持他出国赴日本深造。2006年4月，他按期归国。多年来养成的果断、刚毅的性格在新的工作上起到了决定性的作用。他回国后毅然决定专注于挑战聚烯烃茂金属催化剂产业化的关键性难题。

这一决定使他在这一领域潜心钻研十多年。从最初的中间体合成到配体制备，从小试实验到工业化放大，从简单结构到复杂结构，从小分子量到大分子量，从锂镁铝金属到钛锆铪金属，从简单卤素配位到全金属烷基配位，从主催化剂到助催化剂，从氧氮化学到硼氟化学，从主体含量合格到微量杂质定标，从跟随已有产品到全新结构创新，等等，他开发的产品一步步达到最严格的聚烯烃茂金属催化剂产业化应用的标准。他主持建成了功能完备的聚烯烃茂金属单体催化剂基地，为我国最前沿的自主茂金属聚烯烃催化剂体系的构建发展提供有力保障。

在茂金属单体催化剂产品系统的构建过程中，空气和水变成了他最大的“对手”。他无数次“倒”在了“对手”的“迫害”之下，导致茂金属催化剂产品的研究开发无数次失败。用他自己的话说：“活了几十年，原来自己工作的最大‘对手’就在眼前，而且形影不离，无处不在，朝夕相处。”既然没法甩开“对手”，那只有尽一切可能把“自己”保护起来，尽一切可能排除“对手”对研究开发工作的影响。

方法学固然重要，但是如何实现则又成了重大的难题。小试实验还容易一些，大部分实验可以放在氮气保护的手套箱中进行，或者用比较传统的Schlenk线可以实现，但是更大规模的工业化试验呢？也把工业反应器放到手套箱中，或者放到一个全氮气保护的密闭房间当中？这显然是一个不现实的做法。还有，极端怕空气和水的产品又如何从反应器系统中取出来呢？又如何进行取样测试确定产品质量呢？又如何装入产品包装中呢？又如何进行保障性运输呢？一系列难题困扰着他。

系统解决这些问题，他整整花了十年的时间。经历了数不清的失败和挫折，但是他坚持一条原则，在任何工艺上工业装置之前，一定要在实验室小规模模拟实现。为此，他体验过颗粒无收的放大试验，经历过产品在反应器内苦苦“煎熬”而不能回收出锅的极度痛苦。不放弃才能有收获，放弃只有一无所获，他坚持了下来。如今他养成了一个职业习惯，只要碰到新产品的设计，首先想到的是他的“对手”——空气和水，然后想到的是如何“安抚”好“对手”。也正因为他敬畏“对手”，重视“对手”，在极端严苛的领域，成功地赢得了一席之地，当然也赢得了“对手”的尊重。现在，他主持发展的茂金属单体催化剂系列产品，在全球市场获得广泛青睐。

融入全球产业

“科学家不仅要会科学，还得会推销科学。”这是他在另外一方面的见解。人类社会的发展与科学技术的发展紧密相关。科技成果如果仅仅作为文献束之高阁的话，是令人可惜的。人类的优秀科技成果若能尽快地转化成生产力，将对经济、社会的发展产生深远的影响。他非常注重知识创新和产业化成果转化的联动发展，贯通科学技术从知识化到产品化的过程。这也符合他所坚持的“全流程/短流程通贯式系统研发”理念。工作的出发点在创新，落脚点在产业，过程实现在团队。

聚烯烃茂金属催化剂的发展经历了一个长期的过程，从20世纪50年代初步发现茂金属在聚烯烃领域的一些应用，到70年代末大幅提升催化活性，再到90年代初首次实现工业化应用，整整40年。目前，茂金属催化剂及其应用在国外已经形成了较为完整的产业系统，从单体催化剂到成品催化剂，已经发展得非常成熟。只有融入全球产业系统，真正根据需求引领和用户标准来发展茂金属单体催化剂系列产品，才能做出世界级水平的成果。他的目标就是这样定的，也是这样去做的。他虚心地向全球市场要资源，诚恳地向全球市场要机会，积极地按国际市场规则交任务，得到客户的广泛认可。他瞄准国际化高能人才，积极引进，兼容并蓄，成效明显。他瞄准国际规则，专利开路，产品跟进，特色鲜明。

打铁还需自身硬。面对国际市场的高标准、严要求，他积极加强团队的自身建设。从质量的高标准化入手，针对产品创新的各个环节开展能力提升，常抓不懈。比如，困扰茂金属单体催化剂性能的一项重要指标是锂盐含量，往往需要控制在数十个百万分之一的浓度范围之内，普通的过滤和分离手段很难达到这一要求。他大胆采用非传统滤材和新的过滤策略，顺利地“驯服”了细粒锂盐这只“拦路虎”，百万分之几已经成为产品的常态指标。他亲自设计金属化反应器系统和过滤分离包装一体化系统，并打破传统与客户分享有关信息，主动邀请客户来参观访问，实地考察，主动呼应客户的关切。他的信息和信誉终于被转化成客户对他的信任与信心。

到2018年年底，他所主持开发的茂金属单体催化剂系列产品已经远销欧美、韩日、东南亚。客户中不乏全球500强企业和全球化工行业100强企业。目前的产品结构中，金属有机化合物产品已经占据一半以上，成为名副其实的金属有机催化剂产品平台。

他和他的团队经常自豪地说：“你们的成功就是我们的成功。”展现了信心满满的国际范儿。没错！正因为有了这种担当和勇气，精诚所至，金石为开。

宽严相济的老师

上化院还是人才的培养基地，拥有化学工程与技术一级学科硕士点和博士后科研工作站。除了勇于探索、不断创新的科技精神外，作为指导老师的他，已经培养了10多名研究生和博士后，在过程中还展现了性格中的慈爱宽厚。

在他心中，对每一位学生的培养都像是一场特殊的旅行。在这条充满挑战和未知的旅途中，他和学生像将军和士兵，披荆斩棘；也像并肩作战的战友，同甘共苦，同舟共济。无论科研工作和日常事务有多忙，只要来到实验室，他一定会去学生的通风橱前主动关心最新的实验进展，而不是在办公室等着学生前来汇报。很多时候他还会手把手教学生技巧。

老师教得勤，学生学得也就快。实验室里每一位新来的学生，都能在他的亲自指导下快速融入科研生活，实验技能和科学思维方法也能快速掌握。每当学生遭遇难题困扰，他总是耐心等待学生深入思考后，再提出建设性的意见，供学生参考。培养学生良好的科研素养并不能靠一朝一夕之功，而是需要结合实际研究工作长期历练。授人以鱼不如授人以渔，他注重培养学生解决问题的方法和思路，倡导举一反三，触类旁通。解决科学难题，还是得用科学思维，他所教的是自己的所学和所见，学生所学的是内化的所思和所念。

他非常注重学生的良好品格塑造。他的教学方法使实验室保持着相对宽松的学术氛围，甚至学生生活上遇到的困难他也会尽力出手相助。但是一直以来也反复强调一条纪律，实验来不得半点马虎，实验数据容不下一丝虚假。他认为，好或不好的实验结果都有各自的价值，客观规律不以人的意志为转移，要认识科学，还要保持一颗敬畏科学之心。正因为他一直秉承着这样的态度为人治学，而受这种态度耳濡目染的学生，自然而然拥有了和老师一样实事求是、求真务实、知行合一的品格。

在研究生小李的眼中，曹老师除了给予学业和生活上的帮助外，这种求真务实、宽严相济的作风还深深影响了今后他的科研工作。毕业后，小李留下来继续开展科研工作。此后的日子里，曾经朝夕相处的老师变成了带领大家攻关一起上下班的师父。他和师父一起去车间一线进行新产品试车、开车，一起分析工艺难题、改进工艺。在他手足无措的时候，师父依然会手把手教给他实践过程中要注意的细节、要把握的尺度和要直面的难题。在他掉以轻心的时候，师父依然会提醒他，产品质量是绝不允许踩的红线，也是团队的生命线。在他忙得不可开交的时候，师父依然会关心他，注意休息，保持清醒，沉着应对。在客户反馈满意的答复，在新工艺新装置顺利开车，在市场竞争力不断增强的时候，师父都会给他一个欣慰的微笑。师父的微笑里，有赞许，更有期待。

博观而约取，厚积而薄发。而今，曹育才一如既往以坚忍不拔、只争朝夕的精神书写着我国新时代聚烯烃材料高性能化发展的新篇章，为他和他的团队的创新梦、发展梦而不断努力。

以破解生产技术难题为己任的『电站医生』

黄中

黄中，1983年出生于陕西西安，现为中国华能集团清洁能源技术研究院正高级工程师。作为一名“电站医生”，他长期坚守在洁净煤发电及节能环保技术研发一线，先后为国内外一百多台机组解决过生产技术难题，主持国家、地方及企业课题80余项，授权专利65项，发表论文42篇、出版学术专著3部，制修订行业标准14项。作为核心成员，他参与研制了我国首台自主知识产权的210MW和330MW循环流化床锅炉，开发了世界首台600MW循环流化床锅炉的核心关键部件——均流气动换热床，构建了中国循环流化床发电技术标准体系，相关工作为我国在该领域世界领先发挥了重要作用。他创办了《中国循环流化床发电》杂志，绘制了我国首张大型循环流化床机组分布图，极大地促进了先进技术的推广和应用。他主持完成的“循环流化床锅炉关键技术研发集成”等3项成果达到国际先进水平，成果转化收益超过4亿元。他曾获北京市科学技术奖、中国技术市场金桥奖、中国电力创新奖，被授予全国青年岗位能手、茅以升北京青年科技奖、北京市优秀青年人才、北京优秀青年工程师标兵，入选全国百名科学家、百名基层科技工作者代表。

立志研发世界领先的洁净煤发电技术

黄中自小生活在火电厂的生活区，周边很多亲戚朋友和同学家长都是电厂职工。幼时的耳濡目染让他对电力生产充满了好奇。2001年黄中考入西安交通大学热能与动力工程专业，2005年他又转入西安热工研究院进行更为深入的学习，这是他从事洁净煤发电技术研发的起点。

煤炭蕴藏于中国大地，我国有近70%的一次能源来自煤炭。清洁高效利用这些煤炭资源不仅是可持续发展的重要保障，也是优化中国能源结构的内在要求。作为最具商业化潜力的洁净煤发电技术——循环流化床燃烧在那个时期备受瞩目，它所具有的燃料适用范围广、负荷调节比大、污染物控制成本低等优点十分适合我国资源特点。因此国内科研院所和制造企业都在积极开展大容量循环流化床锅炉技术研究工作。当时我国尚无自主制造大型电站级循环流化床锅炉的能力，相关技术被欧美厂商垄断。因此，黄中毕业伊始就把循环流化床燃烧技术作为自己的主攻方向，立志研发世界领先的洁净煤发电技术。

电力生产有其特殊性，一些现场试验需要设备运行方式配合，试验人员经常数天甚至数周不分昼夜“连轴转”。一台大型设备造价动辄千万元、主机设备则有数亿元之多。试验期间不能影响其正常运行，更不能造成任何设备停运，作为试验人员的压力可想而知。在中国首台自主知识产权210MW和330MW循环流化床锅炉研制期间，黄中白天忙试验，晚上算数据，“五加二、白加黑”是常态，夏季燃烧设备旁的热浪滚滚袭来，五分钟不到汗水就能湿透衣衫，这样的现场他在攻坚克难时期一待就是几个月。一台电站锅炉的关键运行控制参数有上百组，为了保证工作的顺利进行，他对400页的技术资料烂熟于胸，50多米高的设备一天甚至要上下攀爬十多次。得益于前辈工程师们的悉心指导和个人努力，黄中解决了一个又一个在工程设计、现场安装和调试运行中出现的问题，他的能力也得到了大家的认可，并开始作为专项负责人主持关键性试验。2009年，330MW循环流化床锅炉投运后，长期保持了最大容量的世界纪录，打破了国外厂商的技术垄断，填补了我国在该领域的技术空白。

为占领技术高地，黄中作为主要研究人员参加了“十一五”国家科技支撑计划“大型换热床与超临界循环流化床锅炉控制系统研究和开发”“600MW超临界CFB锅炉外置床设计研究”和国家863计划“300MW级大型循环流化床锅炉炉内核心技术自主研发”等项目的工作。“十二五”期间，他作为国家科技支撑计划“CFB锅炉燃用难燃煤种的研究”项目组副组长，更是带领团队成员成功解决了我国电力工业低热值燃料和难燃煤种的高效清洁利用难题，先后开发了均流气动换热床、高效旋风分离器等技术，在高温型循环流化床锅炉辅助系统匹配方案、关键部件开发方面取得多项原创成果。其中均流气动换热床已在世界首台600MW超临界循环流化床锅炉示范应用，该工程项目入选“十二五”中国电力科技二十项重大技术进展。

扎根一线破解生产技术难题

循环流化床燃烧技术在其应用过程中需要开展大量的现场攻关，作为一名青年工程师，黄中始终坚持扎根一线，以干一行、爱一行、精一行为目标，以破解生产技术难题为己任。他十年如一日奔波在全国各地的火电厂之间，年均出差超过200天。这十年里，他既走访过北国塞外零下35度的冰天雪地，也曾在江南水乡的桑拿天里挥汗如雨。他的足迹遍布祖国21个省区市，仅航空里程就超过90万公里，足可绕地球22圈多。作为一名“电站医生”，他探索出了一套行之有效的工程改造方法，完成了一批先进技术的示范应用，凭着一身过硬本领，他已为一百多台机组解决过生产技术难题，帮

助电厂节能环保、提质增效。

山西某厂循环流化床锅炉投产时间早、运行问题多，每年需要投入大量资金进行维护和检修，给一线员工带来了巨大的工作压力。为此，黄中在国内率先提出了节能环保一体化改造的技术理念，并深刻认识到该技术在提高锅炉效率、降低污染物排放方面的重要价值。但是对于他研发的这项新技术，一些专家和电厂技术人员心存犹疑，认为改造因素多、技术难度大，项目进展也曾一度陷入僵局。作为项目负责人的黄中顶住了压力，先是通过全面性的试验和充分的方案论证说服了专家，随后又悉心组织、认真筹划，确保了改造工作的如期完成。改造后设备运行的环保性、经济性和可靠性水平大幅提高。工作期间仅经他手制作的图纸资料、管理文档、过程记录堆起来就有2米多高。目前该技术已推广应用40余台（套），其中开滦东方电厂环保改造项目更是获评“首都蓝天行动科技示范工程”，经中国电机工程学会鉴定，相关技术达到国际先进水平。黄中作为第一完成人申报的“循环流化床锅炉关键技术研发集成与工程应用”也被授予北京市科学技术二等奖。

风帽是循环流化床锅炉的重要部件，内蒙古某厂设备投产后频繁出现风帽漏渣，造成了重大安全隐患，为此电厂先后进行了4次大规模改造、花费300多万元仍未解决问题后，他们慕名找到了黄中。经过连续两昼夜的现场试验，黄中准确找到了问题成因，并为项目量身定制的新型耐磨防漏渣风帽彻底解决了漏渣顽疾，也为国内同类问题开出了“治病良方”。目前该型风帽已生产4万多只，成功应用于20多个工程改造项目，受到一线人员的一致好评。

分离器靶区磨损对循环流化床锅炉的运行周期有着较大影响，局部流场的复杂性和特殊的工作环境使这一问题长期未能攻克，为此黄中带领团队深入开展了机理研究和数值模拟分析，开发了适用于靶区的新型耐磨耐火材料，创新了靶区施工工艺，消除了磨损，为电厂年节约维护经费超过千万元，相关材料已先后出口印尼、菲律宾等国家。

宣传推广先进技术是最大的业余爱好

黄中深深热爱自己所从事的事业，宣传推广先进技术也是他最大的业余爱好。为加快成果推广和应用步伐，打通产学研用路径，他发起创办了《中国循环流化床发电》并任主编，先后出版杂志25期，作为循环流化床发电领域唯一的专业期刊已刊登论文500余篇，累计发行量超过5万册。他创办的“循环流化床发电”微信公众号已有订阅用户1.7万人，产生了广泛的学术影响。他编著的《大型循环流化床锅炉技术与工程应用》（第一版、第二版）以及《循环流化床锅炉优化改造技术》在业内产生了较大反响。他主编的《循环流化床锅炉技术1000问》系统总结了技术发展中所取得的经验，中国工程院岳光溪院士为该书欣然作序，认为其“对进一步提高我国循环流化床发电企业工程技术人员理论水平，交流推广工程经验具有重要价值”，已累计销售1.5万册，是该领域深受欢迎的畅销书。

对专业的执着和坚守使这位“80后”青年工程师迅速成长为业内知名的“老专家”。因为在循环流化床锅炉技术研发方面取得的突出成绩，黄中在30岁即被中国电机工程学会发展为高级会员，受邀担任全国电力行业CFB机组技术交流协作网副秘书长、专家委员会委员。作为中国循环流化床锅炉技术标准体系的主要设计者和推动者，黄中先后主持参与了《135MW级循环流化床锅炉运行导则》《循环流化床锅炉燃烧系统技术条件》等14项电力行业标准的起草编制工作，受到业内专家的广泛认可和高度评价，相关工作还被评为中国电力标准化的标志性事件。为了让创新成果得到更大范围的应用，黄中还绘制了中国首张大型循环流化床发电机组分布图，建立了全国范围的机组数据库，丰富了技术交流推广模式，相关资料业已成为行业决策和节能管理的重要参考资料。

黄中热心公益事业，近年来累计向社会公益慈善组织捐赠个人稿酬及科技奖项奖金5.3万余元。2018年全国科技工作者日期间，他受北京市科协邀请参加了“新时代 创新先锋”直播访谈，当期观众达42万人次，向社会公众展现了青年科技工作者的良好形象。经中国科协遴选，他作为全国百名科学家、百名基层科技工作者代表在人民大会堂参加了两院院士大会开幕式及中国科协成立60周年座谈会。

从6 000千瓦到600 000千瓦，循环流化床发电技术经过数代工程技术人员的努力，已经发生了数量级的变化，如今中国保持着装机数量、装机容量等多项世界纪录。让这些循环流化床锅炉安全、高效、环保运行，不仅能够有效节约生产成本，更能为碧水蓝天做出一份贡献。为了守护心中的那片蓝天，黄中这位“电站医生”还会继续奋战在洁净煤发电技术研发和成果转化一线，为节能减排先进技术的推广和应用创新争先。

“中国的循环流化床锅炉技术是在与引进技术竞争的过程中逐步壮大的，从跟随者到引领者，在世界第一的成长过程中，我们建立起先进的设计理念，形成了完备的设计、制造、安装、运行和检修体系，作为一名青年工程师我为能参与这一过程而感到深深自豪。”——黄中

一心钻研冲击地压工程科技难题的人

潘俊锋

潘俊锋，1979年生，研究员，博士，硕士生导师，现任中国煤炭科工集团首席科学家、中国煤炭科工集团开采分院采矿所副所长，国家安全生产专家组专家，中国煤炭学会煤矿动力灾害防治专委会副主任，中国岩石力学与工程学会岩石动力学专委会委员，中国煤炭学会岩石力学与支护专委会委员。他致力于煤矿冲击地压灾害防治理论、技术研究与推广工作。足迹遍及我国16个矿区，197个冲击地压矿井；主持国家重点基础研究发展计划973计划、国家科技支撑计划项目、国家自然科学基金、国家重点研发计划项目等13项；完成了60余项煤矿现场冲击地压灾害治理项目，解决了大量的煤矿安全生产技术难题，社会、经济效益显著；获国家科技进步二等奖1项，省部级奖16项；申请国家专利23项，已授权13项；在国内外高影响力期刊上发表学术论文50余篇，出版专著1部，参编著作4部；制定《冲击地压测定、监测与防治方法》等国家标准7项；获“孙越崎青年科技奖”“中国岩石力学与工程学会青年科技奖”“中国煤炭工业协会杰出青年科技工作者”“全国煤矿建功立业优秀大学毕业生”“中国煤炭学会科学传播专家”等荣誉。

懵懂立志，高考圆梦

“1979年，那是一个春天，有一位老人在中国的南海边画了一个圈……”这一年，潘俊锋在陕西旬邑县一个小村子里呱呱落地。朴素的家庭背景教导他快快长大，好好学习。每每从14英寸的黑白电视机里看到头戴安全帽、手拿图纸指点现场的工程师，他都心生羡慕，暗下决心“我也要当工程师”。1999年7月高考结束，他填报志愿时，都不知道学校在哪里，就填报了辽宁工程技术大学，至少这个学校名字与理想比较对口。他直到高中毕业，去过最远的地方就是县城，更没见过真正的火车。母亲听别人说上学的地方都快到祖国边境了，一百个不放心，难过。1999年8月，潘俊锋在堂兄的陪同下，背了两大包行李，来到了辽宁省阜新市，从此开始了采矿工程师的专业培养之路。光阴似箭，历经将近二十年学习与历练，潘俊锋由一个毛头小子成长为煤炭行业防治冲击地压专家，他对我国煤炭行业的工程科技贡献获得全国性认可。

迎接挑战，不悔此生

潘俊锋认为自己在学业上并不优秀，也不是什么学霸，只是一直很努力，利用了别人用来休息、休闲的时间。现在回顾，他对自己的评价是：不适合考试，工作还是挺有想法的。他身上有一股坚毅劲，只要认准了就咬住不放。2003年7月，大学毕业时正好赶上煤炭行业复苏，好多大型煤炭集团招聘大学生，并且给出了优厚的待遇。然而，潘俊锋根据自己兴趣，放弃了马上就业，选择了搞研究。2003年8月，在祖国首都战胜非典病毒时刻，他带着在阜新做家教赚来的2 000元钱来到煤科总院北京开采所开始了研究生求学历程。

有人曾经质疑他，一个学采矿的，干的是傻、大、黑、粗的工作，上什么研究生。当他由采矿工程师收缩到研究煤矿动力灾害防治方向，又缩小到仅仅研究煤矿冲击地压防治研究的过程中，他发现不光要上硕士研究生，还要做博士研究。越深入学习研究，他越觉得问题的复杂性，很多方面尚属无人之境。

潘俊锋求学与就职的单位煤炭科学研究总院北京开采研究所为我国最早开展煤炭行业冲击地压研究的单位，自1958年开展冲击地压研究，我国有关冲击地压标准、规范多由该单位主持制定。六十年来，历经了三代领军人物，2008年，潘俊锋硕士研究生毕业的第二年，由于单位人事变动，北京开采研究所冲击地压研究团队需要一位学术带头人。也许由于当时，他算是防冲资历较老的员工，因此在毫无思想准备的情况下，他传承使命，扛起了带领团队的大旗。当时，行业里都开始流传北京开采所冲击地压没人了的说法。

面对不被行业认可，自身经验又不足的处境，他刻苦钻研，一方面虚心向同行请教学习；一方面壮大团队，随时随地传授经验、思想，引导团队年轻人尽快成长，扩大防冲技术推广应用科技力量。

拿到接力棒的第二个月，义马千秋煤矿21201工作面发生重大冲击地压事故。由于风险太大，在别人不愿意接的情况下，潘俊锋带领团队承担了该矿的冲击地压防治研究。这是他们第一次独立自主开展灾害防治，治理方案甚至研究报告模板都靠摸索而来。潘俊锋深知肩上的压力，常年蹲守在矿井，每一个文字，每一个参数，都要经过他深思熟虑。功夫不负有心人，历经五年时间，他们合同约定的21201复产工作面、21141半孤岛工作面安全回采结束，没有发生一起伤亡事故，还获得了省部级科技一等奖1项，二等奖2项。也就是这五年，他们摸索出了自身特色防冲思路，为团队培养了5名防冲骨干。源于这个起点，陆续顺利完成了100余项冲击地压灾害防治项目，也为后来冲击地压启动理论的提出打下了基础。

时至今日，潘俊锋及其团队拥有的今天是和当初勇于挑战、努力奋斗分不开的。

砥砺前行，不断创新

除了做好研究所的科研、学术、经营以及研究生教育等本职工作外，潘俊锋的兴趣与精力全在于煤矿冲击地压理论与技术研究，无论在单位还是上企业讨论的都是冲击地压。他有一个习惯，就是无论是夜间醒来，还是在路上，都把思考的想法、关键词尽快记在手机备忘录里。等到了晚上下班后安静的时候，写文章，写方案，画图纸、布局团队主攻方向。他把冲击地压研究的各个环节，如同一条蛇一样，剁成每一小段安排给每一个队员来钻研，同时又把自己在钻研业务、经营管理、人际交往方面的收获和心得分享给自己的团队成员，帮助他们尽快成长。

正如那首歌唱到“没有人能够随随便便成功……”任何收获都不是一帆风顺的。潘俊锋认真分析着国内外冲击地压传统理论及企业实际难题，一直摸索新时代冲击地压治理之路。他在经历着跌倒、爬起、再跌倒、再爬起的学术生涯中，不断将自己的思考在本单位每年的创新论坛中讲出来。2008年中国煤科北京开采研究分院正式成立了冲击地压研究室，他成为负责人。在2009年开采创新论坛上他演讲了“推进冲击地压防治技术——走高端化发展之路！”在2010年开采创新论坛上他演讲了“冲击地压危险源层次化辨识理论及其应用研究”；在2011年开采创新论坛上他演讲了“冲击地压的卸、支耦合结构控制思想”；在2012年开采创新论坛上他演讲了“冲击启动理论及其应用”；在2013年中国煤炭科工集团首届科技论文演讲比赛中他演讲了“冲击地压启动理论及其成套应用技术”。经过连续五年与评委、专家的交锋，潘俊锋逐渐找到了抓手，也明确了思路。

在团队的鼎力协助下，历经近十年时间，潘俊锋以崭新的视角，踏实的脚步，刻苦实干的精神，对冲击地压从概念到成套技术体系进行了不断创新：

1. 在冲击地压概念认识方面，指出冲击地压物理演化经历冲击启动—冲击能量传递—冲击地压显现三个阶段，将突发性动力灾害机制研究提前至启动阶段，研究其启动机理，使得灾害在萌芽状态得到抑制，从而提高灾害防治效率，降低防治难度与强度。

2. 在冲击地压机理方面，提出“冲击地压启动理论”，使得冲击地压机理、监测、防治指导理论得到统一。开发了成套技术，首次将冲击地压机理研究与工程结构相结合，指出了冲击地压启动存在两种类型：集中静载荷型和集中动载荷型。揭示了浅部开采也可以发生冲击地压的原因，并为冲击地压演化过程时间序列与空间序列研究奠定基础。

3. 在冲击地压危险性预评价方面，开发了基于基础静载荷原位探测的冲击危险性快速评价技术，提出了煤矿冲击地压分源权重综合评价方法。

4. 在冲击地压监测预警方面，开发了“冲击地压危险源层次化辨识”技术；提出了分源监测分源防治思想，开发了静载荷KJ21冲击地压应力在线监测系统,动载荷KJ794微震监测系统；针对冲击地压多种手段预警结果出现矛盾的问题，开发了“煤矿冲击地压分源权重综合监测及预警系统”。

5. 在冲击地压防治方面，基于冲击启动理论，以诱发冲击启动载荷源为主线，建立了适用矿井全周期的“煤矿冲击地压启动理论与成套应用技术体系”。

以上理论与成套技术体系已经在全国14个矿区30多个矿井推广应用。

工程科技，勇于担当

煤炭是我国国民经济持续快速发展的主要动力，去煤化、去产能的想法都被现实打了回去。习近平总书记在阐述推动能源消费、供给、技术和体制革命，加强国际合作的同时，强调指出，我们正在压缩煤炭比例，但国情还是以煤为主，在相当长一段时间内，甚至从长远来讲，还是以煤为主的格局……而我国煤炭资源大规模进入深部开采，冲击地压事故时有发生，受冲击地压威胁产能达到每年数亿吨，由冲击地压诱发次生灾害，造成群死群伤重特大事故的风险时刻存在。

冲击地压目前还没有准确的预测手段，被国际岩石力学界定为国际难题。从事冲击地压研究必须下井，除了面临遭遇冲击灾害风险，还面临着承担方案责任。冲击地压发生从某种程度上说是机会事故，防治措施难以日常坚持。好多时候是发生事故后，被现场喊去，别人往上跑，研究人员往下跑，得马上给出事故原因，拿出救援方案、恢复生产方案，还不能再出事故。所以无论是国际还是国内防冲专家非常少。因此，冲击地压绝不是一个工程技术问题，而是一个地道的工程科技问题。这种工程科技难题需要一种精神，一种奉献，一种担当。

不像生物、量子等高精尖科技，通过固定的实验设备完成，冲击地压是煤炭生产过程中出现的突发工程问题，破坏采场、巷道可达上千米，实验室里做的试件研究往往与实际工程问题脱节。潘俊锋在井下和工人讨论时，经常会听到“科研高大上，企业用不上”类似的说法。他以分布在全国20多个省区市的井下采掘工作面为实验室，提思路、做方案、搞观测、作总结、推理论。

在国家重点基础研究、国家自然科学基金、国家科技支撑等重点项目支持下，通过大量冲击地压灾害防治项目的验证与科技攻关，潘俊锋带领团队奉献一线的精神受到国家及煤炭企业好评，其中“煤矿重大动力载荷迸发通道及卸支耦合防冲系统技术”“基于地震波CT探测的冲击危险性原位预评价技术”“煤矿冲击地压危险性综合评价及预警技术”“深部高地压煤层钻－切－压一体化疏压防冲技术与装备”等技术入选国家“安全生产百项先进适用技术”。

一直以来，煤炭行业一直沿用原来煤炭部主持制定的《冲击地压煤层安全开采暂行规定》《冲击地压预测和防治试行规范》(1987年)，严重制约现代采矿技术发展，并难以满足现代高强度开采冲击地压灾害治理要求。结合十多年的技术实践，并应现场技术人员需要，潘俊锋会同行业技术专家修订了《煤矿安全规程》的冲击地压章节；制定了《煤矿防治冲击地压细则》；陕西省安委会发布了其主导制定的《陕西省煤矿冲击地压防治十条规定》，尤其是为了推动行业作业规范，促进煤炭安全生产，他协同行业专家制定了《冲击地压测定、监测与防治方法》系列国家标准。

此外，为了提高我国冲击地压矿井防冲人员业务综合能力与水平，扩大防冲技术与技能应用，降低矿井灾害发生频度与强度，潘俊锋在全国范围发起“煤矿冲击地压科技万里行——下矿讲理论、传技术”活动，受到广大防冲工作者热烈欢迎。他们分别巡讲了义马、淄博、鹤岗、华亭、双鸭山、鸡西、七台河、彬长、鄂尔多斯、济宁、兖州、新汶、开滦、徐州、枣庄、抚顺、平顶山、平庄、潞安、包头等20多个矿区，累计培训工程技术人员达1.18万人，被现场誉为很接地气的工程科技专家。

运筹帷幄，行业脊梁

潘俊锋始终提醒自己，不要只考虑单位的利益，一定要站在行业的角度做事情。在开滦等矿区做学术报告时，就有领导非常高兴地说："我很喜欢你作报告的风格，既没有站在监管部门那边，也没有站在我们企业这边，而是站在技术、理这一边"！因此他经常在国家监管部门和企业之间起到了联系纽带作用。他多次跑到国家煤监局向管行业、管科技和法规的领导反映政策法规的不足之处，为企业解决执行难题；又积极到企业讲解每一条法规制定的初衷、缘由、执行要点。

针对冲击地压是个非常抽象而又专业的问题，潘俊锋不但深入研究高度理论认知，又考虑到上万人的防冲大队伍还是企业工程技术人员，所以在每一时期，他都提炼总结适合现场工程师们学习理解的内容，便于他们领会原理，少走弯路，少走误区，提出经典的防冲理念。

"十一五"期间，随着国家科技支撑项目完成，我国煤矿大范围正规化开展冲击地压防治，但大多数企业是机械照做，一个方案用到头。而他却提出了三个防冲理念：

1. 影响冲击地压发生的因素有几十种，并且煤矿开采最大的特点就是条件一直在变，没有绝对相同的开采条件，也就没有绝对成熟的防冲技术可以复制，抓住载荷源进行分源监测与分源处理，以不变应万变，才能沉着应对冲击地压灾害，使得冲击地压"复杂问题简单化"，这是防冲第一理念。

2. 能量是守恒的，此消彼长，因此冲击地压防治，针对载荷源宜疏不宜堵，"疏"是防冲的第二理念。

3. 冲击地压监测手段有待改进，但防治方法不一定就需要创新，一成不变的防治方案是不能防冲的，边研究边设计才是科学可靠的防治思路，因此"精细化"研究是防冲的第三理念。

"十二五"期间，全国大多数防冲工程师一说到冲击地压都能侃侃而谈，但是，随着他们对冲击地压的深入了解，随之而来的是各种困惑与不解。面对这种现象，潘俊锋给大家讲解了三个新时期防冲理念：

1. 冲击地压机理——水杯理论。拿出一个水杯，以杯子里的水溢出为冲击，杯子已有水为基础水位（基础静载荷），水溢出有两种途径：一种是紧贴杯壁细流注水（纯静载荷冲击）；另一种是外力摇晃溢出（对应外界动载荷扰动）。无论哪种情况，杯子里必须得有基础水量（冲击地压基础静载荷），这是内因。水是否溢出在于获取细流（相对静载荷）或摇晃（动载荷）的时机。

2. 冲击地压预警——手表原理。冲击地压监测预警是世界难题，为了达到较为准确的预警，无论是从载荷源分布上还是从空间位置等角度，人们都想到多种方法综合监测，但都是一个结果，是否危险，正如同戴多块手表，而每块时间都不一样，因此冲击地压多种方法监测预警必须要考虑各自权重贡献。

3. 冲击地压防治——泄水任务。冲击地压采掘巷道，从走向上来看，各个区域因地质、开采环境的不同，应力分布极不均匀，但达到冲击的条件基本相似。对于防冲工作者来讲，通俗地说，就是沿巷道走向两旁放置的无数个同规格的水杯，而各个水杯的基础水位高低不同，后期将面临获得细流或者晃动增量，目前我们还做不到预测水什么时候满，所以主要任务是泄水，评估出较高水位，及时泄水，以提高其后期获取的增量门槛。

“十三五”期间，我国存量矿井进入深部开采，新建矿井以西部深部资源为主，冲击地压建设矿井，生产矿井数量不断扩大。虽然历经多年来的科技攻关，我国逐渐形成了符合国情的广谱的冲击地压防治理论与成套技术体系，但是，个别特殊情况的冲击地压事故仍未杜绝。比如2018年10月山东龙郓冲击地压重大事故，引起防冲工程师的困惑，也引起社会各界对防冲技术成果的质疑。面对事故情况与技术成果的复杂问题，作为国家重点研发计划项目“深部矿井冲击地压动静载分源防控技术与装备”课题组组长的潘俊锋下定决心一定要出成果，同时为了让大家有信心，他和现场工程师们又讲了三个认识：

冲击地压事故是人类与自然界作斗争的产物。（1）冲击地压危险区域（机理）没有想到，占据10%；（2）机理想到，措施做不到，占据20%；（3）机理想到，措施没做到，占据70%。因此请勿一概否定科学技术的进步。

人类探索、认知自然的路途，永无止境。潘俊锋是个幸运的人，生长在一个把科技、把创新作为国家战略的国度，得到了同行、同事、团队、家人以及所有关心支持的人的帮助。作为一名中国共产党员，不忘初心、继续前进，让我们共同期待这位杰出青年工程师的进一步成长。

图书在版编目（CIP）数据

当代杰出工程师 . 第一辑 / 中华国际科学交流基金会编 . -- 北京 : 高等教育出版社，2020.10
ISBN 978-7-04-054452-7
Ⅰ . ①当… Ⅱ . ①中… Ⅲ . ①工程师 - 列传 - 中国
Ⅳ . ① K826.16
中国版本图书馆 CIP 数据核字 (2020) 第 114531 号

当代杰出工程师（第一辑）
DANGDAI JIECHU GONGCHENGSHI

策划编辑	阳化冰　马君瑶
责任编辑	帅映清
书籍设计	张志奇
责任校对	刘娟娟
责任印制	田　甜
出版发行	高等教育出版社
社址	北京市西城区德外大街 4 号
邮政编码	100120
购书热线	010-58581118
咨询电话	400-810-0598
网址	http://www.hep.edu.cn http://www.hep.com.cn
网上订购	http://www.hepmall.com.cn http://www.hepmall.com http://www.hepmall.cn
印刷	北京市白帆印务有限公司
开本	880mm × 1230mm　1/32
印张	18.25
字数	480 千字
版次	2020 年10月第 1 版
印次	2020 年10月第 1 次印刷
定价	68.00 元

物料号　54452-00